现代基础教育研究

RESEARCH ON MODERN BASIC EDUCATION

第五十八卷

Vol. 58 April 2025

现代基础教育研究

2025年4月25日出版

执行编辑：孙　珏，王中男，张雪梅，张　曼

Research on Modern Basic Education

Vol.58   April 2025

CONTENTS

(Main Articles)

《现代基础教育研究》
第58卷，2025年4月　　　　　　　(Research on Modern Basic Education)　　　　　　　Vol.58, Apr. 2025

教育强国背景下教育家精神的学习与践行

杨德广

（上海师范大学 教育学院，上海 200234）

摘　要：要实现教育强国，就必须建设一支高质量的教师队伍。教育家精神是一种追求卓越的精神境界，是优秀教师应具备的素质，是推动教育改革和发展的精神力量。要具备教育家精神，一要有坚定的理想信仰，二要坚持学习和研究教育理论，三要有全心全意为人民服务的担当，四要深化教育教学改革、有开拓创新精神，五要坚持乐教爱生且有为教育事业奋斗终身的精神。每一位教师教育工作者都应该学习和践行教育家精神，用实际行动努力成为一名好教师、优秀教师、当代教育家。

关键词：教育强国；教育家精神；学习与践行

党的二十大提出，我国第二个百年的奋斗目标是到 2050 年全面建成富强、民主、文明、和谐、美丽的社会主义现代化强国。[①] 要在未来 20 多年里把我国建成社会主义现代化强国，教育承担着巨大的责任。纵观世界强国的发展之路，都与发展教育密切相关，需要依靠教育建设强国。也就是说，首先要建成教育强国，然后才能把国家建设强大。那么，要实现教育强国的目标，就必须建设一支强大的教师队伍，学习和弘扬教育家精神。

一、强国要先强教，强教要先强师

新中国成立 70 多年来，我国的教育有了巨大发展。义务教育阶段普及率达到 99.95%，高中阶段入学率达到 81%，高等教育毛入学率突破 60%，我国已经进入普及教育阶段。可见，我国各类人才基本满足了社会经济发展的需求，广大人民群众"有学上"的问题已基本解决。[②] 我国已成为世界教育大国，但还不是世界教育强国。我国优质教育资源还不够丰富，离"人民满意的教育"尚有较大差距，原因在于我国培养了很多人才，但拔尖创新人才不足。在一些核心科技方面，高端人才不足，高科技自主自立能力不强，仍被西方发达国家"卡脖子"，因此，当务之急是要高质量发展教育事业。

我国已设定目标将于 2035 年实现教育强国和人才强国，如何加快实现教育强国，关键在于要有一支高质量、高水平的教师队伍。中共中央历来重视教师队伍建设，把教师队伍建设列为社会主义现代化的基础工程。在全面实现社会主义现代化建设过程中，人才是关键，教师是基础。要培育人才，首先要强化教师。只有发展高质量的教师队伍，才能有高质量的教育，进而培养出高素质的人才。因此，强国要先强教，强教要先强师。从

作者简介：杨德广，上海师范大学教育学院教授，博士生导师，主要从事高等教育与教育学原理研究。

① 习近平：《在中国共产党第二十次全国代表大会上的报告》，人民出版社 2022 年版，第 24 页。

② 2023 年教育统计公报，教育部网站。

建设一流教育强国的视角看,必须建设强大的教师队伍。再从培养一流人才的视角看,也必须建设强大的教师队伍。新时代我国对人才的要求越来越高了。如果说在农业经济时代主要是培养有知识、有文化的合格劳动者,在工业经济时代主要是培养有专业知识技能的专业人才,那么在新时代即知识经济时代,必须培养高端人才、领军人才、拔尖创新人才。习近平总书记提出新时代培养人才的四个要求:一是要培养有理想信念的人,二是要培养高尚品德的人,三是要培养有责任感、有奋斗精神的人,四是要培养勤奋学习、有本领的人。因此,要把学生培养成优秀的人才,必须有一支高素质、高水平的教师队伍。

二、如何建设高素质高水平的教师队伍

关于教师队伍建设,习近平总书记有一系列重要指示。从"四有好教师"到"大先生"再到"教育家""教育家精神",深刻体现了习近平总书记在加强教师队伍建设上的战略眼光。2014年9月,习近平总书记在北京师范大学纪念教师节座谈会上提出"四有好教师"①:好教师要有理想信念,要有道德情操,要有扎实学识,要有仁爱之心。这对如何做一名好教师提出了明确的目标要求,希望每位教师把职业当事业。职业是一种谋生的途径。事业是一种人生的追求,需要理想精神和信念。2016年12月,习近平总书记在全国高校思想政治工作会议上强调,教师不能只做传授书本知识的教书匠,而要成为塑造学生品格、品行、品位的大先生。②总书记对教师提出了更高的要求,即在教学的同时,也要关注学生的品德培养和精神引领。有人认为,成为大先生是对大学教师以及高职称高级别教师而言的,这种观点是片面的。大先生是对在人格、品德、学业上能够"为人师表"的教师的尊称。教师要做学生为学、为事、为人的示范,促进学生全面发展。

从"四有好教师"到"大先生",体现了中共中央、习近平总书记对教师的高度重视和尊重。教师不仅要教好书,还要育好人;不仅要做好本职工作,还要成为人师,成为社会的楷模。大先生与一般教师相比,要有大情怀,有家国情怀,有崇高的使命感,把教育作为终身事业;大先生要有大境界,为国育才,为党育人,言传身教,躬耕讲坛;大先生要有大人格,以人格魅力、模范行为树立榜样,成为学生的道德楷模;大先生要有广阔胸怀,有仁爱之心,要爱国、爱民、爱教育、爱学生,让学生在爱的关怀下茁壮成长。从"四有好教师"到"大先生",教师的责任更重大了,是教师素养的升华。如果说教师是学校里的称呼,先生就是全社会的称呼;如果说教师是学生心中的楷模,先生就是全社会民众的楷模。

2023年9月9日,习近平总书记向全国优秀教师致信,首次提出教育家精神。③从大先生到教育家精神,对教师的要求又提高到了一个新的层次、新的境界。大先生泛指道德楷模、为人师表、人品人格,而教育家是指有学识、有思想、有教育理念的师者,能够洞察教育本质并产生深刻的教育理论,在教育改革发展过程中有独立的见解,做出理论与实践方面的贡献,并在教育界具有一定的示范、引领作用。

教育家是师德品格集大成者,能够通过言传身教对学生人格进行正向引导。教育家应是教育行动者,有丰富的教育实践,能够用教育理论指导实践,能够把实践上升到理论,总结和提炼出新理念、新观点。品质和精神是有区别的,教师品质主要指教师在思想行为、做事、做人等日常教育教学活动中的表现。教育家精神是一种追求卓越、开拓创新、引领未来的精神,体现为对教育事业的无比热爱、无限忠诚、无私奉献。习近平总书记说,教师群体中涌现出一批教育家和优秀教师,他们具有心有大我、至诚报国的理想信念,言为士则、行为示范的道德情操,启智润心、因材施教的用人智慧,勤学笃行、求是创新的躬耕态度,乐教爱生、甘于奉献的大爱之心,胸怀天下、以文化人的弘道追求,展现了中国特有的教育家精神。④

① 习近平:《论教育》,中央文献出版社2024年版,第73页。
② 习近平:《论教育》,中央文献出版社2024年版,第158页。
③ 习近平:《论教育》,中央文献出版社2024年版,第36页。
④ 习近平:《论教育》,中央文献出版社2024年版,第36页。

三、教育家精神的内涵及其弘扬

教育家是教师队伍中杰出的思想家、理论家、实践家。教师主要从事教学工作，传道、授业、解惑，而教育家不仅从事教学工作，还关注新的教育问题、理念和方法，探索如何解决教育中的问题。教育家对教育问题有独立见解，有新的创新性观点和见解，视野更广阔，关注整个教育生态和未来发展。教师主要从事教学、科研、育人等活动，要有良好的师德、师风。而教育家的政治格局更高，品行更高，学术造诣更高。

"精神"指人的内在特质、心理状态、思维活动及情感状态等方面。从哲学层面看，精神是人类内在的思维、意识和灵魂的总称。精神涵盖人的内在特质、心理状态、思维活动以及情感状态等多个方面。精神被视为一种超越物质世界的存在，它能洞察事物的本质和规律，引导人类走向更高的精神境界。它代表人的内在世界，意识、思维、道德观念以及信仰等多个方面，也是人类追求真理、美好和信仰的重要指引。从心理层面看，精神则是个体心理活动的核心，包括认知、情感、意志等方面。

教育家精神是指具备特定品质和理念的人在教育事业中所展现出来的特质和行为。教育家精神是一种追求卓越的精神境界，是优秀教师和教育工作者应具备的素质，是推动教育改革和发展的强大的精神力量。教育家精神要求教育工作者应有崇高的理想、坚定的志向、深厚的学科专长、良好的教育教学技能，能够有效地组织和管理教学活动，激发学生的学习积极性。我们要用教育家精神锻造强国之师的精神面貌，打造高素质、专业化的强师队伍，为建设教育强国、现代化强国奠定坚实的基础。

人民教育家于漪的教育家精神，体现为她对教育事业的深厚情感和无私奉献。为了学生的全面发展，她勇于尝试新的教学方式和理念，严谨治学、专心教学。她始终坚守在教育岗位上，为教育事业发展奋斗不息。于漪的教育家精神就是对全面发展的教育理念执着追求的精神。

我国高教研究的泰斗潘懋元先生是中国教育家精神的杰出代表。潘懋元教育家精神体现在以下几个方面：一是创建新学科、奋斗不息的精神。潘懋元是中国高等教育学学科建设的创始人，他把毕生的精力都奉献给高等教育学学科的建设，以学科建设报效国家。二是勇立潮头、求是创新的精神。潘懋元提出高等教育"内外规律论""教育适应论""教育类型论""机器人伦理教育"等首创理念，具有重要的理论价值和实践意义，有力推动了我国高等教育改革的发展。三是把事业当生命、无私奉献的精神。潘先生15岁就从教，当过小学、中学、大学老师，80多年如一日，一辈子躬耕教坛，一辈子以教书育人为天职。四是有家国情怀、大爱无疆的精神。潘先生直接培养了1000多名研究生。潘先生不仅对自己的学生精心指导、关怀备至，还对其他的学生、青年教师非常关心。他临终前把自己的财产捐献出来，创立了"潘懋元高等教育基金会"，设立了"懋元奖"，用于资助青年研究者和教师。人民教育家于漪、潘懋元先生就是这样有家国情怀的，有使命感、责任感的教育家，是我们学习的榜样和楷模。

教育家精神的提出，为我国广大教师指明了发展方向、前行目标，人人可学，人人可为。教育家精神不是仅仅体现在个别的教育家或优秀教师的身上，每一位教师教育工作者都应该学习、践行。要具备教育家精神，就应该向这些杰出的教育家学习，用实际行动努力成为一个好教师、优秀教师、教育家。

四、学习和践行教育家精神

那么，从哪些方面来学习和践行教育家精神呢？具体如下：

1. 要有坚定的理想信仰

笔者这代人之所以非常刻苦、有责任感，是因为有一种"不能让中国再受苦受难"的觉悟。在这种觉悟下，坚持努力学习，锻炼好身体。国家要奋发图强，首先我们自己要奋发图强，学好知识，练好本领，建设强大的祖国。坚定的理想信念来自要改变我们国家一穷二白面貌的责任感。坚定的理想信仰，即坚信不疑、坚定不移，立志要为社会主义、共产主义事业奋斗终身。我们要把为教育事业的改革发展作为终生奋斗的目标，把职业当事业，不是为了谋生，而是为党育人、为国育才。

2. 要坚持学习和研究教育理论

作为教育家,必须学习、研究、创新教育理念,用教育理念指导教育实践。笔者于1996年到上海师范大学担任校长,坚持用教育理论指导教育实践。在理论的指导下,提出上海师范大学要"全面面向基础教育,全方位为基础教育服务",要摆正地位,正确定位。要面向市场,不要"等、靠、要"。大学校长一要找市长,二要找市场,主动为上海经济社会发展服务,要错位竞争、错位服务,要面向社区、郊区和中小企业,主动承担全市幼、小、中学教师的培训任务,发展成人教育、大专自考班,举办研究生课程班,向郊区、中西部地区辐射,送教上门。由于我们采取了一系列措施,主动适应社会经济文化发展的需求,积极发展教育产业,建立教育市场,提高了办学效益、社会效益和个人收益,大大改善了学校的环境、教职工住房条件,引进了许多名师、良师,建立了一所规模大、适应性强、以教师教育为特色的新型综合性大学。

3. 要有全心全意为人民服务的担当

所有的优秀教师和教育家的共同特点,是具有全心全意为人民服务的精神和担当。我们必须牢记"为人民服务"的宗旨。作为校长,就必须为全校师生员工服务。

1996年,上海师范大学的教师住房条件很困难,人均居住面积低于上海市标准。为人民服务就是要解决教师的住房困难,建设好学校的环境。作为一个党员校长,必须要有为人民服务的担当。经过三年的努力,这两大难题都解决了。不仅有1000多名教职工搬进了新房,而且校园被评为"上海市花园单位"。在当校长期间,笔者每年还提出做10件实事,包括对学校的环境、设备、宿舍等进行改造,校园面貌发生了很大变化。

一个人尤其是共产党员,活在世界上就要为人民服务,不能做一个平庸的人,而要做一个有作为的、有利于社会和人民的人。全心全意为人民服务,是不受时间和空间限制的。笔者从2004年开始,每年元旦后的第一天,为上海师范大学的爱心基金会和教育发展基金会捐两笔款,按照年份来捐,一直坚持到现在。做慈善有两大好处:一是践行为人民服务的宗旨,二是给自己带来快乐和幸福。

4. 要深化教育教学改革,有开拓创新精神

教育家和一般教师相比,应该有更高的格局、更宽的视野,要站在国家教育发展战略的高度上思考问题。教育家应该是一个理论家、思想家、实践家,要有开拓创新精神,要在教育教学改革上下工夫,并做出一定的成绩。

教育的本质是育人,把学生培养成德智体美劳全面发展的社会主义建设者和接班人。学校要做到全员育人、全程育人、全方位育人,力求把育人贯穿到教育教学过程之中。笔者提出了10项教学改革制度。一是教育学分制,以前的学分制完全是教学学分制,而教育学分制应该包括德智体美劳综合的表现,而不是只看学习成绩。二是核心课程制,规定每一个专业都应该有几门核心课程是学生必须掌握的,其余可以选修。三是课程选修制,多数课程应该让学生选修,根据自己的需要和爱好选课。四是学分替换制,学生如果对这一门课不感兴趣,可选其他课程替代。五是分流培养制,大学三年级以后,学生可以分流培养。有人今后要从事研究,有人要从事教学,有人要从事实业,根据个人不同情况分流培养。六是教材分层制,尤其是英语和数学,不宜"一刀切",可根据学生实际需求因人而异。七是中期选拔制,学生一年级结束以前,经个人申请和学校考核,允许换专业、转换学校。八是鼓励冒尖制,鼓励优秀学生学得更好、发展更快,学校专门为他们制订教学计划。九是宽进严出制,改变宽进宽出的现状,严把毕业关口。十是差生淘汰制,对不合格的、严重违纪的学生取消学籍,责令退学。

在教学改革方面,要注重课程思政,即每一位教师、每一个专业、每一门课程,都应该挖掘育人元素。专业教师除了授业、解惑外,还要有传道、育人的意识。课程思政要唤醒专业教师的育人意识,就是在专业课中寻找育人元素,结合专业教学做好教书育人工作。在教学中,教师要坚持以生为本,育人为先,德育首位,坚持成才先成人、育才先育人。

5. 坚持乐教爱生,要有为教育事业奋斗终身的精神

教师是一项非常光荣的工作、高尚的工作、愉快的工作、有价值的工作。笔者乐此不疲地从教50多年了,至今甘之如饴。教师站在讲台上,是国家意志的代表,是为党育人、为国育才,必须忠

于职守,乐教爱生。

(1)树立育人为本、德育为先的理念

1992 年,笔者出版了国内第一本《大学德育论》。该书剖析了当时在德育领域存在的"从属论""侧重论""代替论""淡化论""取消论"等片面观点,提出德育的地位、到位和首位,提出德育的理性化、人本化、开放化、层次化和立体化,首次提出德育的四个效应,即正效应、负效应、零效应和潜效应,由此树立了育人为本、德育为先的教育理念。

(2)充实教育

针对学生中确实有一部分人学习动力不足,存在"松、散、懒"的现象,笔者提出开展"充实教育",充实学生的课余活动,充实学生的教学内容,充实学生的精神生活,让学生动起来,忙起来,学起来。每年举办三个节,即科技学术节、体育节、艺术节;暑假组织爱心学校,组织学生参加社会公益活动,挂职锻炼。我们提出师范专业学生要具有"德、艺、语、技"四个特色:思想道德水准要高一点;要多才多艺;语言能力要强,普通话要讲得好,能用双语教学;要掌握现代教育技术。有了这"四个特色",毕业生质量提高了,也受到了用人单位的肯定。我们还在学生中实行四个机制,即"多张证书制、干部轮换制、半年实习制、综合测评制",有效地提高了学校教育教学质量。开拓并深化教育教学改革的目的就是调动学生的学习积极性,促进学生全面发展。

(3)要依法治校、民主管理

在上海师范大学,我们花了三年时间制定和完善各项规章制度。笔者按照系统原理、能级原理、激励原理的理论进行学校管理。一定能级的部门和个人做一定能级的事情,各尽其责,恪尽职守。例如,我们专门制定了"基建维修工程招投标条例",严格照章办事。在学校重大问题方面,首先要广泛听取各方面的意见等。这些举措效果十分明显,深受教师好评。

以上是笔者向教育家学习、学习教育家精神的粗浅体会,是在从事教育工作中,以教育家为榜样、以教育家精神为指导所做的尝试,离教育家和教育家精神还相差甚远。在此过程中,笔者深深体会到向教育家学习、弘扬教育家精神的必要性和重要性,深深感受到习近平总书记提出的在全国开展学习和弘扬"中国特有的教育家精神"的战略眼光和现实意义。今后一定要继续深入学习和践行教育家精神。

Learning and Practicing the Spirit of Educators in the Context of Strengthening the Nation through Education

(School of Education, Shanghai Normal University, Shanghai ,200234)

Abstract: To strengthen the nation through education, it is necessary to build a high-quality teaching team. The spirit of an educator is a spiritual realm that pursues excellence, a quality that excellent teachers should possess, and a spiritual force that promotes educational reform and development. To possess the spirit of an educator, one must have firm ideals and beliefs, adhere to learning and researching educational theories, take on the responsibility of serving the people wholeheartedly, deepen educational and teaching reforms, and have a pioneering and innovative spirit. Finally, one should adhere to the spirit of loving education and students, and strive for a lifelong commitment to the education cause. Every educator should learn and practice this spirit striving to become a good teacher, an excellent teacher, and a contemporary educator through practical actions.

Key words: strengthening the nation through education, the spirit of educators, learning and practice

21世纪以来我国未来学校研究的热点透视与前瞻思考

朱雪梅 [1]，曹培杰 [2]

（1. 南京师范大学 教师教育学院，江苏 南京 210023；2. 中国教育科学研究院 数字教育研究所，北京 100088）

摘　要：针对21世纪以来我国未来学校的研究成果，运用CiteSpace信息可视化工具对相关文献进行深度运算与图谱分析，揭示出已有研究在时空分布上显著不均衡，而且热点主题的中心性不强。将未来学校研究热点归纳为概念内涵、建设框架、实现路径三大议题并进行内容的深度剖析，发现已有研究的短板主要表现为理论认识存在分歧、研究方法创新不足、评价体系尚未构建以及变革成效缺乏实证检验。鉴于此，研究分别从谨防技术决定论、引进未来学研究法、强化智能化转型、创新评价模式、开展实证研究等方面提出前瞻性建议，以期推进未来学校研究的深化发展。

关键词：未来学校；CiteSpace图谱；研究热点；理论探索；实践创新

为揭示中国特色未来学校研究的演变脉络，本研究运用CiteSpace软件对21世纪以来我国公开发表的未来学校研究文献进行可视化分析，通过系统梳理与深度剖析，旨在揭示未来学校研究的热点主题，提炼核心议题，归纳主流观点，同时审慎反思现存问题，提出前瞻性思考与改进建议，以促进未来学校研究的持续优化。

一、分析工具与数据来源

1. 分析工具

CiteSpace是一款用于文献计量分析的软件，其原理是通过数据挖掘、信息分析、科学计量和图形绘制等处理将某一科学研究领域知识结构可视化呈现。[1] 本研究主要使用CiteSpace.5.7.R2版本，生成发文机构与关键词等图谱，通过图谱信息挖掘，分析国内未来学校研究领域的研究热点与演进趋势。

2. 数据来源

以中国知网（CNKI）的中文数据库作为数据源，将检索条件中"主题"设置为"未来学校"进行高级精确检索，将检索时间统一限定为2001年1月至2023年12月，共得论文1279篇，对检索结果进行过滤与整理，限定检索结果为"学术期刊"。所有文献以Refworks格式导出，通过数据转码处理后，形成所需

基金项目：江苏省教育科学"十四五"规划2021年度重大课题"未来学校建设研究"（项目编号：A/2021/05）。

作者简介：朱雪梅，南京师范大学教师教育学院教授，博士生导师，主要从事课程与教学论、教育数字化研究；曹培杰，中国教育科学研究院数字教育研究所副研究员，博士，主要从事教育宏观政策与教育数字化研究。

① 王娟，陈世超，王林丽，等：《基于CiteSpace的教育大数据研究热点与趋势分析》，《现代教育技术》2016年第2期，第5-13页。

样本数据库,共计高相关文献 242 篇(见图 1)。

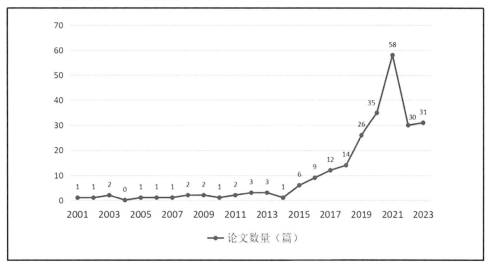

图 1 中国知网的"未来学校"主题论文发表年度统计

二、21 世纪以来我国未来学校研究的图谱分析

1. 时间分布图谱表明研究成果呈现冲高回落趋势

研究论文的数量及其在一段时间内的数量变化趋势,是衡量该研究发展现状的重要指标之一。图 1 显示,2013 年前我国未来学校的相关研究较少且增长缓慢,处于起步探索阶段。通过文献梳理,可以发现该阶段研究方向相对单一,成果主要是个别研究者对澳大利亚、日本、美国、新加坡、芬兰等国家的未来学校建设经验进行引入式介绍,由此萌发了建设未来学校的一些思考。

2013 年,中国教育科学研究院成立未来学校实验室,正式启动"中国未来学校创新计划",集聚了全国 20 个实验区、8 所示范校和 300 多所未来学校联盟校,以促进学校结构性变革,推动空间、课程与技术的融合创新[①],为推进中国未来学校研究迈出了关键一步。未来学校实验室于 2016—2022 年陆续发布了《中国未来学校白皮书》《中国未来学校 2.0:概念框架》《中国未来学校创新计划 3.0》。2017 年,教育部学校规划建设发展中心启动"未来学校研究与实验计划",旨在根据国家教育现代化确立的创新人才培养目标,面向未来推动学校形态变革和全方位改革创新。[②] 从时间维度上看,我国关于未来学校的研究得益于教育政策的推动,未来学校研究成果呈现大幅增长趋势,并在 2021 年达到峰值,但 2022—2023 年却呈现小幅下降趋势,说明未来学校研究尚未形成星火燎原之势。

2. 空间分布图谱表明研究机构集中于发达地区

对样本文献的研究机构进行可视化分析,可以清晰地认识研究机构的空间布局。运用 CiteSpace 软件,选择研究机构为节点类型,进行研究机构共现网络分析,运算结果显示共有 187 个机构发布了该领域的相关论文,研究机构比较丰富。但是,运算结果中仅有 65 条连接线,网络密度为 0.0037。连接线的不密集说明研究机构比较分散,相互协作非常少。

结合研究机构的地理位置,发现 187 家研究机构分布于我国东、中、西部地区的数量分别为 144、18、25。按照发文数量排序,可得文献频次前 10 位发文机构信息(见图 2),其中华东师范大学、北京师范大学的研究成果较为突出。从空间格局看,未来学校研究机构的分布很不平衡,主要集中于教育发达的东部地区。从机构学术影响力看,未来学校研究的中坚力量是高水平的师范大学,但中国教育科学研究院

---

① 中国教育科学研究院未来学校实验室:《中国未来学校白皮书》,2016 年,第 10-11 页。

② 教育部学校规划建设与发展中心:《未来学校研究与实验计划》,2017 年,第 1-12 页。

也是一支不可忽视的重要力量,其相关研究成果有较强的影响力,并提出"重新定义学校、重新认识学习、重新理解课程、重新构建学习路径"的观点,明晰了未来学校的实践走向,对推动我国未来学校研究做出了重大贡献。

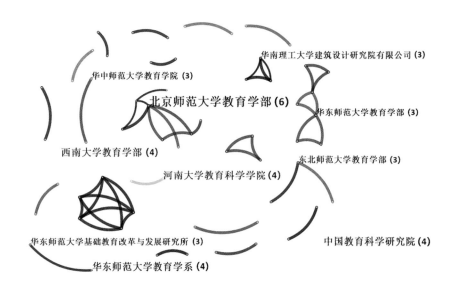

图2　"未来学校"研究发文量前10位机构共现图谱①

3. 关键词共现图谱表明研究中心主题较少

关键词是反映文本研究主题与核心内容的学术词汇。②关键词共现分析能够反映某一领域的研究热点,将关键词共现分析的结果按照关键词出现的频次进行排序,同时呈现其对应中介中心性的大小,制成表1。由表1可知"未来学校""未来教育""人工智能""教育信息化""教育变革""智慧教育"等关键词频次较高,是未来学校研究领域的核心;关键词"未来学校"和"未来教育"的中介中心性阈值大于0.1,成为未来学校研究领域的焦点。另外,共有7个关键词的频次大于5,占节点总数的2.1%,仅2个关键词的中心性大于0.1,表明未来学校研究中心主题较少且各主题间联系不够密切。

表1　未来学校关键词频次与中介中心性排序

序号	关键词	频次	中介中心性	序号	关键词	频次	中介中心性
1	未来学校	128	0.44	8	互联网+教育	5	0.02
2	未来教育	19	0.15	9	个性化学习	5	0.02
3	人工智能	14	0.06	10	学习方式	4	0.00
4	教育信息化	8	0.05	11	智能教育	4	0.01
5	教育变革	6	0.03	12	教育数字化转型	4	0.02
6	智慧教育	6	0.04	13	核心素养	4	0.00
7	学校变革	6	0.05	14	互联网+	4	0.01

---

① 括号中数据为发文数量。

② 胡少虎,张颖怡,章成志:《关键词提取研究综述》,《数据分析与知识发现》2021年第3期,第45-59页。

4. 关键词聚类图谱表明研究主题显著交叉

关键词聚类分析是将研究对象分为相对同质群组的分析技术。与关键词共现分析不同，它表示关键词受到的关注度和影响力不同，更能体现知识生产的结构化特征。通过 CiteSpace 对文献进行 LLR（对数似然率算法）关键词聚类，得到图3所示的关键词聚类图谱。

分析结果显示，该聚类结构 Q（模块值）=0.9145，S（平均轮廓值）=0.979，说明图中呈现的聚类结构十分显著，能够准确反映未来学校研究领域的热点类群。图3显示了10个聚类，呈现未来学校研究领域的热点类群依次是：未来学校、学校教育拓展、知识观、教育信息化、核心素养、人工智能+教育、混合式学习、学术命题、终身教育、未来学习。其中，"未来学校"在聚类结构中占据核心地位，与"混合式学习""人工智能+教育""核心素养"等有部分重叠，说明其内部研究主题存在显著交叉。

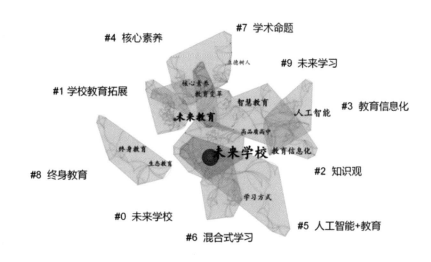

图3 "未来学校"相关的关键词聚类图谱

三、21世纪以来我国未来学校研究热点的内容透析

在知识图谱分析结果的基础上，对相关文献进行二次检索与内容解析，可将我国未来学校研究的热点主题归纳为三大核心议题，这些议题形成了从理论构想到实践探索的完整路径。

1. 未来学校概念内涵深化：多元视角下的理论构建与时代解读

未来学校作为一个承载时代精神且随时代发展而不断演化的教育概念，其内涵的探讨呈现出显著的多元化特征。严格讲，"未来学校"不是一个严谨的学术概念，它更像是一个与时俱进的教育话题，不同时代就会有不同的内涵。[1] 我国学者对"未来学校"的概念内涵进行了多元化的诠释。

（1）时代变迁背景下的未来学校构想。面对教育3.0时代的到来，未来学校被寄予突破传统教育的时间、空间、内容与师资配置等多重束缚的厚望。[2] 有学者指出，新一轮的工业革命正在推动着未来学校的发生与发展，未来学校是社会变革的产物。[3] 这种时代背景下的未来学校，是对教育与社会、经济结构同步演进规律的深刻回应。

（2）从技术驱动视角描绘未来学校新形态。有学者认为："未来学校将发展成为一种虚实结合的学习环境，虚拟学校中利用网络环境、人工智能、大数据平台等实现自适应、共享、无边界学习，实体学校关

---

① 曹培杰：《未来学校的兴起、挑战及发展趋势——基于"互联网+"教育的学校结构性变革》，《中国电化教育》2017年第7期，第9-13页。

② 中国教育科学研究院未来学校实验室：《中国未来学校白皮书》，2016年，第2页。

③ 罗生全，王素月：《未来学校的内涵、表现形态及其建设机制》，《中国电化教育》2020年第1期，第40-45页，第55页。

注学生情感价值观、社会生存能力和职业能力的构建。"① 可见，在技术进步尤其是信息技术的强力驱动下，未来学校正逐步演化为一种虚实交融的学习生态系统。

（3）基于教育实践经验畅想的未来学校。如，在"新教育实验"等长期田野实践的积淀下，朱永新提出了自己独特的见解："今天的学校会被未来学习中心取代。"② 这一愿景倡导以学习者为中心，强调人与技术的深度融合，构建开放、协同与自主的学习共同体，预示着未来学校在教育理念与实践模式上的深刻转型。

总体看来，未来学校概念内涵的研究呈现多元化视角，揭示了随时代变迁、技术发展以及教育实践变革而具备的动态性与开放性，强调在技术与人文的交融中，构建以学习者为中心、以培养未来社会所需人才为目标的新型教育生态系统。综合所有观点，在此将"未来学校"的内涵进一步深化为：基于未来人才培养需求与人工智能技术深度融合而形成的可持续发展的新型态中小学校，呈现出新理念、新场景、新课程、新学习、新技术、新方法的系统性变革特征。

2. 未来学校建设框架完善：新技术导向下的系统性重构与创新

我国学者对未来学校建设框架的研究展现出丰富的成果与深度，涉及课程体系构建、教学方式变革、学习空间再造、组织管理转型以及评价体系重构等多个核心要素。

未来学校的课程体系是面向未来的全人教育蓝图，其顶层设计应以前瞻视角审视核心素养目标，贯彻"泛在"课程理念，彰显地方文化特色和学校价值主张。穆肃等人指出："未来学校中的课程不应是严格分科、指向单一认知目标达成的高结构化课程，而应是与学生的发展相适应的多学科融合的重组课程。"③ 相关研究普遍认为课程实施应借助信息技术手段，突破校园界限，将学习场所延伸至自然、社区和社会各角落，实现学习的无边界化。

未来学校教学变革着力于打破传统固化模式，深度融合信息化教学与以学生为中心的教学理念，强调教学过程的混合性与互动性，旨在激发与培养学生的创新思维能力。其代表性的观点是："未来学校利用技术优势帮助学生实现基于项目的主动学习、基于问题的协作学习、面向真实的深度学习、基于数据的智慧学习、突破校园的无边界学习、实现无障碍的包容性学习、自定进度的个性化学习和自我驱动的终身学习。"④ 当下，在生成式人工智能快速发展的背景下，未来学校的教与学将面临组织形态与行为方式的深度变革。

未来学校的学习空间跨越传统学校边界限制，呈现开放的、虚实结合的新形态。⑤ 主要表现为：一是充分利用新技术升级教室硬件设施，打破传统的工厂式教室布局，营造有利于深度学习的优质环境；二是打造数字化学习社区，拓展学校公共学习空间的边界与功能；三是探索各类物理与虚拟学习环境的深度融合，使教师、学生、资源及场景在现实与虚拟空间中无缝对接。这意味着在未来学校里"空间即课程"，空间能够潜移默化地影响学生的认知、情感、社交和创新能力，其作为一种隐形的课程，与显性的学科课程共同承担着育人功能。

未来学校在组织管理层面呈现出一种深度转型的趋势，向着高度扁平化、智能化与精准化方向演进，这不仅是一种表层结构的调整，更是对教育管理哲学与实践逻辑的深刻重塑。未来学校不拘泥于传统的年级制与班级制的管理体系，加强不同学段和不同年级之间的衔接，为学生提供私人定制的教育服务。⑥ 已有研究表明，未来学校通过集成各类教育数据，构建智能化管理系统，能够实时洞察学生学习

① 张治、李永智：《迈进学校 3.0 时代——未来学校进化的趋势及动力探析》，《开放教育研究》2017 年第 4 期，第 40-49 页。
② 朱永新：《未来学校：重新定义教育》，中信出版社 2019 年版，第 31-32 页。
③ 穆肃、庄慧娟、胡丽丹，等：《创新时代未来学校的建设：内涵特征与实践方式》，《现代远距离教育》2022 年第 4 期，第 13-22 页。
④ 王永固、许家奇、丁继红：《教育 4.0 全球框架：未来学校教育与模式转变——世界经济论坛〈未来学校：为第四次工业革命定义新的教育模式〉之报告解读》，《远程教育杂志》2020 第 3 期，第 3-14 页。
⑤ 张良、易伶俐：《试论未来学校背景下教学范式的转型——基于知识观重建的视角》，《中国电化教育》2020 年第 4 期，第 87-92 页，第 117 页。
⑥ 曹培杰：《未来学校的兴起、挑战及发展趋势——基于"互联网+"教育的学校结构性变革》，《中国电化教育》2017 年第 7 期，第 9-13 页。

进度、教师教学效能、教育资源配置等关键指标，预测教育发展的趋势，预警潜在的问题，助力学校做好前瞻性的战略规划与资源配置。

综上，未来学校建设框架研究围绕新技术应用这一核心标志，构建了一幅面向未来教育的创新蓝图，为新时代基础教育高质量发展提供了理论指导与实践参考。遗憾的是，已有成果较少涉及未来学校评价的研究，说明建立具有诊断反馈、激励导向、教学改进的评价机制为研究难点。

3. 未来学校实现路径探析：探索中国式发展道路与校本化实践

未来学校建设与发展路径的研究是连接未来学校理论研究与实践研究的重要桥梁。多数学者综合已有研究经验与反思，从宏观政策导向到微观实施策略，多层次、全方位地勾勒未来学校的发展蓝图。田友谊等学者基于技术与教育的关系错位、未来学校概念属性不清晰等问题，提出未来学校的建设需要学校、教育与社会多维力量、多种关系的综合互动与共同支撑，形成强大的"系统合力"。[①] 周文美等学者基于人们对未来学校教育本质认知存在局限这一根本问题，提出未来学校建设和发展应以"育人育心"为本质，从未来学校的课程设计、教师培养、智慧学堂构建、评价机制设置五个方面阐释如何实现未来学校泛在发展融合。[②] 这些研究为未来学校建设提供了一条以人为本、关注教育内在价值的发展路径。

部分学者紧密结合国家政策导向与战略规划，为未来学校提供实践依据。例如，通过对《中国未来学校2.0：概念框架》的深入解读，有学者提出："未来学校要以全新的学习方式改变传统的学习时间，在虚实结合的空间中以心理学和脑科学为支撑进行学习；未来课堂内部的空间布置要满足学生多样化的需求，外部要与社会、家庭等场所互通。"[③] 再如，响应《中国教育现代化2035》关于建设高质量教育体系的要求，学者倡导通过智慧教育助推教育现代化，引领未来学校发展的实现路径，提出现代教育管理者要从理念更新、能力赋新、体系创新等方面进行探索与实践，激活学校整体的教育生态。[④]

在政策引导与课题项目支持下，众多学校积极开展未来学校实践探索，形成了丰富多样的创新模式。以上海市同济黄浦设计创意中学为例，其课程体系将60%的基础性课程与40%的创新型课程有机结合，以"设计思维"为指导，推行跨学科融合教学，旨在培养学生的多元能力与实践应用能力；该校倡导以项目和问题为导向的教学模式，赋予学生学习活动的主导权，教师则扮演引导者角色，深度介入学生的学习与生活过程。[⑤]

总体而言，未来学校实践探索主要聚焦单个学校层面，以新技术为引领，形成了一系列具有校本特色的创新实践案例。这些案例不仅是未来学校理念的具体化与本土化，也为其他学校提供了可借鉴的改革路径与方法论启示，有力推动了未来学校研究从理论走向实践、从构想到落地的进程。

四、对我国未来学校研究短板问题的前瞻性思考

21世纪以来，尽管我国未来学校研究在规模与质量上取得了显著进展，然而面对数智时代教育体系日益复杂的现实需求与未来挑战，现有的理论与实践成果在深度与广度上仍显不足，无法充分支撑学校教育体系的系统性重构。尤其在处理未来学校建设中的技术与育人关系、构建面向未来的研究范式、科学测评育人效果等核心议题上，研究仍存在诸多盲点与困惑，构成了当前教育研究领域的重要议题。

1. 未来学校的理论认识存在分歧，需要谨防技术决定论

尽管现有理论研究已从不同维度对未来学校的核心概念、形态特征、架构原则、实施路径等进行了

① 田友谊、姬冰澌：《人工智能时代未来学校的建设之道》，《中国电化教育》2021年第6期，第39-48页。
② 周文美、姚利民，章瑛：《未来学校2035：育人育心的泛在学校——问题、本质和建设路径》，《开放教育研究》2021年第1期，第55-64页。
③ 陈其晖、陆维康：《未来学校的解构与实现路径——基于〈中国未来学校2.0：概念框架〉的解读》，《现代教育论丛》2020年第2期，第36-45页。
④ 刘正华：《智慧教育重构学校生态的实践路径》，《湖南社会科学》2021年第3期，第155-162页。
⑤ 崔璐：《未来学校的概念、特征与实践》，《教学与管理》2019年第7期，第16-19页。

深入探讨,并在某些方面达成初步共识。在诸多认知分歧中,教育与技术关系的澄清尤为迫切。未来学校研究蕴含着通过技术赋能实现学校颠覆性变革的理想,因此绝大部分成果强调借助技术解决传统学校教育存在的问题与不足。但是,技术不是未来学校的本体,更不是未来学校研究的全部。[①] 教育技术发展史告诉我们,技术可以促进教育变革,但它不是教育变革的决定性因素,而是实现变革的工具。

当前研究中,过度倚重技术的现象普遍存在,导致对教育理念更新、教育深层规律探索以及育人价值实现等核心问题关注不足,易陷入技术决定论的误区,甚至出现"只见技术不见人"的偏颇。顾明远曾指出"教育的本质并不会因信息技术的介入而发生改变,教育传承文化、创新知识和培养人才的本质不会变,'立德树人'的根本目的也不会变"。[②] 调研结果也表明,当前中小学教师"最不希望被技术和经济裹挟而失去学校教育本质"。[③] 在生成式人工智能加速卷入教育场景的时代潮流中,厘清教育与技术的新型关系显得更加紧迫。

在未来学校的研究与实践中,我们应秉持"教育+技术"而非"技术+教育"的理念,将育人置于学校变革的中心。未来学校建设的核心任务在于,如何在尊重教育本质的前提下,借助科技手段有效培养学生的终身学习能力与解决真实世界复杂问题的能力,为未来社会输送具备创新精神与实践能力的复合型人才。展望未来,研究者应深入考察技术变革与教育演进的内在关联,倡导深层次教育理念的革新与教育运行机制的重塑,以教育学、心理学、学习科学等多学科理论为指导,探寻未来学校建设的深层价值意蕴与教育伦理内涵,确保技术与教育的平衡与和谐发展,避免二者关系的失衡与错位。

2. 未来学校的研究方法缺少创新,需要引进未来学研究法

21 世纪以来,我国未来学校研究在"互联网+"和"人工智能"等背景下取得了显著进展,然而在研究的背后,方法论的意识不够鲜明,研究方法仍显单一,多依赖传统的文献研究法与文本分析法对政策文件和既有经验进行解析,缺乏多学科交叉研究方法的介入,尤其是缺乏面向未来的新兴研究方法的运用。有学者指出"未来学校的研究与建构需要建立在未来学的研究方法基础之上"。[④] 因此,引进未来学研究法对未来学校主题开展多向度的预测、实践与讨论具有紧迫性。

未来学(Futurology)的方法是科学研究方法的一个特殊种类,即科学预见的方法,是根据已知科学事实、科学原理和科学理论,主要通过逻辑演绎的方法进行外推,从已知到未知,以预测事件的发生和事物发展变化的趋势、状态的方法。[⑤] 华东师范大学"未来学校研究"项目组通过运用未来三角、未来轮、场景法、因果层次分析法等未来学方法探索中国学校的"过去的未来""新兴影响因素""替代性未来"和"优选的未来"等问题[⑥],取得了诸多的有益启示。这证明未来学研究法在揭示未来学校发展规律、预见教育变革趋势方面具备独特价值。

鉴于此,建议我国学界积极采纳未来学研究法,以弥补传统教育学方法在应对复杂教育系统变革时的局限,推动未来教育学的构建与发展。通过引入未来学研究法,研究者可深入探讨"教育—人—技术—社会"复合系统的时代特质、基本原理与变革路径,这些是未来学校研究顺应时代发展,拓展研究深度与广度的必然选择。

3. 未来学校的课程教学创新不足,需要强化智能化转型

毫无疑问,课程与教学是学校建设的中心工作,也是教育教学研究的永恒热点。未来学校的已有相关研究主要是利用信息技术赋能课程形态与教学方式延续性改进,实质上学生的学习并未发生根本性

① 孔苏,于金申:《未来学校研究的本体审视与方法追问》,《电化教育研究》2023 年第 10 期,第 24-31 页。

② 顾明远:《未来教育的变与不变》,《中国教育报》2016 年 8 月 11 日,第 3 版。

③ 朱园园,戴孟,卜玉华:《中小学教师眼中的未来学校是什么样？——基于江浙沪四所学校的未来工作坊调研》,《电化教育研究》2024 年第 6 期,第 81-88 页。

④ 陈红燕,叶子:《远离过时的未来——简述"因果层次分析法"及其对未来学校的启示》,《基础教育》2022 年第 2 期,第 40-49 页,第 68 页

⑤ 肖子健:《关于未来研究的方法论问题》,《西安电子科技大学学报(社会科学版)》1999 年第 2 期,第 20-24 页

⑥ 戴孟,于金申,戴逸帆,等:《运用未来学方法探索中国未来学校的实践研究——以"未来学校研究"项目组的工作坊学习实践为例》,《基础教育》2022 年第 4 期,第 84-99 页。

转变。

自2022年底ChatGPT3.0大语言模型面世后，知识生产方式发生了颠覆性变革，传统课程与教学模式面临生成式人工智能的巨大挑战。随着文本、图像、语音、视频等多模态大模型的不断演进，"AI课程生成器"与"AI数智课堂"已经走进学校课堂，如何应用它来回答智能化教学转型的"何为、为何、若何、如何为"等逻辑性追问，是未来学校研究的崭新命题。

笔者建议着力关注大语言模型支持下的生成式人工智能应用研究，建立开放的课程供应链体系及全面、个性、融合和关联互动的教学方式，从而促进课程与教学的智能化转型。

首先，应鉴于大模型的知识生成特点，运用思辨法对"什么知识最有价值"的哲学问题做出智能时代的新解释，以重新建构课程与教学设计的指导思想。其次，应坚持学习者中心的原则，以"人机交互·成果导向·任务驱动·评价前置"为理念，系统性重构大模型、生成式人工智能支持下的教学场景、教学内容、教学方式、教学过程、学业评价等要素的新内涵，构建"双师共生智能化教学模式"，广泛开展虚实融合、数字助教和师生协同交互的新型教学论的研究。再次，应强化智能化课程与教学的实践研究。当前，生成式人工智能在课程与教学领域的应用研究尚处于萌发期，已有研究侧重阐释应用大模型的前景展望，实践研究偏少。建议未来通过课堂行动研究、案例研究，探索技术与教学深度融合的有效路径，实现校内到校外学习场景的跨越，正式学习与非正式学习的切换，促进学生个性化学习，以此增强自主创生知识的能力。

4. 未来学校的评估体系尚未构建，需要创新评价模式

教育评估认证在相当程度上决定着学校的教育质量和办学水平，最终影响到教育的社会价值。[1]现有未来学校的研究文献较少关涉评价，有限的成果主要是倡导利用智能评价工具对学生的学业成就开展数字化评价。然而，关于"何为理想的未来学校"以及"如何有效改进与完善未来学校建设"的评价理论与实践方法有待研究，亟待构建一套科学、完善的未来学校评价指标体系与标准，为未来学校提供诊断、监测及决策改进的可借鉴依据。

针对未来学校评价模式的构建与研究，建议遵循"教—学—评—研—管"一体化的理念，以培养具备未来竞争力的创新型人才为导向，整合人工智能、大数据等前沿技术，实现教育大数据的无缝、实时、真实采集，生成可视化教学质量报告，旨在实现改进结果评价、强化过程评价、探索增值评价、健全综合评价的国家意志。具体而言，未来学校评价体系的构建应从发展性评价理念、多元评价主体、系统化评价内容、规范化评价标准、智能化评价工具及精准化评价决策六个维度进行深入研究与实践，通过评价机制推动学生素养持续提升、教师专业能力不断发展、课程体系持续优化以及学校办学特色不断创新。

从实践指导层面看，未来学校评价体系的设计应呈现以下转向特征：评价内容从单一维度、静态孤立转向动态、全面、系统的评价；评价方法转向大数据分析支持下的多维度过程性评价；评价主体转向多主体评价，包括教师、学生、家长、社区成员乃至第三方专业机构等多元角色共同参与评价过程，这有助于促进家校社联动与教育共识的形成。

5. 未来学校的变革成效缺乏检验，需要开展实证研究

科学理论的真伪与有效性唯有通过严谨的实证检验方能得以确认。未来学校建设的核心使命在于培养具有创新精神、批判性思维与全球视野的未来人才。遗憾的是，已有文献对未来学校教育改革实效的实证性探究较为缺乏。自2013年中国教育科学研究院确立首批未来学校实验校以来，历经十余载，这些实验校在师生关系、课程体系、教学模式、评价机制、学校治理乃至整体形态等方面经历了何种演变？理论构想是否真正转化为教育实践的丰硕成果？这些问题迫切需要得到解答。

为填补这一研究空缺，建议在构建未来学校评价指标体系的基础上，选取若干典型未来学校进行长期追踪研究，关注其发展进程、教师发展、学生学业成就等关键指标，通过逐年数据的积累与深度挖掘，

---

[1] 周彬：《从"办学方向"审视"学校评估标准"》，《教育发展研究》2006年第22期，第17—20页。

客观呈现教育变革的实际成效。具体研究策略可包括:(1)开展案例研究。挑选具有代表性的未来学校作为研究对象,设计结构化或半结构化问卷,对校方管理层、教师、学生及其家长进行深度访谈,系统梳理学校教育变革的实施细节、成功案例与面临的挑战。(2)开展随机对照试验。设立未来学校与传统学校对照组,对比分析两组在学术成绩、创新能力培养等方面的差异,科学验证未来学校教育模式对提升学生综合素质的直接影响效果。(3)进行大数据分析。利用学校内部数据、学生档案资料和学业测评数据,运用大数据技术进行量化分析,绘制未来学校教育改革实践的轨迹图,揭示其长期教育效果的动态变化。

通过对未来学校实例的实证研究,不仅能验证相关理论在现实教育情境中的适切性与可行性,提炼出教育变革的有效策略与成功模式,还能揭示潜在的风险与挑战,为未来学校经验推广与相关政策制定提供扎实的实证依据与决策支持。

限于数据来源,本研究对未来学校的认识存在视野的局限性。展望未来,还需要对国内外文献进行比较研究,如关注 OECD 组织于 2020 年提出的未来学校教育的"学校教育扩展、教育外包、学校作为学习中心、无边界学习"四种图景[①],思考其对我国未来学校建设构成哪些机遇与挑战。

A Perspective and Prospective Reflection on Research Hotspots of Future Schools in China Since the 21st Century

ZHU Xuemei[1], CAO Peijie[2]

(1. School of Teacher Education, Nanjing Normal University, Nanjing Jiangsu, 210023;

2. Institute of Digital Education, National Academy of Educational Sciences, Beijing, 100088)

Abstract: This study analyzes research on future schools in China since the 21st century, using CiteSpace for in-depth computation and visual mapping of relevant literature. Findings reveal a significant imbalance in temporal and spatial distribution, and weak centrality of research hotspots. This paper summarizes the research hotspots of future schools into three major topics: conceptual connotation, construction framework and implementation path. After an in-depth analysis of the content, major limitations in current research include divergence in theoretical understanding, lack of methodological innovation, underdeveloped evaluation systems, and insufficient empirical validation of reform outcomes. In view of this, prospective research suggestions are put forward in five aspects, namely, caution against technological determinism, introduction of futurology methodologies, enhancement of intelligent transformation, innovation in evaluation model, and conducting empirical research with a view to advancing the depth of future school research.

Key words: future schools, CiteSpace mapping, research hotspot, theoretical exploration, practical innovation

---

① 经济合作与发展组织:《回到教育的未来:OECD 关于学校教育的四种图景》,窦卫霖等译,上海教育出版社 2022 年版,第 2 页。

人工智能辅助深度学习:本质、挑战与突破

梁　毅 [1,2]

（1. 广西师范大学 教育学部，广西 桂林 541004；2. 梧州学院 外国语学院 广西 梧州 543002）

摘　要：从浅层学习迈向深度学习，是人工智能辅助学习者学习的应有之义。人工智能辅助深度学习是在承认并坚持工具本位的基础上，利用人工智能技术的优势，推动学习者从单线的浅层认知学习向复合的深层赋能学习转变的过程。其价值体现在学习准备、学习内容和学习结果三个方面。然而，人工智能辅助深度学习面临着高度工具理性导致主体失真隐患，知识碎片撷取暗含浅层学习风险，过度技术赋能引发路径依赖危机等挑战，对此，需聚焦强化学习者的主体地位，着力发展学习者的高阶思维，培育生成交互式的学习模式。

关键词：人工智能；深度学习；学习变革；浅层学习

自然语言处理、智能机器人、计算机视觉等人工智能技术更新迭代、喷薄涌现，已然成为推动学习方式变革的重要力量。人工智能在辅助深度学习方面展现出前所未有的优势，乃至有部分学者引出"技术之于学习的决定论"或"技术之于学习的神话"等话题。[①] 但人工智能辅助深度学习也隐藏着颠覆性的风险。相关论者认为，类似的技术生命史大多都会经历同样的循环：高期望—大规模应用—令人沮丧的结果。[②] 然而，任何一方对人工智能辅助深度学习的探讨都只掠其表面，将人工智能辅助深度学习的探讨缩置于"技术功能"的论说，也忽视了其"内在使能"的分析。当前，追问"人工智能是否能够促进深度学习"已不再是一个真问题，而真正要思考的应当是——"人工智能如何才能高质量地促进深度学习"。在人工智能日益"泛在"的时代，探讨人工智能辅助深度学习的本质与价值、挑战与突破等问题，关系着人工智能发展的未来向度。

一、人工智能辅助深度学习的本质与价值

浅层学习对应于单点结构水平和多点结构水平，而深度学习对应于关联结构水平和抽象扩展结构水平。[③] 可以说，深度学习对学习者的能力提出了更高要求，需要一定的技术支持。人工智能作为一种技术，主要利用算法和模型来模拟人类的智能，并将其应用于各类场景中，有助于辅助学习者实现深度学习。然而，关于"人工智能辅助深度学习的本质与价值究竟是什么"的问题，仍需进一步厘清。

基金项目：国家社会科学基金2024年度教育学西部项目"民族地区地方性知识与跨学科主题学习整合的机制与策略研究"（项目编号：XPA240347）。

作者简介：梁毅，广西师范大学教育学部博士研究生，梧州学院外国语学院教授，主要从事课程与教学论研究。

① 李芒，石君齐：《靠不住的诺言：技术之于学习的神话》，《开放教育研究》2020年第1期，第14-20页。
② 杨南昌，罗钰娜：《技术使能的深度学习：一种理想的学习样态及其效能机制》，《电化教育研究》2020年第9期，第13-20页。
③ 张钹，等：《迈向第三代人工智能》，《中国科学：信息科学》2020年第9期，第1281-1302页。

1. 人工智能辅助深度学习的本质

在教育领域,马顿(Marton)和萨尔乔(Saljo)较早地对深度学习的概念进行了探讨,在《学习本质区别:过程和结果》一文中,他们分析了学习的两种过程与策略:一种为死记硬背、强调知识符号性撷取的浅层学习;另一种为理解分析、强调意义解读内化的深层学习。[①] 而毕格斯(Biggs)也对浅层学习与深度学习进行了区分,前者主要指简单的机械、重复式记忆,后者是指学习者主动进行知识加工以达到高水平认知的过程。[②] 不同于前两者对比分析的思路,比艾特(Beattie)和柯林斯(Collins)等认为深度学习要求对学习内容进行批判性重构,重视连接先前获得的知识,关注知识体系之间的逻辑关系以及结论形成的证据,更重视知识的系统连接。[③] 而何玲、张治勇等指出深度学习是一种理解性的学习方式,以提高学习能力、实践能力和创新能力为宗旨[④][⑤];郑葳和刘月霞认为深度学习强调高层次的认知目标,强调高级思维能力的培养,强调学习过程中的反思与元认知,注重学习行为方面的高情感投入和高行为投入。[⑥] 这预示了深度学习赋能学习者产生主动行为,并且具备处理多重语境能力的话语转变。综上,本文认为在教育领域中,深度学习是一种学习者形成批判性认知与主动行为能力的学习方式。

实际上,教育界所探讨的深度学习话题,是由人工智能技术基础——机器深度学习的概念迁移与泛化过程中形成的。自 20 世纪 50 年代以来,人工智能经历了从"知识驱动模型"到"数据驱动模型"再到"语义向量模型"的技术思路谱系流变。与之相类似,教育领域对深度学习概念的认识也经历了从单线的浅层认知学习向复合的深层赋能学习转变的过程,彰显出两者之间内在的联系。人工智能作为当代社会变革的重要驱动力,已深刻影响教育领域的认知方式与学习范式。越来越具备"拟人化"特征的人工智能,早已越过物质工具的属性,而能以"拟学习者"的状态介入并赋能学习者的深度学习过程。具体而言,一是人工智能通过学习分析、个性化推荐、认知计算等手段,使学习者在智能化反馈、问题探究与自动化推理等动态交互过程中深化知识理解并指向主动的认知建构;二是人工智能基于数据算法模型与学习者形成高度适配性,具有个体差异性的学习者在学习系统的智能支持下,根据自身的认知水平、学习进度与兴趣偏好,自主选择学习路径与资源,优化学习体验;三是人工智能通过大数据分析、学习轨迹监测与智能测评,对学习者的知识掌握情况进行实时诊断,提供有针对性的反馈与干预;四是人工智能通过智能教学系统、虚拟学习伙伴、智能对话系统等,构建人机交互式学习环境,增强学习者与学习内容、学习工具、学习社群之间的互动性。总之,人工智能辅助深度学习的本质特性体现在技术赋能的认知建构性、学习过程的自适应动态性、数据驱动的精准评估性、学习生态的智能交互性等方面。

此外,也应注意到无论人工智能技术更迭出多么强烈的"拟人化"特征,它依然是以技术性工具的资质介入学习者深度学习过程,无法取代人在教育活动中的主体性地位。因此,人工智能辅助深度学习应当承认并坚持其工具本位,坚守为人服务的技术伦理。人工智能作为提升教育教学方式灵活性、教育教学资源多样性、教育支持服务广泛性的有力推手,可为深度学习创造更为有利的条件,不仅是教育适应时代发展之举,也是促进人更有质量的全面发展的必要方式。

2. 人工智能辅助深度学习的价值

第一,在学习准备方面,人工智能有助于提升学习者开展深度学习活动的预备效率。人类活动经由一定的摹写转译程序,以数字表征的形式注

① F. Marton , R. Saljo , "On Qualitative Differences in Learning: OutCome and Process", *British Journal of Educational Psychology*, No. 46(1976), pp. 4-11.

② J. B. Biggs , "Individual Differences in the Study Process and the Quality of Learning Outcomes", *Higher Education*, No. 8(1979), pp. 381-394.

③ V. Beattie , B. Collins , B. Mc Innes , "Deep and Surface Learning: A Simple or Simplistic Dichotomy", *Accounting Education*, No. 86 (1997), pp. 1-12.

④ 何玲,黎加厚:《促进学生深度学习》,《现代教学》2005 年第 5 期,第 29-30 页。

⑤ 张治勇,李国庆:《学习性评价:深度学习的有效路》,《现代远距离教育》2013 年第 1 期,第 31-37 页。

⑥ 郑葳,刘月霞:《深度学习:基于核心素养的教学改进》,《教育研究》2018 年第 11 期,第 56-60 页。

入人工智能程序。基于大数据算法，人工智能技术能够有效分析人类认知与表达的惯习，在日常运用中可模拟与预判、演示人类认知与行为的程序步骤。①基于人类偏好数据模型的全面建构，人工智能前所未有地实现了对人类认知机制的深度模拟，为后续细化学习者的个性要素、识别与辅助智能生成奠定了基础。唐·伊德曾定义两种关于人与技术的关系：第一种是"它异关系"，即技术是以相对于人作为个体的准它者身份，与个体发生关系，个体与技术之间保持相对独立或曰脱嵌；第二种是"具身关系"，即技术嵌套在个体情境之中，个体通过技术感知与改造世界，技术成为个体功能的延伸，强调相互依存。②人工智能辅助深度学习，要求人与技术的关系由"它异"转变为"具身"。简言之，人工智能对学习者而言，能够从外在的准它者形态逐渐转变为相互耦合的形态。

第二，在学习内容方面，人工智能有助于促进学习者深度学习活动的精细化。人工智能通过极大参数量和数据量的技术处理，能够对丰富的信息资源进行存储、分析，从而就技术服务与个体需求特征之间进行精细化的识别与匹配，即依据个体需求指令展开推理演算，更细致地连接学习者个体的需求与价值。具体而言，大数据算法之下的人工智能对学习者的认知惯习、微妙情趣、价值追求能更精准匹配和表达，以实现学习者与学习内容、学习目标之间更有价值的连接。这种连接是对人工智能辅助深度学习的升维，意味着具有更高效信息处置能力配置的智能技术能够对个体状态进行全维度分析。此时，人工智能作为教师、学生之外的"准第三方"重要参与者，参与建构学习者作为主体的学习过程。因此，平衡精准细致的个性服务与整全学习之间的矛盾关系，能够促进人工智能辅助深度学习。

第三，在学习结果方面，人工智能有助于推动学习者的深度学习活动实现多元表达。人工智能拥有极强的数据处理能力，能够有针对性地对学习者个性要素的结构化处理与有机呈现，进而形成技术操作矩阵，更加深嵌深度学习的全过程运

用，以拟真智慧辅助和"引导"人类智慧发展。具体而言，人工智能通过大数据等技术以及实际操作程序，创设与学习者持续拟真"对话"的环境，不断对学习者的个性化要素进行识别、整合、分析并结构化处理，从而创设学习者深度学习的空间。此外，人工智能还能以无界接触的方式全面渗透、融入人类学习领域，通过音像、文字等不同技术的组合方式，提升知识的结构表达通达度与运用效率，使学习者更愿意在人工智能条件下进入预设的学习过程。在人工智能所促成的新型人与技术关系的引导之下，学习者将会更主动地追求深度学习目标的达成与学习价值的实现。

二、人工智能辅助深度学习的现实挑战

随着人工智能技术在教育领域的广泛应用，逐渐发展成熟的智能辅助手段有力地促进了教育变革与教学优化。与此同时，人工智能辅助深度学习在主体、内容和形式等方面也存在诸多挑战。

1. 主体性挑战：高度工具理性导致主体失位隐患

一是新质介入与学习主客体关系错位。对学习者而言，任何被学习的对象以及为助力学习而创设的工具，皆属于"物"的范畴。知识作为人类社会发展的表征体系，是学习者学习的主要对象。它主要以物化客体的形式，作为人的附属品与人并存，却从未拥有挑战甚至颠覆人类主体地位的能力。在传统的"人""物"对立关系中，学习是指主体以单向递增的方式，完成对蕴含意义体系、以显性符号或文字为表征形式的客体的吸纳。随着现代信息技术特别是人工智能技术对学习过程的参与，不仅颠覆了传统的学习模式，也打破了学习生态体系中主客体角色定位清晰的态势。③从某种程度上说，人工智能技术凭借不断增强的机器深度学习能力，正试图改变知识客体长期以来从属于人主体的被动局面。在此情形下，原本处于绝对主导地位的人，可能会陷入被动的局面。在学习过程中，一旦人失去主体地位，接受人工智能

① 卢宇，余京蕾，陈鹏鹤，等：《生成式人工智能的教育应用与展望——以ChatGPT系统为例》，《中国远程教育》2023年第4期，第24-31页。
② 唐·伊德：《技术与生活世界：从伊甸园到尘世》，韩连庆译，北京大学出版社2012年版，第77-108页。
③ 王鹍：《技术赋权视阈下的教育信息化反思》，《中国电化教育》2018年第2期，第96-99页。

"智慧"指导的可能性便会越来越大,这无疑是信息技术给人类社会发展带来的隐忧。

二是虚拟空间与学习主体非实在化风险。随着人工智能的介入,知识生产与传递的权力在无意识中不断从人这一主体身上被剥离与消解。于是,如何更积极地发挥人在学习过程中的主观能动性,成为智能时代开展深度学习面临的重要问题。兰登·温纳(Langdon Winner)指出,科学与技术的发展带来了人类社会结构的深刻变革,也形成了新的"丛林规则",使得人的主体角色受到了某种程度的冲击。[①] 在人工智能的强势介入下,作为学习主体的人,在学习各环节中极易产生依赖性,进而削弱自身的能动性。进言之,人工智能构建起虚拟的交往空间,使得原本依赖人与人互动才能完成的学习过程,如今正日益被人机互动所取代。虽然"人作为社会的人而存在"这一命题并未发生根本性改变,但人类在知识传递、信息获取、技能培训等诸方面对智能技术的依赖,使得人在不自觉间逐渐成了技术的"附属品"。

2. 内容性挑战:知识碎片撷取暗含浅层学习风险

一是数据膨胀与知识无差别导入的内容失真。信息技术的发展为知识的存储与创新提供了极大便利,人类的知识从未像如今这样,拥有高度集聚的机遇。然而,信息技术提供的信息是否真实、正确且有效,并非它能概全。戴维·温伯格(David Weinberger)指出:"网络化的知识开启了一个充满分歧的网络。"[②] 在人工智能的影响下,知识褪去了传统时代那种如"阳春白雪"般难以触及的形象,准入门槛大幅降低,在一定程度上却让知识变成了一种面貌多样、存在歧义的网络集合体。换言之,伴随人工智能技术在教育等多领域的推广,海量且界限愈发模糊的学习资源,通过便捷途径源源不断地进入学习者的视野。然而,在这一过程中,一些充斥着偏见、歪曲真相且罔顾事实与客观性的内容也混杂其中。可以说,人工智能技术的迅速发展与广泛普及,导致了知识本身及其表征体系均发生了巨大变化。置身于知识的洪流之中,学习者选择何种知识学习理念与方式,

如何通过深度学习实现自身思维能力的进阶,对其未来发展而言至关重要。

二是知识碎片化撷取与人的整全意义失落。在过去,人类长期积累的知识被储存于纸本等直观且清晰可见的物质载体,并以"点线结合"的层级结构呈现。当社会迈入人工智能时代,知识的载体已然突破了传统纸本的范畴局限,转而存在虚拟的网络空间中。在人工智能知识网络里,传统概念中结构稳定、意涵丰富的知识体系被毫不留情地拆解,经历着碎片化的解构与重构,最终常以杂乱无章、片面单一的面貌呈现。置身于杂乱无章、缺乏逻辑的知识碎片"丛林"中,学习者疲于应付碎片化的知识轰炸,从事由碎片化知识堆砌的工作,根本无暇搭建沟通不同知识的桥梁,导致无法建构整全的知识体系。质言之,知识的整体结构被机械学习切割,而变成零散的条块结构,整体性的学习体系也被悄无声息地打破,知识学习也就变成了即学即用甚至食而不化的"快餐式"撷取过程。[③] 这与面向未来的学习者所追求的获得结构化、整全化知识结构的目标背道而驰,最终使学习者不可避免地陷入浅层学习的困境。

3. 形式性挑战:过度技术赋能引发路径依赖危机

一是过度依赖技术工具形成的学习惰性。当前,由过度技术赋能所引发的深度学习危机,已然成为人工智能辅助教育领域备受关注的议题。相较于传统学习方式耗时长、投入大的弊端,人工智能技术所展现的高效与便捷极具吸引力。借助人工智能软件或工具,学习者能够快速获取自己所需的知识与信息,轻松攻克难题,完成一系列繁琐的学习任务。尤其是语义向量模型 AI 的诞生以及不断的迭代升级,学习者对那些更为快捷甚至具备初步认知处理能力的人工智能辅助工具产生了日益强烈的依赖,则造成了他的批判思维等认知活动明显迟滞。由于过度借助人工智能技术来获取知识,学习者越来越弱化自身的能力达成,甚至将本应由人来完成的学习过程直接让渡给了机器。不仅如此,学习者还可能因过度依赖人工智能技术和工具进行信息获取而滋生学习惰性,逐

① 兰登·温纳:《自主性技术》,杨海燕译,北京大学出版社 2014 年版,第 87 页。

② 戴维·温伯格:《知识的边界》,胡泳、高美译,山西人民出版社 2014 年版,第 62 页。

③ 罗琴,么加利:《人工智能时代研究生知识观的异化与重塑》,《研究生教育研究》2022 年第 1 期,第 30-37 页。

渐陷入"只接收信息而不深入思考"的尴尬境地。长此以往，学习者极易形成技术依赖心理而丧失学习探究的主动性，最终沦为存储知识的"容器"。

二是"技术黑箱"隐含学习行为脱轨风险。从技术原理与操作流程来看，人工智能技术主要是把学习者在学习进程中的一系列表现特征转化为数据信息，并在数据分析的基础上将符合学习者意愿的潜在相关学习资源进行推送。学习者往往将以精准为标签的人工智能技术视为"知己"，这种高度的便捷性与适切性正是学习者甘于依赖人工智能技术的根源所在。然而，"当技术成为一种新的极权时，人一方面顺服技术所规定的工作流程，另一方面成为工具的附属物"。[1] 在此过程中，学习者的个体行为被拆解为便于机器识别、读取与评判的数字符号，充满了危机与风险。事实上，由于人工智能算法背后隐藏的"技术黑箱"，导致学习者难以解析技术的算法与逻辑体系，因此，学习者与人工智能之间存在着难以逾越的技术鸿沟乃至脱轨的风险。[2] 因为人工智能的算法程序开发始终遵循简化且高效的原则，将学习过程进行数字表征，其中富含人文价值、难以被数字化处理的隐性知识可能会被舍弃，最终造成学习者因过度依赖人工智能技术而对知识的真实性与客观性失察。

三、人工智能辅助深度学习的路径探索

面对当前人工智能技术应用于学习所引发的纷争，亟须着眼于学习的本质，以促进学习者从浅层学习走向深度学习为根本指向，探索人工智能辅助深度学习的路径。

1. 从技术回归人本：聚焦强化学习者的主体地位

学习者作为学习的主体，无论人工智能发展得多么强大，人工智能教育都必须遵从"人工智能为教育服务"的根本宗旨，坚持以学习者为中心的原则。[3] 因此，人工智能辅助深度学习要以学习者为中心，从关注"技术"向关注"人"转变，强化学习者的主体地位。

一是借助人工智能提供的生成性学习材料，促进学习者实现有意义学习。在人工智能技术支持下，学习者学习更关注"技术"本身的发展，具有高度的工具理性，从而缺乏对学习者已有学习基础的重视。奥苏贝尔提出的有意义学习，强调了学习材料与学习者的认知结构建立一种非人为的、实质性的联系，凸显出学习者在学习中的主体地位。对此，可通过大数据运算技术，开发可供大规模组织、编排海量、零散学习资料的学习系统，以学习者已有认知结构为系统运作机制的设计对象。这样在学习者有准备、有目的地带着问题进入学习活动时，系统能够迅速捕捉以至辅助生成知识图谱，帮助学习者实现有意义学习。

二是推进人工智能对学习者进行数据挖掘并提供适配的学习资源，帮助学习者个性化学习。人工智能技术的发展，能够精确地绘制学习者画像，动态地展示学习者的知识结构、认知能力、学习风格、学习习惯等，并在准确了解学生知识缺陷和人格特征的基础上，为学习者个性化地定制学习资源服务。[4] 借助人工智能推进学习者从浅层学习走向深度学习，要以学习者为中心，关注人工智能技术与学习者的适配性。对此，可通过人工智能技术，开发学习者"画像绘制"系统，对学习者的教育数据进行挖掘与分析，精准感知学习者的意图，识别其需求，基于其个体特点，为学习者提供有针对性、适应性的帮助。

三是利用人工智能高效的数据分析为学习者提供实时反馈，以此及时调整学习计划，促进学习效果提升。在学习过程中，人工智能技术能够基于学习者的学习背景、知识存量等内容，实时捕获和识别学习者的课堂行为、心理、生理等多模态数据，并以科学的数据分析和研判学习者的学习效果。例如，通过人工智能收集学习者在学习中遇到困难时具体反应的数据，为学习者重新提供学习资源，辅助其及时调整学习计划，使学习精准化。质言之，要利用人工智能技术分析学习者在学习进程中受到的影响与制约，根据具体的情境

---

① 周国文：《人之解蔽：超越工具化的技术宰制之可能》，《社会科学辑刊》2007 年第 6 期，第 42-47 页。

② 谭维智：《人工智能教育应用的算法风险》，《开放教育研究》2019 年第 6 期，第 20-30 页。

③ 余小波，张欢欢：《人工智能时代的高等教育人才培养观探析》，《大学教育科学》2019 年第 1 期，第 75-81 页。

④ 李爱霞，顾小清：《学习技术黑科技：人工智能是否会带来教育的颠覆性创新？》，《现代教育技术》2019 年第 5 期，第 12-18 页。

及时调整学习路径,促进学习效果提升,推动学习者走向深度学习。

2. 从碎片转向系统:着力发展学习者的高阶思维

人工智能辅助深度学习不是学习者对碎片化知识的撷取,而是基于"知识系统"发展学习者的高阶思维。高阶思维集中体现了人工智能时代人才培养的新要求、人才发展的新特质,同时彰显出人工智能时代对学习者技能的高层次追求。[①]由此,要将碎片化知识进行整合以实现系统化,为学习者提供有效的知识结构,促进学习者利用好人工智能工具走向深度学习。

第一,优化提升人工智能技术的知识整合联通机制,为学习者提供系统的知识体系。从知识生成过程来看,人工智能从大量数据中提取隐含的、未知的、潜在的、有用的信息,通过各种智能算法自动化提取意义,打破了知识原有的线性结构和层级关系,使得知识呈现碎片化。[②]作为一种全新的知识引擎和创意机器,生成式人工智能仍处于迅速迭代变化之中。为此,学习者要利用好以 DeepSeek、ChatGPT 为代表的生成式人工智能工具,对其生成的知识进行筛选与整合,以发挥人工智能高效生产知识的巨大潜力。具体而言,学习者可以利用人工智能技术对碎片化知识进行自主加工,通过筛选与整合形成推理、抽象与反思等心智模式,使得碎片化知识结构化,形成系统化知识结构,提高学习者的高阶思维能力。

第二,利用人工智能技术强化学习者新旧知识的联结,促进习得的知识结构化。深度学习强调新旧知识的整合,它提倡将新知识与已知概念和原理联系起来,整合到原有的认知结构中,从而引起对新知识的理解、长期保持及迁移应用。[③]新一代人工智能技术已具备较强的语义分析处理能力,在知识的积累、搜集、识别等方面具备强大优势。因此,人工智能辅助深度学习应充分借助当下最新的人工智能语义图示工具,经由关联分析与角色分析等手段,深挖新旧知识之间的衔接知识,从海量的学习资源里提取并精确推荐学习内容与学习路径,以供学习者自主开展学习,拓展新旧知识的联通途径。

第三,基于人工智能技术构建跨学科主题学习模式,促进知识的整合与融合。生成式人工智能具有广泛的适用性,能够深度融入多样化的学习场景之中。它不仅可以助力人类实现高效且跨学科的信息处理,还能为学习者发现问题、剖析问题以及解决问题的综合素养培养提供有力支持,促使学习者在实践探索中不断发展高阶思维能力。在未来,人工智能工具应成为辅助跨学科主题学习的重要工具。例如,运用跨媒体智能检索、语义分析等人工智能技术对不同学科的知识进行统整,将碎片化知识进行收集、分析、整合,重构跨学科知识体系,再以学习资源的方式呈现给学习者,实现高阶思维培养。

3. 从单向走向共生:培育生成交互式的学习模式

随着人工智能的"类人脑"技术逐渐走向成熟,人工智能与学习者的交流方式既超越了学习者之间传统的交流方式,又超越了机器与学习者之间的单向交流,是一种交互式的发展进程。通过测试证明,学习者在"生成式人工智能+元宇宙"人机协同环境下的学习绩效均显著提升。[④]因此,人工智能辅助深度学习应促使学习者的学习从"单向"的输入—输出环境转变为"共生"的发展环境,形成一种交互式的学习模式。

一方面,构建人工智能与学习者"交互"的学习空间,实现立体循环的"超现实"环境支持。人工智能的发展催生了人机共生环境,意味着人类与机器之间充分发挥融合潜能,实现更深入、更高层次的交互、协作与共融,而不是简单的人工智能辅助、增强。[⑤]这能够为学习者提供开放、共享的交互式学习系统和"超现实"的虚拟场域,重塑学习空间。"协同性"是交互式学习的突出特征,是指

① 张良,关素芳:《为理解而学:人工智能时代的知识学习》,《湖南师范大学教育科学学报》2021 年第 1 期,第 55-60 页。

② 杜华,顾小清:《人工智能时代的知识观审思》,《中国远程教育》2022 年第 10 期,第 1-9 页。

③ 张浩,吴秀娟:《深度学习的内涵及认知理论基础探析》,《中国电化教育》2012 年第 10 期,第 7-11 页。

④ 翟雪松,楚肖燕,焦丽珍,等:《基于"生成式人工智能+元宇宙"的人机协同学习模式研究》,《开放教育研究》2023 年第 5 期,第 26-36 页。

⑤ 刘三女牙:《人工智能+教育的融合发展之路》,《国家教育行政学院学报》2022 年第 10 期,第 7-10 页。

师生与学习空间中的各要素在运行过程中通过协调、协作来共同推动教学目标的达成。[①]"互通性"是充分调度在"人—机""人—人"共生环境中学习内容的互通功能，冲破教室物理空间的牢笼和"人与人"面对面交流的时空限制，增强信息交流、情感交互。为此，可基于数据资源库丰富的优质资源和平台完备的功能，构建融汇拟真情景技术、学习分析技术的交互式人工智能学习环境，强化学习空间的交互功能，促使学习者之间、学习者与机器之间的协同联通。

另一方面，以人工智能技术促进学习者从离身性到具身性的超越，增强学习的沉浸感与体验感。人工智能赋能教育中的情感价值往往被忽视，学习者直接体验到的只是冷冰冰的教学平台，只能通过媒介以"化身"的形式进行交互。[②]其根源在于学习者主动学习的过程被人工智能程序所替代，减少了学习者应当亲身参与的学习活动，使得学习不在"场"。在未来人机交互的人工智能时代，技术可以实现从"游离身外"到"具身模拟"的关键性转变。[③]为此，要将人工智能与多种教育技术相结合，构建沉浸式体验交互的学习空间，营造学习者身临其境的环境，激发他主动学习，帮助他获得良好的具身学习体验。即通过人工智能的具身学习为学习者的身体需求提供情境性、体验性、互动性和生成性等要素，以满足现实和虚拟世界的学习需求。

概言之，人工智能作为一种技术存在，无论怎样迭代升级与发展，其外在于学习者的"物"的本质是不会改变的。人工智能在辅助学习的过程中，既带来了前所未有的机遇，也伴随着不容忽视的挑战。为了推动学习者从浅层学习迈向深度学习，我们必须重新审视人工智能在教育中的角色定位，明确人工智能辅助深度学习的价值，以此探索如何助力学习者实现从技术回归人本、从碎片转向系统、从单向的浅层学习走向共生的深度学习，方能有效应对人工智能所带来的挑战。

AI-assisted Deep Learning: Essence, Challenges and Breakthroughs

LIANG Yi[1,2]

（1. Faculty of Education, Guangxi Normal University, Guilin Guangxi, 541004;

2. School of Foreign Languages, Wuzhou University, Wuzhou Guangxi, 543002）

Abstract: The transition from shallow to deep learning is a natural progression for AI-assisted learning AI-assisted learning. AI-assisted deep learning refers to a process in which the advantages of AI technologies are utilized—while admitting and adhering to the instrumentalist view of AI—to help learners shift from linear, surface-level cognitive learning to compound, empowered deep learning. Its value manifests in three aspects: learning preparation, learning content and learning outcomes. However, it also faces several challenges, including the risk of subject distortion due to excessive instrumental rationality, the fragmentation of knowledge extraction that encourages shallow learning, and a crisis of path dependency resulting from excessive empowerment by technology. To address these issues, it is essential to reinforce learners' subject status, develop their higher-order thinking skills, foster generative and interactive learning models.

Key words: artificial intelligence, deep learning, learning transformation, shallow learning

---

① 许亚锋，高红英：《面向人工智能时代的学习空间变革研究》，《远程教育杂志》2018年第1期，第48-60页。

② 苏林猛，炕留一，熊华军：《技术意向性视阈下人工智能赋能教育发展研究》，《电化教育研究》2023年第10期，第18-23页。

③ 谢泉峰，刘要悟：《具身模拟：人工智能赋能的学习变革》，《课程·教材·教法》2020年第12期，第116-122页。

基础教育数字化转型的学校进路

——以上海市实验学校的实践为例

陈兴冶 [1,2]，张慧伦 [2]

（1. 上海市实验学校，上海 200125；2. 上海师范大学 教育学院，上海 200234）

摘　要：基础教育数字化转型是教育数字化转型的重要组成部分，学校在基础教育数字化转型中承担关键责任。该研究以上海市实验学校为例，从逻辑起点、学校角色和实践场域三个维度深入剖析基础教育数字化转型的学校进路。研究指出，学校应以育人为本、解决现实问题、赋能顶层设计为逻辑起点；学校应承担联通者、引领者、实干者角色，以技术为媒介推动多维互动，构建"U—S"合作新模式，打造可持续数字文化生态；学校应以课堂教学为实践场域，教师为变革主体，文化为转型根基，因校制宜推动数字化转型。

关键词：学校发展；数字化转型；以人为本；教师专业发展

《教育强国建设规划纲要（2024—2035 年）》强调，以教育数字化开辟发展新赛道、塑造发展新优势，这一战略部署凸显了数字化转型在推动教育高质量发展中的关键作用。为积极推进教育数字化转型，我国于 2021 年制定了《"十四五"数字经济发展规划》，并将上海作为首个教育数字化转型试点区。在上海市教育委员会发布的《上海市教育数字化转型实施方案（2021—2023）》[①] 中，明确了教育数字化转型的核心目标是"人的发展转型"，同时强调"以学校为最小单元推进数字化转型"，突出了学校在这一变革中的关键作用与责任。本研究以上海市实验学校（以下简称"上实"）为案例，围绕逻辑起点、学校角色与实践场域三个维度展开分析，旨在深入探讨基础教育数字化转型的内在逻辑，厘清实施路径，进而采取有效应对策略，为其他中小学校提供有益借鉴。

一、教育数字化转型的逻辑起点

对教育数字化转型的探索须建立在清晰的逻辑起点之上，以锚定转型方向、拓展转型广度、深化转型深度。

1. 追求育人为本的理念

如何关注到学生个体本身，是教育数字化转

基金项目：全国教育科学规划教育部重点课题"学业情绪的多源数据表征及其对学习效果的影响——以理科实验教学为中心"（项目编号：DHA220483）。

作者简介：陈兴冶，上海市实验学校正高级教师、特级教师，上海师范大学教育学院博士生导师，博士，主要从事教育数字化转型规划与实施研究；张慧伦，上海师范大学教育学院博士研究生，主要从事学习技术（CTCL）研究。

① 上海市教育委员会：《上海市教育数字化转型实施方案（2021—2023）》，载上海市教委网：https://edu.sh.gov.cn/cmsres/08/080484 77da944a7b8dcc4b651cdd9ecf/2a129003c5240f56a8a6e6dd09b13357.pdf，最后登录日期：2024 年 10 月 15 日。

型的核心议题。教育数字化转型进程中经常出现"只见技术不见人"的问题，偏离了转型中以人为本的核心。教育数字化转型的根本是"人的发展"转型，即从教到学的转型、从为供给侧服务到为需求侧服务的转型。① 为此，教育数字化转型需重视构建以学生为中心的学习生态，重构教育理念与教学方法，利用数字技术激发学生兴趣和潜能，并加强学校、家庭及社会的合作，共同营造支持学生全面成长的环境。

面向育人的教育数字化转型，首先应当关注学生的学习。当前教学实践中，"发展不均衡、应用不充分、政策不落地"等问题严重阻碍了新时代教育的高质量发展。② 这些问题的有效解决需要回归学生发展的核心——学习本身，通过创新理论的引导，将成熟的技术工具引入课堂，并切实地改善学生的学习。课堂数字化转型的核心内涵在于通过数字技术与课堂深度融合，构建一个课堂数字化学习生态系统，进而塑造课堂新形态，以更好地服务于学生的学习。③

教育数字化转型是当下学校发展的必然选择。作为知识传递和技术应用的场所，学校是承担实践育人理念和推动教育创新的教育数字化转型的基本载体。教育数字化转型需要技术作为工具，更需要技术赋能教育理念和教学模式的变革。因此，学校需为教育数字化转型提供实验场域、实践场景，积累经验、提供示范，促进教育的系统性变革，从而回归育人为本的教育本源。④

2. 聚焦现实问题的解决

数字化转型作为推动教育进步的重要力量，在实施过程中也遇到了"应用难""见效难"和"融合难"等问题，这些问题相互关联、彼此影响，成为转型发展必须逾越的藩篱。

"应用难"，即数字技术难以高效融入一线课堂。教学实践过程中，"重技轻人"的倾向严重削弱了数字技术与学科教学之间的耦合。此外，教师更倾向于在展示性课堂中应用技术，而忽视其在常规教学中的有效运用，这加剧了使用者对技术有效性和适用性的质疑。教育工作者对教育数字化转型的意涵性、合理性和必要性仍缺乏深入的认识。⑤ 这些现实情况加剧了数字化建设与实际应用之间的脱节。

"见效难"，即技术对学业效果的改善不显著。尽管教育数字化转型在提升学业成就方面被寄予厚望，但实践与预期之间仍存在一定差距。基础研究的不充分及对数字技术的盲目应用导致不稳定的学习效果，进一步降低了一线教师对于技术使用的偏好度，进而影响教与学方式的改变进程。正因如此，学界一直在探索技术促进学习的机理，提出关注学习者的个性化发展，基于适切的技术，结合创新教育理念，重视对教育模式、教学方法和评估方式的革新，以有效支持学习者的学习过程。⑥

"融合难"，即数字化转型与学校常规工作相互独立。学校的数字化转型与日常运作分立，削弱了转型的整体成效。数字技术与教育领域若缺乏融合与协同，就会产生脱节现象，降低转型效果，甚至导致师生的反感和排斥。有效的教育数字化转型，需要实施全面的"一体化"策略，建设"云、网、边、端"的一体化服务⑦ 等，更需要综合统筹校内教、学、管、评、考等各环节。同时，鼓励师生积极参与数字化工具和资源应用，发挥数字技术在教育中的潜力，实现人技协作融合，以促进教育创新，提升教育质量和效益。

3. 赋能顶层设计的推进

教育行政部门在推进教育数字化转型时，往往缺乏对教育现场深刻理解和实际需求的准确把握，导致政策制定与教育实践之间存在鸿沟。此外，学校通常忽视快速发展的教育数字化对传统

① 董玉琦，林琳：《有效推进新时代教育的高质量发展——〈上海市教育数字化转型"十四五"规划〉解读》，《中国教育信息化》2022年第7期，第10-20页。

② 董玉琦，毕景刚，钱松岭，等：《基础教育信息化发展的问题审视与战略调整》，《开放教育研究》2021年第4期，第50-58页。

③ 胡姣，祝智庭：《公平优质导向的课堂数字化转型：逻辑、理念与路径》，《中国电化教育》2023年第8期，第18-24页。

④ 黄荣怀：《加快教育数字化转型 推动学校高质量发展》，《人民教育》2022年第Z3期，第28-32页。

⑤ 李芒，张华阳，葛楠：《教育数字化转型的要义与进路》，《中国电化教育》2023年第8期，第1-6页。

⑥ 董玉琦，高子男，张慧伦：《技术支持的个性化协作式学习实证研究——以高校物理专业"光的双缝干涉"教学单元为例》，《现代远距离教育》2023年第1期，第10-18页。

⑦ 祝智庭，郑浩，谢丽君，等：《新基建赋能教育数字转型的需求分析与行动建议》，《开放教育研究》2022年第2期，第22-33页。

教育模式的冲击和挑战,执行时不能及时响应技术进步和教育需求的变化,即缺乏灵活性和适应性。这不仅限制了数字技术在教育中的应用潜力,也放缓了教育创新的步伐。

因此,教育数字化转型中自上而下的"顶层设计"显得尤为重要。政府(区域)层面的教育数字化转型主要围绕建设制度体系、制定标准两个方面展开。建设制度体系包括打造支持机制、确立管理体系,为下级单位推进转型提供制度保障;制定标准则包括打通各方数据基础,明确数据治理规范,为下级单位推进转型提供驱动资源。两者都做好基础保障,使教育数字化转型能够真正下沉到一线。除政策规划外,学校层面的校本规划乃至学科(课堂)层面的课程规划也是顶层设计的一部分。通过对接、协调各层面工作和关系,实现教育工作与数字化转型的耦合。

学校实践与顶层设计优化之间的双向赋能成为确保教育数字化转型成功的关键路径。顶层设计既需要紧密依托学校的教育实践,吸收一线的经验与反馈,确保政策的针对性和实效性;同时,学校实践也应主动适应顶层设计的方向和要求,利用政策优势为自身转型提供资源和支持,不断探索和优化教育数字化的实施路径。

二、基础教育数字化转型中的学校角色

教育数字化转型是通过数字技术与教育实践的深度融合,优化教学方法、管理流程以及科研活动,从而全方位地服务于师生群体并促进教育质量的全方位提升。教育数字化转型所依托的"教育数字化"是"我国开辟教育发展新赛道和塑造教育发展新优势的重要突破口"[1],也是"国际教育改革的重点和趋势"。[2]

教育数字化转型面向的是教育整体的数字化转型,其中,基础教育的数字化转型是重要组成部分。在《基础教育课程教学改革深化行动方案》的重点任务中,明确强调要"充分利用数字化赋能基础教育"。[3] 学校作为教育实践的主体,在基础教育数字化转型中承担着关键责任。

1. 联通者角色:以技术为媒介推动多维互动

数字化转型的背景下,学校发展的关键职责是建立数字技术与人之间的联系,促进人与技术之间的协同合作。技术赋能乃至人技协同的教育活动,是教育数字化转型中教育创变的基础。[4] 为此,学校需采取积极策略,鼓励教师和学生共同适应和使用数字技术,促进教与学过程的全面数字化。上实于20世纪90年代便开始尝试多媒体电子课本的使用、多媒体技术与识字教学的结合等人机互动实践。经过20多年的持续探索和实证研究,积累了丰富的实践案例,还不断拓宽"技术"的应用范围,如通过智化的学习技术赋能学生的学习等,使技术与人的联通效能得到彰显。

在推动数字化转型的同时,学校不仅需要确保学生的日常学习活动顺利进行,还需要鼓励与引导教师探索如何有效地将转型任务与常规教学衔接,以实现教学研的和谐统一。上实重视联通教学与研究方面的关键作用,在真实课堂环境中,探索促进深度学习的教学研究,构建现代技术体验式空间等学习环境[5],以推动教学实践与教育科研紧密结合,保障教学理念和教学方式与时俱进,促进创新性教学常态化。

上实基于"研究—实践—完善"的研究路径,开展覆盖小学、初中、高中全学段、多学科的课程、教学、评价和技术应用的实践研究,旨在探索一线课堂的有效教学模式。同时,高校研究者将上实作为理论探索、验证和完善的实验场,与学校一起共同促进教育创新。近年来,上实基于数字技术,在教师教学能力测评、课堂教学、学生潜能识别、学业情绪等领域进行了深入的研究和实践,体现了学校作为联通者角色的价值所在。

---

① 《习近平主持中央政治局第五次集体学习并发表重要讲话》,载中央人民政府网:https://www.gov.cn/yaowen/liebiao/202305/content_6883632.htm,最后登录日期:2025年3月18日。

② 祝智庭、胡姣:《教育数字化转型的实践逻辑与发展机遇》,《电化教育研究》2022年第1期,第5-15页。

③ 教育部办公厅:《基础教育课程教学改革深化行动方案》,载教育部网:https://www.moe.gov.cn/srcsite/A26/jcj_kcjcgh/202306/t20230601_1062380.html,最后登录日期:2025年3月18日。

④ 祝智庭、戴岭:《综合智慧引领教育数字化转型》,《开放教育研究》2023年第2期,第4-11页。

⑤ 陈兴冶、王昌国、王文革:《情境体验式学习环境的建构研究》,《现代基础教育研究》2017年第3期,第186-192页。

2. 引领者角色：打造"U—S"合作新模式

中小学校与研究机构应建立双向互动的合作模式，进行资源共享和信息交流，但这种合作关系是一种双螺旋模式，显示出它们在共同引领教育和科研发展方面的紧密联系和相互促进的特性。随着课程改革的不断深入，大学与中小学之间的相互依赖关系显得较为迫切，这凸显了加强双方合作的重要性。高校与中小学建立合作关系，不仅能够实现资源共享与互利共赢，还能促进中小学教师的专业发展。中小学在教学实践方面拥有丰富的经验，能有效补充研究机构在一线经验方面的不足。

为实现数字化转型在理论与实践层面的贯通，中小学与高校双向合作是一条可行路径。强化双向合作，就是将研究机构在数字技术、教育理论等方面的研究优势与中小学校在学科教学、综合活动等方面的实践优势紧密结合起来。上实与上海师范大学研究团队形成研究与学习共同体，是"大学（University）与中小学（School）"（以下简称"U—S"）合作新模式的典型案例。合作过程中，高校研究团队与学科教师紧密协作，直接参与学校一线教学设计、实施与评价，促使理论生产与验证的同步性与一致性。同时，一线教师与研究人员协同实施教学活动，共同克服各类挑战，共同创造实践性知识，为教育的未来发展开辟了无限可能，真正实现了"教—研"的双向赋能。

与此同时，"U—S"合作强调在现有理论框架的指导下，通过实践探索深化对理论的理解和应用，实现从具体实践到理论概括的知识转化。在合作关系上，教师与研究人员是一种平等的合作，形成了一种基于相互尊重与理解的对话与协商机制，打破了传统的主从关系，强调知识的双向流动和共同创造。在研究内容上，由从传统的"教"转向更深入的"学"的机制研究，聚焦如何从具体的课堂教学实践中提炼有效的教学规律，以促进学生的深度学习和理解，以及为教师提供更加科学、实用的教学策略。在"U—S"合作中，双方的共同参与是合作的主基调，一线教师在课堂教学中积累的丰富经验与直观感受，与高校研究人员的理论知识和研究方法相结合，以优势互补的合作模式汇聚形成新动能，实现互利共赢。上实基于"U—S"合作，有效促进了教师的科研意识和能力

的提升，丰富了教师专业发展路径，为中小学教育数字化转型提供了宝贵经验。

3. 实干者角色：塑造可持续数字文化新生态

在基础教育数字化转型过程中，构建由数字技术支撑的"以研促学，以学进教"的可持续数字文化新生态，应是学校追求的重要目标。学校以数字化工具为载体，推动研究、学习、教学等环节的协同发展，以此真正实现数字文化的内生性发展与长效性持续。

数字文化的内生性发展要求学校在数字化转型过程中，不仅依赖外部技术的引入，更要注重培养自主创新的文化氛围。学校应通过持续的数字技术培训和实践，鼓励教师和学生主动探索数字技术在教学与学习中的新应用，形成自我驱动的数字教育文化。这种内生性的文化不仅能增强师生对数字化转型的认同感和参与感，还能够推动学校在面对技术快速变化时，保持灵活性与适应性，确保数字化转型的持续推进。上实通过早期儿童识别、个性记录追踪、学生学业评价等系统收集全程、全样本的数据，利用数据挖掘、人工智能等技术对学生的数据进行汇聚、分析和建模，描摹出涵盖个性、兴趣、潜能多维度的学生画像。这不仅为学生发展个性潜能提供重要的参考依据，也帮助学生深入探索自身的学习规律与优势特长，明晰自身的个性化学习需求。

数字文化的长效性持续体现在"以研促学，以学进教"的良性循环上。学校通过教育研究促进学生的学习，进而改善教学实践，形成一种螺旋上升的可持续生态。学校通过开展教育科研活动，探索教学新方法，并将这些研究成果应用于教学过程。如上实提倡"将科研做在教研和教学上"的理念，鼓励教师以研究的视角发现、分析并解决教学实践中遇到的问题。通过"学科发展年"的教研平台，教师聚焦实际教学问题，立足课堂教学现场，围绕"人如何学习""技术如何有效促进学习"等问题，开展了一系列基于实践的教学实证研究。这些研究成果不仅在课堂上得到了验证，也为学校的数字化转型提供了持续的动力。

教育数字化转型的过程也是数字文化生态的培育过程，特别是数字学习文化和数字科研文化

的融合与发展。[①] 这种文化创新不仅要涵盖教学的各个层面,更应通过包容性和持续性的战略,转变师生对教育数字化的认知、价值观与实践方式,将数字化转型从简单的技术应用推进到全校范围的深度融合。

三、中小学数字化转型的实践场域

随着中小学教育数字化转型的持续推进,建立并维护清晰且可行的实践场域,不仅是转型的基础,更是确保转型成效、提升教育质量、优化学生学习体验的关键。为此,深入探讨数字化转型在课堂教学、教师专业发展及校园文化建设等方面的具体实践,不仅有助于促进技术与教育的深度融合,也能推动学校教育模式创新与优化。

1. 课堂作为实践场域,以有效目标为行动方向

数字化转型在课堂落实的目标是"技术有效运用并改善教学效果"。[②]由此,学校需探讨教师如何从教学的实际问题和学生的真实需求出发,根据不同学科的特点,合理选择、应用甚至开发数字技术。近年来,上实在探索学科教学中技术的有效应用与研究方面,取得了一定的成效。例如,小学数学教师通过分析学生的前概念及其形成原因,发现学生的实际需求,结合数字技术实施个性化学习,使学生的学业成绩得到显著提升。

数字化转型在课堂层面的有效推进,离不开中小学校制订科学合理的研究规划。既要关注基于顶层设计的课堂教学的实证研究,也要注重技术支持的数据驱动的教学实践,即通过课程教学层面的统筹与分层推进,在学校层面构建数字化教学生态,实现从研究成果到实践路径的转化,确保数字化转型的实践落地。上实围绕新五年规划中"信息技术支持的教育教学深度融合"项目,对7—8个学科开展针对性的实证研究和数据驱动的教学实践研究。如在"基于精准学情分析的核心素养提升"系列研究中,探索了如何运用技术来促进学生个性化学习效果和核心素养的双提升,

并在多个学科教学中取得了显著成果。一项针对初中生的批判性思维培养教学实证研究,以"丝绸之路"作为教学案例,通过分析学生的学习需求,设计并实施了一套混合学习方案,显著提高了学生的学业成绩和批判性思维能力。此外,鼓励教师参与实证研究,有助于突破教育数字化转型局限于设施和资源建设的现状,推动技术赋能课堂教学,提升教学效能和数字化应用的效率。

2. 教师作为核心主体,以专业发展为成长动力

教育数字化转型过程中,教师的专业能力是学校应对转型的核心软实力。同时,数字化转型也能够反哺教师,支持贯通其全生命周期的持续性发展历程。[③] 教师的专业水平影响学生的发展,教育数字化转型的最终目的是"培养人",而教师则是"培养人"的关键之人。因此,教师的专业发展是学校发展的关键任务,学校需提供相关的支撑性服务,使教师更好地适应教育数字化转型的要求,从而产生转型的内生动力。

学校作为促进教师专业发展的重要承担方,凝聚共识、开放包容地接受数字时代到来是教师专业发展的基本准则。在此方面,上实重视让信息技术、网络技术的开放、平等、易反馈、实时等特性潜移默化地贯穿于教师专业发展和学校发展的全过程。学校采取校本建构与"U—S"合作相结合的发展策略。一方面,通过网络开设展示教师专业发展的数字档案袋,升级研发"学生个性追踪系统"以深入研究学生个性心理特征,并建立多元化评价系统对教师专业发展进行激励。另一方面,与上海师范大学学习技术实验室合作,开展教学研究,提升教师教学能力。教师逐步从关注学生差异转向深入理解学习差异,尝试基于认知起点规划学习资源、设计针对性活动、制订科学路径,并实施个性化教学模式。

教学有效性依托于有效的人机协同,只有实现真正并有效的人机交互和协同,教育数字化的效能才能得到最大化发挥。[④] 数字化转型推进过程中,上实结合自身优势与高校资源,成功培养出

① 祝智庭,郑浩,许秋璇,等:《教育数字化转型的政策导向与生态化发展方略》,《现代教育技术》2022年第9期,第5-18页。

② 董玉琦,林琳:《有效推进新时代教育的高质量发展——〈上海市教育数字化转型"十四五"规划〉解读》,《中国教育信息化》2022年第7期,第10-20页。

③ 王龑,俞翔:《数字化转型背景下教师教育生态系统的结构重塑及其实践路径》,《现代基础教育研究》2024年第3期,第89-94页。

④ 袁振国:《数字化转型视野下的教育治理》,《中国教育学刊》2022年第8期,第1-6页,第18页。

一批"乐学习、善教学、会研究、敢创新"的研究型教师团队，成为推动学校数字化转型顺利开展的核心主体。

3. 文化作为转型根基，以因校制宜为核心策略

教育数字化转型的首要环节在于围绕学校的办学理念，明确学校发展需求，挖掘学校自身资源，并利用数字技术优势，构建适合学校数字化转型的路径。学生的成长不仅体现在课堂学习中，还需要关注其认知发展、校园文化以及外部社会环境对其全面发展的影响。因此，学校管理者应深刻领会教育数字化转型的深远意义，并根据实际情况推动学校的高质量发展。上实十分注重校园文化与数字技术的融合，结合学校的近况和办学经验，前瞻性地开发了以"数字底座"为支撑的潜能识别系统、个性追踪系统以及心理测评系统。系统化的数据收集、汇聚和挖掘，能有效获取在核心课程、学养课程实施过程中学生的个体需求，从而为学生量身定制特需课程，使育人活力不断激发。此外，学校以30多年的持续实证研究，积极探索学生个性特征以优化培养路径，并依托"技术有效促进学习"的研究共同体改善学习，真正实现了技术与教育的深度融合，丰富了基于办学特色的数字文化内涵。

上实坚持"研究先行"的策略来推进数字化转型，为数字文化注入了新的生机与活力，为促进学校教育质量提升提供了多维视角。例如，在推进研究策略上，采取"基础、实验和普及"分层递进的方法，以确保转型的有序性和高效性。基础研究聚焦解决教育领域的前沿问题，提出新的理论和解释性机理，聚焦于学校教育实验的"可解释性"；实验研究致力于将这些理论机理应用于实际教学场景中，检验现实环境下的实践效果，保障学校教育实验的"可行性"。普及研究的重点在于如何将成功的实践经验推广至学校的日常教学和管理中，使研究成果的应用效益和影响力最大化。从小规模试验到推广的系统性研究方法，对学校数字化转型、教师专业发展和学生全面发展产生了不同程度的影响。学校在决策和行动中获得了充实的实证数据支撑，教师在积极参与中增强了对教育数字化转型策略与路径的认可度，学生在数字化学习中提升了数字适应能力。

The Orientation of Digital Transformation in Basic Education
— A Case Study of Shanghai Experimental School

CHEN Xingye[1,2], ZHANG Huilun[2]

（1. Shanghai Experimental School, Shanghai, 200125; 2. College of Education, Shanghai Normal University, Shanghai, 200234）

Abstract：The digital transformation in basic education is a key part of educational digital transformation, with schools playing a pivotal role in this process. This study takes Shanghai Experimental School as a case to examine the school's orientation of digital transformation in basic education across three dimensions: logical starting point, school roles, and practical field. It suggests that schools should start from a student-centered education, addressing practical problems and supporting top-level design; schools should act as connectors, leaders, and doers, leveraging technology as a medium to promote multidimensional interactions, establish a new U-S cooperation model, and create a sustainable digital cultural ecosystem. Schools should consider classroom teaching as the main field for transformation with teachers as the primary agents of change and school culture as the foundation of transformation, promoting digital transformation tailored to each school's specific context.

Key words：school development, digital transformation, student-centered education, teacher professional development

公共产品理论视角下课后服务供给的困境及应对

黄炳超 [1,2]

(1. 广州大学 教育学院，广东 广州 510006；2. 广州大学 教育经济研究中心，广东 广州 510006)

摘　要： 根据公共产品理论的主要观点，课后服务划分为基本托管、拓展服务、补偿服务三种类型，分别归属为纯公共产品、准公共产品和私人教育服务。从供给模式来看，课后服务划分为学校自主供给模式、家校协同供给模式、社会联动供给模式和校外补充供给模式。但是，课后服务供给有限功能与家长无限需求有待进一步缓解，课后服务供给多样发展、经费投入、协同机制、校外准入等问题与困境有待进一步破解。为此，亟须推动政府综合治理，统筹课后服务公共资源供给；落实学校自主治理，保障基本托管服务供给；促进家校协同治理，加强校内拓展服务供给；强化社会协作治理，鼓励公益性校外拓展服务供给；完善校外准入机制，丰富非学科补偿服务供给，满足中小学生对多元化课后服务的现实需求，形成良好的课后服务生态。

关键词： 课后服务；产品属性；公共产品理论；分类治理；供给模式

"双减"政策明确了中小学校承担课后服务主阵地作用，为课后服务供给实施提供政策支持。目前，政策实施已满3年，备受关注的课后服务供给是否达到预期、产品属性及责任主体是否明确厘清、现实当中存在什么问题等亟待进一步深入研究，以此助推政策实施真正"落地见效"。

一、公共产品理论及课后服务的产品属性

长期以来，义务教育阶段课后服务属性划分、责任主体等方面缺乏明确清晰的界定，国内外不少学者尝试运用不同理论进行深入研究和属性划分，其中最有代表性的是被广泛运用的公共产品理论的观点。

1. 公共产品理论：厘清课后服务产品属性的理论依据

我国课后服务起源于20世纪90年代，在社会变迁中家庭对于课后服务的需求急剧增加。"双减"政策颁布引导课后服务从校外转向校内，其供给及实施涉及政府、学校、家庭、社会组织、校外机构等多元主体。[1] 近年来，教育领域出现了基本公共教育服务、准公共教育服务、私人教育服务等

基金项目： 广州市教育规划项目2022年度重点课题"'双减'政策下广州市中小学课后服务多元供给机制研究"（项目编号：202213855）；广东省哲学社会科学规划2023年度学科共建项目"'双减'背景下校内课后服务经费保障机制研究"（项目编号：GD23XJY46）。

作者简介： 黄炳超，广州大学教育学院副教授，广州大学教育经济研究中心研究员，主要从事教育经济与管理研究。

① 吴开俊，庾紫林，黄炳超：《"双减"政策下课后服务的生态变化及多元协同》，《中国教育学刊》2023年第3期，第12-17页。

划分，相关的界定也越来越清晰。① 本研究以公共产品理论为视角，试图进一步厘清课后服务的产品属性，明确多元主体的权责关系，为课后服务供给提供依据。最早的公共产品定义来自美国经济学家保罗·萨缪尔森（Paul A. Samuelson）在1954年发表的《公共支出的纯理论》，其认为："一个人对这种产品的消费不会减少其他人对这种产品的消费，即所有人共同享有这种产品。"② 詹姆斯·麦吉尔·布坎南（James Mcgill Buchanan）在1965年提出了"俱乐部的经济理论"，首次对非纯公共产品（准公共产品）进行讨论，认为以某种原因通过集体组织提供繁荣物品或服务就是公共产品，其概念得以拓宽。20世纪末以来，随着经济社会发展和理论研究不断深入，公共产品理论进一步得到完善，作为构建公共财政收支、公共服务市场化的理论依据，具有效用的不可分割性、消费的非竞争性和受益的非排他性等产品特征。③ 学术界对于课后服务的产品属性划分建立在公共产品理论基础之上，如果同时满足效用的不可分割性、消费的非竞争性和非排他性，归属为公共产品或纯公共产品；如果只具备其中两种特性，视为准公共产品；如果三种特性都不具备，则归属为私人产品。④ 综上来看，借鉴公共产品理论作为厘清课后服务产品属性的理论依据，比较适切且具有较强的解释力。

2. 课后服务的产品属性

根据公共产品理论和国内外学者的主要观点，课后服务划分为基本托管、拓展服务、补偿服务三种类型。

首先，基本托管归属为纯公共产品。"双减"政策明确要求中小学提供校内课后服务，标志着课后服务从自发的、市场化行为上升为以政府主导、学校主体统筹安排的基础教育服务活动。基本托管是中小学提供免费课后看管服务，学生自愿参加并自主开展课后作业、学习、阅读等活动，属于公共教育资源的基本范畴。基本托管课后服务具有明显的福利性、公共性和普惠性，其效用为整个学校所有成员共同享有，不能将其分割为若干部分，具有效用的不可分割性。从消费的非竞争性来看，基本托管课后服务是自愿参加，学生有较强的自主性和选择性，在消费过程中不会产生竞争。从非排他性来看，基本托管是学校提供统一安排课后服务，每位学生都能参与，不会产生排他效应。据此，基本托管符合公共产品的三个基本特性，归属为纯公共产品。

其次，拓展服务归属为准公共产品。拓展服务是指除基本托管外，中小学结合本校实际提供自主选择的特色化课后服务，包括科普、文体、艺术、劳动、主题阅读等，虽然不属于义务教育教学范畴的内容，但是与常规教育教学活动紧密联系，是延伸性教育服务。从公共产品理论来看，政府引导课后服务回流校园，中小学校成为拓展服务的主要提供者，所有学生都可以选择，具有效用的不可分割性。从消费的非竞争性来看，经费短缺会限制学校课后拓展服务的推广，虽然收取适当费用，但是家长可以自由做出选择是否参与，不存在竞争性的问题。⑤ 但是，由于教育资源有限，拓展服务供给并不是无限的，部分学生对拓展服务的使用会在一定程度上排斥、妨碍其他人使用，也会减少供给的数量。这样看来，拓展服务符合公共产品的两个特性，可视为准公共产品。

最后，补偿服务归属为私人教育服务产品。补偿服务是指面向有特殊需要或私人诉求的学生提供非学科类私人教育服务。从公共产品理论来看，补偿服务效用是可分割的，秉承"谁付费、谁受益"的原则，不属于义务教育阶段教育教学内容，也超出基本托管及拓展服务的范畴，随着受众人数增加相应成本也增加，存在消费的竞争性。从非排他性来看，补偿服务存在消费的排他性，只针对部分有特殊需求的群体的有偿服务，未付费学生被排除在外，许多家长都争取获得补偿服务名额，且家长的付费具有受益的排他性。也就是说，相对于基本托管和拓展服务而言，补偿服务不满足公共产品的三个特性，表现为非公共产品、商品

① 何鹏程，宋懿琛：《教育公共服务的理论探讨》，《教育发展研究》2008年第9期，第39-43页。

② P. A. Samuelson, "The Pure Theory of Public Expenditure", *Review of Economics and Statistics*, Vol. 36, No. 4 (1954), pp. 378-389.

③ 高培勇，崔军：《公共部门经济学》，中国人民大学出版社2001年版，第42-43页。

④ 曹夕多：《论公共产品理论视野下的教师教育产品属性及政府责任》，《教师教育研究》2013年第6期，6-12页。

⑤ 邓雪柳，周璐祎，雷文科：《校内托管——小学生"四点钟困境"的解决之道》，《教学与管理》2015年第35期，第19-21页。

性和市场性的特征,因此归属为私人教育服务产品。

二、课后服务供给的现实模式

结合课后服务的产品属性,本研究通过深入分析当前全国课后服务供给现实状况的基础上,明确不同属性课后服务的责任主体并归纳为四种供给模式,为推进有效供给奠定基础。

1. 学校自主供给模式:基本托管为主

"双减"政策颁布后,全国各地纷纷制定实施方案,明确中小学承担课后服务的主体责任,引导校外课后服务转向校内,形成以中小学为主体的供给模式。学校自主供给模式以校内基本托管服务为主,为学生完成作业和复习功课提供场地,满足托管和安全保障的基本需求,解决家长无法提前接送的困难。这种模式具有几个主要特点:一是基本托管服务原则,遵循"家长自愿、校内实施、有效监管"的原则,先征求家长的意见,主动告知服务方式、服务内容、安全保障措施,自愿选择前提下接受申请报名,学校协调安排解决。二是免费基本托管服务,中小学向全体学生提供免费的基本托管,适当延迟放学时间,服务以作业答疑、自主学习为主。三是基本托管服务保障,基本托管服务安排在校园内进行,学校无偿提供校园内教室、运动场地、功能室、实验室等场所,制定并落实考勤和监管等措施,完善校内安全管理制度,保障课后服务质量和学生安全等。

2. 家校协同供给模式:基本托管+拓展服务

2023年1月,教育部等十三部门联合印发《关于健全学校家庭社会协同育人机制的意见》,推动学校家庭社会各司其职,要求学校充分发挥协同育人主导作用、家长切实履行家庭教育主体责任、社会有效支持服务全面育人,为家校协同课后服务提供支持。家校协同供给模式以基本托管和拓展服务相结合,家庭为课后服务提供力所能及的协助支持。一方面,学校提供基本托管课后服务,发挥协同育人主导作用,保持与家庭常态化密切联系,加强对家委会及家长学校等家庭教育指导工作。另一方面,家长切实履行家庭教育主

体责任,强化"家长是第一任老师"的责任意识,积极参加学校组织的家校互动活动,配合学校开展科技类、艺术类、体育类、文化类等特色化拓展服务,提供力所能及的志愿帮助,满足不同年龄阶段、兴趣爱好、心理特征学生的现实需求。

3. 社会联动供给模式:拓展服务为主

社会联动供给模式是以发挥社会组织优势资源条件基础上开展拓展服务,主要特点如下:一是健全协同育人机制,建立社会资源的集聚共享机制,推进社会资源开放共享,净化社会育人环境,营造全社会关心支持协同育人的良好氛围,促进学生身体健康,增强其社会责任感的养成。二是挖掘所在区域的社会多元资源,利用爱国主义教育基地、法治教育基地、研学实践基地、科普教育基地等社会实践基地支持中小学开展公益性校外拓展活动。三是以图书馆、博物馆、文化馆、非遗馆、科技馆、体育场馆等公共场馆为载体,面向中小学生免费或优惠开放,开展宣传教育、科学普及、文化传承、兴趣培养等拓展服务活动,为学校、教师及亲子等开展多元社会体验提供社会支持。[①]

4. 校外补充供给模式:拓展服务+补偿服务

为更好统筹校内与校外,落实德智体美劳全面发展要求,增加非学科类课后服务供给,中小学可根据实际需要探索增加校外补充供给。政策规定各地根据现实需求适当引进非学科类校外培训机构提供课后服务,由教育行政部门会同发展改革等相关部门按照政府采购法律制度规定,在监管平台的白名单中确定允许引进的培训机构,形成培训机构和服务项目名单及引进费用标准,加强日常监管并建立动态调整机制。校外补充供给以拓展服务和补偿服务为主,中小学可根据实际需要选用名单内的课后服务项目和校外培训机构,坚持公益性导向,充分发挥校外培训机构资源条件优势,提供高质量、多元化的拓展服务和非学科类补偿服务,进一步满足学生多样化的课后服务需求。

---

① 教育部等十三部门:《关于健全学校家庭社会协同育人机制的意见》,载教育部网:https://www.moe.gov.cn/srcsite/A06/s3325/202301/t20230119_1039746.html,最后登录日期:2024年12月12日。

三、课后服务供给的困境

我国义务教育阶段在校生1.6亿余人，中小学课后服务供给面临经费投入、师资队伍、服务质量、保障条件等现实困境，难以满足学生多元化的现实需求。

1. 课后服务供给有限性与家长无限需求，有待进一步缓解

"双减"政策要求中小学提供以基础性托管服务为主的校内课后服务，承担学生生活照顾和安全保障等功能。但是，现实中学生及家长的需求趋于多元化，希望学校可以提供科技类、体育类、文化类、艺术类等丰富多彩的拓展性课后服务，进一步帮助孩子强健体魄、涵养审美、素养科学等。据有关调查显示，不少家长认为"学校只有篮球、羽毛球、绘画等十几种常规课程，没有人工智能、编程等科技类课程可选择，忽略了孩子兴趣爱好的多元化和多样性"。[①]显而易见，中小学校课后服务资源是有限的，有限的师资力量、办学场地、设施设备难以满足需求，校内课后服务首先是满足基本托管的现实需求，因此需要转变家长观念，使其摒弃不合理要求，缓解供求双方的矛盾。

2. 课后服务供给多样化与减轻教师负担，有待进一步平衡

校内课后服务全面开展，导致教师课后工作负担越来越重，各地中小学通过给予专项补贴来调动教师参与课后服务工作的积极性和主动性。然而从实际情况来看，杯水车薪的工作补贴与实际付出并不对等，对教师的吸引力不大。事实上，财政补助支持的公立学校是中小学生校内课后服务的主要提供者，但不是唯一提供者。从欧美发达国家的实践来看，公益性儿童托管服务体系除了公立学校外，公益性社会组织机构是另一个重要的主体。舒缓公立学校中小学生课后服务压力、减轻教师工作负担的有效路径，是培育壮大公益性社会组织机构开展课后服务。公益性社会组织机构包括社区活动中心、青少年活动中心、妇女儿童活动中心、科技馆、关工委、志愿者团体组织等，目前其参与课后服务供给的实施细则尚未明确，难以规范组织落实和有效推进。

3. 课后服务供给经费支持与协同机制，有待进一步完善

课后服务贯彻落实的重要保障是经费。从教育经济学视角来看，发达国家的实践表明，政府财政拨款和学生家长自愿交费应成为校内课后服务经费的主要来源。校内课后服务经费责任不仅仅是区县级政府责任，应逐步上移到省、市级政府责任，形成省、市、区县级政府之间分担机制，才能从根本上保障经费投入的充足、稳定与长期性。目前上海、天津、河北等省市已明确了政府的财政分担责任。与此同时，对学生家长进行校内课后服务收费，需要考虑学生家庭的经济承受能力，根据学生家庭收入不同水平划分不同的收费价格，对低收入家庭和特殊的弱势群体，优先免费为其提供校内课后服务，保证所有学生不会因家庭经济条件而无法拥有平等的课后服务机会。值得注意的是，由于经费、师资、设施、技术等条件的限制，中小学难以独自承担全部课后服务任务，有待构建政府、学校、家庭、社会组织等多元协同机制，进一步加强基本保障和多元供给，重构课后服务生态。

4. 课后服务供给资源不足与校外准入补充，有待进一步协调

课后服务面临学校师资、场地、设施不足等条件问题，不同省份对校内课后服务可否引进校外培训机构形成了两种完全不同的实践。政府财政支持的课后服务是一种基础性托管服务，营利性的校外培训机构提供的是多样化、个性化的需求。显而易见，校外培训机构与公立学校举办的课后托管是两类不同性质的服务，关于是否允许校外机构进校提供课后服务的问题，中小学作为提供课后服务的主体最有发言权。为减轻教师工作负担，不少公办和民办学校对校外机构进校提供课后服务持赞成态度。从全国各地实施情况来看，上海、广州、南京、重庆等地制定了校外机构准入校内提供课后服务的相关政策措施，上海市研制了因需引入社会专业力量参与校内课后服务工作

---

① 蒋隽：《如何提升"双减"课后服务质量？》，载搜狐网：https://www.sohu.com/a/518959132_115354，最后登录日期：2025年1月25日。

的指导政策,拓展服务资源、提高服务质量。①

四、课后服务有效供给的分类治理

课后服务是牵涉千家万户和中小学生身心健康的民生工程。我国城乡、校际发展不平衡,政策顶层设计和统筹协调有助于推动教育系统有序运转。②"双减"政策明确中小学承担课后服务任务,满足了学生基本需求,但由于学校自身资源、经费、师资等限制,亟待政府、学校、家庭、社会组织、校外机构等多元协同,才能保障课后服务持续有效供给。

1. 推动政府综合治理,统筹课后服务公共资源供给

"双减"政策为课后服务开展提供政策支持,明确了各级政府部门的工作职责。一是推动政府有关部门协同配合、各司其职。教育部门抓好统筹协调,人社部保障师资队伍,其他相关部门配合做好综合治理,优化课后服务财政补贴经费、基本设施、教师配置与激励等资源供给配置,为其提供更加多元化、特色化的课后服务公共资源供给。二是健全"财政补贴+服务收费"多元经费保障制度。基本托管属于纯公共产品,应由地方财政全额承担;拓展服务属于准公共产品,由学生自愿自由选择购买,实行差异性的服务收费,地方财政适当补贴;补偿服务属于私人教育服务产品,享受私人教育服务需求的学生支付相关费用。推动各地政府相关部门协同制定拓展课后服务代收费标准,增加地方财政补贴、服务性收费或代收费等方式,加强学校课后服务经费保障,确保经费落实到位。三是加强课后服务教师队伍供给保障。加强课后服务教师队伍建设,统筹核定教师编制,配足

配齐师资力量,探索"弹性上下班"和调休机制,提高课后服务教师和相关人员专项补助保障,确保基本课后服务师资人员需求。

2. 落实学校自主治理,保障基本托管服务供给

中小学亟待贯彻落实"双减"政策要求,结合本校现实条件完善基本托管服务的供给制度。一是保障基本托管的资源条件。切实保障课后服务时间、师资配置、场地设施等基本条件,推动信息技术与课后服务管理有机融合,建立课后服务综合管理平台,保障基本托管供给全面覆盖。陕西省西安市高新区出台课后服务工作方案,要求各学校结合校情"一校一策"制订具体实施方案。③天津市印发《关于发挥高校实践育人功能提高中小学课后服务质量的实施方案》,依托大中小学思政一体化工作平台,建立中小学与高校常态化合作机制,共建课后服务实践共同体。④二是明确基本托管的主要任务。明确中小学基本托管课后服务与当地正常下班时间相衔接,将基本托管服务、健康安全管理等融入其中,提供有质量、有保障的课后服务,缓解家庭焦虑。广东省广州市明确要求学校正常上课日每周 5 天都要开展课后服务,每天至少安排 1 个小时的基本托管服务,强化作业管理,包括学生自主作业、自主学习、自主阅读等,安排教师答疑。⑤三是保障基本托管服务的师资队伍。中小学要结合实际给予参与课后服务教师适当工作补贴和调休,不影响正常教学秩序、不无限增加教师负担。贵州省赤水市针对强化课后服务保障破解师资不足问题,遴选 100 余名优秀骨干教师,组建近 20 支"教育轻骑兵"机动小队,支援 48 所薄弱学校开展课后服务活动,取得积极成效。⑥

3. 促进家校协同治理,加强校内拓展服务供给

①　教育部基础教育司:《关于推广第二批学校落实"双减"典型案例的通知》,载教育部网:https://www.moe.gov.cn/s78/A06/tongzhi/202111/t20211115_579950.html,最后登录日期:2025 年 3 月 24 日。

②　张冰,程天君:《权宜性执行:学校课后服务的实践逻辑》,《教育发展研究》2021 年第 15-16 期,第 50-58 页。

③　教育部办公厅:《关于推广学校落实"双减"典型案例的通知》,载教育部网:https://www.moe.gov.cn/srcsite/A06/s3321/202109/t20210926_567037.html,最后登录日期:2025 年 3 月 24 日。

④　教育部基础教育司:《关于推广第二批学校落实"双减"典型案例的通知》,载教育部网:https://www.moe.gov.cn/s78/A06/tongzhi/202111/t20211115_579950.html,最后登录日期:2025 年 3 月 24 日。

⑤　广州市教育局:《关于推进义务教育阶段学生减负全力做好校内课后服务工作的通知》,载广州市人民政府网:https://www.gz.gov.cn/xw/tzgg/content/mpost_8017684.html,最后登录日期:2025 年 3 月 24 日。

⑥　教育部基础教育司:《关于推广第二批学校落实"双减"典型案例的通知》,载教育部网:https://www.moe.gov.cn/s78/A06/tongzhi/202111/t20211115_579950.html,最后登录日期:2025 年 3 月 24 日。

"双减"政策下家校合作逐步形成广泛共识，家庭教育和学校教育亟待发挥相互协同的作用，形成家校合作的教育合力。一是明确家校社协同育人的责任义务。明确学校家庭社会协同育人责任，切实增强育人合力，共同担负学生成长成才的重任。促进家长或监护人进一步明确"保护未成年人合法权益""确保学生接受义务教育""支持学生全面健康发展""积极配合学校教育工作"等方面的法律责任和义务，形成家校共育理念。二是构建家庭、学校和社会协同育人体系。以家庭教育为基础、学校教育为核心、社会教育为保障，构建家庭、学校和社会协同育人共同体，促进学生全面发展。三是制订针对性的家校联动教育方案。建立健全学校家庭教育指导委员会、家长学校和家长委员会，建立家庭教育辅导站，配备家庭教育指导专（兼）职队伍，落实家长会、学校开放日、家长接待日等制度。办好家长学校，以家委会、家长学校为载体，打造家庭、学校和社会有效衔接、相互促进的家庭教育指导服务网络，鼓励家长充当志愿者参与校内课后拓展服务或提供条件。

4. 强化社会协作治理，鼓励公益性校外拓展服务供给

充分调动社会团体组织协助参与的积极性，鼓励其提供公益性校外拓展服务或条件支持。政府和学校可将中小学生课后服务业务委托给公益性社会组织，并提供日常运作的事务经费补贴，实行普惠性收费。一是有效利用社会团体组织的实践场地。利用爱国主义教育基地、法治教育基地、研学实践基地、科普教育基地等实践基地，儿童之家、公共图书馆、流动图书馆、纪念馆等公共文化服务阵地，以及青少年宫、青少年活动中心、博物馆、文化馆等校外文化场馆，保障拓展服务所需设施。二是开展形式多样的科普教育校外拓展服务。整合当地社会团体组织的科普资源，开展"一月一主题、一期一课题"科普拓展活动，丰富课后

科学教育实践活动。全国各城市纷纷协调博物馆、科技馆、图书馆、档案馆、劳动基地等场馆提供校外拓展服务，江苏省泰州市开展"三走进"活动，走进科普教育基地、科研机构和高等院校，开设"奇思妙想创客营"公益科技培训，设计开发 10 条精品科普研学线路。[①] 三是发挥区域优势打造校外特色文化服务。充分利用区域文化资源、旅游资源、文物资源开展公益性校外拓展服务，丰富课后服务活动供给。福建省南平市结合地方文化、生态资源和学校特色，将朱子文化、茶文化、闽越文化、非遗文化和武夷山国家公园等有机融入，开发建设地域特色类活动服务。[②] 贵州省遵义市挖掘遵义革命老区红色资源和尹珍故里、沙滩文化等历史文化资源，深入开展长征故事进校园、中华优秀传统文化教育和研学旅行活动，获得广大中小学生的好评。[③] 从现实来看，社会团体组织协作提供校外拓展课后服务，不仅有助于丰富多彩课后服务内容形式，而且有利于减轻教师的压力和负担，缓解教师的职业倦怠感。

5. 完善校外准入机制，丰富非学科补偿服务供给

中小学校首先要保障基本托管课后服务需求，由于学校现实条件限制，难以满足不同学生多元化的非学科课后服务需求，亟须提供课后补偿服务。一是探索建立校外机构准入学校供给制度。各地政府尝试制定适合本地实际的校外培训机构准入制度，明确科技、艺术、文化、体育、劳动等优质非学科类课后服务项目的遴选条件程序，让课后服务供给更加丰富、更具可选择性，不失为一种"补偿"的有效举措。广东省广州市出台规范引进第三方非学科类机构入校提供课后服务的规定，由教育行政部门组织遴选资质齐全、行为规范、信誉度高的校外培训机构，以普惠价格提供非学科类课后服务供学校选择使用。[④] 二是丰富非学科类校外补偿服务。围绕"五育并举"要求，充

---

① 教育部基础教育司：《关于推广第四批学校落实"双减"典型案例的通知》，载教育部网：https://www.moe.gov.cn/s78/A06/tongzhi/202204/t20220418_619141.html，最后登录日期：2025 年 3 月 24 日。

② 教育部基础教育司：《关于推广第四批学校落实"双减"典型案例的通知》，载教育部网：https://www.moe.gov.cn/s78/A06/tongzhi/202204/t20220418_619141.html，最后登录日期：2025 年 3 月 24 日。

③ 教育部基础教育司：《关于推广第六批学校落实"双减"典型案例的通知》，载教育部网：https://www.moe.gov.cn/s78/A06/tongzhi/202304/t20230419_1056238.html，最后登录日期：2025 年 3 月 24 日。

④ 教育部基础教育司：《关于推广第三批学校落实"双减"典型案例的通知》，载教育部网：https://www.moe.gov.cn/s78/A06/tongzhi/202202/t20220228_602984.html，最后登录日期：2025 年 3 月 24 日。

分利用校外培训机构的艺术中心、体育训练基地、实践体验基地等,适当收取普惠性的补偿服务费用,开展书画棋艺、人文阅读、文体活动、劳动实践等补偿服务,促进学生职业体验、社会实践等。非学科类补偿服务拓展课后服务空间,满足多元化课后服务现实需求,融入真实社会实践场景,培养学生正确的世界观、价值观和人生观。三是完善校外培训机构退出机制。各地教育行政部门、工商部门等严格监管校外机构提供的课后服务质量,如发现存在扰乱学校教育教学秩序、不按规定提供服务、课后服务水平低下、违规招揽生源参加学科培训等问题,及时约谈并责令整改,情况严重者取消其准入学校资格甚至吊销营业执照。①

总之,"双减"政策下义务教育阶段课后服务产品属性和供给模式越来越清晰明确,政府、学校、家庭、社会组织、校外机构等多元主体相互协同,形成了架构完整、系统科学、多元层次的分类治理体系,促使校外培训组织系统自我革新并转变为校内课后服务的有益补充②,课后服务供给得到更有效的保障,满足中小学生多元化的现实需求,从而形成良好的课后服务生态。

The Dilemmas and Solutions of After-school Service Supply from the Perspective of Public Goods Theory

HUANG Bingchao[1,2]

(1. School of Education, Guangzhou University, Guangzhou Guangdong, 510006;

2. Research Center for Educational Economy, Guangzhou University, Guangzhou Guangdong, 510006)

Abstract: According to the main viewpoints of public goods theory, after-school services are divided into three types: basic care, extended services, and compensatory services, corresponding to pure public goods, quasi-public goods, and private educational services respectively. From the perspective of supply mode, after-school services are categorized into 4 models, including school-led supply model, home-school collaborative supply model, social linkage supply model, and off-campus supplementary supply model. However, mismatches between limited supply and parents' growing demands remain unresolved, and the challenges also include diversified development of after-school service supply, funding input, coordination mechanisms, and access for external providers, which all need to be addressed. Therefore, it is imperative to promote government comprehensive governance, coordinate the public resources supply of after-school services; implement school autonomous governance, and guarantee the supply of basic care services; promote home-school collaborative governance, and strengthen the supply of in-school extended services; strengthen social collaborative governance, and encourage the supply of public welfare off-campus extended services; improve the access mechanism for external providers, and enrich the supply of non-subject compensation services to meet the realistic needs of primary and secondary school students for diversified after-school services, and to form a good after-school service ecology.

Key words: after-school services, product attribute, public goods theory, classified governance, supply model

---

① 教育部等十三部门:《关于规范面向中小学生的非学科类校外培训的意见》,载教育部网:https://www.moe.gov.cn/srcsite/A29/202212/t20221229_1036959.html,最后登录日期:2025 年 3 月 24 日。

② 郭顺峰,田友谊:《"双减"政策落地的堵点问题与疏解方略——基于"双减"前后学校的社会—系统模型的考察》,《现代基础教育研究》2023 年第 1 期,第 40-48 页。

《现代基础教育研究》

第58卷，2025年4月　　　　　（Research on Modern Basic Education)　　　　　Vol.58, Apr. 2025

教师如何形塑家长对课后服务的政策认知

——基于政策叙事视角

曹宇新

（清华大学 公共管理学院，北京 100084）

摘　要：政策叙事作为当前政策过程研究中的重要视角之一，对个体的政策认知具有形塑作用。文章以课后服务政策为例，以政策叙事为切入口，探究教师如何通过政策叙事形塑家长政策认知。从工具、受众、情境三个维度分析发现，政策叙事内容是教师形塑家长政策认知的发力点，受到教师个人立场、叙述策略、叙述视角的影响；家长"心理账户"是形塑作用的关键对象，受到家长对育儿期望、育儿压力的利益感知，自身的非理性情绪，以及对教师、政策的固有印象的影响；教师与家长的叙事交互是形塑作用的社会语境，受到叙事发生时空、家长意见领袖、社会政策宣传、网络群体叙事的影响。基于此，需重视政策叙事的形塑作用，增强家校沟通，增进教师与家长的关系，构建叙事星座，共同推动课后服务的有效执行。

关键词：政策叙事；形塑作用；政策认知；课后服务

课后服务是"双减"政策的重要内容之一，由于政策要求"引导学生自愿参加课后服务"，再加上课后服务所导致的较长在校时间、经费问题、"大班"托管等现实争议[①]，学生、家长对课后服务一直存在着行动上"被迫"参与，心理上"抗拒"接受的执行困境。如何改变他们的政策认知，提升他们对政策的认同度，是推动该政策有效执行的重点。尤其是面对小学中低年级学生，教师更需要推动家长改变其对课后服务的政策认知。本研究以教师与家长之间的政策叙事为切入口，试图厘清教师通过政策叙事形塑家长政策认知的作用路径，为更好地增强家校沟通、推动课后服务的有效执行提供借鉴。

一、理论视角与分析框架

20世纪90年代，受社会科学"叙事转向"的影响，越来越多的研究开始从叙事视角理解人的决策和行为，关注叙事的形塑作用。[②] 2010年麦克贝斯（M. K. McBeth）、琼斯（M. D. Jones）和沙纳汉（E. A.

基金项目：国家社科基金"十四五"规划重大课题"十八大以来社会主义核心价值观教育的主要经验与深化机制研究"（项目编号：VAA220001）。

作者简介：曹宇新，清华大学公共管理学院博士后，清华大学青少年德育研究中心助理研究员，博士，主要从事教育政策研究。

① 龚欣，高巍：《"双减"政策背景下义务教育学校课后服务的供给模式研究——基于7省25区县的实证调查》，《教育经济评论》2023年第5期，第89-107页。

② 曹志立，曹海军：《西方公共政策叙事研究：述评与展望》，《北京行政学院学报》2021年第5期，第72-83页。

Shanahan)提出叙事式政策框架理论(Narrative Policy Framwork,缩称 NPF),NPF 于 2014 年被正式编入萨巴蒂尔(Paul A. Sabatier)主编的《政策过程理论》一书。自此,"政策叙事"成为后现代政策过程分析的重要视角之一。[1] 政策叙事(Policy Narrative)指的是政策过程中个体或群体关于政策的故事,它将特定的叙事逻辑和意义表达与政策关联,形塑作用于政策特定对象的认知和行为,推动政策过程。[2] 叙事式政策框架理论认为,政策叙事的内容是政策叙事能够发挥形塑作用的关键,既包含"所叙之事",代表叙事者的信念系统,也包含"叙述技巧",代表叙事者所运用的策略。[3] 在教育政策过程中,教师将政策目标、任务、方式等信息融入政策叙事,通过故事载体的传递与叙述技巧的表达来形塑学生、家长的政策认知,提升他们对政策的接受度与认同度,推动政策的有效执行。

叙事心理学家博尔托卢西(Bortolussi)和狄克逊(Dixon)将认知心理学和叙事学深度融合,分析文本叙事形塑读者的心理加工过程,提出叙事形塑个体认知的三个影响因素,即叙事文本特点、读者资质以及阅读情境。[4] 其中,叙事文本特点指"所叙之事",即故事内容本身对读者心理认知产生的影响[5];读者资质指读者基于自身知识背景形成的不同的对叙事的自我感知[6];阅读情境本质是读者与文本之间交互的情境,分为物理环境和社会环境,涉及社会、文化等身份对读者认知的影响。[7] 基于此,结合叙事式政策框架理论,研究总结了形塑个体政策认知的三类

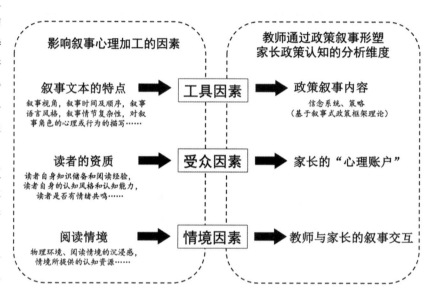

图 1 教师通过政策叙事形塑家长政策认知的分析框架

因素,即工具因素、受众因素与情境因素,分别对应政策叙事内容、家长的"心理账户"以及教师与家长的叙事交互(见图 1),以此为分析维度,探究政策叙事视角下教师形塑家长政策认知的作用路径。

二、研究设计与数据分析

本研究选择 S 省省会城市的综合治理模范校 B 小学为样本学校,在以课后服务参与率、托管质量评价、社团活动评价等为指标的课后服务评级中,该校于 2023 年获得全市"优秀"等级,并作为优秀案例在

① 明翠琴:《政策科学中的叙事政策框架及其研究前沿》,《陕西行政学院学报》2019 年第 2 期,第 11–20 页。
② 王英伟:《媒体话语对政策过程影响机制的叙事式框架分析——以城市专车监管政策为例》,《公共管理与政策评论》,2019 年第 4 期,第 18–32 页。
③ 李文钊:《叙事式政策框架:探究政策过程中的叙事效应》,《公共行政评论》2017 年第 3 期,第 141–163 页。
④ 雅诺什·拉斯洛:《故事的科学:叙事心理学导论》,郑剑红、陈建文、何吴明等译,北京师范大学出版社 2018 年版,第 35 页。
⑤ M. Bortolussi, P. Dixon, *Psychonarratology: Foundations for the Empirical Study of Literary Response*, Cambridge: Cambridge University Press, 2003, p. 133.
⑥ M. Bortolussi, P. Dixon, *Psychonarratology: Foundations for the Empirical Study of Literary Response*, Cambridge: Cambridge University Press, 2003, p. 166.
⑦ M. Bortolussi, P. Dixon, *Psychonarratology: Foundations for the Empirical Study of Literary Response*, Cambridge: Cambridge University Press, 2003, p. 248.

教育部官网被推广，具有较高的参考价值。研究选择四年级三个班(编码为 A 班、B 班、C 班)的教师和家长共 19 人进行深入访谈，其中对教师 A、教师 B、家长 A·a[①] 进行跟踪访谈(访谈 I 为 2 月学期初、访谈 II 为 6 月学期末，访谈 III 为 9 月学期初)。教师访谈着重了解教师对家长叙述了什么样的课后服务政策叙事；家长访谈着重了解家长对教师政策叙事的看法，以及其政策认知在政策叙事前后的变化。每次访谈时长在 30—60 分钟之间，访谈内容转录形成文字资料，辅之以家长会及教师与家长单独沟通的观察资料作为补充。研究最终获得 27 份资料，教师资料按照"教师序号·教师所涉及班级—所教科目—性别"编码，家长资料按照"家长序号—性别"编码，获得数据资料见表 1。

表 1 研究数据资料表

访谈对象		人员序号	资料编码	其他信息
教师	支持立场教师	教师 B	B·B-CL-F（I II III）	B 班班主任、语文老师，44 岁，女儿高二【跟踪访谈三次】
		教师 E	E·C-CL-F	C 班语文老师，38 岁，女儿小学二年级
		教师 F	F·ABC-MU-F	课后服务音乐社团的负责老师
		教师 G	G·ABC-PE-M	课后服务体育社团的负责老师
		教师 I	I·A-CL-F	A 班语文老师，29 岁，未婚
	非支持立场教师	教师 A	A·AB-MA-F（I II III）	A 班班主任、B 班数学老师，61 岁返聘教师，儿子名校毕业【跟踪访谈三次】
		教师 C	C·C-MA-M	C 班班主任、数学教师，41 岁
		教师 H	H·AC-EL-F	A 班、C 班英语老师
家长	A 班	家长 A·a	A·a-F（I II III）	家委会核心成员；孩子男，数学课代表(成绩中上)；企业老板【跟踪访谈三次】
		家长 A·b	A·b-F	家委会核心成员；孩子男，成绩中等；家庭妇女
		家长 A·c	A·c-M	家委会核心成员；孩子女，成绩中上；公务员
		家长 A·d	A·d-F	未参加家委会，与教师日常接触少；孩子女，成绩优秀；公司职员
	B 班	家长 B·a	B·a-F	家委会核心成员；孩子男，班长，成绩中上；事业单位工作人员
		家长 B·b	B·b-M	家委会核心成员的丈夫，本人较少参加班级事务且与教师沟通较少；孩子女，语文课代表，成绩中上；研究人员
		家长 B·c	B·c-M	家委会核心成员；孩子女，成绩中等；事业单位工作人员
		家长 B·d	B·d-F	未参加家委会，定期微信联系教师；孩子女，成绩中上；教师
	C 班	家长 C·a	C·a-F	家委会核心成员；孩子男，成绩优秀；家庭妇女
		家长 C·b	C·b-F	家委会成员；孩子女，成绩中等；企业高管
		家长 C·c	C·c-F	未参加家委会，与教师联系较少；孩子男，成绩中等；服务人员
其他材料		A 家长会	A-PM	A 班家长会涉及班主任 A，语文老师 I，英语老师 H
		B 家长会	B-PM	B 班家长会涉及班主任 B，班主任 A

首先，以班级为单位，对教师资料与家长资料进行分组，确保教师政策叙事和家长政策认知的配对。其次，基于教师形塑家长政策认知的分析框架，从工具、受众、情境三个方面对 A、B、C 三组资料进行深入分析。最后，采用主题分析法挖掘关键主题，总结教师通过政策叙事形塑家长政策认知的作用路径。

---

① 教师序号根据访谈顺序编码为教师 A、教师 B 等，家长序号根据班级和访谈顺序编码为家长 A·a，家长 A·b 等。

三、研究结果

1. 工具维度：政策叙事内容是教师形塑家长政策认知的发力点

政策叙事内容包括"叙"和"事"两个部分,以"事"形塑是具体故事通过认知说服等方式,从社会心理意义上定向改变家长政策认知;以"叙"形塑是表达技巧通过情绪传输等方式,在社会学习意义上调适家长的政策认知。[①]包含不同教师立场和叙述策略的政策叙事内容是形塑作用的发力点,对家长政策认知具有不同的形塑作用。

(1)教师立场决定形塑作用的方向

由于教师对政策的态度不同,往往会形成支持和非支持立场的教师政策叙事。教师A、教师B分别担任班主任且持相反立场,两班家长的政策认知也由此呈现出较大反差。教师B非常支持课后服务,强调"课后服务是老师们精心安排的,会和平时的教学内容联系起来,托管中老师既辅导作业又强化教学,学习成效会加倍(B·B-CL-F,Ⅱ)",相应地,B班家长政策认知也多呈认可态度,更多关注到政策的有益之处,且愿意给予政策改进空间。家长B·c说"就像教师B说得一样,托管尽管存在一定的问题,但孩子能写完作业、家长回家轻松了很多,这是事实,其他的问题可以慢慢再说(B·c-M)"。相比之下,教师A对课后服务持非支持立场,其政策叙事多采用转述通知等消极方式,"托管是学校应付政策的一个活动,对我的教学计划没什么影响,关键还是要跟着我学(A·AB-MA-F,Ⅰ)"。相应地,A班家长也对课后服务不积极,家长A·b表示:"听A老师的话没错,跟着A老师就能学好数学。关于写作业,不管是托管老师看,还是回家家长看、没人看,主要是作业的内容,质量高的作业一题顶十题(A·b-F)。"

从A、B两班家长政策认知的对比看,融入教师个人立场的政策叙事会朝不同方向发挥形塑作用,以分析加工的认知心理方式影响家长政策偏好。尤其是持支持立场的教师更愿意解释政策的具体意图,预设良好结果,向家长传递更积极的政策预期,从而形塑家长政策认知也能更加正向。

(2)教师的叙述策略是形塑作用的助推力量

除认知心理的分析加工方式外,叙述策略作为叙事的技术手段,能够通过特定的说服逻辑吸引注意力,降低形塑作用的阻力[②],扮演"助推"的角色。[③]常见的政策叙事策略包括因果机制,这也是访谈中发现教师使用最多的策略,即教师政策叙事呈现简化、直接的因果逻辑,帮助家长理解课后服务背后的政策意图,提升政策可接受度。[④]教师B在家长会上提道:"我知道很多家长对托管(课后服务)有自己的看法,但是让孩子在学校完成作业,老师辅导检查,其实就已经是减轻了孩子的学习负担,减轻了你们的负担(B-PM)。"教师B的政策叙事将课后服务、学生减负、家长减负等零散但关键的政策信息以特定顺序加以组织,让家长更直观地理解"政策之因"所带来的"政策之果",从而更愿意接受政策。

访谈还发现教师会使用"发现赢家"(Identifying Winner)的策略,将某位家长设定为"赢家",描绘政策预期对他的积极影响[⑤],调动家长的认知关注和情绪感知。正如家长C·b所指出的:"我们夫妻俩比较忙,孩子是保姆管。一开始我觉得三年级6点多才放学太累了,想让孩子轻松点,就不太想上托管。但语文老师(教师E)跟我说,这种情况才更应该托管,家长没时间,保姆辅导不了功课,在学校写完作业,回去后孩子可以自由安排时间。我就觉得老师说得对(C·b-F)。"这一策略抓住了家长最想解决的"痛点"问题,引导家长将注意力放在"孩子因参与托管可以放学回家后更轻松"的预期上,让家长感受到自

① 马向阳,徐富明,吴修良,等:《说服效应的理论模型、影响因素与应对策略》,《心理科学进展》2012年第5期,第735-744页。

② 严进,杨珊珊:《叙事传输的说服机制》,《心理科学进展》2013年第6期,第1125-1132页。

③ 景怀斌:《行为公共政策研究的知识构建:三个层面及范式选择》,《中国行政管理》2021年第9期,第56-63页。

④ M. D. Jones, E. A. Shanahan, M. K. McBeth, *The Science of Stories：Applications of the Narrative Policy Framework in Public Policy Analysis*, New York：Palgrave Macmillan, 2014, p. 69.

⑤ 李文钊:《叙事式政策框架:探究政策过程中的叙事效应》,《公共行政评论》2017年第3期,第141-163页。

己是政策"受益者"，以此提升政策认同。

此外，教师政策叙事还会更多使用第一人称的叙事视角，通过叙事传输（Narrative Transformations）增强形塑作用。[①] 例如，教师 A 在和家长沟通时更愿意说"XXX 妈妈，我跟你说真心话（A-PM）"等，这些情感化言语的表达营造出了亲近关系的氛围，使得家长产生更强的代入感，以一种身在其境的"临场感"理解、认同政策叙事并被形塑。[②]

2. 受众维度：家长的"心理账户"是教师形塑家长政策认知的关键对象

行为经济学家塞勒（Richard Thaler）提出"心理账户"（Mental Accounting）理论[③]，认为个体会在心中创建账户，并基于个体对收益和风险的利益感知单独核算，进行决策。[④] 家长同样对政策设有心理账户，当叙事越能够突出政策有用性而增强利益感知时，就越能够发挥形塑作用。

（1）家长的育儿期望、育儿压力是形塑作用的重要砝码

育儿期望是影响家长利益感知的重要砝码之一，所以当教师政策叙事更多强调课后服务对孩子心理健康的有益之处时，就能更好地发挥形塑作用。在跟踪访谈中，家长 A·a 起初表示："现在的小孩太可怜了，有那么多课要上，有那么多作业要写，难怪要出心理问题。所以我说我家孩子不能学了，课后服务什么的，快别上了（A·a-F，Ⅱ）。"对此，教师 A 特别强调课后服务的社团活动，说"孩子参加了合唱社团，还是领唱，孩子特别喜欢（A·AB-MA-F，Ⅰ）"。在此影响下，家长 A·a 在此后跟踪访谈中表示："托管还是不想让孩子上，但社团要参加，因为他喜欢（A·a-F，Ⅲ）。"从家长态度的转变来看，教师 A 的政策叙事让家长更多关注到自己孩子在课后服务中的收获，从最初的全盘否定转变为部分否定，出现了认知的改观。

除育儿期望外，家长同样在意自己的育儿压力。家长 B·b 表示："我也是搞教育的，但一说辅导作业就头疼。孩子数学就是不行，有的题教多少遍都不会。托管不用我管作业，就这点也要支持（B·b-M）。"教师 B 指出："我知道咱们班有家长在外头报作业班的，还有请小饭桌阿姨代管晚上写作业的。这种挺贵的，也不专业，经常有些讲的数学方法，和老师讲的方法出入很大。我希望大家还是参加托管，由老师统一亲自辅导（B-PM）。"通过向家长强调课后服务对减轻育儿压力的重要作用，增加形塑作用的砝码。

（2）家长的非理性情绪是形塑作用的边缘路径

个体被说服的心理路径除了基于理性判断的中心路径，还有边缘路径，即个体会在未经过主动思考的情况下受非理性情绪影响，产生浅层的态度偏好。所以教师能够通过政策叙事安抚家长对政策的负面情绪，减弱家长抵抗心理，从而发挥形塑作用。

一方面，教师政策叙事多是面对家长的一对一沟通，是依据家长、孩子情况"定制"而成，能够降低家长的反驳动机，正如前文提到，教师 A 会向家长强调课后服务中社团活动的有益之处，减少家长对课后服务的负面评价，这种积极的心理暗示奠定了正向的心理基础。另一方面，教师还能够加入家长所认同的故事素材，让家长对课后服务产生情感迁移。例如教师 A 的儿子在北京一所 985 高校获得博士学位，目前作为选调生在 F 省工作，被家长们视为成功教育的典范。教师 A 会在政策叙事中提及"我儿子小时候……"，甚至会说"我儿子说……（给出某些学习建议）"（A-PM），对此 A 班家长往往很受用，表示"我们老师（教师 A）说了……，我们肯定是要听的，人家有经验，儿子也那么优秀（A·b-F）"。由于对故事素材的认同，家长被政策叙事说服的可能性也会增加。

---

① M. D. Jones, M. K. McBeth. "A Narrative Policy Framework: Clear Enough to be Wrong", *Policy Studies Journal*, Vol. 38, No. 2 (2010), pp. 329-353.

② 陈先红，杜明曦：《叙事运输理论：隐喻、模型与运用》，《南昌大学学报（人文社会科学版）》2021 年第 4 期，第 78-87 页。

③ Richard H. Thaler, "Mental Accounting and Consumer Choice", *Marketing Science*, Vol. 4, No. 3(1985), pp. 199-214.

④ 李宝良，郭其友：《经济学和心理学的整合与行为经济学的拓展及其应用——2017 年度诺贝尔经济学奖得主理查德·塞勒主要经济理论贡献述评》，《外国经济与管理》2017 年第 11 期，第 138-152 页。

（3）家长的固有印象是形塑作用的信任基础

当前，信任是人们对所处社会系统、所接触社会关系的普遍态度和期望，是影响政策可接受性的重要因素，关系到形塑作用的发挥。[①]以认知加工为基础的传统说服理论认为，信任更多由外部赋予而非依附于信息本身，所以家长对教师、对课后服务政策的固有印象在很大程度上充当了信任基础。[②]

家长对教师的固有印象本质是叙事者信任，印象越积极，教师政策叙事就会有越高的信任基础。[③]在 A 班，教师 A 是返聘教师，教龄长、教学经验丰富，班级数学成绩处在年级前列；相较之下，教师 I 教龄仅 4 年，且 A 班语文成绩也并不理想，这就导致家长对两位教师的固有印象有较大差异。当两位教师的政策叙事持相反立场时，教师 I 政策叙事的形塑作用就会出现失灵现象，例如家长 A·a 表示"I 老师说的我就听听得了，毕竟年轻老师没经验，天天（托管）学语文成绩也不行，说明托管就没什么效果（A·a-F，II）"。

家长对课后服务政策的固有印象本质是权威信任，而家长对当前政策所做出的反应、给予的信任又往往取决于先前类似政策的前车之鉴。[④]家长 C·a 曾说："学校就是上面说啥就做啥，搞一堆花里胡哨的东西。现在又要搞什么托管，为什么就不能好好上课（C·a-F）。"由于学校此前诸多政策举措都未给家长留下良好印象，导致家长对课后服务活动的信心不足，因此权威信任大打折扣，很大程度上干扰了政策叙事的形塑作用。

3. 情境维度：教师与家长的叙事交互是教师形塑家长政策认知的社会语境

叙事学认为"故事的任何一部分都是从它所从属的叙事整体中获得意义，因此任何特定故事的意义都依赖于一个更大的叙事语境，这个故事是它的一部分"。[⑤]一方面，教师与家长的叙事交互受到一定时空的物理环境的影响，另一方面，教师与家长的叙事交互也存在于更大的群体叙事场域中，受到社会、学校等政策宣传、社交互动、网络舆情的影响，共同构成形塑作用的社会语境。

（1）政策叙事的发生时空是形塑作用的叙事场景

场景是影响传播效应的重要媒介，教师与家长发生叙事交互的时间、空间等场景环境会影响家长对政策叙事的注意力[⑥]，更多的注意力意味着更多认知、情绪等个人资源的转移[⑦]，也意味着更易被政策叙事所传达的信息所形塑。

从政策叙事的时间来说，教师政策叙事可以选择在阶段性考试后等重要时间节点或是日常放学后等随机时间节点。当教师选择在办公室或家访等场景中与家长面对面、一对一单独沟通时，家长会因为紧张而投入更多的注意力和情感；而在放学后以教室、校门口作为叙事场景融入日常的寒暄中，家长往往较为放松，难以对政策叙事有深入思考。此外，当前很多政策叙事还发生在微信、钉钉等平台上，但多采用告知、提醒的叙事方式，所以该场景下政策叙事吸引家长的注意力有限，很难发挥出明显的形塑作用。

（2）家长群体中的意见领袖增强了形塑作用的"剂量效应"

叙事的"剂量效应"不单指在叙事强度和频率上加重剂量，同时也指对叙事剂量的合理把控以达到理想的形塑效果。[⑧]其中，家长意见领袖是政策叙事剂量调节的关键，在很大程度上增强了形塑作用的"剂量效应"。

① 童星：《公共政策的社会稳定风险评估》，《学习与实践》2010 年第 9 期，第 114-119 页。

② 吴玄娜：《程序公正与权威信任：公共政策可接受性机制》，《心理科学进展》2016 年第 8 期，第 1147-1158 页。

③ 雅诺什·拉斯洛：《故事的科学：叙事心理学导论》，郑剑红，陈建文，何吴明等译，北京师范大学出版社 2018 年版，第 48 页。

④ 吴玄娜：《程序公正与权威信任：公共政策可接受性机制》，《心理科学进展》2016 年第 8 期，第 1147-1158 页。

⑤ 王正中：《叙事建构论的四重关系》，《当代文坛》2017 年第 4 期，第 19-23 页。

⑥ H. L. Peterson, "Political Information has Bright Colors: Narrative Attention Theory", *Policy Studies Journal*, Vol. 46, No. 4(2018), pp. 828-842.

⑦ 林松柏：《基于能力范式的教学改革理论创新和实践》，科学出版社 2023 年版，第 189 页。

⑧ 李启毅，胡竹菁：《叙事传输理论与说服机制：以叙事型公益广告为例》，《心理科学进展》2015 年第 11 期，第 2001-2008 页。

家长意见领袖一般分为两类，一类是在家校沟通或班级活动中贡献了较多力量，切实解决了一些问题，具有较高人气和影响力的"领头羊"。意见领袖对教师政策叙事的率先回复，往往能够带动家长群的回复节奏。意见领袖对政策叙事的认可能够加持形塑作用。此外，由于意见领袖自身的家长身份，他们更能感同身受，敏锐捕捉到政策叙事中的关键点。家长 A·a 说道："我知道 XX 爸爸觉得孩子太累了不想让孩子上，但是他们家有个问题就是没人接送孩子，所以我跟他爸爸说的时候就说托管能晚放学，他们家又是女孩子，那么早放学一个人回家，多不放心（A·a-F，Ⅲ）。"通过意见领袖对政策叙事进行二次加工，能够达到更佳的形塑效果。

另一类是孩子成绩突出的家长自然成为班级中的育儿榜样，是班级中的"榜样领袖"，他们的政策认知和对教师政策叙事的反应也会影响其他家长。家长 B·a 表示："老师说托管好，XX 妈（班里一位成绩较好的学生家长）也说托管好，那肯定也不差（B·a-F）。"可见，家长意见领袖的积极参与带动了其他家长的模仿效应，间接增强了形塑作用。

（3）基于社会宣传的群体叙事是形塑作用的公共载体

根据叙事式政策框架理论，政策叙事分为宏观、中观、微观三个层次。[①] 宏观、中观层次的政策叙事同时充当微观层次的教师政策叙事的叙事场域。无论是政策主导的官方政策解读，媒体主导的新闻资讯，还是自媒体平台的坊间传闻，亦或是学术讨论、调查报告等，都是家长认知政策所共同经历的公共载体。[②]

宏观层次的政策叙事多强调推进课后服务是实现"双减"目标的重要举措，着重介绍课后服务的现实意义。[③] 例如，针对托管作业管理宣传"作业有层次、执行有弹性、评价有标准，达到控'量'提'质'激'趣'效果"；针对社团活动宣传学校所组织的科普、文体、艺术、劳动、阅读等兴趣活动。[④] 这些宏观层次的政策叙事打造出了政策执行成效的"政策景观"[⑤]，为教师政策叙事创建了良好的群体认知背景。

中观层次的政策叙事多存在于学校层面，例如 B 小学会以公众号推文、绘制校园展板、张贴学校喜报等方式，向家长展示学生参加课后服务的优秀成果，包括音乐社团在合唱比赛中获奖、美术社团的绘画作品、体育社团中的运动剪影等。通过展示课后服务活动成效的政策叙事，家长能够更直观地获得参与政策的"鼓励"。家长 A·a 看到孩子在音乐社团作为领唱获奖时表示会持续支持孩子参与社团活动。

此外，网络平台的政策话题讨论也会对形塑作用产生影响，甚至成为干扰因素。在人人均是自媒体的时代，家长可以通过网络听取意见，甚至去验证教师政策叙事在网络空间中的认同度，这对教师通过政策叙事形塑家长政策认知带来了干扰。例如，一些网络中非客观的、标签化的甚至丑化教师的言论风气，不仅会影响教师政策叙事的形塑作用，甚至影响家长对教师的信任基础。

四、结语

基于工具、受众、情境三个维度的分析，总结发现教师通过政策叙事形塑家长政策认知，是以政策叙事内容为发力点，通过信念系统和策略发挥形塑作用；以家长的"心理账户"为关键对象，通过利益感知的砝码、情绪的边缘路径以及固有印象所内含的信任基础发挥形塑作用；以教师与家长的叙事交互为社会语境，通过叙事发生时空的场景，家长意见领袖所引致的剂量效应以及社会、学校的政策宣传、网络话题讨论等群体叙事发挥形塑作用。具体作用路径见图 2。

① 李文钊：《叙事式政策框架：探究政策过程中的叙事效应》，《公共行政评论》2017 年第 3 期，第 141–163 页。

② 雅诺什·拉斯洛：《故事的科学：叙事心理学导论》，郑剑红、陈建文、何吴明等译，北京师范大学出版社 2018 年版，第 130 页。

③《首个"双减"新学期，教育部这场发布会提出新要求》，载北京日报客户端：https://baijiahao.baidu.com/s? id=1709492704618834876&wfr=spider&for=pc，最后登录日期：2025 年 3 月 19 日。

④ 董辉，张海蓉：《学校如何讲述"双减"的故事：基于微信推文的政策叙事分析》，《教育发展研究》2022 年第 22 期，第 10–19 页。

⑤ 刘文杰：《高校科研量化评价何以盛行——基于"数字"作为治理媒介的视角》，《大学教育科学》2022 年第 4 期，第 102–109 页。

基于教师通过政策叙事形塑家长政策认知的路径探索，教师作为政策行动者，可以从几个方面提升政策叙事的形塑作用。一是要重视家校沟通中政策叙事的形塑作用。教育政策不仅要完成教育指标，更要寻求政策目标与社会规范的契合，尤其是要与学生、家长等个体需求、经验保持一致，实现与个体认

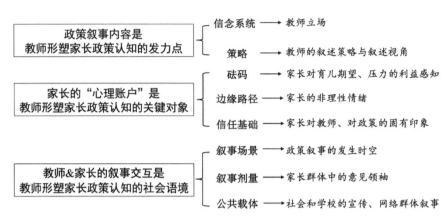

图2　教师通过政策叙事形塑家长政策认知的作用路径图

知、情感等心理要素的适配。① 在家校沟通中要重视政策叙事，通过政策叙事的形塑作用对家长政策认知进行加工、对政策情感给予传递，帮助家长了解政策带来的有益改变，形成正向推动政策执行的社会生态。二是不断改善教师与家长的协同育人关系，发挥非理性层面的形塑作用。政策叙事的形塑作用不仅是理性层面的认知说服，还受到固有印象、情绪等非理性因素的影响，因此，要建立多样化的家校沟通渠道，保障沟通及时有效，增进教师与家长在育人方面的默契合作。三是将教师政策叙事与宏观、中观层次的政策叙事相结合。教师同样依赖于政策推广、学校宣传等政策叙事，能够借助不同层次的政策叙事力量，形成形塑合力，作用于家长政策认知。

How Teachers Shape Parents' Policy Cognition of After-School Services
— From the Perspective of Policy Narrative

CAO Yuxin

（School of Public Policy and Management, Tsinghua University, Beijing, 100084）

Abstract: As an important perspective in contemporary policy process research, policy narrative plays a crucial role in shaping individuals' policy cognition. This study takes after-school service policy as an example and uses the policy narratives between teachers and parents as an entry point to explore how teachers can shape parents' policy cognition. Analysis from the dimensions of tools, audience, and contexts reveals that the content of policy narratives is the key power of shaping effect, influenced by teachers' personal positions, narrative strategies and perspectives. Parents' mental accounts are crucial targets of shaping effect, influenced by their perceived benefits based on parenting expectations and pressures, their own irrational emotions, and the pre-existing impressions of teachers and policies. Moreover, the narrative interactions between teachers and parents constitute the social context of shaping effect, which are influenced by the time and space in which policy narratives take place, parental opinion leaders, social policy advocacy, and online group narratives. Given these findings, this study suggests acknowledging the shaping effect of policy narratives, strengthening home-school communication, enhancing teacher-parent relationships, and building a narrative constellation to jointly promote the effective implementation of after-school service.

Key words: policy narrative, shaping effect, policy cognition, after-school services

① 李德国：《制度执行中的叙事：基于功能建构的视角》，《厦门大学学报（哲学社会科学版）》2022年第4期，第121-130页。

县域小学生喜欢何种类型的课后服务

——基于全国4省8县(区)抽样调查数据的实证分析

赵瑛琦,孙　颖

（东北师范大学 中国农村教育发展研究院,吉林 长春　130024）

摘　要：对县域小学生来说,最乐于参加的课后服务大类依次是综合素质类、学科类、兴趣拓展类。具体而言,从高到低依次为：体育类活动、做作业、艺术类活动、游戏娱乐、科普类活动、自主阅读、作业辅导与答疑、兴趣小组与社团活动、拓展训练。而县域小学生选出的最佳课后服务组合是做作业、体育类活动和游戏娱乐。将不同性别的学生分开分析,发现他们在选择课后服务内容时存在着一定的偏好差异。研究提出要进一步整合利用县域地区优质资源,为学生提供多样化的课后服务内容、丰富课后服务课程设置,增加体育类和艺术类活动的课程选项以及考虑性别差异与课后服务内容选择,优化学校课后服务以满足学生需求的建议。

关键词：课后服务；县域小学生；"双减"政策；联合分析

一、问题的提出

课后服务作为一项"民生工程",被视为新时代我国教育领域全面落实坚持以人民为中心的发展思想和办好人民满意的教育的重要体现。[①] 2017年3月,教育部率先印发了《教育部办公厅关于做好中小学课后服务工作的指导意见》(以下简称《指导意见》)[②],首次在国家层面对课后服务做出了规范性的要求。2021年中共中央办公厅、国务院办公厅印发《关于进一步减轻义务教育阶段学生作业负担和校外培训负担的意见》(以下简称"双减"政策)提出要进一步提升学校教育教学质量和服务水平,作业布置更加科学合理,学校课后服务能基本满足学生需要,让学生学习更好回归校园。[③] 自此,课后服务在全国范围内快速开展,为更好地落实"双减"政策发挥了关键性作用。2023年12月教育部办公厅等四部门颁布《关于进一步规范义务教育课后服务有关工作的通知》(以下简称《规范通知》),对课后服务的时间、学生家长自愿参与、开设内容、课后服务收费以及第三方机构进校园等方面进行了界定,以更好地发挥课后

基金项目：国家社会科学基金项目青年项目"精准扶贫背景下乡村教师队伍分类建设研究"(项目编号：18CSH022)。

作者简介：赵瑛琦,东北师范大学中国农村教育发展研究院博士研究生,主要从事农村教育与基础教育研究；孙颖,东北师范大学中国农村教育发展研究院副教授,主要从事农村教育与教师教育研究。

① 朱益明：《中小学课后服务：问题与破解》,《当代教育科学》2024年第3期,第3-10页。

② 中华人民共和国教育部：《教育部办公厅关于做好中小学生课后服务工作的指导意见》,载教育部网：https://www.moe.gov.cn/srcsite/A06/s3325/201703/t20170304_298203.html,最后登录日期：2024年10月5日。

③ 中共中央办公厅 国务院办公厅：《关于进一步减轻义务教育阶段学生作业负担和校外培训负担的意见》,载教育部网：https://www.moe.gov.cn/jyb_xxgk/moe_1777/moe_1778/202107/t20210724_546576.html,最后登录日期：2024年10月5日。

服务的功能,真正做到减负的初衷。[①] 经过几年的探索,我国中小学课后服务的发展已由"覆盖"转向"提质",致力于更好地发挥教育服务的延伸和补充作用。

一直以来,我国县域[②]地区教育的发展处于弱势地位,课后服务的普及与质量的提升都与城市地区具有一定的差距。2023 年 6 月中共中央办公厅、国务院办公厅印发《关于构建优质均衡的基本公共教育服务体系的意见》,提出要全面保障义务教育优质均衡发展,促进区域协调发展,推动城乡整体发展,加快缩小城乡教育差距。[③] 县域地区课后服务作为我国基本公共教育服务体系的一环需要重点关注。而现有研究多从"供给者"的角度进行探讨,很少从"需求者"的角度出发,去了解学生喜欢哪一类别的课后服务,在每一类别中学生又喜欢哪些具体的课后服务内容,搞清楚这一问题有益于为县域小学生提供更为合理的课后服务安排,也对县域地区学校进一步调整各类课后服务内容具有一定的指导意义。基于此,探讨县域小学生喜欢何种类型的课后服务对于县域地区学校办好课后服务和有效落实"双减"政策都显得意义重大。其结果将有利于提升并完善县域地区整体的课后服务质量,加快缩小城乡教育差距,保障义务教育优质均衡发展。

二、研究思路和研究方法

1. 研究思路

本研究的思路具体如下:对现有的课后服务内容进行正交试验设计,形成多种虚拟的课后服务内容组合,将形成的虚拟课后服务内容组合编成问卷题目,允许县域小学生对不同内容的课后服务组合依据自己的主观意愿进行排序,将得到的数据结果进行分析,进而找到县域小学生最喜欢的课后服务内容组合。

2. 研究方法

本研究采用联合分析法与问卷调查相结合的方法。联合分析法是一种多元统计方法,较多用于分析消费者对不同产品属性的权衡和比较,特别是定量研究消费者偏好的研究方法。[④] 联合分析法的工作流程分为 5 个步骤:确定属性和属性水平、正交试验设计、收集数据、模型模拟与评价和结果解释。[⑤] 本研究中将学校开展的课后服务内容进行归类,这种归类和商品的属性类似,具有互斥性。课后服务的组合本身像产品一样,把课程类比为产品,学生选择课程的过程就类似于挑选商品的过程。基于此,运用该研究方法来精准量化县域小学生对不同课后服务内容的喜好情况。

(1)确定属性和水平

《指导意见》中提出要科学合理确定课后服务内容形式。课后服务的内容主要是安排学生做作业、自主阅读、体育、艺术、科普活动,以及娱乐游戏、拓展训练、开展社团及兴趣小组活动、观看适宜儿童的影片等。[⑥]"双减"政策中提出要提升学校课后服务水平,满足学生多样化需求,要充分用好课后服务时间,指导学生认真完成作业,对学习困难的学生进行补习辅导与答疑,对学有余力的学生拓展学习空间,

① 《教育部办公厅等四部门关于进一步规范义务教育课后服务有关工作的通知》,载教育部网:https://www.moe.gov.cn/srcsite/A06/s3321/202401/t20240104_1098002.html,最后登录日期:2024 年 10 月 5 日。

② 县域是在县这一行政单位管辖范围内区域的统称。县域主要由城镇和农村构成。其中,城镇包括县城区(含"城关镇"和县级市区)以及县城以外的建制镇,其余地区为农村地区。

③ 中共中央办公厅 国务院办公厅:《关于构建优质均衡的基本公共教育服务体系的意见》,载中央人民政府网:https://www.gov.cn/zhengce/202306/content_6886110.htm? pc,最后登录日期:2024 年 10 月 5 日。

④ R. Duncan Luce, W. Tukey John, "Simultaneous Conjoint Measurement: A New Type of Fundamental Measurement", *Journal of Mathematical*, Vol. 8, No. 1(1964), pp. 1-27.

⑤ 常淑慧,唐德红:《基于联合分析法的老年人护膝产品设计》,《上海纺织科技》2023 年第 2 期,第 44-47 页。

⑥ 《教育部办公厅关于做好中小学生课后服务工作的指导意见》,载教育部网:https://www.moe.gov.cn/srcsite/A06/s3325/201703/t20170304_298203.html,最后登录日期:2024 年 10 月 5 日。

开展丰富多彩的科普、文体、艺术、劳动、阅读、兴趣小组及社团活动，不得利用课后服务时间讲新课。[①]《规范通知》中提出要因地因校制宜，开设丰富多彩的德育、体育、美育、劳动、阅读、科学、兴趣小组和社团活动等，促进学生的全面发展。[②]总体上来看，国家规定的课后服务内容大体上涉及做作业、补习辅导与答疑、阅读、体育、艺术、科普、游戏娱乐、拓展训练、兴趣小组以及社团活动等类型。

根据国家相关文件中有关课后服务内容的规定，本研究将课后服务的内容划分了三类属性，分别为学科类、综合素质类以及兴趣拓展类。其中学科类课后服务包括做作业、作业辅导与答疑以及自主阅读这三个水平，综合素质类课后服务包括体育类活动（如足球、篮球、跑步、跳绳等）、艺术类活动（如画画、舞蹈、做手工、书法、话剧等）以及科普类活动（如做科学实验、参观博物馆等）三个水平，兴趣拓展类包括游戏娱乐（如观看动画片、电影、玩棋类游戏等）、拓展训练（如奥数、口才、历史故事等）以及兴趣小组与社团活动（戏剧、动漫、摄影、科技发明等）三个水平。

（2）正交试验设计

在对学生调查前，要对上述将课后服务内容所划分的各个属性水平相结合，形成多种组合。本研究按照排列组合方式，将三类课后服务属性中各自的三种水平进行组合，可以得到 27 种组合方式。为避免组合数太多而出现的学生选择困难和后期的工作量加大，同时也要保证最后的结果能够囊括出所有的课后服务内容，此处采用了正交试验设计的方法。在具体的执行过程中，通过利用 SPSS26.0 中的正交设计模块得出 9 种有关于课后服务内容的虚拟组合方式（见表1）。

表1 9 种课后服务内容的组合方式

序号	学科类	素质类	兴趣拓展类
1	作业辅导与答疑	体育类活动	兴趣小组与社团活动
2	做作业	科普类活动	兴趣小组与社团活动
3	自主阅读	体育类活动	拓展训练
4	自主阅读	艺术类活动	兴趣小组与社团活动
5	做作业	艺术类活动	拓展训练
6	自主阅读	科普类活动	游戏娱乐
7	作业辅导与答疑	科普类活动	拓展训练
8	作业辅导与答疑	艺术类活动	游戏娱乐
9	做作业	体育类活动	游戏娱乐

（3）数据收集与问卷调查

本研究的调查数据来源于 2023 年 11 月—12 月中国农村教育发展研究院对全国 4 省 8 县（区）中小学课后服务开展的现状调查，研究根据人口规模、经济水平、地理环境、受教育程度等核心筛选指标，确定最终样本。调研地点涉及东部、中部、西部地区和东北地区，样本在全国具有较强的代表性。

本次问卷的调查对象为以上 4 省 8 县（区）1—6 年级已经报名参加或曾经参加过课后服务的小学生。在调查学校的选择上，要满足该校当前已经按照教育部要求开足开齐各类课后服务内容。本次调查总共回收满足以上条件的问卷 47103 份，其中有效问卷 46533 份，有效率为 98.79%。在问卷题目中，将正交设计的 9 种虚拟课后服务内容组合设为选项，让学生按喜好排序，第 1 位表示最喜欢，第 9 位表示最不喜欢，以此量化学生对课后服务组合的偏好。

[①] 中共中央办公厅 国务院办公厅：《关于进一步减轻义务教育阶段学生作业负担和校外培训负担的意见》，载中央人民政府网：https://www.gov.cn/zhengce/2021-07/24/content_5627132.htm，最后登录日期：2024 年 10 月 5 日。

[②]《教育部办公厅等四部门联合部署规范义务教育课后服务有关工作》，载教育部网：https://www.moe.gov.cn/jyb_xwfb/gzdt_gzdt/s5987/202312/t20231227_1096306.html，最后登录日期：2024 年 10 月 5 日。

三、县域小学生课后服务内容的偏好分析

1. 整体联合分析

被调查者对某一事物的整体偏好评价,是由全部属性的各个水平组合而成。水平效用值用来描述被调查者赋予每个属性的各个水平的重要性。每个水平效用值由联合分析模型估计得到,一般根据被调查者对事物的整体偏好,分解为所有属性水平的效用值。常规的整体联合分析模型可以用公式(1-1)表示:

$$Y = b + \sum_{i=1}^{m}\sum_{j=1}^{k} a_{ij}x_{ij} \tag{1-1}$$

其中 $i = 1,2\ldots m$,表示有 m 个产品属性;$j = 1,2\ldots k$,表示属性 i 有 k 个属性水平;Y 表示对某一事物的整体偏好评价得分;b 为截距,表示被调查者不选择该事物时的效用值;a_{ij} 表示属性 i 水平 j 的估计效用值;x_{ij} 为虚拟变量,当属性 i 水平 j 存在时,取值为 1,否则为 0。

得出属性水平的效用值后要进一步计算属性的相对重要性。它是用贡献最大和贡献最小的水平效用值的差所得到的效用全距来表示,如公式(1-2)所示:

$$I_i = \left\{ \max_{l \leqslant j \leqslant k}\left(a_{ij}\right) - \min_{l \leqslant j \leqslant k}\left(a_{ij}\right) \right\} \tag{1-2}$$

其中 $\max\limits_{l \leqslant j \leqslant k}\left(a_{ij}\right)$ 表示属性 i 的最大水平效用值;$\min\limits_{l \leqslant j \leqslant k}\left(a_{ij}\right)$ 表示属性 i 的最小水平效用值。

第 i 个属性的相对重要性 W_i 的计算方式如公式(1-3)所示:

$$W_i = I_i \Big/ \sum_{i=1}^{m} I_i \tag{1-3}①$$

整体联合分析的结果所示,相对重要性的值越大,表明被调查者对该属性越重视。从研究结果来看,小学生对这三大类课后服务内容的排序,从高到低依次为综合素质类(占比 37.454%)、学科类(占比 32.894%)、兴趣拓展类(占比 29.652%)。而效用值为正表示被调查者更偏好该属性水平,效用值为负则表示被调查者对该水平较排斥。效用值越大,表示被调查者对该属性水平的偏好程度越大,在开展课后服务的过程中选择可能性越大。由此,分析可知:学生在选择学科类课后服务的内容时,更愿意选择做作业(0.393),然后依次是自主阅读(-0.238)和作业辅导与答疑(-0.357);在选择综合素质类课后服务的内容时,更愿意选择参加体育活动(1.202),然后依次是艺术活动类(0.262)和科普活动类(-0.155)。值得注意的是,艺术活动类课后服务(0.262)相对于其他课后服务活动来说,也依然较受学生的欢迎;而学生在选择兴趣拓展类课后服务时,表现为更愿意参加游戏娱乐类(0.095),然后依次是兴趣小组与社团活动类(-0.405)和拓展训练类(-0.798)。相较于其他类别的课后服务内容,学生对兴趣小组与社团活动类和拓展训练类最不感兴趣。

联合分析模型预测的得分与实测的偏好排序之间的相关系数及检验结果显示,皮尔逊相关检验的实际评分值与预测评分值的相关系数高达 0.909,肯德尔和谐系数检验的预测评分值与实际评分值的相关系数高达 0.817,双尾检验的显著性水平分别为 <0.001 和 0.001。由此可见,模型的拟合精度是比较高的,可以认为联合分析结果比较准确地说明小学生在选择课后服务过程中偏好因素的结构。

2. 不同性别学生联合分析

将被试数据根据性别特征进行分类,把不同类别的数据单独保存,分别进行联合分析,其程序同整体联合分析一致。如表 2 所示,把男女生数据分开后,两者对于三类课后服务的重要性值和总体数据保持趋势一致。首先,女生(35.486)相对于男生(32.855)更加看重学科类,具体为更喜欢做作业和自主阅

---

① 谭亦鹏:《基于联合分析法的消费者偏好研究》,天津大学硕士学位论文,2007 年,第 28-29 页。

读；其次，综合素质类都被男女生看重，整体重要性值相近，但女生更喜欢艺术类，男生更喜欢科普类和体育类；最后，男生（30.590）比女生（28.402）更看重兴趣拓展类，具体表现为更喜欢游戏娱乐和拓展训练，女生则更喜欢兴趣小组与社团活动。调查结果与男生天生好动、爱玩的性格特质有很大关系，相比于女生来说，男生在参加课后服务时更加喜欢运动、玩游戏，那些具有竞争性和挑战性的活动深受他们的喜爱。而女孩可能更喜欢细致性、创造性的活动。这种选择结果也深受社会文化与家庭教育的影响，男孩可能会被鼓励更多地参与体育活动和科学实验，而女孩可能会被鼓励更多地进行艺术和手工活动。

表 2 不同性别学生对于课后服务内容选择的联合分析结果

属性	属性水平	女生		男生	
		重要性（%）	效用值	重要性（%）	效用值
学科类	做作业	35.486	1.521	32.855	0.778
	自主阅读		0.021		-0.306
	作业辅导与答疑	36.112	-0.083		-0.306
综合素质类	体育类活动		0.062	36.555	0.833
	艺术类活动		0.500		-0.250
	科普类活动		-0.396		0.361
兴趣拓展类	游戏娱乐	28.402	-0.104	30.590	-0.056
	拓展训练		-1.042		-0.583
	兴趣小组与社团活动		-0.472		-0.479

结果显示，男生的皮尔逊相关系数和肯德尔相关系数均高于 0.9，双尾检验的显著性水平均为 $p<0.001$。女生的皮尔逊相关系数高达 0.896，肯德尔相关系数为 0.722，依然为强相关，双尾检验的显著性水平分别为 0.001 和 0.003，显著性水平均小于 0.05。由此可见，无论男生还是女生的数据所得出的模型拟合精度都比较高，可以认为联合分析结果比较准确地说明受测的男女生在选择课后服务过程中偏好因素的结构。

四、结论与建议

本研究通过对全国 4 省 8 县（区）46533 名小学生的问卷调查，利用联合分析法和 SPSS26.0 工具，分析了县域小学生对课后服务内容的喜爱程度。本结论发现对县域地区小学开展课后服务活动具有重要启示。

1. 整合利用县域地区优质资源，为学生提供多样化的课后服务内容

研究表明，县域小学生对课后服务内容兴趣依次为综合素质类、学科类、兴趣拓展类。但现实情况却是：在县域地区内一些农村学校出于保障基本功能的考虑，在课后服务内容的设置上更多地以作业辅导为主，课后服务内容开设不够全面，不利于学生综合素质的提升。[1] 对于农村学校来说，开设综合素质类的课后服务甚至较为"奢侈"。[2] 县域小学生对兴趣小组与社团活动、拓展训练最不感兴趣，或许与农村学校教学资源有限、学生接触机会少有关。

针对现实情况，可从以下几个方面着手改进：首先，学校应积极与当地政府、企业和公益组织等合作，争取更多资源，支持课后服务的多样化开展。其次，鼓励相邻学校建立资源共享机制，共同开展综合素质类和兴趣拓展类活动。再次，充分利用线上教育资源，让农村地区小学生能接触更丰富的课程内

---

① 周洪宇，王会波：《中小学课后服务功能如何优化——基于系统论视角》，《现代教育管理》2022 年第 8 期，第 1-10 页。
② 许锋华，马祥：《"双减"政策下乡村学校课后服务：意义、困境与优化路径》，《当代教育论坛》2023 年第 4 期，第 98-107 页。

容。最后,设计贴合农村场域特色的新颖有趣活动项目,以增加小学生的参与度和体验感。

2. 丰富课后服务课程设置,增加体育类和艺术类活动的课程选项

据学生喜爱排序可知,体育类和艺术类活动课后服务更受青睐。"双减"政策也明确提出要遵循教育规律,着眼于学生身心健康成长,保障学生休息权利。[①] 然而,仅靠课间体育锻炼是不够的,体育课和课后服务也能增强体魄、促进身心健康。而艺术类课后服务活动的开展能丰富课余生活,让学生展示才华,培养审美、创造和表达能力,全面提升综合素质。

学校应进一步丰富课后服务的课程设置,增加体育类和艺术类活动的内容。首先,更多地开设如各种球类、跳绳等体育兴趣小组,以及剪纸、素描、舞蹈、戏曲、书法等艺术课程。其次,学校在条件允许的情况下招聘或培训专业教师,并加大资金投入以完善活动场地与设施设备。最后,要积极与第三方合作,引入优质资源,调动学生兴趣。

3. 考虑性别差异与课后服务内容选择,优化学校课后服务以满足学生需求

通过对性别联合分析发现,男女生在课后服务内容选择上存在偏好差异。女生更看重学科类及艺术类、做作业等活动,而男生更看重兴趣拓展类、科普类及体育类等活动。对女生来说最佳的课后服务组合为:做作业、艺术类活动、游戏娱乐,而男生则为做作业、体育类活动、游戏娱乐。为满足需求,学校可设计多元课后服务内容,涵盖各领域,以满足不同学生的需求。

学校将来应该针对男女生的兴趣爱好,加强对兴趣小组与社团活动的支持和引导,激发学生的潜能。除性别因素以外,学校也可以充分考虑学生的个体化差异,根据学生的兴趣爱好、个人特长以及发展需求来提供个性化的课后服务方案,让每一位学生都能够找到适合自己的活动。

What Kind of After-school Services do Primary School Students in County Regions Like
— An Empirical Analysis Based on Sample Survey Data from 8 Counties (Districts) in 4 Provinces

ZHAO Yingqi,SUN Ying

(China Institute of Rural Education Development, Northeast Normal University, Changchun Jilin, 130024)

Abstract: Among primary school students in county regions, the most favored after-school services are comprehensive quality development, academic support, and interest-based enrichment. Specifically, their preferences for various after-school services, ranked from highest to lowest, are listed as follows: sports, homework, arts, games and recreation, science activities, scientific exploration activities, independent reading, tutoring and Q&A sessions, interest groups and club activities, and enrichment training. Their most preferred combination includes homework, sports, and games and recreation. A gender-based analysis reveals differences in content preferences for after-school services. In response to the above research findings, the study proposes the following suggestions: further integrating and utilizing high-quality resources in county-level regions to provide students with diversified after-school service content; enriching the curriculum of after-school services with more options for sports and art activities, considering gender differences in offering service content selection; and optimizing after-school services to better meet students' needs.

Key words: after-school services, primary school students in county regions, Double Reduction Policy, joint analysis

---

① 中共中央办公厅 国务院办公厅:《关于进一步减轻义务教育阶段学生作业负担和校外培训负担的意见》,载中央人民政府网:https://www.gov.cn/zhengce/2021-07/24/content_5627132.htm,最后登录日期:2024年10月5日。

《现代基础教育研究》

第58卷，2025年4月　　　　　　　　（Research on Modern Basic Education）　　　　　　　　Vol.58, Apr. 2025

大单元教学的系统设计、案例阐释与循证优化

尹　苗[1]，庄晓雨[1]，聂心雨[2]

（1. 山东师范大学 生命科学学院，山东 济南 250358；2. 山东省济宁市第一中学，山东 济宁 272067）

摘　要：为破解当前大单元教学中存在的理念认同与实践框架缺失的教学困境，文章借鉴 ADDIE 教学设计结构框架，提出了包含前端分析、设计开发、教学实施和评价优化的四段式大单元教学设计流程，并结合"流行性感冒中的生物学"的大单元教学设计案例，对大单元教学设计流程进行了阶段化解析与系统性阐释。在此基础上，文章利用德尔菲法对该教学设计流程进行了合理性评价，同时结合案例的单元教学实践反馈，对教学设计流程进行了循证优化，为教师开展大单元教学提供设计流程参照与实践案例参考，以助力大单元教学研究与实践的不断深化。

关键词：大单元教学；教学设计；循证

一、引言

当前，"核心素养"（Key Competency）已成为世界范围内人才培养共同的目标追求与价值指向。2018年1月发布的《普通高中课程方案和语文等学科课程标准（2017年版）》[①]，实现了我国基础教育课程目标由"三维目标"向"学科核心素养"的升级转向。经过7年多的理论研究与实践探索，学界与教学实践者普遍形成了以"指向学科核心素养的大单元设计"[②] 作为核心素养培养途径的共识。[③] 作为"单元教学"[④] 本土化的延续性创新，大单元教学从"课程视角""学习立场"[⑤] 出发，重新激活了单元概念，使其取代课时而成为核心素养时代的教学组织单位。但在实践进程中，一方面，教师囿于固有的知识中心教学惯性，难以跳出课时框架实现课程内容整合；另一方面，现有的理论研究大多集中于大单元教学内涵与价值等宏观层面，缺少学科视角下大单元教学设计的系统研究，无法为教师开展大单元教学提供直接的

基金项目：山东省教育教学研究课题"智能技术支持的高中生物学循证教学模式构建与实践"（项目编号：2023JXY038）；山东省教育科学"十四五"规划课题"数据驱动的循证教学模式构建与应用研究"（项目编号：2023ZD033）。

作者简介：尹苗，山东师范大学生命科学学院教授，博士，主要从事生物学课程与教学论研究；庄晓雨，山东师范大学生命科学学院科研助理，主要从事生物学课程与教学论研究；聂心雨，山东省济宁市第一中学二级教师，硕士，主要从事生物学教学研究。

① 中华人民共和国教育部：《普通高中课程方案和语文等学科课程标准（2017年版）》，载教育部网：https://www.moe.gov.cn/srcsite/A26/s8001/201801/t20180115_324647.html，最后登录日期：2024年9月27日。

② 崔允漷：《学科核心素养呼唤大单元教学设计》，《上海教育科研》2019年第4期，第1页。

③ 任明满：《大单元教学：历史脉络、研究现状及路径选择》，《课程·教材·教法》2022年第4期，第97-105页。

④ 张磊：《论单元教学法及其运用策略》，《现代基础教育研究》2020年第1期，第162-168页。

⑤ 崔允漷：《素养本位的单元设计，助力各国进入"素养时代"》，《上海教育》2021年第32期，第22-25页。

操作指导与案例参照,导致大单元教学陷入"理念认同"与"实践退缩"并存的两难窘境。基于此,本研究提出大单元教学的系统设计流程,开展大单元教学案例阐释与循证优化,以期提供流程参照和实践指导。

二、大单元教学的系统设计

教学系统设计理论"注重线性的操作程序"[①],通过对教与学过程的系统安排以优化教学、促进学生的学习。其中,ADDIE(Analysis 分析, Design 设计, Development 开发, Implementation 实施, Evaluation 评价)作为一种典型的教学设计模型,对教学设计过程进行了明确的阶段性划分,为教师开展结构化、系统化的教学设计提供了行动支架,已成为现阶段广泛应用的教学设计通用模型。[②] 本研究借鉴 ADDIE 教学设计结构框架,在参考逆向教学设计(Understanding by Design, 缩称 UbD)[③] 和积极的问题解决中真实参与模型(Real Engagement in Active Problem Solving,缩称 REAPS)[④] 的基础上,提出大单元教学设计的系统设计流程,具体如图1所示。

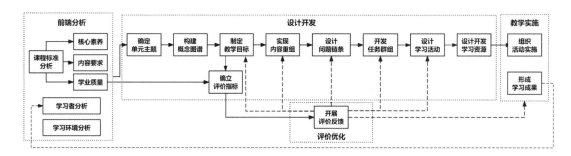

图 1　基于 ADDIE 的四段式大单元教学设计流程

1. 前端分析

大单元教学设计的前端分析可从课程标准、学习者和学习环境三个方面展开。首先,课程教学应以学科课程标准为根本指导和标准参照,为此,大单元教学的前端分析应首先围绕课程标准展开。其次,素养中心的大单元教学设计对于学生的关注不仅包括其知识基础、技能水平、认知风格等方面,还需要教师对学生真实情境中的问题解决能力、会话协作能力与知识建构能力等复杂学情予以掌握、分析与判断。最后,智能学习环境一方面可以在教师对学生前期学情数据、活动过程数据、学习成果数据、学习评价数据等的获取、分析、反馈中提供数据支持,另一方面可以有效支持教师开展循证式教学决策与教学改进。

2. 设计开发

以核心素养为导向的大单元教学,聚焦于学生应对生产生活实践与学习探索的问题情境中所需的价值观念、必备品格与关键能力的培养。基于上述认识,本研究确定了大单元教学的设计开发的框架结

---

① 张文兰:《对教学系统设计理论的思索与浅探》,《中国电化教育》2003年第5期,第13-16页。

② 尹苗,史洁,李逢庆,等:《基于 ADDIE 教学设计模型的智慧课堂教学——以"真菌"一节的教学设计为例》,《现代教育技术》2020年第11期,第19-25页。

③ G. Wiggins, J. McTighe, *Understanding by Design*, USA:Pearson Education Inc, 2005, pp. 13-15.

④ J. Maker, R. Zimmerman, A. Alhusaini, et al, "Real Engagement in Active Problem Solving (REAPS):An Evidence-based Model that Meets Content, Process, Product, and Learning Environment Principles Recommended for Gifted Students", *Exeley, Inc.* No. 1 (2015), pp. 1-24.

构，主要包括确定单元主题、构建概念图谱、制定教学目标、确立评价指标、实现内容重组、设计问题链条、开发任务群组、设计开发学习资源等环节。

基于前端分析结果，以课程标准和学科大概念框架为指导，搭建单元学习情境，确定单元主题。在此基础上，梳理单元情境中的生活现象，构建从生活现象到重要概念，再到学科大概念的概念图谱，并以此为指导，制定单元教学目标。确定预期结果、确定评估证据、设计学习体验和教学是逆向教学设计的三个阶段。[①] 本研究将逆向教学设计理念引入大单元教学设计，构建大单元学习质量评价标准体系。在单元整体目标与评价标准的指导下，教师结合自身教学经验开展教学内容的梳理、整合与重组，以加强单元教学整体性、知识内容的关联性。基于对单元内容的重组，教师可以依据单元教学目标和评价标准，组织开展单元整体教学框架的设计。

3. 教学实施

与课时单位的教学实施不同，大单元教学框架下的分课时教学应在单元课时功能框架下展开。从课时功能的角度来看，大单元教学可以分为单元导读课、核心课时群和总结建构课。单元导读课的主要功能是通过单元情境、核心问题、单元任务、评价要求的呈现与说明，使学生形成对本单元学习的整体认识。在此基础上，核心课时群则按照此前设计完成的单元整体教学框架展开，学生在教师提供的学习资源的支持下，通过分课时活动完成课时任务目标，并在课时学习成果的形成过程中完成对重要概念的建构。最后的总结建构课是对单元课时学习内容与学习成果的系统梳理与成果展示，通过对单元整体学习活动的总结和课时成果的汇总，实现从重要概念到学科大概念的系统建构。

4. 评价优化

依据前期确定的单元评价指标体系，教师在单元教学活动中及活动结束后，基于学生学习成果、智能平台提供的学习过程性数据、课堂活动表现、习题检测结果等内容，开展学习目标达成度、过程性学习成果和表现性学习成果的循证式评价。其结果不仅可以用于评价学生学习绩效，更为重要的是，通过对评价结果的分析，可以实现大单元教学设计与实施过程中的问题诊断与优化。具体而言，基于评价结果的大单元教学优化可以从三个方面展开：一是对大单元教学设计中的教学目标、内容组织、问题设计、任务开发、学习资源等的优化迭代；二是教学实施过程中的活动设计与组织改进；三是评价结果可以帮助教师实现学生学情的精准分析，为后续教学设计的学生分析奠定基础。

三、大单元教学设计的案例阐释

基于上述大单元教学设计流程，本研究以《普通高中生物学课程标准（2017 年版 2020 年修订）》中"稳态与平衡"模块的大单元教学设计为例，着重对大单元教学设计中的设计开发阶段进行案例阐释，以期为教师开展大单元教学设计提供学科案例参照。本案例以"生命个体的结构与功能相适应，各结构协调统一共同完成复杂的生命活动，并通过一定的调节机制保持稳态"[②] 的大概念建构为目标指向，以"流行性感冒中的生物学"为单元主题，通过真实情境中的任务完成与活动参与，形成关于"神经调节、体液调节、免疫调节如何协同作用维持机体稳态"这一单元核心问题的解决方案，促进学生生成生物学学科大概念，助力其建构对生命的认知。[③]

单元主题确定后，基于《普通高中生物学课程标准（2017 年版 2020 年修订）》中"稳态与平衡"模块的课程内容，立足单元主题、单元情境，构建单元整体概念解构图（见图 2）。本案例从流行性感冒患者病程

① G. Wiggins, J. McTighe, *Understanding by Design*, USA：Pearson Education Inc, 2005, pp. 18-19.

② 中华人民共和国教育部：《普通高中生物学课程标准（2017 年版 2020 年修订）》，人民教育出版社 2020 年版，第 20 页。

③ 尹苗：《建构对生命的认知——生物学教学的逻辑起点》，《中学生物教学》2023 年第 20 期，第 57-59 页。

中"感染流感后易发热""退烧的常见处理方式""出汗过多会引起电解质缺乏"等生活现象入手,提炼出 6个重要概念,并将其进一步汇总提炼"生物体各结构协调统一共同完成复杂生命活动,并通过一定的调节机制保持个体稳态"的大概念,以支撑学生认识生命系统的相对稳定及其调节机制,从而建构稳态与平衡观、结构与功能观以及生命的系统观。

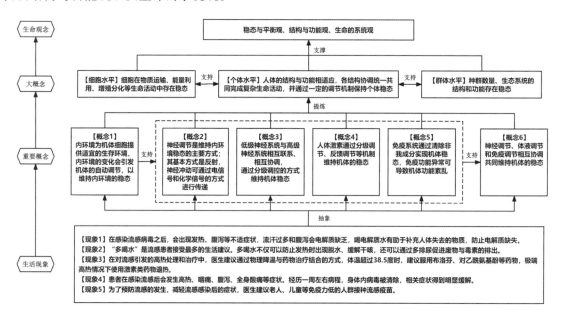

图 2　单元整体概念解构图

基于课标要求、单元主题和概念图谱,制定本单元教学目标(见表 1)。在此基础上,制定单元整体教学目标评价标准、过程性学习成果评价标准、表现性学习行为评价标准。

表 1　"流行性感冒中的生物学"单元教学目标

生命观念	1.能够从稳态与平衡的观念出发,从个体水平认识稳态的内涵,认识到人体通过神经调节、体液调节和免疫调节等多种方式调节生命活动,保持生命体的有序、平衡状态 2.结合流感患者的病程实例,明晰神经调节、体液调节和免疫调节的结构基础,并运用结构与功能相适应的观点,诠释相关组织、器官、系统的生理功能与作用机理 3.从神经—内分泌—免疫等系统协同的角度,分析机体感染流感后体内各系统的调节机制,认识到人体的平衡稳定是由各系统共同协作实现的,树立生命的系统观
科学思维	1.通过对流感患者病程中体温、水盐等生理活动调节过程的分析,得出神经—体液—免疫系统间协同作用调节内环境的稳定,形成"事物间相互联系"和"局部与整体相统一"的辩证思维 2.采用概念建模、数学建模的方法阐释生命系统的调节机制,形成反馈调节、分级调节的系统思维
科学探究	1.以流感患者的诊疗报告为分析对象,对行为性调节和生理性调节在生命稳态调节中的作用开展理论探究,形成严谨、求实的探究精神 2.通过实验探究生物体维持 pH 稳定的机制,体会模拟实验与对比实验的思路,提高探究实践的能力
社会责任	1.认识人体的内环境靠所有细胞共建,又为每个细胞提供赖以生存的环境,认同共建共享的理念 2.通过学习人体感染流感后机体对内环境稳态的调节过程,尝试运用生物学知识解释日常生活中的生命现象,形成健康生活习惯,并认识到机体的自我调节能力是有限的

在单元教学目标指导下，对"稳态与平衡"模块中人体稳态与平衡相关的教学内容进行重组，将单元内容中涵盖的 6 个重要概念重组为 5 个子单元。在此基础上，基于单元教学情境和单元核心问题，完成核心问题拆分、子单元及课时学习任务及学习活动的设计，并确定子单元及课时学习成果形式。"流行性感冒中的生物学"单元整体教学设计框架，如图 3 所示。

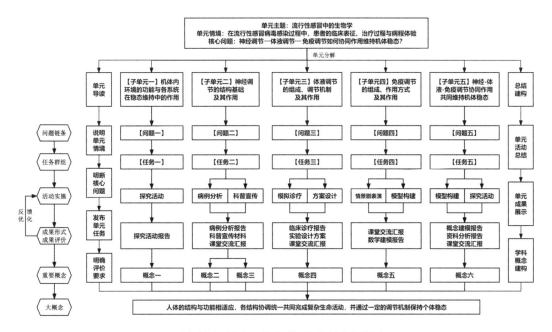

图 3 "流行性感冒中的生物学"单元整体教学设计框架

以子单元三的设计与实施为例，教师结合教学内容和整体情境生成子单元的分解情境和核心问题："在高热不退的极端情况下，医生会给患者注射糖皮质激素用于降低患者体温。作为内分泌系统合成特殊的化学分子，激素是如何发挥作用的？"并进一步将核心问题转化为学习任务：分析临床上常用的糖皮质激素——氢化可的松、地塞米松药物使用说明书，明确常见激素类药物的类型、作用机理及其副作用。将体液调节的组成、调节机制及其生理作用的知识学习与综合应用融入情境化任务中，并通过模拟诊疗和地塞米松抑制试验方案设计两个主题活动，推动教学进程并形成临床诊疗报告、实验设计方案和课堂交流汇报 3 个小组学习活动成果。学习成果评价可采用"教师评价+组内评价+组间评价"的多主体评价方式，具体活动成果的评价维度需与活动内容、成果类型相适配，如诊疗报告可着重从科学性、合理性与适恰性方面进行评价；对设计方案的评价则需从科学性、严谨性、合理性及可操作性等维度进行；课堂汇报评价可从逻辑结构、内容科学、语言规范、表述清晰等方面进行。通过"问题链条—任务群组—活动实施—成果评价"的协同推动，促进学生形成"人体激素通过分级调节、反馈调节等机制维持机体稳态"的生物学概念，并养成"稳态与平衡观和生命的系统观"的生命观念。

四、大单元教学设计的循证优化

1. 研究设计

大单元教学系统设计的循证优化包含两个方面的内容。一是通过德尔菲法对学科教学论专家、教研员与资深学科教师开展大单元教学设计流程的合理性调查，对流程的合理性进行评价并提出改进意见；二是开展大单元教学设计案例的教学实践，对大单元教学设计流程指导下的教学框架进行合理性评价。通过汇总学科专家、一线教师与学生的真实反馈,以实现对大单元教学设计流程的反馈与优化。

2. 专家调查

本研究遴选邀请国内13位教学研究人员开展意见征询。其中,高校学科课程与教学论专业研究者3人、地市级学科教研员4人、一线学科教师6人;正高级职称教师4人,副高级职称教师9人;13位专家均具有15年以上的教学与研究经验。问卷共包含四个部分,第一部分简述了上述大单元教学设计流程的基本情况;第二部分为专家评分表,该部分采用李克特五点计分法,均留有意见填写栏;第三部分为开放式意见填写;第四部分是结构化问题,用以了解专家信息和他们对大单元教学设计的理解程度。专家咨询问卷回收率为100%,积极系数为1,专家权威系数为0.86,专家团队符合研究要求。

3. 设计优化

84.62%的专家认为,该设计流程框架明确、结构合理、实操性强。整理专家开放性意见,主要集中于四点:(1)分析阶段是否要开展智能化学习环境分析;(2)3位专家从教学情境在大单元教学中的重要性考虑,提出应增加情境创设环节;(3)对设计开发阶段中"确定单元主题"与"制定教学目标"环节的顺序设置存疑,5位一线教师认为应将主题确定置于教学目标制定之后;(4)3位专家提出在设计开发阶段增加分课时规划环节,此环节在图示中未能体现,建议增补,以增强实施过程中对教师的指导性。

针对上述意见做出如下回应和修订:针对意见(1),虽然当前具备智能化教学支持条件的学校占比不高,但随着基础教育数字化转型的深化,以智能技术赋能教、学、研、测、管、评等教育教学体系化创新是大势所趋,故仍做保留,但教师可根据学校实际情况选择性开展,图示中以虚线表示。针对意见(2),已充分考虑到情境创设的作用与价值,因为考虑到流程的简明性,所以并未将其作为单独的环节,而是将其融于单元主题确定环节,故不考虑增补。针对意见(3),本研究认为从设计逻辑出发,单元主题的确定是先导性条件。一方面,单元情境与单元主题是概念图谱构建的基础。由单元主题关联的生活现象抽提学科概念是引导学生建立生产生活与学科知识体系连接的重要途径。另一方面,单元教学目标的制定应以单元主题为统领和边界,其具体目标的叙写应结合单元情境、概念图谱而确定,故本文未就此进行调整。针对意见(4),该项意见对增强教师参照大单元教学设计流程开展教学实践中的实操性具有较大价值,故在设计流程中增加"制定课时框架"环节。修正后的大单元教学设计流程图,见图4。

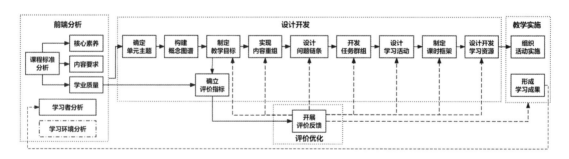

图4 修正后大单元教学设计流程图

4. 教学实践

围绕四段式大单元教学设计流程,在山东省济宁市第一中学高二年级生物学教学中开展了为期2个月的实践应用。实践应用前,向高二年级生物学教师说明大单元教学设计流程、各阶段的设计意图与主要任务,并以"稳态与平衡"模块为教学内容,组织教师在教学设计流程指导下,完成"流行性感冒中的生物学"大单元教学设计,并据此开发体系化的大单元教学资源体系。一是用于学生课前自主学习的"自主学习任务单""流行性感冒患者病程记录""探究活动指导方案""自主学习检测习题"等;二是用于课堂教学的分课时教学设计;三是用于学习效果评价的评价指标体系,包含过程性学习效果评价的"课堂展示交流评价量表""探究活动方案评价量表"等和用于单元学习效果评价的"单元学习效果检测习题"等内容。在教学实践过程中，通过访谈与课堂观察收集教师与学生对大单元教学的反馈、感受与评价。

教师方面，参与大单元实践的教师认为四段式大单元教学设计流程清晰、过程合理，符合教师教学设计的习惯，实操性强。有教师表示："四步式大单元教学设计流程给我们开展大单元教学提供了明确的操作步骤指导，让大单元教学变得更加简单易于操作。"也有教师针对大单元教学设计和课时教学设计的差别，肯定了在大单元教学设计中设置单元导读课的重要性："单元导读课能让学生更清晰地了解单元学习的整体性，明确每节课所学内容间的内在关联，更容易形成学科大概念。"

学生方面，面向真实情境下的问题解决和学习活动带给学生最直接的感受，即课堂教学活动设计和组织上的变化。担任情景剧编导的学生说："活动过程中同学是有很多很新奇的想法，思维确实很有发散力，同学把免疫过程中一个个细胞演绎得很生动形象，而且非常锻炼小组合作和交流展示的能力。"访谈中也发现，学生关注到了知识的关联与概念建构，"最后的单元总结课让我对所学的知识内容之间的关联更清楚了，整体性更强了"；还有学生意识到大单元教学在促进思维发展中的作用："原来上课光听但是不思考，就感觉自己没掌握到真东西，一做题就不会，现在能感觉到在思考。"

通过教学实践，证实了四段式大单元教学设计流程的合理性与可操作性。一方面，大单元教学设计流程为教师开展大单元教学设计提供了流程参照与行动支架；另一方面，大单元教学也在促进兴趣提升、概念建构和思维发展中取得了良好的效果，这都为后续大单元教学的深化应用奠定了实践基础与提供了操作借鉴。

Systematic Design, Case Explanation, and Evidence-Based Optimization of Large Unit Teaching

YIN Miao[1], ZHUANG Xiaoyu[1], NIE Xinyu[2]

（1. College of Life Science, Shandong Normal University, Jinan Shandong, 250358;

2. Jining No. 1 High School, Jining Shandong, 272067）

Abstract: In order to address the pedagogical challenges of the lack of conceptual consensus and practical framework in large unit teaching, this study adopts the ADDIE instructional design model to propose a four-stage process for large-unit teaching design, including front analysis, design and development, instructional implementation, and evaluation optimization. By using a case study of Biology in Influenza, this paper provides a phased analysis and systematic elucidation of the large unit teaching design process. Based on this, the Delphi method was used to assess the rationality of instructional design process and evidence-based optimization was conducted by using feedback from unit teaching practices. The proposed four-phase design process and practical case offer both a process reference and a practical example for teachers, supporting the ongoing development of large-unit teaching research and practice.

Key words: large unit teaching, instructional design, evidence-based practice

学校组织文化如何影响认知激活教学
——基于 TALIS2018 上海教师数据的分析

康红芹

（曲阜师范大学 教育学部职业与继续教育研究院,山东 曲阜 273165）

摘　要: 研究采用结构方程模型,对参与 2018 年教师教学国际调查(TALIS)的上海市 3274 名初中教师的问卷数据进行统计分析,以考察教师感知的学校组织文化对认知激活教学的影响。结果发现:教师感知的学校组织文化与认知激活教学呈显著正相关,教师自我效能感在学校组织文化与认知激活教学之间起部分中介作用,团队创新和自我效能感在学校组织文化与认知激活教学之间存在链式中介作用。启示如下:倡导校长的支持型领导风格,建立创新、合作的学校组织文化;组建崇尚创新的专业学习共同体,增强教师认知激活教学的信心;开展认知激活教学成果交流活动,改进教师认知激活教学的行为。

关键词: 学校组织文化;团队创新;自我效能感;认知激活教学;TALIS

当前,发展新质生产力是推动我国高质量发展的内在要求和重要着力点,而新质生产力的显著特点是创新。发展新质生产力离不开教育、科技、人才的三位一体支撑。作为人才培养的重要阶段,基础教育亟须按照发展新质生产力的要求,深化教学改革,承担起拔尖创新人才早期培养的重任。为此,教师在教学中须加强培养学生创新能力、批判性思维、问题解决能力等重要能力,而这些高阶思维或能力的培养依赖于激活学生认知的教学活动。鉴于认知激活教学与学生创新能力存在高度相关,一些国际大型调查组织,如经济合作与发展组织开展的"教师教学国际调查"(Teaching and Learning International Survey,缩称 TALIS),已将认知激活教学纳入核心调查指标的重要行列。

目前,认知激活教学的实施还存在诸多困难。近年来,学界积极探索认知激活教学的影响因素和路径,但多从教师个体层面探讨教师学科教学知识等因素对认知激活教学的影响。那么,学校层面的影响因素有哪些呢? 很少有研究者探讨学校组织文化对认知激活教学的影响。教师感知的学校组织文化是否显著影响认知激活教学? 学校组织文化影响认知激活教学的机理是什么? 为了回答这些问题,本研究选用 TALIS2018 教师问卷中学校组织文化、团队创新、自我效能感和认知激活教学的题项,揭示教师感知的学校组织文化与认知激活教学之间的关系,并探讨团队创新和自我效能感在此关系中的中介作用。

基金项目: 国家社会科学基金"十四五"规划 2024 年度教育学一般课题"职业教育赋能乡村新质生产力的模型构建及应用研究"(项目编号:BJA240173)。

作者简介: 康红芹,曲阜师范大学教育学部职业与继续教育研究院副教授,博士,主要从事教师教育与成人教育研究。

一、文献回顾与研究假设

1. 学校组织文化

施瓦茨（Schwartz）、戴维斯（Davis）认为，组织文化是组织成员共有的信念和期望的模式。[①]还有研究者指出，组织文化是组织成员共同遵循的规范、态度、价值观和信念等系统。[②]虽然学界对组织文化界定有所差异，但将组织文化较多指向规范、信念和价值观。作为教育机构，学校也具有这些方面的组织文化。学校组织文化为组织成员提供了一种身份，产生了对组织使命的承诺，并有助于澄清和加强特定行为的认同。[③]据此，笔者认为，学校组织文化是由学校工作人员认同并共同遵循的规范、信念、价值观、制度、行为方式等组成的体系，反映了学校工作人员的共同期望和学校的目标。

已有研究还探讨了组织文化的类型。有研究者提出组织文化由目标导向、创新导向、决策参与、领导力、正式关系和共同愿景等组成。[④]其中，决策参与能够体现教职工参与学校决策的机会和程度。领导力能够反映校长参与支持或指导教师行为的程度。[⑤]在一所具有支持型领导氛围的学校，教师被鼓励学习新事物并尝试新的教学方法。[⑥]正式关系是指教师之间的专业和非专业关系[⑦]，也包括教师集体解决问题和分享经验的机会。[⑧]而教师之间的合作就属于这种关系。

2. 团队创新

团队创新是指有意识地在团队中引入和应用新的想法、流程、产品或程序，以造福个人、团队、组织甚至整个社会的行为。[⑨]在学校，团队创新不仅意味着产生新的想法或方法，还意味着将其付诸实践，以促进教学和学生学习。关于组织文化与创新之间的关系，组织文化被视为支持或阻碍创新的因素。[⑩]在教育领域，教育创新受益于支持性的组织文化，支持性的制度环境可以促进教师的创新。[⑪]可知，学校组织文化有助于教师团队开展创新的教学活动，学校组织文化可能是影响团队创新的重要因素。据此，本研究提出假设：H1：学校组织文化对团队创新具有正向影响。

3. 自我效能感

班杜拉（Bandura）基于社会认知理论，将自我效能感界定为个体对其计划和执行特定行为的能力的感知。[⑫]自我效能感在教育领域中被广泛研究。教师自我效能感是指教师认为自己能在多大程度上影

---

① H. Schwartz, S. M. Davis, "Matching Corporate Culture and Business Strategy", *Organizational Dynamics*, Vol. 10, No. 1(1981), p. 33.

② ö. DinçEr, *Stratejik YöNetim Ve IşLetme Politikası*, 9Stanbul: Beta YayıNevi, 1996.

③ J. Greenberg, R. A. Baron, *Behavior in Organizations*. Englewood Cliffs: Prentice-Hall, 2000.

④ C. Zhu, "Organizational Culture and Technology-Enhanced Innovation in Higher Education. Technology", *Pedagogy and Education*, Vol. 24, No. 1 (2015), pp. 65-79.

⑤ G. Devos, D. Bouckenooghe, N. Engels, G. Hotton, A. Aelterman, "An Assessment of Well-Being of Principals in Flemish Primary Schools", *Journal of Educational Administration*, Vol. 45, No. 1(2007), pp. 33-61.

⑥ F. Huang, T. Teo, "Influence of Teacher-Perceived Organisational Culture and School Policy on Chinese Teachers' Intention to Use Technology: An Extension of Technology Acceptance Model", *Educational Technology Research and Development*, Vol. 68, No. 2 (2019), pp. 1547-1567.

⑦ W. K. Hoy, C. J. Tarter, *The Road to Open and Healthy Schools: A Handbook for Change*. Thousand Oaks: Corwin Press, 1997.

⑧ M. Fullan, *Leading in a Culture of Change*, San Francisco: Jossey Bass Wiley, 2001.

⑨ M. A. West, J. L. Fair, *Innovation and Creativity at Work: Psychological and Organizational Strategies*, Chichester: Wiley, 1990, pp. 3-13.

⑩ E. C. Martins, F. Terblanche, "Building Organisational Culture that Stimulates Creativity and Innovation", *European Journal of Innovation Management*, Vol. 6, No. 1(2003), pp. 64-74.

⑪ R. H. Hofman, W. H. A. Hofman, H. Guldemond, "School Governance, Culture, and Student Achievement." *International Journal of Leadership in Education*, Vol. 5, No. 3(2002), pp. 249-272.

⑫ A. Bandura, *Self-Efficacy: The Exercise of Control*, New York: Freeman, 1997.

响学生学业任务的信念。①根据教学实践是多维的假设,施南-莫兰(Tschannen-Moran)和霍伊(Hoy)认为,教师自我效能感包括教学策略、学生参与和课堂管理等方面的效能感。②TALIS 也采用了这种分类方法:教学效能感是指教师对自己能在多大程度上胜任教学实践和教学评价的信念;学生参与效能感是指教师对自己能在多大程度上为学生提供情感和认知支持以及自己激励学生学习的信念;课堂管理效能感是指教师对自己能在多大程度上建立有序学习环境的信念。③

以往研究表明,学校组织文化对教师自我效能感有显著影响。④教师创新也是影响教师自我效能感的重要因素。塞利克(Celik)指出,随着创新水平的提高,实习教师在动机和教学技能方面的自我效能感也会提高。⑤由此推测,团队创新也会对教师自我效能感产生影响。由上,本研究提出假设:H2:学校组织文化对教师自我效能感具有正向影响;H3:团队创新对教师自我效能感具有正向影响。

4. 认知激活教学

不同的研究人员对认知激活教学的界定不同。克利梅(Klieme)等人认为,认知激活教学包括设计具有挑战性的任务、训练学生课程内容相关的术语以及激活学生先验知识。⑥利波夫斯基(Lipowsky)等人认为,认知激活教学是鼓励学生进行更高层次的思考,从而发展出一个详细的知识网络的教学实践。⑦有研究者指出,认知激活教学是指通过布置具有挑战性的任务来激励学生,并提升更高层次的能力,如批判性思维、解决问题能力和决策能力。⑧国内研究者也对认知激活教学开展了探索。李刚、褚宏启指出,认知激活教学是教师基于学生以往经验激活学生参与的教学策略和行为。⑨还有研究者谈到,认知激活教学是以强调深层次理解、激活学生旧有经验、鼓励学生积极参与为特征。⑩由上可知,当教师设计具有挑战性的任务,引发学生认知冲突,要求学生运用先验知识解决问题并能解释时,可视为学生认知被激活了。⑪

研究者积极探索影响认知激活教学的因素。第一,文化环境有助于认知的激活。⑫有研究者指出,

① P. T. Ashton, "Teacher Efficacy: A Motivational Paradigm for Effective Teacher Education", *Journal of Teacher Education*, Vol. 19, No. 5(1984), pp. 28-32.

② M. Tschannen-Moran, A. W. Hoy, "Teacher Efficacy: Capturing an Elusive Construct", *Teaching and Teacher Education*, Vol. 17, No. 7 (2001), pp. 783-805.

③ J. Ainley, R. Carstens, *Teaching and Learning International Survey (Talis) 2018 Conceptual Framework*, Paris: Oecd Publishing, 2018.

④ J. Wooyoung, "The Effects of School Organizational Culture Perceived by Teachers on Their Teacher Efficacy and Organizational Commitment", *The Journal of Educational Administration*, Vol. 23, No. 2(2005), pp. 73-90.

⑤ K. Celik, "The Relationship between Individual Innovativeness and Self-Efficacy Levels of Student Teachers", *International Journal of Scientific Research in Education*, Vol. 6, No. 1 (2013), pp. 56-67.

⑥ E. Klieme, F. Lipowsky, K. Rakoczy, N. Ratzka, QualitäTsdimensionen Und Wirksamkeit Von Mathematikunterricht. Theoretische Grundlagen Und AusgewäHlte Ergebnisse Des Projekts Pythagoras. In *Untersuchungen Zur BildungsqualitäT Von Schule*. Abschlussbericht Des Dfg-Schwerpunktprogramms. Edited By M. Prenzel and L. Allolio-NäCke, MüNster: Waxmann, 2006, pp. 127-146.

⑦ F. Lipowsky, K. Rakoczy, C. Pauli, Drollinger-Vetter, Et Al, "Quality of Geometry Instruction and Its Short-Term Impact on Students' Understanding of the Pythagorean Theorem", *Learning and Instruction*, Vol. 19, No. 6 (2009), pp. 527-537.

⑧ N. Le Donné, P. Fraser, G. Bousquet, *Teaching Strategies for Instructional Quality*: Insights from the Talis-Pisa Link Data, Paris: Oecd Publishing, 2016.

⑨ 李刚、褚宏启:《转变教学方式:基于"国际学生评估项目 2018"的思考》,《教育研究》2019 年第 12 期,第 17-25 页。

⑩ 王玲、李文烨、谢淑海:《认知激活教学策略对初中生语文学习策略的影响:学习价值观的中介效应》,《教育测量与评价》2024 年第 1 期,第 71-82 页。

⑪ J. KüNsting, V. Neuber, F. Lipowsky, "Teacher Self-Efficacy as a Long-Term Predictor of Instructional Quality in the Classroom", *European Journal of Psychology of Education*, Vol. 31, No. 3(2016), pp. 299-322.

⑫ H. Shepherd, "The Cultural Context of Cognition: What the Implicit Association Test Tells Us about How Culture Works", *Sociological Forum*, Vol. 26, No. 1 (2011), pp. 121-143.

教师在学校中与其他教师合作得越多,越倾向于定期使用认知激活教学策略。[①]由此可以推测,学校组织文化可能对认知激活教学产生正向影响。第二,团队创新与个体创新行为呈正相关。[②]由此推知,团队创新会对认知激活教学产生影响。第三,教师自我效能感可以预测认知激活教学。自我效能感高的教师表现出更高的认知激活教学能力。[③]因此,教师的自我效能感是影响认知激活教学的重要因素。据此,本研究提出假设:H4:学校组织文化对认知激活教学具有正向影响;H5:团队创新对认知激活教学具有正向影响;H6:自我效能感对认知激活教学具有正向影响。

综上所述,学校组织文化、团队创新、自我效能感与认知激活教学四个变量之间有着密切的关系,学校组织文化、团队创新、自我效能感可能均对认知激活教学有正向影响,再加上学校组织文化能够正向预测团队创新、教师自我效能感,团队创新能够正向预测教师自我效能感,故而推测,团队创新和自我效能感有可能在学校组织文化与认知激活教学之间具有链式中介作用。因此,本研究提出如下假设:H7:团队创新在学校组织文化与认知激活教学之间起部分中介作用;H8:自我效能感在学校组织文化与认知激活教学之间起部分中介作用;H9:团队创新和自我效能感在学校组织文化与认知激活教学之间存在链式中介作用。

二、研究方法

1. 数据来源

本研究是对 2018 年 TALIS 上海数据的二次分析。TALIS 是一项针对教师、校长的国际大规模自我报告调查,使用教师问卷和校长问卷来收集数据。上海的初中教师和校长参加了 TALIS2018。经济合作与发展组织于 2019 年发布了 TALIS2018 数据,结果显示,上海教师的数据共有 3976 条。这些数据包括不同类型的缺失值,如逻辑上不适切、遗漏等。对逻辑上不适切的数据采用个案别除法,对遗漏或无效的缺失值采用期望最大化算法进行估算。在处理缺失值后,获得 3274 名教师的数据。其中,女教师占 74.6%。

2. 研究工具

（1）学校组织文化

学校组织文化是一个关于参与决策、正式关系、共同信念和支持性领导等方面的共同规范、价值观和信念的系统。基于此,笔者从调查问卷中选取了 4 个题项,分别为"本校为教师提供积极商议学校决策的机会""本校有一种相互支持的合作文化""学校成员有着共同的教与学理念""本校鼓励教师进行新的变革"。这 4 道题采用李克特 4 点评分,1 代表"非常不同意",4 代表"非常同意"。得分越高,代表教师感知到的学校组织文化水平越高。对这 4 道题进行验证性因素分析,拟合指标如下:$x^2/df=13.867$,GFI=0.984,AGFI=0.922,CFI=0.970,RMSEA=0.063,因子载荷在 0.80—0.90。该组问题的组合信度为 0.918。

（2）团队创新

团队创新是 TALIS2018 概念框架中新设置的变量。笔者从调查问卷中选取了 3 个能很好反映团队创新的题项,如"本校大多数教师在实践新想法时提供相互的实际支持"。这 3 道题采用李克特 4 点评分,1 代表"非常不同意",4 代表"非常同意"。得分越高,代表团队创新水平越高。该组问题的组合信度为 0.935,因子载荷在 0.88—0.95。

（3）自我效能感

① N. Le Donné, P. Fraser, G. Bousquet, *Teaching Strategies for Instructional Quality*: Insights from the Talis-Pisa Link Data, Paris: Oecd Publishing, 2016.

② J. Cao, L. Wang, "The Impact of Team Innovation Climate, Climate Strength, and Locus of Control on Innovative Behavior: A Multi-Level Analysis", *International Journal of Psychology*, Vol. 43, No. 3-4(2008), p. 612.

③ D. Holzberger, A. Philipp, M. Kunter, "How Teachers' Self-Efficacy Is Related to Instructional Quality: A Longitudinal Analysis", *Journal of Educational Psychology*, Vol. 105, No. 3(2013), pp. 774-786.

　　笔者从调查问卷中选取了教师自我效能感的 6 个具有代表性的题项,涉及教师的效能感三个方面,如"为学生精心设计良好的问题"等题项体现教学效能感,"引导学生进行批判性思考"等题项体现学生参与效能感,"让学生遵守课堂规则"体现课堂管理效能感。被调查者需要回答"在你的教学中,你能在多大程度上做到以下各项?"选项包括完全没有、有一点、比较多、非常多,依次记 1—4 分。得分越高,表明教师感知到的自我效能感越高。对这 6 道题进行验证性因素分析,拟合指标如下:$x^2/df=9.034$,GFI=0.985,AGFI=0.966,CFI=0.958,RMSEA=0.050,因子载荷在 0.73—0.84。该组问题的组合信度为0.912。

　　(4)认知激活教学

　　笔者从调查问卷中选取了 3 个题项,如"我让学生自行决定复杂任务的解决步骤"。被调查者需要回答"关于你在特定班级的教学,你多久做一次以下的事情"。选项由"从不或几乎从不"到"总是",依次记 1—4 分。得分越高,表明教师采用认知激活教学的频率越高。该组问题的组合信度为 0.808,因子载荷在 0.74—0.78。

　　3. 数据处理和分析

　　本研究使用 SPSS24.0 进行描述性统计和相关分析,运用 Amos24.0 对数据进行验证性因素分析、结构方程模型检验和 Bootstrap 中介效应检验。

三、研究结果

　　1. 描述性统计和相关分析

　　由表 1 可知,自我效能感因素的均值最高,认知激活教学因素的均值最低。教师感知的学校组织文化、团队创新、自我效能感、认知激活教学两两之间均为显著正相关。所有的相关性都符合我们的预期,为假设模型提供了基本前提。

表 1 各变量的描述统计和相关分析

	M	SD	1	2	3	4
1 学校组织文化	3.07	0.58	1			
2 团队创新	3.17	0.60	0.48***	1		
3 自我效能感	3.25	0.56	0.33***	0.27***	1	
4 认知激活教学	2.80	0.64	0.25***	0.19***	0.40***	1

注:*** $p < 0.001$

　　2. 假设检验

　　首先,利用 Amos24.0 对研究变量进行结构方程建模(见图 1),来检验团队创新和自我效能感在学校组织文化与认知激活教学之间的链式中介作用。经统计,结构方程模型与实际数据的拟合度指标为:$\chi2=423.617$,df=98,$\chi2/df=4.323$,GFI=0.963,AGFI=0.948,CFI=0.915,RMSEA=0.032。结果显示,模型的拟合度良好,样本数据所建构的团队创新和自我效能感的链式中介模型可解释实际的观察数据。

　　其次,探索各研究变量之间直接影响的关系。由表 2 可知,除了团队创新与认知激活教学之间的路径系数外,其他路径系数在构建的结构模型中均很显著。这表明教师感知的学校组织文化分别对团队创新、自我效能感、认知激活教学的直接效果,均有显著影响;团队创新显著正向影响自我效能感;教师的自我效能感显著正向影响认知激活教学。因此,H1—H4 均成立,H6 亦成立,但 H5 不成立。

表 2 研究假设的验证结果

假设	路径关系	路径值	p	假设成立与否
H1	学校组织文化→团队创新	0.513	***	成立

（续表）

假设	路径关系	路径值	p	假设成立与否
H2	学校组织文化→自我效能感	0.275	***	成立
H3	团队创新→自我效能感	0.172	***	成立
H4	学校组织文化→认知激活教学	0.104	***	成立
H5	团队创新→认知激活教学	0.036	0.135^{ns}	不成立
H6	自我效能感→认知激活教学	0.469	***	成立

注：$^{*}p < 0.010$；$^{**}p < 0.05$；$^{***}p < 0.001$；^{ns}表示无统计学意义

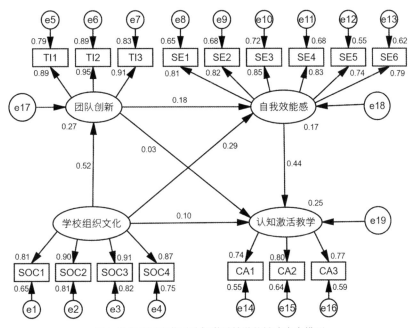

图 1 学校组织文化对认知激活教学的链式中介模型

最后，为了检验学校组织文化对认知激活教学的间接影响，本研究采用 Bootstrap 的方法，将重复随机抽取的 Bootstrap 样本设定为 2000，将置信区间设定为 95%。如果各路径系数的 95% 置信区间没有包括 0，表明中介效应显著。由表 3 可知，"学校组织文化→团队创新→认知激活教学"的间接效果为 0.019，z 值为 1.357，小于 1.96 的标准，并且在 95% 的置信水平下 Bias-Corrected 估计法和 Percentile 估计法所得的置信区间均包括 0，因此，间接效应不存在，H7 不成立。使用同样方法，可分析出自我效能感在学校组织文化与认知激活教学之间起部分中介作用，团队创新和自我效能感在学校组织文化与认知激活教学之间存在链式中介作用，故 H8 和 H9 均成立。

表 3 中介效果检验表

路径	点估计值	系数相乘积		Bias-Corrected 95% CI		Percentile 95% CI	
		SE	z	Lower	Upper	Lower	Upper
学校组织文化→团队创新→认知激活教学	0.019	0.014	1.357	−0.009	0.046	−0.006	0.049
学校组织文化→自我效能感→认知激活教学	0.129	0.015	8.600	0.100	0.157	0.105	0.166

(续表)

路径	点估计值	系数相乘积		Bootstrapping			
				Bias-Corrected 95% CI		Percentile 95% CI	
		SE	z	Lower	Upper	Lower	Upper
学校组织文化→团队创新→自我效能感→认知激活教学	0.041	0.007	5.857	0.028	0.056	0.028	0.056
总间接效应	0.189	0.019	9.947	0.150	0.221	0.159	0.235
总效应	0.293	0.027	10.852	0.237	0.34	0.247	0.353

四、讨论与建议

1. 讨论

（1）学校组织文化对认知激活教学的直接影响

研究发现,教师感知的学校组织文化可以直接影响认知激活教学。这一发现与先前的研究一致,表明环境背景可以刺激个人创新绩效。[①]人们的行为受到信念和周围氛围的影响,教师的创新教学行为也受到学校组织文化的影响。当意识到学校鼓励教师采取新的教学方式并持有创新的教学理念时,教师往往会给学生布置批判性任务;当学校倡导自主学习、决策参与的学习理念和方式时,教师则会让学生自行决定解决复杂任务的程序、方法;当教师之间形成相互支持的合作文化时,教师则会让学生小组合作来解决问题。

（2）团队创新在学校组织文化与认知激活之间的中介作用

已有研究表明,团队创新对个体创新行为具有正向影响。然而,本研究结果显示,团队创新对认知激活教学的直接影响不显著,教师感知的学校组织文化不能通过团队创新间接影响认知激活教学。本研究的结果不适宜与企业管理等领域的先前研究结果进行比较。教师面对的学生个体都是独特的、复杂的。教师能从学校组织文化和团队中获得一定的创新意识,但可能仍然受到教学能力、自我效能感、教学勇气等因素的影响,而未在教学中注重激发学生的认知。

（3）自我效能感在学校组织文化与认知激活教学之间的中介作用

本研究发现,教师的自我效能感在学校组织文化与认知激活教学之间起部分中介作用,与以往研究观点基本一致。积极和支持性的学校组织文化可以为教师提供参与决策、分享观点的机会,让教师感受到学校的人文关怀和相互支持,从而提高教师的自我效能感。教师的自我效能感包括教学效能感、学生参与效能感和课堂管理效能感。教学效能感体现在设计好问题和使用多元评价策略的能力和信心上。学生参与效能感体现在教师增强学生完成作业的自信心、激励低兴趣学生、引导学生批判性思考上。课堂管理效能感主要表现为让学生遵守课堂规则的能力和信心。

（4）团队创新和自我效能感在学校组织文化与认知激活教学关系中的链式中介作用

由于团队创新在学校组织文化与认知激活教学关系中的作用不显著,而教师感知的团队创新与其自我效能感呈正相关,教师的自我效能感有助于促进认知激活教学的实施。故而,教师自我效能感的重要性在团队创新与自我效能感的链式中介作用中更加突出。当学校倡导创新的教学理念和合作文化时,大多数教师愿意尝试新的教学方式,更容易相互提供实际支持,团队创新的氛围和水平也会相应提高。而教师的团队创新水平越高,个体实施创新教学的意识和自我效能感就会越高。如果教师有信心构建创造性课堂环境,那么就有益于在课堂上实施创造性教学,设计锻炼学生思维的活动,激活学生的

---

① R. J. Sternberg, T. I. Lubart, *The Concept of Creativity: Prospects and Paradigms*. In Handbook of Creativity, Edited By R. J. Sternberg, London: Cambridge University Press, 1999, pp. 3-15.

认知,促进学生深度学习。

2. 建议

(1)倡导校长的支持型领导风格,建立创新、合作的学校组织文化

学校组织文化具有规范性、导向性,有利于提高学校师生的凝聚力,提升教学质量。建议学校充分挖掘本校的历史传统,并结合未来发展愿景,建立创新、合作的学校组织文化,崇尚创新的教学理念。学校领导需要提升自身的综合素养和眼光,树立支持型领导风格,制定完善的学校规章制度,鼓励、支持学校教职工的创新和合作精神,提高教师的工作主动性和创造性,重视学校教职工之间的相互影响,培养他们相互支持、共同追求创新教学的信念。

(2)组建崇尚创新的专业学习共同体,增强教师认知激活教学的信心

学校内部一旦形成了相互帮助和支持的合作文化,就会形成学习共同体。在相互信任与支持的团队氛围中,教师因为有共同的职业追求,而更愿意参与创新性教学实践,尝试新的教学策略,因此,有必要组建崇尚创新的教师专业学习共同体。学校管理者不仅要树立创新的教学理念,促使教师加以认同,还要制订专门的合作学习规制和细则,使合作方式、内容、流程、评价等得以制度化,营造积极的专业合作学习共同体文化。[1]组建崇尚创新的专业学习共同体,有利于促进教师对激活认知和创新教学理论的学习,提高教师引导学生思考和使用多种评价策略的能力,进而提升教师实施认知激活教学的信心。

(3)开展认知激活教学成果交流活动,改进教师认知激活教学的行为

在崇尚创新、合作的学校组织文化之下,教师之间可充分交流关于认知激活教学的新行动、新成果。交流的方式具体包括课堂观摩与分析、习题设计与评价、经验总结与分享、课例选取与研究等。交流的内容可聚焦于教师认知激活教学行为的表征与改进建议。这些新的行动和成果包括教师如何提升学生的批判性思维、问题解决能力和决策能力,如何引导学生发现和提出问题,如何设置具有挑战性的学习任务,如何促进学生形成深层次的学科理解等。

How does School Organizational Culture Affect Cognitive Activation Teaching
— Based on the Data of Shanghai Teachers in TALIS 2018

KANG Hongqin

(Institute of Vocational and Continuing Education, Faculty of Education, Qufu Normal University, Qufu Shandong, 273165)

Abstract: Using structural equation modeling, this study has analyzed data from 3,274 junior middle school teachers in Shanghai who participated in the 2018 international survey of teachers' teaching (TALIS) to explore the impact of perceived school organizational culture on cognitive activation teaching. The results show that there is a significant positive correlation between school organizational culture perceived by teachers and cognitive activation teaching; teachers' self-efficacy plays a partial mediating role between them while team innovation and self-efficacy function as a chain mediator. Such results suggest the following: advocating a supportive leadership from principals and establishing an innovative and collaborative school organizational culture; building a professional learning community that values innovation, enhances teachers' confidence in cognitive activation teaching; promoting the sharing of related teaching achievements and improving teacher behaviors in cognitive activation teaching.

Key words: school organizational culture, team innovation, self-efficacy, cognitive activation teaching, TALIS

---

① 邓睿,李丰:《教师职业认同对专业学习共同体的影响机制》,《现代基础教育研究》2023 年第 2 期,第 86-97 页。

《现代基础教育研究》

第58卷，2025年4月　　　　　(Research on Modern Basic Education)　　　　　Vol.58, Apr. 2025

教育内卷的逻辑及其超越：基于生命政治学的分析

盛志财

（湖南师范大学 教育科学学院，湖南 长沙 410081）

摘　要：教育内卷是新自由主义市场原则重构教育场域的结果。在生命政治学的视角下，教育内卷呈现三重症候：学生的时间焦虑情绪体验，对"教育绩效"的竞争异化为本体性的生存竞赛，人际关系退化为功利化博弈。教育内卷的根源在于新自由主义的市场化原则渗入教育系统，导致学生将竞争规则内化为自我规范技术。教育内卷的突破需要重构教育伦理，既要塑造学生之间的团结共生关系，也要承认竞争的积极意义，在个人理性与公共理性的辩证统一中重塑教育共同体，使竞争回归促进生命整全发展的本真价值。

关键词：教育内卷；竞争；生命政治学；教育伦理

教育内卷已成为热门研究问题。当前，学界对教育内卷的研究大致分为两条路径：其一，并不认可内卷在教育领域的发生，认为教育内卷只是一个跨学科理论话语在教育领域的误用[①]，或者认为教育内卷本身是一个伪命题[②]；其二，承认教育内卷的发生，并进一步对教育内卷的发生机制与破解路径展开研究。[③]然而，教育内卷作为一个普遍的社会共识和社会现象，不能仅从概念分析层面上否定其不合理性从而回避教育内卷的存在，也不能简单地将教育内卷的表象倒置为本质，从而忽视其诞生的社会根源。本文从生命政治学的视角出发，分析当前教育内卷产生的原因，揭示其背后隐藏的生命政治根由。

一、理论视角：生命政治学对竞争的诠释

"生命政治和生命权力的诞生，已经成为这个时代不可忽视的一股力量。"[④]20世纪70年代，米歇尔·福柯（Michel Foucault）开启了"生命政治"（bio-politique）研究，描述现代权力机制从传统的规训权力向管理生命的生命权力的转型，后续经由阿甘本（Giorgio Agamben）、韩炳哲（Byung-Chul Han）等思想家的推进，已经成为当代批判资本主义的重要学术领域。生命政治学的研究对象是生命政治现象，其核心任务是澄明个体自由和生命管理的边界。

福柯的生命政治研究与他对新自由主义的批

作者简介：盛志财，湖南师范大学教育科学学院博士研究生，主要从事课程与教学论研究。

① 鲁沛竺：《内卷化：一个跨学科理论话语的教育领域误用与反思》，《苏州大学学报（教育科学版）》2022年第10期，第71-80页。
② 杨磊，朱德全，樊亚博：《教育真的内卷了吗？——一个批判分析的视角》，《内蒙古社会科学》2022年第2期，第179-189页。
③ 陈诚，包雷：《内卷的产生机制与教育内卷的破解》，《中国考试》2022年第2期，第81-88页。
④ 蓝江：《什么是生命政治》，《武汉大学学报（哲学社会科学版）》2022年第1期，第57-67页。

判密不可分。在他看来，20 世纪下半叶资本主义国家发明的新自由主义治理术已经从经济领域扩展到社会领域，主张以市场逻辑来治理社会的各个方面。"新自由主义治理术为了构建一种市场的竞争机制去治理社会，并以竞争为社会治理原则，以市场机制对社会进行某种干预和调节。"① 基于新自由主义理论，市场的基本原则是竞争。而新自由主义治理术将市场竞争机制扩大到整个社会治理层面，以市场为标准去评判社会的方方面面。韩炳哲提出，"精神政治"的概念深化了生命政治学，认为在当前的"功绩社会"，"精神权力"通过作用于人的精神意志而引导其行为，将个体转化为自我剥削的"功绩主体"，最终实现社会层面的整体驯顺和深度规范。② 阿甘本的生命政治学批判了政治权力对赤裸生命的暴力以及"从消极方面来揭露生命政治决断赤裸生命之生死所造成的灾难性后果"。③

生命政治学更关注现代主体的处境。生命政治学批判以市场原则进行的社会治理以及对人的"企业家假设"。这种假设认为个体是在市场竞争中投资自己并追求最大价值和最充分自由的竞争性主体。基于竞争，每个人持续不断地管理自我、优化自我，最终形成自我内卷。在功绩社会中，生命权力作用于个体意识和精神的方面更加凸显，它使个体持续关注并不断规范自己的身体、思想和行为，从而使他们过度积极地自愿剥削自我。生命政治学为教育内卷提供了一个理论透镜，教育内卷意味着个体持续不断的自我剥削和自我消耗，可以说是个体自动遵循权力要求而对自我的生命活动进行调控的后果。当教育主体意识到可以通过不断地促逼自己来提升学习成绩从而取得更有利的位置，他们就会主动对自身生命进行投资而不断"卷"自身，共同营造出教育内卷的景观。

二、教育内卷的现实表征与隐忧

教育内卷是教育主体在自身能够承受的范围内，为了更好的目标而最大限度地对自己进行投资和消耗的教育竞争活动。这种对自己持续不断的内卷将会给学生带来焦虑情绪、学业负担的加重以及人际关系崩塌等不良教育后果。

1. 时间焦虑的情绪体验

学校教育遵循学生身心发展规律和现代社会时间观念，形成了"学习—非学习"的二元时间制度，并据此组织教学活动。教育时间的二元划分将教师和学生放置在周期性教育生活中，保障了教学内容有计划地传递给学生。学习时间是学生学习知识的专门时间，而非学习时间则是学生的私人时间，比如课间、课后、周末、寒暑假等。非学习时间不具有知识生产的价值，却是"心灵培养不可或缺的，它指向自由和思考，审美和自我安顿"④，在其中，学生能参与娱乐活动或社会活动，自由支配时间，利于生命的整全发展。

尽管"双减"政策要求减轻学生的课业负担，拓展学生自主学习时间，但现实中部分学生的非学习时间仍受到挤压，大部分时间用来参加"与作业没有差别"的兴趣班、拓展训练和课后活动⑤，以至于学习时间和非学习时间并没有明显区别，反而逐渐模糊。伴随着人工智能技术融入教育教学，进一步打破了刚性的学校教学时间，拓展了学生个体的学习时间。⑥ 学生可以在任何时间、地点和情境利用数字技术展开学习，教育活动无限扩展至教育生活的全时段。时间作为珍稀资源，越多的占有和越有效的使用意味着能力提升的可能性越大。为了争夺有限的时间资源并在有限时间内掌握更多知识，学生必须始终保持内卷状态，才能在激烈的教育竞争中取得胜利。而在追求时间上的超越和加速所表征的进步时，个体的生活

① 战宇婷：《永久性的流动人口与废弃生命——新自由主义治理术之下的生命政治》，《中共福建省委党校（福建行政学院）学报》2021 年第 2 期，第 136-144 页。

② 韩炳哲：《精神政治学》，关玉红译，中信出版社 2019 版，第 8-16 页。

③ 莫伟民：《阿甘本的"生命政治"及其与福柯思想的歧异》，《复旦学报（社会科学版）》2017 年第 4 期，第 24-34 页。

④ 白倩，于伟：《看不见"现在"的学校——重审时间的教育意义》，《教育学报》2021 年第 3 期，第 50-60 页。

⑤ 宁本涛，杨柳：《中小学生"作业减负"政策实施成效及协同机制分析——基于全国 30 个省（市、区）137 个地级市的调查》，《中国电化教育》2022 年第 1 期，第 9-16 页，第 23 页。

⑥ 王禧婷：《人工智能时代的学校教学时间：形态重构、价值澄清与教学应对》，《教育学报》2022 年第 4 期，第 37-46 页。

充斥着时间紧张、时间不够用的焦虑与恐惧。[1]一方面,在有限时间内塞入多重学习任务和指数级增长的学习目标,加剧了时间快速流逝和不够用的体验,陷入"追赶时间"的永恒焦虑;另一方面,在线学习平台等数字化装置对非学习时间的全面征用,制造"持续在线"的心理压迫,使学生始终处于可能被召唤的预备中,身心无法得到真正放松。此外,在新自由主义背景下,学习时间的道德化和学习的个人化无时无刻不在提醒浪费时间是一种"错误"甚至"罪恶",导致学生将时间投入不足的愧疚感转化为焦虑情绪,必须主动自我优化,自愿挤占非学习时间以缓解不安。学生面对紧张的时间和大量的学习任务而产生了忧虑、恐慌、自责等焦虑情绪,而这种情绪体验已经成为带有时代性和结构性的群体症候。处于时间加速和当下缩短的社会中,人们为了寻求稳定性变得越来越焦虑,但越来越不稳定的社会状态使人重新跌入不稳定的状态中,循环往复直到生命耗竭。[2]

2. 对"教育绩效"的竞速追逐

绩效制度是公共领域的一种管理方法,其核心是通过现代统计学构建不同层次的绩效指标体系和制定与之匹配的奖惩措施,刺激社会人员的工作积极性和社会机构的生产效率。这种制度建立在"机会平等"和"人人平等"的平等伦理之上,其效益分配遵循市场经济的原则,主张社会成员凭借个人努力取得绩效,并得到相应的激励性奖励。在教育领域,综合排名和考试分数就是学生的绩效。对学生来说,绩效与他们可能取得的教育资源、学业成就以及未来生活质量挂钩;对教师来说,学生的绩效则影响着他们的劳动报酬和物质奖励;对学校来说,学生的绩效在一定程度上决定了学校的办学质量和政府的资源支持。由于绩效制度在提高效率、资格筛选、资源分配等方面的有效性和精确性,使其成了教育教学评价的重要尺度,以致"'人力资本''学术经济''市场营销''声誉景观'等成为了教育发展考虑的首要因素。教育必须放置于高效能和高绩效管理之下,遵从效益最大化原则"。[3]

为了追求更优秀的绩效,各方教育主体都参

与到功利取向的教育竞赛中。教育者在教学过程中讲授大量超前、超纲的教育内容,意在使学生超速学习,最终在成绩排名上胜过竞争者。而成绩不理想的"学困生"不得不参加各种各样的课外补习班,成绩优异的"优等生"为巩固位次或超越他人则不断加码学业难度。在"不能输在起跑线上"的认知主导下,家长花费大量精力和经济成本为子女报名各种培训班、兴趣班等辅导机构,期望通过额外的课业训练提升子女成绩以获取优质学校的入学资格。学校和社会也不遗余力地表彰"优胜者",在日常教育生活中宣扬绩效文化,强调只要不断提升学习速度与效能,就能占据社会地位和经济优势,否则就会失败。在绩效目标的刺激下,学生最大限度地开发和优化自身潜力,把分数和排名作为行动的唯一目标,无节制地追求效能提升。于是,"我赢故我在"成为绩效社会中学生的存在论基础。学生、教师、家长、学校乃至社会都被卷入到绩效游戏中,反而加重了学业负担。

3. 功利导向的个人发展与人际关系

在过度竞争的教育环境中,学生将会以个人主义的自我统治者身份存在。他们的目光集中在自身能力与利益目标的计算之上,采取功利策略以追求教育效益的最大化,把朋辈同伴视作追求卓越道路上的"对手",将学习共同体视作实现自身发展的工具和手段,进而解构了教育价值存在的基础,消解了个人与他者、个人与社会的良好关系。教育活动是追求善和关怀的实践。适度的教育竞争可以促进教学的效率和质量,然而过度的竞争将会导致教育培养出大批占有式个体。占有式个体通过不断占有知识、占有教育资源以持续与他人进行竞争,这种不断加剧的占有和竞争不仅会引发人际关系的紧张和怨恨,最终还会摧毁人与人之间的团结纽带和公共生活。

在教育内卷化的语境下,自由竞争虽然满足了学生对自我实现和多元价值的需求,但是在过度竞争中,学生将会以自我为中心,不断加大投入以求微小的边际提升,采取功利主义和个人主义行为方式将人际交往降维为零和博弈。在过度关注私人领域的过程中,逐渐丧失对公共场域的伦

① 吉永桃、冯建军:《加速社会教育中时间困境及其超越》,《基础教育》2022 年第 5 期,第 5—16 页。
② 蓝江:《功绩社会下的倦怠:内卷和焦虑现象的社会根源》,《理论月刊》2022 年第 7 期,第 5—11 页。
③ 曹永国:《教育高质量发展期许回归教育本真》,《南京师大学报(社会科学版)》2022 年第 1 期,第 27—36 页。

理感知,从而无视在公共生活中应承担的道德责任与义务,最终消解教育应有的共同体精神。因此,学校教学看似为学生的主体性发展提供了自由的发展空间和公平的竞争机会,结果却是将他们塑造成了"去道德化"的竞争性主体和占有式个人主义者,进而瓦解了学生与他者的关系,使他们丧失了为共同体和为他者服务的责任意识。

三、教育内卷的生成逻辑

教育内卷是生命政治学渗透进教育领域的微观体现和后果。学校是由各种竞争机制构成的教育空间,在其中,学生被纳入一场场竞争性教育活动。为了在激烈的竞争中获得优绩,学生只能持续优化自己,进而加剧了教育内卷的局面。

1. 优绩竞争:教育内卷的核心动力

当前,优绩主义(meritocracy)已经成为教育教学的一种支配性观念和共识。"优绩主义作为一种以个体才能而非家庭出身为参照标准分配职位或资源的选拔制度已成为现代社会运行的主导原则。"[①]优绩主义许诺了一种公平的愿景,即只要人们具有才能并愿意努力,就会有平等获得成功的机会。这种价值观念已经深深嵌入现代教育领域,而优绩主义对能力和努力的强调主要表现在学生的学业成就上。学生的学业成就既反映了学生的能力,又展现了个人努力。优绩主义认为,现代教育制度一方面提供了平等的教育机会,使每个人都有机会充分发挥自己的能力和努力,另一方面排除运气因素而根据学业成就分配应得的回报。应该说教育优绩主义既符合社会成员的道德期待,又实现了形式上的平等。

然而,在 20 世纪后期,优绩主义与新自由主义意识形态的深度结合加剧了过度竞争。大卫·哈维(David Harvey)认为,"任何将个人自由提升到神圣位置的政治运动都有被新自由主义收编的危险"。[②]优绩主义主张个人通过努力即可获得应得的东西,契合了新自由主义的自由观,即真正的自由只有通过不受约束的市场竞争才能实现。在与新自由主义意识形态深度捆绑后,优绩主义被简化为解释市场竞争中胜负的工具,将个人的成功或失败完全归因于个人的努力程度或道德品质。对学生而言,他们必须通过努力获得优秀的学业成就,才能在教育市场中参与学业竞争和机会的争夺。但是,"努力,更多的时候不是主动地追求实现自我,而成了一种被迫卷入的消极防御"。[③]教育优绩主义强调学生的努力决定了他们的学业成就以及在教育市场中的价值,而这背后隐藏着"勤奋的成功者和懒惰的失败者"的二元对立。为了避免失败,学生必须卷入努力的行列中发掘自己的潜力。教育优绩主义下的竞争使大部分学生相信可以通过自我压迫式的努力就能赢得市场的检验,成为"超越他人"而非"提升自己"的优胜者。于是,对优绩的追逐和对失败的道德负疚相互交织,激化学生增加竞争强度从而不断加剧教育内卷。

2. 自我治理:教育内卷的内在本质

在激烈的教育竞争环境中,学生被假设为对自己生命不断投资、不断增值的"经济人",他们考虑的是采取何种行为和策略能产生最大的效益和价值。如果家长想要子女在未来获得经济上的高收益和高回报,就要选择高品质的教育商品持续加强投资,参与到教育投资的竞赛中,避免子女在竞争中落后。对于学校和教育主管部门来说,"学生表现无法契合知识经济的需求,教育跟不上世界潮流是社会危机,因为它无法培育出社会经济发展所需人才,这种国际竞争力下滑将带来巨大的经济冲击"。[④]

当学生将自己视为投资对象时,就会追求人生卓越和教育成功,一旦排名落后、不能考入重点名校,就意味着"人生失败""社会负担"。"失败被认为是一种道德缺陷,是自身懒惰和无能的表现,学业的失败预示着对社会的'无用'。"[⑤]为了避免学业失败带来的道德负担和经济危机,学生需要主动迎合竞争原则以确保学业的进步和成功,将

① 王建华：《教育优绩主义及其超越》,《高等教育研究》2023 年第 1 期,第 46-56 页。

② 大卫·哈维：《新自由主义简史》,王钦译,上海译文出版社 2010 年版,第 48 页。

③ 吴松伟,高德胜：《教育优绩主义的正义省思:进步意义、道德风险及其规避》,《全球教育展望》2023 年第 12 期,第 36-49 页。

④ 姜添辉：《新自由主义治理性视角下的全球化教育改革运动》,《教育学报》2020 年第 2 期,第 3-13 页。

⑤ 吴松伟,高德胜：《教育优绩主义的正义省思:进步意义、道德风险及其规避》,《全球教育展望》2023 年第 12 期,第 36-49 页。

竞争规则内化为行动规范,持续地管理和约束自我,最终成为自我内卷的主体。就这样,学校通过引进市场竞争的企业管理策略,让学生从自我出发,对自我负责,征服自我,进而自愿服从于教育规则并形成自我规训。

在教育内卷中,学生必须持续不断地学习和投资,不断产生自我责任感和竞争驱动的能动性,才能持续地确保自己在教育筛选系统中不被淘汰。从生命政治学的角度看,参与内卷的学生成为学校治理的对象。学校教育无需再依靠规范来行使权力,只需制定大量的竞争机制和绩效目标,学生便会自动加入内卷并遵守竞争规则以呈现良好的教育治理效果。内卷是一场学生主动对自我的持续盘剥与隐而不显的治理。因此,教育内卷实质上是以竞争原则进行教育治理的结果,而作为"内卷者"的学生在激烈竞争中看似是自己主动卷入以追求优绩目标,实则成为学校规范化治理和调控的对象。

四、教育内卷的超越:重筑教育伦理

教育内卷的突破需要重筑教育伦理,重建人与人的伦理关系,塑造团结与竞争式合作的教育共同体,培养既能关照共同体利益又能成就自身的独特个体。

1. 培养团结的情感关系

日益激烈的教育竞争促使学生过度专注自身欲望的满足和个人利益的追求,导致其陷入持续治理自我、管理自我、优化自我的内卷困境。内卷已经成为瓦解教育中团结关系的分化力量,打破了学生之间、师生之间有机的团结关系。在教育内卷中,学生之间的交往是一种基于自我利益的生存性互动,不具有教育性。学生把自己视为投资和压榨的对象,把他者视为自己的助力工具或竞争对手。因为陷入内卷的教育生产互相排斥的机械个体,失去全面发展的根本价值追求。过度的教育内卷意味着教育丧失了对社会负责的公共价值,仅把教育的责任转移至学生个体身上,使他

们处于各种竞争的框架中并在"关心自我"[①]的动力下对自己进行伦理改造。因此,教育异化为一场研究竞争速度的活动,而人与人的关系演化为相互嫉妒和怨恨的冷冰冰的关系。这从根本上违背了教育的精神。

团结具有一种能够均衡个人和公共利益的张力。在团结关系中,学生把他者视为"自家人",把他者事务和利益当作"自家"的使命任务,使教育超越内卷状态,既满足学生对个人利益的不同诉求,又使学生的德性品质得到自然生发。因此,教育实践应该建构与他者共在共生的团结关系。在团结关系中,教育彰显出促进公共福祉增长的社会价值,学生也能在团结中实现利益追求与精神成长的平衡。

2. 搭建竞争性的合作关系

以市场竞争原则为核心的教育内卷容易将学生培养成"占有式个人",导致每个人都由私心主导,把共同体视作获得私人利益的工具或"绊脚石"。教育不仅是个人能力和知识发展的手段,而且应该承担促进公共福祉的社会责任,进而倡导教学过程中的合作精神,因为合作行为本身蕴含着公共意识和利他精神,符合教育的公共价值。只有竞争没有合作,极易使学生成为"精致的利己主义者",丧失对他者的关怀与承担责任的能力,陷入自我内卷的局面中重复永久地压迫自己,最终成为一个倦怠主体。教育应该寻求竞争与合作的辩证统一,倡导"竞争式合作"。竞争式合作是一种"正和博弈",是关系内各方既合作又竞争的行为策略,"以适应复杂多变的外界环境,形成互补与互相依靠的关系,共同承担相关风险,实现各方利益的最大化"。[②]从某种程度上说,合作就是竞争,是"自利和互利的统一"。[③]

在教育实践中构筑竞争性合作关系需要培养学生的理性精神。理性精神是"追求真理、实现价值的统一,相信人类既具有能够通过理性认识与理解世界的能力,又具有反思、批判以及超越的能力"。[④]理性精神是个人理性和公共理性的辩证统一。个人理性指向个体生活的完善,是主体性与

① 米歇尔·福柯:《自我技术:福柯文选(三)》,汪民安编,北京大学出版社2015年版,第55页。
② 高振宇:《基于竞合理论的儿童哲学实践:必要与可能》,《教育发展研究》2023年第8期,第65-77页。
③ 黄少安,韦倩:《合作行为与合作经济学:一个理论分析框架》,《经济理论与经济管理》2011年第2期,第5-16页。
④ 吴永军:《理性精神:教育的永恒追求》,《教育发展研究》2020年第2期,第1-8页。

自我意识的确证。正是运用个人理性,学生才会采取各种竞争策略和行动追求个人的福祉与利益。公共理性指向公共生活的共同利益。"在梳理个人利益与公共利益的内在逻辑关联基础上,突出公共利益优先地位,倡导利他性道德价值"[①],引导个人追求公共目的和关怀共同价值。公共理性是个人公共属性的表现,也是主体之间展开合作的理性基础。教育作为培育完整生命和完满人格的实践,应该约束个人理性的边界,辩证地处理公共理性和个人理性的关系,进而使学生发展出健全的理性精神,在教育生活中形成既竞争又合作的良好人际关系。只有具有健全的理性精神,学生才能摒弃个人理性主导的竞争行为,在与他者的共生共存中重新思考自身存在价值与意义。这需要学校为学生提供能平等交流互动的空间,让他们在共同体的公共生活和公共事件中与他者进行平等的对话协商,同时需要教师在教育实践中搭建起竞争式合作的教育场景,使教育过程中的竞争和敌对真正让位于共同创造和共同成长。

The Logic and Transcendence of Education Rat Race: A Biopolitical Analysis

SHENG Zhicai

(School of Education Science, Hunan Normal University, Changsha Hunan, 410081)

Abstract: Education rat race is the outcome of neoliberal market principles reshaping the educational domain. From the perspective of biopolitics, education rat race exhibits three severe symptoms: students' anxiety over time, the transformation of competition for educational performance into ontological existential struggles, and the degradation of interpersonal relationships into utilitarian games. The root of education rat race lies in the infiltration of neoliberal market principles into the education system, causing students to internalize competitive rules as self-regulatory norms. To transcend education rat race, a reconfiguration of educational ethics is necessary, which involves fostering a spirit of solidarity and coexistence among students while also acknowledging the constructive role of competition. In the dialectical unity of individual and public rationality, the educational community should be reconstructed, thereby restoring the authentic value of competition in holistic development of life.

Key words: education rat race, competition, biopolitics, educational ethics

---

① 杨淑萍:《公共精神的生发逻辑及青少年公共精神的培育路径》,《教育研究》2018 年第 3 期,第 27-34 页。

家庭数字媒介资源如何影响家长的入学准备行为
——基于幼小衔接政策认知和入学准备观念的链式中介作用

王立平[1,2]，彭　霓[3]

(1. 西北师范大学 教育科学学院，甘肃 兰州 730070；2. 铜仁学院，贵州 铜仁 554300；

3. 华中师范大学 教育学院，湖北 武汉 430079)

摘　要： 在数字时代背景下，家庭教育环境发生深刻变革，数字媒介资源作为一种新兴教育支持手段，对家长的入学准备行为具有重要影响。研究基于11498名家长的问卷调查，深入探讨家庭数字媒介资源对家长入学准备行为的影响及其作用机制。结果表明：家庭数字媒介资源与家长的入学准备行为呈显著正相关，幼小衔接政策认知和入学准备观念在家庭数字媒介资源与家长入学准备行为中的中介效应显著。基于此，提出以下建议：优化家庭数字媒介资源，赋能数字化入学准备；强化幼小衔接政策普及，提升家长政策认知水平；塑造多维入学准备观念，促进儿童全面和谐发展；推进"教联体"协同育人，打造共育生态圈。

关键词： 家庭数字媒介资源；入学准备行为；入学准备观念；幼小衔接政策认知

一、问题提出

入学准备是学前儿童顺利适应小学生活的关键条件，不仅对儿童入学适应有直接影响，对其终身学习发展亦有深远意义。[1] 2024年11月审议通过的《中华人民共和国学前教育法》指出："幼儿园与小学应当互相衔接配合，共同帮助儿童做好入学准备和入学适应；幼儿园应当主动与父母交流学前儿童身心发展状况，并指导家庭科学育儿。"[2] 此举是推动学前教育高质量发展的关键措施，彰显出国家对儿童入学准备的高度重视。当今社会，学校不再是教育体系中的核心"黑箱"场所，而家庭成为了教育竞争的主要场地，家长在教育场域中的作用日渐凸显。[3] 家长作为儿童成长的第一责任人，其认知水平和参与频

基金项目： 全国教育科学规划课题一般项目"中小学生数字教育产品应用的风险预警与管控机制研究"（项目编号：BHA240104）；贵州省高等学校教学内容和课程体系改革项目"'碎片化'到'整体性'：特殊教育专业课课程思政建设困境与破解路径研究"（项目编号：2023329）。

作者简介： 王立平，西北师范大学教育科学学院博士研究生，铜仁学院副教授，主要从事教育基本理论与教育技术研究；彭霓，华中师范大学教育学院博士研究生，主要从事教育基本理论研究。

① 王元：《入学准备、学习品质与课堂参与：一项追踪研究》，《上海教育科研》2021年第9期，第34-37页。

② 全国人民代表大会常务委员会：《中华人民共和国学前教育法》，载中华人民共和国中央人民政府网：https://www.gov.cn/yaowen/liebiao/202411/content_6985752.htm，最后登录日期：2024年12月5日。

③ 袁晗，姚秀娟，司慧：《家庭电子媒介文化资本如何影响儿童的行为问题？——基于8057个3-6岁儿童样本的链式中介模型分析》，《学前教育研究》2024年第4期，第39-53页。

率的全面介入可以更好地支持儿童入学准备,家长"如何做"比"怎么想"更加重要。可见,家长的入学准备行为是提高儿童入学准备水平的有效途径,亦是真正推动儿童发展的关键因素。

在数字化加速演进的时代背景下,信息技术的迅猛发展引发了家庭环境的深刻变革。家长在育儿过程中不再单纯依赖传统经验的指导,而是利用数字技术的优势,获取智能化、科学化和个性化的育儿支持,以提高家庭教育的质量,确保儿童的健康成长。[①] 目前,国内研究鲜有关注家庭数字媒介资源对家长入学准备行为影响,且关于其内在影响因素和作用机制的深入探讨亦不多见。因此,本研究旨在深入剖析家庭数字媒介资源与家长入学准备行为之间的关系及其内在影响机制,为家长科学合理地支持儿童入学准备指引方向,以期为促进学前教育的高质量发展提供新的边际贡献。

二、文献回顾与研究假设

1. 家庭数字媒介资源对入学准备行为的影响

随着数字时代的到来,数字媒介已深刻融入现代家庭生活,且媒介资源与家庭之间形成了一个双向作用的动态互构过程,家庭成员可以根据对媒介资源的充分调动来改变个人及家庭群体的生活处境。[②] 本研究中的家庭数字媒介资源指的是家庭中可用于支持儿童学习和发展的所有数字化工具和技术,如电视、电脑、智能手机、平板、电子阅读器等。这些数字媒介可以用于教育、沟通和信息获取等多种目的。数字媒介整合的教育资源不仅能丰富家庭生活,也能为家庭成员提供学习和成长的机会,从而帮助儿童提前接触和适应小学生活。

由于幼儿园和小学在教学方式和学习方式方面存在差别,要想成功地适应学校生活,必须具有一定的入学准备性。[③] 本研究聚焦于家长的入学准备行为,特指家长为使3—6岁幼儿顺利进入小学所进行的一系列准备工作。当下,数字媒介已成为年轻父母获取育儿资源和进行育儿沟通的主要渠道。[④] 一项针对儿童家长的调查显示:91%的受访者在遇到育儿难题时会选择搜索育儿自媒体,其中"80后""90后"家长占了九成。[⑤] 这表明,数字媒介不仅是一种育儿工具和手段,它还作为一股结构性力量,塑造并规训父母的育儿行为和儿童的发展,折射出家庭数字媒介资源在育儿实践中扮演的角色。

据此,提出研究假设H1:家庭数字媒介资源可以正向预测家长的入学准备行为。

2. 幼小衔接政策认知的中介作用

幼小衔接政策认知是指家长对幼小衔接政策的理解与认知水平。依据布朗芬布伦纳的生态系统理论观点,幼小衔接政策作为宏观系统,需通过家长对幼小衔接政策认知的中间系统,进而影响家长在微观系统中进行入学准备的行为。[⑥] 一项由北京教育科学研究院开展的关于幼小衔接的调查研究显示,约90%的幼儿家长积极主动地了解过相关的政策信息。这一结果表明,幼小衔接政策实施3年以来,家长对相关政策的认知已取得初步成效。[⑦] 在数字化时代背景下,教师可利用线上线下的家长沟通平台向家长普及科学的幼小衔接理念。在当前的入学准备和幼小衔接过程中,家长群体中仍然存在着非理性行为,这迫切需要政策的引导,促使社会、家长及学校深入思考何为真正科学且关键的影响因素。[⑧] 由此可见,家长若能深入理解幼小衔接政策,则更有可能采取积极措施以协助孩子顺利适应小学生活。

① 朱敬,梁业梅:《数字时代新生代父母育儿的意蕴、困境与破解——兼议新生代父母数字素养的要义》,《现代教育技术》2024年第11期,第69-78页。

② 李彦雯,吴飞:《"家庭的媒介化"与"媒介的家庭化":媒介与家庭的双向互构与实践逻辑》,《新闻与写作》2023年第8期,第37-47页。

③ 王亚鹏,董奇:《入学准备性研究及其对早期教育的启示》,《中国教育学刊》2018年第2期,第39-44页。

④ 王继周:《媒介与育儿之间:"媒介化育儿"的概念内涵、发生维度与研究进路》,《南京社会科学》2021年第12期,第154-161页。

⑤ 王品芝:《六成受访家长直言育儿自媒体无用信息过多》,《中国青年报》2020年7月28日,第10版。

⑥ 刘杰,孟会敏:《关于布朗芬布伦纳发展心理学生态系统理论》,《中国健康心理学杂志》2009年第2期,第250-252页。

⑦ 李一凡:《对我国当前幼小衔接政策背景意义的探析》,《渤海大学学报(哲学社会科学版)》2022年第2期,第97-101页。

⑧ 贾炜:《"零起点"政策背景下的儿童学习基础素养》,《中国教育学刊》2015年第3期,第7-10页。

综上所述,幼小衔接政策认知可能成为家庭数字媒介资源与入学准备行为之间的中介变量。

据此,提出研究假设 H2:幼小政策认知在家庭数字媒介资源与入学准备行为之间起中介作用。

3. 入学准备观念的中介作用

家长的入学准备观念是指家长对学前儿童入学准备所持的观点和看法。[①]虽然家庭、幼儿园、小学、社区及政府都与儿童入学准备密切相关,但最为核心的因素还是家庭,家长所秉持的儿童入学准备观念对儿童入学准备水平影响重大。[②]

有研究者指出,幼儿园应引导家长树立科学的入学准备观念,摒弃以知识灌输为主导的功利性教育方法,并警惕过度依赖数字化学习资源进行知识学习,以免对儿童的注意力集中、深入思考和独立思考能力的发展产生不利影响。[③]也有研究指出,提前学习一年级的课本内容,对儿童入学准备水平的提升并没有显著帮助。[④]因此,家长不科学的入学准备观念成为当前幼儿园教育小学化顽疾的重要因素。[⑤]这表明,家长入学准备观念的正确性可能直接影响其入学准备行为的科学性。基于上述分析,入学准备观念可能作为家庭数字媒介资源与入学准备行为之间的中介变量。

基于此,提出研究假设 H3:入学准备观念在家庭数字媒介资源与入学准备行为之间起中介作用。

4. 幼小衔接政策认知和入学准备观念的链式中介作用

幼小衔接政策是有效推进幼小科学衔接教育工作的行动指南[⑥],对家长这一儿童学习与发展过程中的关键主体具有重要影响。家长对幼小衔接政策的认知水平,直接关系到其入学准备观念的形成,进而影响儿童的入学准备与适应水平。家长对幼小衔接政策的认知程度越高,对入学准备的科学观念就越强,实际进行的入学准备行为也越积极。

根据相关调查研究可知,幼儿园或小学家长对幼小衔接的需求较为显著,多数家长选择在家庭环境中进行入学准备活动,其中 54.7% 的小学家长在家辅助孩子完成幼小衔接准备。[⑦]这表明,家长普遍认同入学准备的重要性,并持有积极的入学准备观念。尽管大部分家长对入学准备持有积极态度,但由于对幼小衔接政策认知存在误区和错位,导致入学准备观念的科学性不足,进而影响了科学的入学准备行为,对儿童的身心健康和谐发展产生负面影响。因此,本研究提出假设,在数字化技术不断革新的当下,家庭合理利用数字媒介资源应该是实现科学幼小衔接的关键途径之一。综上所述,家庭数字媒介资源可能通过增强家庭对幼小衔接政策的认知和入学准备观念,间接对家长的入学准备行为产生积极影响。这表明在家庭数字媒介资源与入学准备行为之间,幼小衔接政策认知和入学准备观念发挥着连续的链式中介作用。

据此,提出研究假设 H4:家庭数字媒介资源通过幼小衔接政策认知与入学准备观念的链式中介作用,对入学准备行为产生正向效应。

基于前述研究假设,本研究构建了链式中介效应理论模型,详见图 1。

① 翁琳,赵秀丽,马早明:《家长幼儿入学准备观念的差异——基于中美日三国幼儿家长的实证比较》,《教育学术月刊》2021 年第 1 期,第 57-63 页。

② 夏小英,温剑青:《家长参与对学前儿童入学准备的影响》,《学前教育研究》2019 年第 5 期,第 62-71 页。

③ 苏婧,李一凡:《家园协同视角下幼儿学习品质的培养研究》,《中国教育学刊》2022 年第 5 期,第 80-85 页。

④ 杨文:《当前幼小衔接存在的问题及其解决对策》,《学前教育研究》2013 年第 8 期,第 61-63 页。

⑤ 余璐:《幼儿园"小学化"专项治理背景下入学准备何去何从》,《教育发展研究》2019 年第 8 期,第 26-32 页。

⑥ 方建华,时晓青,辛玉笑,等:《我国省级幼小衔接教育政策量化评价研究——基于 PMC 指数模型》,《基础教育》2023 年第 6 期,第 20-33 页。

⑦ 洪秀敏,刘倩倩:《不同利益主体视域下幼小衔接的多维挑战与突围之路——基于东中西部五省的实证调查》,《中国教育学刊》2022 年第 4 期,第 1-6 页。

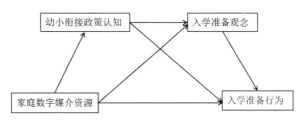

图 1 研究假设理论模型

三、研究设计

1. 数据来源

本研究的数据源自华中师范大学课题组于 2024 年建立的"幼小衔接政策执行基本情况"（家长卷）数据库。课题组采用方便抽样的方法，对我国中东部地区的浙江省、湖南省、河南省和湖北省 3—6 岁儿童家长进行了调研。调研过程中，结合线上与线下方式发放问卷，以收集研究数据。本次研究共回收问卷 12095 份，经过严格筛选，剔除了 597 份无效问卷，包括缺失数据较多、填答时间异常短以及具有明显规律性回答的问卷，最终保留有效问卷 11498 份，有效回收率达到 95.1%。其中，男性为 5937 人（占比 51.6%），女性为 5561 人（占比 48.4%），男女比例相对均衡。

2. 研究工具

（1）家庭数字媒介资源量表。基于已有文献基础，在参考王茜等[①]、徐冠群和朱姗[②] 研究成果的基础上，将家庭数字媒介资源这一概念转化为可操作的变量。量表由 5 项条目组成，主要目的是评估家庭拥有电子媒介资源数量的情况。量表采用 4 点计分法计算，从"0=无"到"3=三个以上"，得分越高，表明家庭数字媒介资源越多。本研究中，该量表的 Cronbach's α 系数为 0.651。

（2）幼小衔接政策认知量表。研究采用的幼小衔接政策认知量表包含 6 项条目，如"我已深入研究幼小衔接相关政策文件""我能够对幼小衔接相关政策进行详尽阐释"等。量表采用李克特 5 点计分法，从"1=完全不符合"至"5=完全符合"，得分越高，表明家长对幼小衔接政策的认知水平越高。在本研究中，该量表的 Cronbach's α 系数达到 0.903。

（3）入学准备观念量表。研究借鉴了张丹[③] 和付艳丽[④] 的入学准备观念量表，共计 7 项条目。本研究采用李克特 5 点评分法，从"1=非常不符合"至"5=非常符合"，得分越高，表明家长的入学准备观念越科学。此研究中，该量表的 Cronbach's α 系数为 0.714。

（4）入学准备行为量表。依据我国教育部于 2021 年发布的《幼儿园入学准备教育指导要点》的指导原则，研究同样借鉴张丹和付艳丽的入学准备行为量表，并进行了修订。该量表覆盖了家长在幼儿的身心、生活、社会、学习四个方面的入学准备行为，如"帮助孩子形成良好的自理能力""教育孩子面对挫折不退缩"等 16 项条目，每个维度包含 4 项条目。量表采用 4 点计分法，从"1=从来没有"到"4=经常"，得分越高，反映家长的入学准备行为越科学合理。本研究中，该量表的 Cronbach's α 系数为 0.908。

3. 控制变量

① 王茜，张丽敏，赵景辉：《家庭媒介生态视角下电子产品使用对幼儿睡眠的影响——基于全国 26381 个样本的潜在类别分析》，《学前教育研究》2021 年第 12 期，第 23-35 页。

② 徐冠群，朱姗：《数字时代家庭媒介生态与儿童媒介实践关系——基于鲁中地区 W 城与 Z 乡的对比研究》，《当代青年研究》2022 年第 3 期，第 75-83 页。

③ 张丹：《儿童入学的家庭准备研究》，四川师范大学硕士学位论文，2012 年，第 67-68 页。

④ 付艳丽：《3-6 岁幼儿祖辈家长与父辈家长关于入学准备观念和行为的调查研究》，天津师范大学硕士学位论文，2019 年，第 55-56 页。

本研究综合以往研究经验,综合考量家庭数字媒介资源与入学准备行为实际情况[①],选取了幼儿性别、幼儿年级、家庭结构(核心家庭或特殊家庭)、父母职业、父母受教育水平作为控制变量。上述人口学变量将被纳入后续的相关分析和链式中介分析之中。

4. 数据分析

本研究使用 SPSS27.0 软件对样本的人口统计学特征、量表的 Cronbach's α 系数及相关性进行了全面分析,并对共同方法偏差进行了检验。同时,运用由海耶斯(Hayes)研发的 SPSS 宏程序版本 4.1 中的模型 6,对中介效应进行深入分析,以探讨家庭数字媒介资源通过链式中介模型对家长入学准备行为的影响路径。

四、研究结果与分析

1. 共同方法偏差检验

由于本项研究通过自我评估的方式获取数据,因此,可能会受到单一方法偏差的影响。为了减少这种潜在的风险,研究中采取匿名收集数据的方法,并运用正负向评分的技术,旨在提升数据的准确性,并尽可能降低偏差。同时,为了评估数据中可能的单一方法偏差,本研究运用 Harman 单因素检验进行检测。检验结果表明,在未进行因子旋转的情况下,共提取出 8 个特征值超过 1 的因子,其中最主要的因子所解释的方差比例为 26.63%,未达到 40% 的阈值。因此,可以得出结论,共同方法偏差对本研究结果的影响有限,即本研究中不存在严重的共同方法偏差问题。

2. 变量间的描述性统计与相关分析

结果表明,家庭数字化媒介资源、幼小衔接政策认知、入学准备观念以及入学准备行为之间均存在显著的正相关。具体而言,家庭数字媒介资源与入学准备行为呈正相关($r=0.097, p<0.001$),与幼小衔接政策认知和入学准备观念也分别呈正相关($r=0.075, p<0.001; r=0.052, p<0.001$);幼小衔接政策认知和入学准备观念分别与入学准备行为呈正相关($r=0.354, p<0.001; r=0.360, p<0.001$);幼小衔接政策认知和入学准备观念也存在正相关($r=0.361, p<0.001$)。

3. 链式中介模型检验

在上述研究假设的基础上,本研究以家庭数字媒介资源为自变量,以入学准备行为为因变量,以幼小衔接政策认知和入学准备观念为中介变量来构建模型,以检验家庭数字媒介资源对入学准备行为的影响,以及幼小衔接政策认知、入学准备观念在两者之间的中介作用。结果如表 1 所示。家庭数字媒介资源分别显著正向影响入学准备行为、幼小衔接政策认知和入学准备观念($\beta=0.038, p<0.001; \beta=0.070, p<0.001; \beta=0.060, p<0.001$);幼小衔接政策认知分别显著正向影响入学准备观念和入学准备行为($\beta=0.369, p<0.001; \beta=0.238, p<0.001$);同时,入学准备观念显著正向影响入学准备行为($\beta=0.276, p<0.001$)。由此,研究假设 H1 成立。

表 1 模型中变量关系的回归分析

回归方程		整体拟合指数			回归系数显著性		
结果变量	预测变量	R	R^2	F	β	SE	t
幼小衔接政策认知	家庭数字媒介资源	0.175	0.031	60.722	0.070	0.015	7.7078[***]
入学准备观念	家庭数字媒介资源	0.377	0.142	271.373	0.060	0.009	6.433[***]
	幼小衔接政策认知				0.369	0.006	42.036[***]
入学准备行为	家庭数字媒介资源	0.451	0.203	365.613	0.038	0.008	4.205[***]

---

① 付卫东,张钰迪,刘尊贤:《〈家庭教育促进法〉视域下父母支持对学生学业压力的影响——基于家校合作的调节效应分析》,《杭州师范大学学报(社会科学版)》2022 年第 4 期,第 67-78 页。

（续表）

回归方程		整体拟合指数			回归系数显著性		
结果变量	预测变量	R	R²	F	β	SE	t
	幼小衔接政策认知				0.238	0.005	26.196***
	入学准备观念				0.276	0.008	30.744***

为进一步验证假设,研究采用 Bootstrap 法检验,设定重复抽取 5000 次,置信区间为 95%,以此来检验幼小衔接政策认知和入学准备观念的中介效应。结果如表 2 所示。家庭数字媒介资源对入学准备行为的直接效应值为 0.032,95% 的置信区间为[0.017,0.047],区间不包含 0,说明家庭数字媒介资源与入学准备行为之间的直接路径显著;幼小衔接政策认知在家庭数字媒介资源与入学准备行为的效应值为 0.014,95% 的置信区间为[0.010,0.019],区间不包含 0,说明幼小衔接政策认知在两者之间具有中介作用,中介效应占比是 21.32%。研究假设 H2 成立。入学准备观念在家庭数字媒介资源与入学准备行为之间的效应值 0.014,95% 的置信区间为[0.009,0.019],区间不包含 0,说明入学准备观念在两者之间具有中介作用,中介效应占比是 21.17%。研究假设 H3 成立。幼小衔接政策认知和入学准备观念的效应值为 0.006,95% 的置信区间为[0.004,0.008],区间不包含 0,说明幼小衔接政策认知和入学准备观念在两者之间具有链式中介作用,中介效应占比是 9.16%。由此,研究假设 H4 成立。

表 2 家庭数字媒介资源对幼儿入学准备影响的中介效应分析

项目	效应值	Boot 标准误	95% 置信区间		相对效应值
			下限	上限	
总效应	0.067	0.008	0.050	0.083	100%
直接效应	0.032	0.008	0.017	0.047	48.35%
总间接效应	0.034	0.004	0.026	0.043	51.65%
家庭数字媒介资源→幼小衔接政策认知→入学准备行为	0.014	0.002	0.010	0.019	21.32%
家庭数字媒介资源→入学准备观念→入学准备行为	0.014	0.002	0.009	0.019	21.17%
家庭数字媒介资源→幼小衔接政策认知→入学准备观念→入学准备行为	0.006	0.001	0.004	0.008	9.16%

综合分析表明,所考察的间接效应的 95% 置信区间均未包含 0,显示出统计学意义上的显著性,且各路径系数显著。具体情况见图 2。研究发现,幼小衔接政策认知与入学准备观念在家庭数字化资源影响入学准备行为的过程中起显著的链式中介作用。家庭数字媒介资源对入学准备行为的积极影响既表现为直接作用,也通过幼小衔接政策认知或入学准备观念的单一中介路径得以体现。此外,家庭数字媒介资源还通过幼小衔接政策认知和入学准备观念的链式中介路径,对家长的入学准备行为产生显著的正向间接效应,三条中介路径均得到证实。

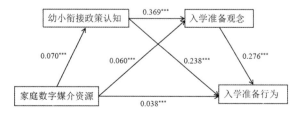

图 2 家庭数字媒介资源与入学准备行为的链式中介模型

五、研究结论与讨论

本研究基于大规模数据调查,构建链式中介模型,深入探讨了家庭数字媒介资源对入学准备行为的影响机制,得出以下结论:

1. 家庭数字媒介资源显著正向影响入学准备行为

研究发现,家庭数字媒介资源显著正向预测入学准备行为。这一结果符合当下数字化浪潮对家庭教育氛围的影响,与相关研究结果较为一致。例如,《我国儿童网络使用状况及防沉迷调查报告》数据显示,超一半家长认为互联网的主要作用在于"获取信息(占比59%)""辅助日常学习(占比52%)"和"拓宽视野、了解世界(占比51%)"。[①] 在数字技术飞速发展的今天,家庭作为儿童教育的主要场域,更应充分利用数字媒介来整合科学的、先进的、符合儿童个性发展的教育资源,以解决入学准备"小学化"的难题,支持儿童的入学准备,从而顺利实现科学的幼小衔接。

2. 幼小衔接政策认知的中介作用

研究发现,幼小衔接政策认知在家庭数字媒介资源与入学准备行为间起中介作用。这与已有研究结论相吻合,即家长应作为幼小衔接政策实施的真正主体,发挥自身的教育功能[②],并且家长对幼小衔接政策的认识有助于帮助儿童顺利过渡至小学阶段。[③] 自2010年以来,中央和地方政府陆续颁布了多项幼小衔接政策。如2021年4月发布的《教育部关于大力推进幼儿园与小学科学衔接的指导意见》明确指出,"幼儿园和小学要积极宣传国家和地方的有关政策要求,展示幼小双向衔接的科学理念和做法,帮助家长认识过度强化知识准备的危害",以提升家长对幼小衔接政策的认知水平。相反,缺少合理的政策支持会增加"小学化"治理难度。[④] 当家长通过数字媒介资源对幼小衔接政策有了一定的了解和认知时,其科学的入学准备行为会增强。基于此,幼儿园与小学都应该对幼小衔接政策进行宣传和引导,以促进家长对幼小衔接政策的深入理解和正确认知。

3. 入学准备观念的中介作用

研究发现,家长的入学准备观念在家庭数字媒介资源与入学准备行为之间也起中介作用。这与已有研究基本相一致,如有研究数据显示,65.5%的父辈意识到了入学准备对儿童发展的重要性。[⑤] 因此,需要提升家长在育儿方面的认识,引导他们建立正确的入学准备观念,而不是仅仅关注拼音、识字和计算等小学学科知识的学习。基于此,应充分利用信息技术搭建家长教育平台,持续提高家长对入学准备的参与度和获得感,以促进家长科学教育观念的形成。[⑥]

4. 幼小衔接政策认知和入学准备观念的链式中介作用

研究进一步发现,幼小衔接政策认知与入学准备观念在家庭数字媒介资源与入学准备行为之间起链式中介作用。这与已有研究结论一致。幼儿园等要向家长宣传幼小衔接政策相关内容,在潜移默化中影响家长的教育理念,提高家长对幼小衔接的认识。据报道,"双减"政策实施后,"学前班热"得到了一定的降温:过去学前班泛滥,每年大班都会流失近四分之一,但2022年出现明显回流。[⑦] 此外,全国学前教育宣传月的三次主题均与入学准备紧密相关:2016年的"幼小协同 科学衔接",2019年的"科学做好入学准备",2022年的"幼小衔接我们在行动",目的都是为了引导家长树立科学的入学准备观念,加强

① 中国儿童中心,苑立新:《儿童蓝皮书:中国儿童发展报告(2022)》,社会科学文献出版社2022年版,第285-316页。
② 刘源、张志勇:《我国幼小衔接政策的历史演进与展望》,《教育科学》2021年第1期,第83-89页。
③ 黄爽、祁继:《OECD国家实施幼小衔接的经验与启示》,《人民教育》2019年第23期,第73-76页。
④ 严仲连、盖笑松:《论治理幼儿教育小学化的合理路径》,《东北师大学报(哲学社会科学版)》2014年第1期,第150-154页。
⑤ 付艳丽:《3-6岁幼儿祖辈家长与父辈家长关于入学准备观念和行为的调查研究》,天津师范大学硕士学位论文,2019年,第27页。
⑥ 冯璇坤、黄进:《症结、意义与超越:幼小衔接教育变革再审思》,《中国教育学刊》2023年第3期,第45-50页。
⑦ 赵琬微:《"双减"后,幼小衔接发生了哪些变化?》,载光明网:https://m.gmw.cn/baijia/2022-05/17/1302951245.html,最后登录日期:2025年1月5日。

家长对幼小衔接政策的理解与认知。可见，幼小衔接政策认知与入学准备观念相互作用，能影响家长入学准备行为。因此，在开展幼小衔接工作时，家校社需要协同育人，以提高家长对幼小衔接政策的认知和科学入学准备观念的养成，促进幼儿科学且顺利地完成幼小衔接。

六、对策和建议

家庭是影响儿童入学准备的主要场域和关键因素，但也不能忽视学校、社会、政策与技术等影响因素，需多方主体共同作用于入学准备，才有助于儿童身心全面和谐发展。

1. 优化家庭数字媒介资源，赋能数字化入学准备

自信息技术飞速发展以来，家庭场域中电子媒介资源的文化资本赋能日益成为促进儿童学习与发展的关键。[①] 第一，构建面向入学准备的家庭数字化资源平台，提供优质的教育资源清单。通过开发多功能家庭数字化平台，为入学准备阶段提供教育支持，整合游戏化学习内容、交互式课件及实践活动指南，如设计寓教于乐的数字游戏，帮助儿童轻松掌握基础知识和技能；同时，提供家长版的使用手册或教学视频，指导家长有计划地参与教育。教育部门或专家团队应定期发布高质量数字媒介教育资源清单，包括适龄儿童的学习 APP、教育游戏和视频节目，帮助家长选择科学、适宜的资源。第二，强化家长数字素养与指导能力，优化家庭学习环境。向家长提供多样化培训，包括数字资源的正确选择与使用、学习时间规划及亲子互动技巧。课程内容可包括"屏幕时间管理"等主题，引导家长结合数字工具开展有意义活动，避免数字媒介对儿童的负面影响。同时，通过家庭学习计划和阶段性任务，帮助家长营造结构化、有序化的学习氛围，促进专注和自律学习习惯的养成。第三，加强数字化资源配置，缩小城乡数字鸿沟。政府和教育部门应加快教育信息化和家庭信息化资源的配置与发展，优化资源配置，缩小城乡、群体之间的数字资源应用差距，避免信息技术技能鸿沟进一步加剧。

2. 强化幼小衔接政策普及，提升家长政策认知水平

家长对幼小衔接政策的认知，为构建和谐教育环境及落实国家教育政策方针提供了坚实基础。第一，构建多样化政策宣传渠道，扩大政策覆盖面。通过学校、社区和公共媒体等途径宣传，发布政策解读动态，借助电视、广播和社交媒体加以传播，吸引家庭关注。同时，推动政策传播场景化与便捷化，采用短视频、漫画、动画等形式，将政策内容转化为通俗语言，方便家长快速理解。第二，组织政策宣传活动，提升家长对政策内涵的理解。提供多样化政策解读与支持服务，帮助家长认识政策对儿童发展的积极作用。第三，强化家校社协同的政策推广机制，增强政策认知的实践效能。学校可通过亲子活动、开放日、家长培训等形式，开展"规则意识""学习习惯培养"等主题活动，帮助家长理解核心理念。社区教育机构与公益组织可组织宣传活动、家长互助学习小组等，强化家长之间的交流合作，构建社会支持网络。此外，可通过家长问卷、访谈等收集评价和建议，以此优化政策传播与实施方式，确保政策惠及每个家庭。

3. 塑造多维入学准备观念，促进儿童全面和谐发展

人类是思想和信念的实体，其社会活动受其内心观念的指导和影响。第一，坚持"以儿童为中心"的理念，关注儿童全面发展及个性化需求。学校与家庭应遵循儿童身心发展规律，重视自然成长，家长应尊重孩子个体发展节奏，避免"揠苗助长"。通过数字媒介设计专题内容，介绍入学准备需涵盖认知、社会情感、生活技能等多维目标，并以生动案例展示全面发展的重要性。第二，搭建家长相互交流平台，弱化功利化教育倾向。积极搭建家长沙龙、家长课堂、座谈会等交流平台，分享有效的教育经验。同时，通过数字媒介传播科学研究与实践案例，展示过早灌输知识可能对儿童长期发展的负面影响，强调激发学习兴趣与培养探索精神的价值，以此调整家长对入学准备的过高期待或不合理目标，树立科学的教育观

---

① 高宏钰，崔雨芳，房阳洋：《家长媒介干预与儿童早期发展结果的关系研究》，《教育学报》2022 年第 1 期，第 113—125 页。

念。第三,适度参与入学准备,注重终身发展需求。家长应追求适度参与原则,避免过度介入造成家庭焦虑氛围。为此,需提供心理健康资源和课程,帮助家长理解情绪管理、社交能力在入学中的重要性,指导家长关注儿童心理需求。这不仅有助于儿童更好地适应小学生活,也为其长远发展奠定基础。

4. 推进"教联体"协同育人,打造共育生态圈

入学准备不仅是学前教育的问题,也是政府、家庭、学校、社会关注的重点议题,这关系到教育公平和社会稳定。[①] 第一,进一步明晰权责边界,推动多元主体深度协同。政府教育部门、小学、幼儿园和家庭需明确各自角色和职责,确保主体在权责范围内有效发挥作用,避免责任推诿与效率低下。建立上下贯通、统一归口、责任明晰的管理体制、工作体系和运行机制,推动各方协调配合,高效统筹幼小衔接工作。第二,构建协同育人一体化数字教育平台,促进多元主体资源流通共享。建立集成化数字平台。平台可提供在线课程、活动预约、成长记录分享等互动功能,让家长随时了解孩子的表现与发展情况,教师可依据数据调整教学计划,社会机构则推广适合幼儿的课外活动和教育资源。第三,协同增强政策认知和科学育儿观念,促进协同育人落地生根。为充分利用信息技术,各方主体需转变育儿观念,接纳数字化转型背景下的新育人模式,从儿童长期全面发展的视角科学育儿。通过明晰权责、搭建数字平台及强化政策认知,家校社协同育人机制能够高效推进幼小衔接工作,为儿童发展奠定坚实基础,实现数字化赋能的共育生态圈。

How do Family Digital Media Resources Influence Parents' School Readiness Behaviors
— The Chain Mediation Role of Policy Cognition and Readiness Concepts for Preschool-to-Primary Transition

WANG Liping[1,2], PENG Ni[3]

(1. School of Education Science, Northwest Normal University, Lanzhou Gansu, 730070; 2. Tongren University, Tongren Guizhou, 554300; 3. School of Education, Central China Normal University, Wuhan Hubei, 430079)

Abstract: In the digital era, the family education environment has undergone profound changes. As an emerging supporting tool for education, digital media resources significantly influence parents' school readiness behaviors. Based on a survey of 11,498 parents, this study explores the influence of family digital media resources on parents' school readiness behaviors and examines the mechanisms underlying this relationship. Findings show a significant positive correlation between them. Furthermore, awareness of preschool-to-primary school transition policies and school readiness beliefs play significant mediating roles in this relationship. Accordingly, the recommendations may include the following: optimizing family digital media resources to empower digital school preparation; strengthening the popularization of policies for connecting primary and secondary schools, and enhancing parents' awareness of transition policies; promoting multidimensional readiness concepts for children's holistic and harmonious development; and promoting collaborative education between schools, families, and communities, and creating a collaborative education ecosystems.

Key words: family digital media resources, school readiness behaviors, school readiness beliefs, awareness of preschool-to-primary school transition policies

---

① 刘焱:《入学准备在美国:不仅仅是入学准备》,《比较教育研究》2006年第11期,第28-32页。

教师工作满意度如何影响学生学业成绩
——基于 CEPS 数据的经验证据

刘玉飞[1]，陈羽商[1]，常晓坤[2]

（1. 上海师范大学 商学院，上海 200234；2. 宁波财经学院 国际经济与贸易学院，浙江 宁波 315175）

摘　要：研究基于中国教育追踪调查（CEPS）数据，采用工具变量法识别班主任教师工作满意度对学生学业成绩的因果效应。结果显示，教师满意度每提升1个单位，学生标准化成绩平均提高2.83分，数学效应最大（3.38分），其次为英语（2.63分）和语文（2.58分）。异质性分析表明九年级学生、女生、小班及高学历家庭子女对教师满意度更敏感。调节效应分析发现，教师合作可缓解低满意度对语文成绩的负面影响，但同事关系密切可能抑制英语教学创新。多维解构显示，薪酬、管理、设施及学生质量四维度均显著促进成绩提升，其中学生质量维度效应强度为薪酬的1.6倍（数学增益1.55分）。研究建议构建教师满意度动态监测体系，推动管理数字化转型，并建立学科导向的教师发展共同体以平衡专业协作与教学创新。

关键词：教师工作满意度；学生学业成绩；教师合作；同事关系；调节效应

教师工作满意度作为教育质量的核心驱动因素，近年来在全球教育改革议程中备受关注。教师不仅是知识传递的载体，更是塑造学生认知与非认知能力的关键主体。[1] 教师的工作满意度不仅直接影响教学投入与职业稳定性，更通过课堂互动、情绪传递等机制对学生的学业表现产生深远影响。[2] 中国教育追踪调查（China Education Panel Survey，缩称 CEPS）是一项旨在全面反映中国基础教育阶段学生及其家庭、学校状况的大型追踪调查，CEPS 数据显示，当前中国教师的工作满意度整体处于低位：仅5.82% 的教师对工作"非常满意"，而对薪酬、学校管理、硬件设施及学生质量的满意度更低（分别为4.78%、16.60%、14.63% 和 4.99%）。这种低满意度现状不仅削弱教师的职业幸福感，还可能通过教学

基金项目：国家社科基金后期资助项目"人口老龄化、城市化与中国经济发展：理论与实证"（项目编号：22FJLB005）；国家社科重大项目"高等教育人才供需适配机制研究"（项目编号：VIA240008）；上海市哲学社会科学规划青年项目"数字经济对消费升级的影响研究：机制、效应与对策"（项目编号：2022EJB005）。

作者简介：刘玉飞，上海师范大学商学院副教授，博士，主要从事教育经济学、数字经济与消费以及人口经济学研究；陈羽商，上海师范大学商学院本科生，主要从事教育经济学研究；常晓坤，宁波财经学院国际经济与贸易学院讲师，博士，主要从事机器学习与供应链管理研究。

① 刘泽云，郭睿，田梦：《教师性别对学生学习成绩的影响——基于师生性别匹配视角的研究》，《教育与经济》2023 年第 3 期，第 64-74 页。

② 祁占勇，杨灵婷，郑维鸾，等：《"双减"格局下教师工作满意度：现状、差异与影响因素——基于 3392 名教师的实证调查》，《教育科学研究》2024 年第 7 期，第 5-12 页。

效能损耗间接制约学生发展。已有研究虽证实教师满意度与学生成绩存在相关性①,但对其作用路径、学科异质性及调节机制仍缺乏系统解析。其中,学校组织环境(如教师合作文化、同事关系)如何消减低满意度的负面影响? 不同满意度维度对学业成绩的作用强度是否存在差异? 这些问题尚未得到充分解答。

基于此,本研究利用 CEPS 数据,以初中生群体为研究对象,借助工具变量法缓解内生性问题,旨在实现三个方面的突破:第一,揭示教师工作满意度对学业成绩的因果效应,并量化其学科异质性;第二,解构满意度的多维性,识别薪酬、管理、硬件设施及学生质量等子维度的影响差异;第三,检验学校组织文化(教师合作、同事关系)的调节作用,揭示其如何缓解低满意度对特定学科的负面影响。研究发现,教师满意度每提升 1 单位,学生平均成绩提高 2.83 分,且数学成绩的敏感度最高(3.38 分)。异质性分析显示,九年级学生、女生及小班学生受教师满意度的影响更为显著。调节效应表明,教师合作可削弱低满意度对语文成绩的负面作用,而亲密同事关系能缓解其对英语成绩的不利影响。

本文的边际贡献在于:其一,填补中学阶段教师满意度研究的文献空白,为教育政策提供针对性的证据;其二,通过多维解构与机制分析,深化对"满意度—成绩"黑箱的理解;其三,揭示组织文化的缓冲效应,为优化学校治理模式提供理论依据。

一、文献综述

教师工作满意度作为教育质量的核心观测指标,其研究脉络可追溯至 20 世纪中叶的组织行为学研究。贾吉(Judge)等人开创性地构建了"满意度—绩效"理论框架,揭示了教师职业认同感与教学效能的正向关联。② 后续研究证实,工作满意度不仅影响教师职业稳定性③,更通过课堂情绪传递④、教学策略创新等中介机制作用于学生发展。国际学生评估项目(PISA)的多国数据显示,教师满意度指数每提升 1 个标准差,学生数学成绩可提高 12—15 分⑤,这一发现推动各国将教师福祉纳入政策议程。然而现有文献仍存在显著局限:其一,对教师满意度的多维性缺乏系统性解构,多数研究将其简化为单一指标,忽视薪酬、管理、硬件设施、学生质量等维度的差异化作用。⑥⑦ 其二,研究场景聚焦于小学阶段,而中学阶段作为学生学业成就分化的关键期,其教师满意度与学生成绩的关联机制亟待深入探讨。其三,中国情境下的实证证据匮乏,尤其缺乏基于全国性数据的因果推断分析。且传统最小二乘估计可能因逆向因果(高学业成就提升教师满意度)导致偏误,工具变量法的应用尚不充分。⑧

鉴于此,本研究旨在系统性地探讨教师工作满意度的多维度特征(包括薪酬、管理、学校硬件设施以及学生质量等),并深入分析其对学生学业成绩的影响效果及机制。本研究采用全国范围内的中学生样

① N. Banerjee, E. Stearns, S. Moller, et al., "Teacher's Job Satisfaction and Student Achievement: The Roles of Teacher Professional Community and Teacher Collaboration in Schools", *American Journal of Education*, Vol. 123, No. 2 (2017), pp. 203-241.

② T. A. Judge, C. J. Thoresen, J. E. Bono, et al., "The Job Satisfaction - Job Performance Relationship: A Qualitative and Quantitative Review", *Psychological Bulletin*, Vol. 127, No. 3 (2001), pp. 376-387.

③ G. V. Caprara, C. Barbaranelli, P. Steca, et al., "Teachers' Self-Efficacy Beliefs as Determinants of Job Satisfaction and Students' Academic Achievement: A Study at the School Level", *Journal of School Psychology*, Vol. 44, No. 6 (2006), pp. 473-490.

④ A. C. Frenzel, T. Goetz, O. Lüdtke, et al., "Emotional Transmission in the Classroom: Exploring the Relationship Between Teacher and Student Enjoyment", *Journal of Educational Psychology*, Vol. 101, No. 3 (2009), pp. 705-716.

⑤ OECD, *PISA 2018 Results (Volume VI): Are Students Ready to Thrive in an Interconnected World*, Paris: OECD Publishing, 2018, p162.

⑥ T. C. Sargent, E. Hannum, "Keeping Teachers Happy: Job Satisfaction among Primary School Teachers in Rural Northwest China", *Comparative Education Review*, Vol. 49, No. 2 (2005), pp. 173-204.

⑦ 赵红霞,杜国龙:《学生学业进步何以可能——学校增值效应的运行机制及群体异质性分析》,《教育研究》2023 年第9期,第144-159页。

⑧ J. Gong, Y. Lu, H. Song, "The Effect of Teacher Gender on Students' Academic and Noncognitive Outcomes", *Journal of Labor Economics*, Vol. 36, No. 3 (2018), pp. 743-778.

本数据，运用工具变量法等，以克服传统最小二乘估计可能存在的逆向因果问题，从而更准确地揭示教师工作满意度与学生学业成绩之间的因果关系，为提升我国中学教育质量和教师工作满意度提供有益的参考和启示。

二、模型构建与数据来源

1. 实证模型构建

本研究旨在探讨教师工作满意度与学生成绩之间的因果关系。而识别这一因果关系面临如下挑战：（1）同伴效应：学生的表现既受到课堂互动的影响，也受到个别指导的作用，这使得区分教师与同伴影响的难度增加。（2）学校选择偏差：家长在选择学校时通常会考虑位置、质量、成本以及学校文化等因素，这导致校内学生特征的同质性与不同学校之间的差异性形成鲜明对比。（3）逆向因果关系：学生的成绩可能会影响教师的满意度，使得因果关系的方向变得扑朔迷离。为了应对以上挑战，样本选择聚焦于实施随机班级分配的学校，具体操作时，只选取校长确认七年级班级分配是随机的，并且八年级和九年级没有后续重新分配的学校，以此来缓解内生性问题。[①] 在此基础上，本文利用教师所承受的学校行政措施压力作为教师工作满意度的工具变量。首先，学校行政措施压力与教师工作满意度之间存在显著的相关性，因为过度的行政压力往往会降低教师对工作的满意度。其次，学校行政措施压力与学生的学业成绩无直接关联，这满足了工具变量的外生性要求，即工具变量只能通过影响教师工作满意度来间接影响学生学业成绩。最后，通过利用两阶段最小二乘法（2SLS）进行估计，可以有效缓解潜在的内生性问题，从而更准确地揭示教师工作满意度对学生学业成绩的影响。工具变量估计的第二阶段估计方程如下：

$$Y_{icm} = \beta_0 + \beta_1 \hat{TJS}_{icm} + \beta_2 X_{icm} + \beta_3 D_m + \sigma_{icm} \tag{1}$$

工具变量方法的第一阶段估计方程如下：

$$TJS_{icm} = \alpha_0 + \delta_1 IV_{icm} + \delta_2 X_{icm} + \delta_3 D_m + \varepsilon_{icm} \tag{2}$$

其中 TJS_{icm} 表示教师 i 在 m 组的班级 c 中的工作满意度水平，IV_{icm} 是代表教师来自行政措施的压力的工具变量，X_{icm} 包括一系列控制学生和教师特征的全面变量。D_m 表示组固定效应，ε_{icm} 表示误差项。工具变量 IV_{icm} 的测量范围从 1（完全不感到压力）到 5（非常有压力）。

为了深入探讨机制，我们在模型中引入了调节变量，构建如下交互项模型：

$$Y_{icm} = \varphi_0 + \varphi_1 \hat{TJS}_{icm} + \varphi_2 TJS_{icm} * TC_{icm} + \varphi_3 X_{icm} + \varphi_4 D_m + \upsilon_{icm} \tag{3}$$

$$Y_{icm} = \theta_0 + \theta_1 \hat{TJS}_{icm} + \theta_2 TJS_{icm} * TPC_{icm} + \theta_3 X_{icm} + \theta_4 D_m + \tau_{icm} \tag{4}$$

其中，TC_{icm} 是一个二元变量，表示教师合作交流，教师之间经常讨论课程教学取值为 1，否则为 0。TPC_{icm} 表示同事友好关系，教师在学校里有很多要好的同事取值为 1，否则为 0。$TJS_{icm} \times TC_{icm}$ 和 $TJS_{icm} \times TPC_{icm}$ 分别表示教师工作满意度与教师合作交流以及教师工作满意度与同事友好关系的交互项。

2. 数据来源与变量说明

本研究重点关注中国七年级（初一）和九年级（初三）的学生样本，这两个年级的学生群体与中国九年义务教育体系相契合，且在调查启动时，学生的年龄主要集中在 11—17 岁之间。CEPS 通过向学生、其父母或监护人、班主任以及学校管理人员发放问卷，全面覆盖了教育生态系统的各个层面。调查采用随机抽样的方式选取研究对象，积累了大量详细数据。本研究的因变量为学生的学业成绩，包括语文、数学和英语三门科目的成绩以及三门的平均成绩。这三门学科的成绩在中国高中生的升学录取中具有决定性意义。

---

① H. Wang, Z. Cheng, R. Smyth, "Do Migrant Students Affect Local Students' Academic Achievements in Urban China?", *Economics of Education Review*, Vol. 63, No. 4 (2018), pp. 64-77.

CEPS收集的学业成绩数据由学校行政机构提供,并经过标准化处理,使得各科成绩的平均分为70分,标准差为10分。这种标准化方法不仅确保了不同年级和教育机构之间学业能力的可比性评估,还充分考虑了学校内部课程和考试的一致性,为本研究提供了可靠的学业成绩衡量指标。核心解释变量为教师工作满意度,该变量通过CEPS中教师问卷的自我评估部分直接衡量。教师在李克特量表上进行回答,评分范围从1(非常不满意)到5(非常满意),形成有序的数据集。为了增强结果的可靠性和多维度分析,本研究还引入了其他代理变量,包括教师重新选择职业的意愿以及他们对职业倦怠的感知程度,作为衡量工作满意度的补充指标。进一步分析中,本文还加入了教师满意度的多维方面,分别考察教师薪酬满意度、学校管理满意度、学校硬件设施满意度以及学生质量满意度对学生学业成绩的影响。同时,本研究纳入了一系列控制变量,包括学生和教师层面。为确保统计分析的严谨性,本研究对标准误差进行了学校层面的聚类调整。

三、实证结果与分析

1. 教师工作满意度与学生成绩

本研究采用工具变量法结合两阶段最小二乘法的计量模型,实证分析了教师工作满意度与学生学业表现之间的因果关系(参表1)。在模型的第一阶段回归结果中,工具变量的估计系数在1%的显著性水平上呈现显著负向关系,验证了理论假设,即学校行政管理措施带来的压力感知会显著降低教师的工作满意度,其F统计量超过经验阈值10,排除了弱工具变量问题。在第二阶段的因果效应估计中,教师工作满意度对学生学业表现的促进效应在1%的水平下显著,这意味着在控制内生性偏误后,工作满意度每提升1个标准差,所授班级学生的标准化测试成绩将平均提高2.826分。进一步的分学科估计结果显示,教师工作满意度的提升对核心学科均产生显著正向影响:数学学科的边际效应最大(β=3.380),其次是英语(β=2.628)和语文(β=2.577)。

表1 教师工作满意度与学生学业成绩

	第一阶段(oligit模型)	第二阶段	第二阶段	第二阶段	第二阶段
	教师工作满意度	平均成绩	语文成绩	数学成绩	英语成绩
工具变量	−0.119***				
	(0.0216)				
教师工作满意度		2.826**	2.577*	3.380**	2.628*
		(1.168)	(1.365)	(1.437)	(1.354)
常数项		78.99***	82.24***	83.53***	72.64***
		(5.750)	(6.717)	(7.054)	(6.656)
学生层面的控制变量	YES	YES	YES	YES	YES
教师层面的控制变量	YES	YES	YES	YES	YES
固定效应	YES	YES	YES	YES	YES
观测值	8229	8004	8020	8019	8017
R-squared	0.051	0.323	0.277	0.215	0.303

注:*、**、***分别表示在10%、5%和1%的水平下显著。括号内为标准误。所有回归均使用2SLS估计,并包括学生特征、教师特征和组固定效应控制变量。

2. 调节效应分析

学校组织文化作为教育生态系统中的重要情境变量,在教师工作满意度向学生学业成就转化过程中发挥关键调节作用。[1] 基于此,本研究构建了教师合作交流的量化指标——将"经常与同事讨论所教课程的教学事宜"设置为虚拟变量指标,并通过构建其与工作满意度的交互项进行调节效应检验,估计结果如表 2 所示。结果显示,教师合作对工作满意度与学生成绩关系的调节作用呈现显著学科异质性。在语文科目中,合作强度每增加 1 个标准差,低满意度教师对学生成绩的负向影响可降低 0.15 个标准差,这印证了语文学科教学特别依赖集体备课和课程协同设计的特性[2];而在数学和英语学科中,调节效应未达统计显著性,可能反映了 STEM 学科更强调教师个体教学创新的特点。本研究还考察了教师友好同事关系的调节作用机制。通过构建"友好同事关系"指标——在学校里有很多要好的同事设置为二元变量,并将其与教师工作满意度的交乘项加入模型中。结果显示,友好同事关系的调节效应也呈现显著的学科异质性。在英语科目中,每增加 1 个标准差的同事关系强度,工作满意度对成绩的正向影响降低 0.18 个标准差,可能的解释是,英语教学中过密的同事网络可能导致教学策略趋同,反而削弱高满意度教师因材施教的创新空间。

表 2 调节效应估计结果

	平均成绩	语文成绩	数学成绩	英语成绩
教师工作满意度	1.819	-0.928	5.766***	0.911
	(1.680)	(1.962)	(2.067)	(1.948)
教师合作	10.48	29.11***	-16.49	17.15
	(9.445)	(11.02)	(11.60)	(10.93)
工作满意度×教师合作交流	1.061	3.460**	-2.246	1.776
	(1.174)	(1.370)	(1.441)	(1.359)
	平均成绩	语文成绩	数学成绩	英语成绩
教师工作满意度	3.232***	2.629*	3.633**	3.500**
	(1.184)	(1.383)	(1.457)	(1.372)
友好同事关系	-2.253	1.751	0.878	-9.084**
	(3.158)	(3.690)	(3.884)	(3.662)
教师工作满意度×友好同事关系	-0.396	0.121	0.0462	-1.301***
	(0.410)	(0.479)	(0.504)	(0.475)

注:*、**、***分别表示在 10%、5% 和 1% 的水平下显著。括号内为标准误。所有回归均使用 2SLS 估计,并包括学生特征、教师特征和组固定效应控制变量。

3. 稳健性检验

为了验证研究结果的稳健性,本节从多个角度进行了补充分析。首先,将核心解释变量重新定义为教师职业倦怠。估计结果显示,职业倦怠对学生成绩存在显著的负向影响,存在倦怠的教师所授班级的平均成绩下降 0.852 分,且影响程度呈现学科异质性——数学成绩降幅最大,其次为英语和语文。本研究通过正向维度验证机制逻辑的对称性——将解释变量替换为教师职业认同(是否愿意再次选择教学)。回归结果表明,教师继续执教的意愿对学生成绩存在显著正向促进效应:当教师表达留任意向时,学生平均成绩提升 1.085 分,其中数学成绩增幅最为突出,提升 1.298 分,语文与英语成绩也呈现统计学显著提升。职业认同与职业倦怠的系数呈现镜像对称特征(量级相近、方向相反),进一步佐证了上文

[1] L. A. Renzulli, H. M. Parrott, I. R. Beattie, "Racial Mismatch and School Type: Teacher Satisfaction and Retention in Charter and Traditional Public Schools", *Sociology of Education*, Vol. 84, No. 1 (2011), pp. 23-48.

[2] E. Stearns, N. Banerjee, R. Mickelson, et al., "Collective Pedagogical Teacher Culture, Teacher - Student Ethno-Racial Mismatch, and Teacher's Job Satisfaction", *Social Science Research*, Vol. 45 (2014), pp. 56-72.

的结论。

4. 异质性分析

本节探讨了教师工作满意度对学生成绩影响在不同子样本中的异质性,估计结果如表3所示。先按年级分组,当九年级学生被分配给工作满意度高的教师时,其学业成绩表现出明显的积极效应。其响应强度是七年级的1.6倍,印证了初中教育阶段后期教师影响的累积效应。按性别分组结果显示,女生比男生更明显地受到教师工作满意度水平的影响。这一观察结果与现有研究一致,即女生倾向于对教师的举止和教学方法更敏感。按地区差异分组结果显示,教师工作满意度对学生平均分和英语测试成绩的积极影响仅限于东部地区,尽管在10%水平上具有显著性。按照班级规模分组结果显示,在较小班级的亲密环境中,教师工作满意度对学生的平均分、语文和数学成绩产生积极且显著的影响。然而,这种效应在较大的班级环境中减弱,并且在统计上变得不显著。按照父母的受教育差异分组,父母受教育年限超过9年的学生群体成绩提升幅度达17.2分,凸显家庭文化资本与教师效能的协同效应。按照学生家庭的经济状况分组,教师工作满意度对中等收入背景学生的学业成就的影响更为显著。

表3 异质性估计结果

	平均成绩	语文成绩	数学成绩	英语成绩
年级分组				
9年级	1.209**	0.239	1.899***	1.652***
	(0.550)	(0.629)	(0.656)	(0.628)
7年级	−1.000*	−1.282*	−0.634	−1.074*
	(0.556)	(0.663)	(0.702)	(0.652)
性别分组				
女性	5.096***	6.040***	4.585*	4.654**
	(1.902)	(2.180)	(2.503)	(2.170)
男性	1.578	0.634	2.488	1.805
	(1.412)	(1.674)	(1.654)	(1.647)
区域分组				
东部地区	1.087*	0.914	0.825	1.516**
	(0.635)	(0.742)	(0.785)	(0.737)
中部地区	−13.02	−8.541	−18.32*	−12.26
	(9.034)	(10.39)	(10.96)	(10.06)
西部地区	−2.118	−2.700	−1.714	−1.834
	(1.736)	(2.075)	(2.148)	(2.056)
班级规模分组				
班级学生人数规模大于等于45人	0.128	−3.022	0.333	3.011
	(1.947)	(2.284)	(2.423)	(2.264)
班级学生人数规模小于45人	2.949***	4.249***	2.886**	1.739
	(1.099)	(1.282)	(1.342)	(1.275)
父母受教育年限分组				
受教育年限大于9年	17.20***	18.00***	22.35***	11.48***
	(3.548)	(4.213)	(4.391)	(4.152)

（续表）

	平均成绩	语文成绩	数学成绩	英语成绩
受教育年限小于等于9年	−0.598	−0.678	−0.698	−0.278
	(1.067)	(1.250)	(1.315)	(1.242)
家庭经济状况分组				
低	−4.359	−3.729	−4.988	−4.085
	(2.729)	(3.426)	(3.201)	(3.120)
中	3.975**	3.637**	4.881**	3.236*
	(1.585)	(1.837)	(1.961)	(1.858)
高	3.672	3.856	3.794	3.896
	(2.415)	(2.788)	(3.019)	(2.749)

注：*、**、***分别表示在10%、5%和1%的水平下显著。括号内为标准误。所有回归均使用2SLS估计，并包括学生特征、教师特征和组固定效应控制变量。

5. 教师不同维度满意度对学生学业成绩的影响

为了更深入地理解教师工作满意度的不同维度对学生成就的影响，本研究探讨了不同维度的工作满意度对学生学业成绩的影响效应大小，估计结果如表4所示。研究发现，四者满意度的影响梯度效应比为1:1.4:0.9:1.6。其中，教师薪酬满意度每提升1单位，学生总成绩显著提高0.816分，其中数学学科边际效应最强（0.977分）。学校管理满意度的影响强度达薪酬维度的1.4倍，学生总成绩提升1.134分，数学成绩增幅尤为突出（1.357分），凸显科层决策效率对STEM学科教学资源分配的敏感性。基础设施满意度提升带来0.972分的总成绩增益，其效应在数学学科达到峰值（1.163分）。教师对学生质量的满意度则呈现独特作用机制，其不仅直接提升成绩（总效应0.816分），更通过强化教学期望（期望效应占比62%）形成良性互动。数学领域表现尤为显著（0.977分），反映教师对"可教性"的认知差异会系统性影响教学策略复杂度。

表4 教师不同维度满意度对学生学业成绩的影响

	平均成绩	语文成绩	数学成绩	英语成绩
薪酬满意度	0.816**	0.745*	0.977**	0.759*
	(0.338)	(0.394)	(0.415)	(0.391)
学校管理满意度	1.134**	1.035*	1.357**	1.055*
	(0.469)	(0.548)	(0.577)	(0.544)
学校硬件设施满意度	0.972**	0.887*	1.163**	0.904*
	(0.402)	(0.470)	(0.495)	(0.466)
对学生质量满意度	1.298**	1.183*	1.552**	1.207*
	(0.536)	(0.627)	(0.660)	(0.622)

注：*、**、***分别表示在10%、5%和1%的水平下显著。括号内为标准误。所有回归均使用2SLS估计，并包括学生特征、教师特征和组固定效应控制变量。

四、结论与启示

本研究通过工具变量法系统揭示了教师工作满意度与学生学业成就的因果关系，主要得到以下结论：（1）教师工作满意度每提升1个单位，学生标准化成绩平均提高2.83分，数学学科边际效应最高，英语与语文次之,在变换被解释变量后结论依然显著,证实教师职业幸福感具有显著的教育生产函数优化效应。(2)异质性分析显示,九年级学生成绩对教师满意度提升的响应强度最大,印证了初中教育阶段后期教师影响的累积效应。女生群体在语文学科呈现更强的敏感性,揭示了性别社会化过程对师生互动的调节作用。父母受教育年限高于9年的学生群体成绩提升幅度最大,凸显家庭文化资本与教师效能的协同效应。(3)调节效应分析显示,教师合作可缓解低满意度对语文成绩的负面效应(效应衰减42%),但过度密切的非正式关系抑制英语教学创新,揭示"关系密度—教学效能"的倒 U 型规律。(4)解构薪酬、管理、设施及学生质量四维度满意度的影响梯度,发现学生质量满意度对数学成绩的边际贡献为薪酬维度的 1.6 倍。

　　基于以上结论,本研究提出以下政策启示:(1)制度维度,建立教师满意度国家监测平台,将薪酬满意度指数纳入义务教育质量评估体系,实施省级财政专项补贴机制。推行"管理效能倍增计划",通过数字化转型将行政事务耗时压缩 40%,构建教师专业发展支持系统。(2)资源维度,实施教育设施升级工程,重点提升中西部地区学校智能化设备覆盖率,建立生均硬件投入与教师满意度联动考核机制。(3)文化维度,构建学科差异化的教师协作网络,语文教研组实行"双周协同备课制",数学学科建立"创新教学实验室",英语学科推行"文化浸润式"教学改革。优化教师社会资本配置,建立"专业共同体—兴趣社群"双轨制互动模式,规避非正式关系对教学创新的潜在抑制。

How does Teacher Job Satisfaction Affect Student Academic Performance
— Empirical Evidence Based on CEPS Data

LIU Yufei[1] , CHEN Yushang[1] , CHANG Xiaokun[2]

(1. School of Finance and Business, Shanghai Normal University, Shanghai, 200234; 2. School of International Economics and Trade, Ningbo University of Finance & Economics, Ningbo Zhejiang, 315175)

Abstract: Based on the data from the China Education Panel Survey (CEPS), this study employs the instrumental variable method to identify the causal effect of homeroom teachers' job satisfaction on students' academic performance. Results indicate that a one-unit increase in teacher satisfaction boosts students' standardized test scores by an average of 2.83 points, with the greatest marginal effect in mathematics (3.38 points), followed by English (2.63 points) and Chinese (2.58 points). Heterogeneity analysis reveals that 9th graders, girl students, those in smaller classes, and children from highly-educated families are more sensitive to teacher satisfaction. Moderation analysis reveals that teacher collaboration can mitigate the negative impact of low satisfaction on Chinese scores, while close colleague relationships may inhibit pedagogical innovation in English teaching. A multidimensional breakdown shows that salary, management, facilities, and student quality all significantly contribute to performance improvement, with the effect of student quality being 1.6 times that of salary (a 1.55 points of maths gain). This study recommends establishing a dynamic monitoring system for teacher satisfaction, promoting digital transformation in educational management, and creating subject-oriented teacher development communities to balance professional collaboration and instructional innovation.

Key words: teacher job satisfaction, student academic performance, teacher collaboration, colleague relationships, moderating effects

《现代基础教育研究》

第58卷，2025年4月 　　　　　（Research on Modern Basic Education）　　　　　Vol.58, Apr. 2025

新时代教师劳模精神的特征与传承路径研究

章卫华[1]，蔡真妮[2]

（1. 上海市虹口区教育学院，上海 200081；2. 华东师范大学 教育学部，上海 200062）

摘　要： 教师劳模精神为教师践行社会主义劳动伦理、形成专业发展自觉并投身强国强师建设提供了精神指引。该研究采用案例研究法和访谈法，以上海市 X 区 31 名劳模教师为例，探究新时代教师劳模精神的特征及有效传承路径。研究发现：教师劳模精神既继承了劳模精神的核心要义，又展现出崇教敬业和爱生为生的劳动态度、教研双修和引领同伴的劳动知能、立德树人和无私为他的劳动道德等独特表征，研究进一步凝练出内生外促的蕴含机制、榜样引领的传导机制和立足日常的评价机制等教师劳模精神的传承路径。

关键词： 教师劳模精神；特征；传承路径

劳模精神历来都是中国共产党政治话语和意识形态建构的重要资源和思想命题。[①] 习近平总书记指出："建设知识型、技能型、创新型劳动者大军，弘扬劳模精神和工匠精神，营造劳动光荣的社会风尚和精益求精的敬业风气。"[②] 其中，教师队伍是建设教育强国的主力军，在教师职业中赓续劳模精神对发展教师思想政治素质、铸牢师德师风高地、提升教师专业发展水平具有重要意义，进而有利于实现以强师带动强教的目标。当前，教师职业倦怠和道德失范现象时有发生，个人主义的渗透导致部分教师对待职业的态度功利化[③]，改变现存问题亟须以教师劳模精神之"神"重塑教师队伍发展之"本"。因此，本研究通过案例研究法和访谈法，探究新时代教师劳模精神的特征与传承路径，旨在丰富相关理论并为教师队伍建设提供参考。

一、文献综述与问题提出

教师作为国家教育强国建设的重要脑力劳动者，在本职中赓续劳模精神具有重要意义。然而，现有研究对教师劳模精神的具体内涵特征界定缺失，尽管有不少研究涉及不同地区的中小学模范教师事迹，但多停留在案例介绍，缺乏深入的思辨和比较，难以提炼出教师劳模精神的共性特征。如张荣将劳模教

作者简介：章卫华，上海市虹口区教育学院教育科研室副主任，中学高级教师，主要从事教师专业发展与教育科研管理研究；蔡真妮，华东师范大学教育学部考试与评价研究院研究助理，硕士，主要从事教师专业发展研究。

① 明芳，石路：《从"劳工神圣"到"大国工匠精神"：中国共产党劳模精神的百年建构与嬗变》，《当代教育论坛》2021 年第 5 期，第 11-20 页。

② 习近平：《决胜全面建成小康社会 夺取新时代中国特色社会主义伟大胜利——在中国共产党第十九次全国代表大会上的报告》，载民政部网：https://www.mca.gov.cn/n152/n162/c82901/content.html，最后登录日期：2024 年 10 月 19 日。

③ 晏辉：《现代性语境下道德哲学视域中的教师伦理》，《上海师范大学学报（哲学社会科学版）》2020 年第 3 期，第 5-23 页。

师与劳模精神相关联,却简单地将劳模精神"爱岗敬业、争创一流、艰苦奋斗、勇于创新、淡泊名利、甘于奉献"的内涵迁移至教师角色[①];汤素娥等将一流教师与劳模精神相契合,表明劳模精神各维度与一流教师工作态度、目标以及方法等要素之间的关系[②],但未清晰地指明教师劳模精神的特殊性。同时,新时代教师劳模精神呈现出新的特点,但尚未有研究对此进行探讨。

此外,现有教师劳模精神传承的相关研究主要聚焦于保障机制,学者提出内容上追求事迹呈现、形式上迎合受众需求和主张社会风尚等宣传保障机制,亦强调表彰激励制度的设计[③④],却较少涉及教师劳模精神的蕴含机制、传导机制和评价机制。其中,蕴含机制有利于理解教师劳模精神的生成环境,传导机制有利于揭示教师劳模精神传递的"黑箱",评价机制则从评价角度引导教师劳模精神的发展方向。由于教师劳模精神的传承是动态过程,涉及生成、传播、评判等多方面。因此,研究教师劳模精神的传承机制,还需要从蕴含机制、传导机制和评价机制等角度进行补充与完善。

综上,本研究重点关注"教师劳模精神的特征体现为何"和"如何传承教师劳模精神"这两个问题,并以上海市 X 区为例,探索新时代教师劳模精神的特征与传承路径。

二、研究设计

1. 研究对象

上海市 X 区历来重视对劳模教师的激励与培养,其劳模教师队伍结构完整,且初步形成了同单位内劳模辈出的良好培育生态。因此,本研究以上海市 X 区各级各类教育系统中获得"全国模范教师""上海市劳动模范""上海市新长征突击手"等单项或多项荣誉称号的 31 位劳模教师为研究对象。这 31 位劳模教师在性别、退休状况、单位类型和任教学科等维度分布均衡,其中女性教师 23 位(占比 74.19%),男性教师 8 位(占比 25.81%);退休教师 21 位(占比 67.74%),在职教师 10 位(占比 32.26%);样本教师主要来自幼儿园、小学、初中、高中、教育事业单位,单位类型丰富;在任教学科上,语文教师占比最高(5 位,占比 16.12%),其次是政治教师(4 位,占比 12.90%)。总的来说,研究样本具有较好的代表性。

2. 研究方法

本研究采用案例研究法和访谈法。在数据收集阶段,一方面,收集研究对象的荣誉称号申报材料,了解其教育生涯中的关键事件,并以 LM("劳模"两字的首字母缩写)+顺序的形式,对 31 位劳模教师进行编码,出于匿名原则,后文介绍教师时,将取其姓氏首字母代称(如李老师代称为 L 老师);另一方面,通过目的性抽样,对部分劳模教师本人、其带教的青年教师和所在单位的工会主席进行半结构化访谈(共计 7 人,具体信息见表 1),访谈对象的编号原则为 FT("访谈"两字的首字母缩写)+所在单位编号+访谈对象姓名代号+访谈对象身份代码(T 表示劳模教师本人、S 表示劳模教师带教的青年教师、P 表示劳模教师所在单位工会主席)。访谈内容主要围绕劳模教师本人的劳模精神生成历程、劳模教师与青年教师的互动关系和学校对劳模教师的制度支持等方面展开。

表 1　访谈对象基本信息统计

所在单位	对应劳模	访谈对象身份	编号
QS 中心	H 老师	劳模本人	FT01-H-T
QS 中心		劳模教师带教的青年教师	FT01-H-S
HD 学校	C 老师(男)	劳模本人	FT02-Y-T
HD 学校	C 老师(女)	劳模本人	FT02-M-T

① 张荣:《新时代劳模精神驱动高职教师素养提升研究》,《辽宁高职学报》2023 年第 3 期,第 72-75 页。

② 汤素娥,柳礼泉:《劳模精神:一流教师培育的价值引领》,《中国劳动关系学院学报》2017 年第 4 期,第 95-101 页。

③ 汤素娥,柳礼泉:《劳模精神:一流教师培育的价值引领》,《中国劳动关系学院学报》2017 年第 4 期,第 95-101 页。

④ 刘月,徐小琳,李巧:《劳模精神融入教师职后教育路径研究》,《科学咨询(教育科研)》2023 年第 3 期,第 78-80 页。

（续表）

所在单位	对应劳模	访谈对象身份	编号
HD学校		劳模所在单位的工会主席	FT02-C-P
WG学校	W老师	劳模本人	FT03-W-T
WG学校		劳模所在单位的工会主席	FT03-W-P

在资料分析阶段中,使用Nvivo11进行主题分析,首先,通过多次阅读质性资料,形成开放性编码。接着,从开放性编码中进一步提炼出主轴编码,建立初步的编码体系。然后,确定不同案例中的共同主题作为选择性编码。最后,让部分受访者审阅编码表并提出建议,确保主题的内部同质性和外部异质性。最终,本研究的编码体系如表2所示(篇幅限制,仅展示教师劳模精神特征的编码体系)。

表2 新时代教师劳模精神特征的编码体系示例

原始资料内容示例	开放性编码	主轴编码	选择性编码
J老师凭着对教育事业的热爱和执着,在平凡的岗位上做出了卓越的业绩(LM12)	专业热情	崇教敬业	劳动态度
L老师曾在暑假里创下了一天家访26位学生家庭的纪录(LM22)	职业承诺		
L老师真诚地爱着学生,诚挚地爱着这个无上荣光的职业(LM22)	情感投入		
L老师始终把教育事业当成自己的神圣天职(LM16)	良心工作		
以学生为本,以课堂为重,以备好课为必由之路,以让学生获得经验和学力的增加为第一要务(LM29) 始终把学生发展作为工作的不竭动力。"对话关怀、规则引领"与行之有效的工作思路(LM12)	学生为本	爱生为生	
W老师以"爱孩子是教师的天职"为座右铭,全身心地去爱每一位学生(LM08)	情感关怀		
J老师带领和帮助学生获得了一个个殊荣,为国家争了光(LM15)	成长陪伴		
当J老师将颤抖的手抬起来艰难地在黑板上写下第一个字时,许多学生都哭了(LM12)	感染熏陶		
课堂教学、课程建设和生命教育等方面都印满了他不断实践、思考、创新的足迹(LM06)	持续学习	教研双修	劳动知能
W老师在全市范围开设了研讨课,用实际课例证明了将这一主题植入初中教材具有可行性(LM04)	创新教学		
W老师在教学中潜心研究、实践反思,创建了具有自身特点的小学思政课"体验式教学"(LM08)			
C老师在各类报刊发表文章几十篇,多次执教国家级公开课(LM10)	学术研究		
W老师参与了上海市九年义务教育课本《语文综合学习》拓展型课程的教材编写工作(LM04) C老师积极参与上海市化学课程教材建设,主编和参与审查的教材达几十本(LM10)	教育改革		
W老师带教区骨干教师3名,其中一名已进入区中青年干部培训班学习(LM04) J老师无论是校内还是区内,她所指导的青年教师都成为了教育教学骨干,并有两位青年教师获得市教学比赛一等奖(LM09)	团队合作	引领同伴	

（续表）

原始资料内容示例	开放性编码	主轴编码	选择性编码
W老师连续三期担任上海市德育实训基地主持人，带教了来自上海市各区的45位青年教师，与华东师范大学和日本长崎综合科学大学合作(LM08)	知识分享		
她指导青年教师研讨课、比赛课15节(LM01)	专业指导		
为了丰富培训资源，C老师与自己导师所在的基地联合起来办活动，让学员认识那些曾经激励自己成长的"关键人"(LM09)	资源支持		
Z老师全身心地投入班主任工作中，用"勤心、爱心、苦心"管理班级，教书育人(LM13)	德育先行	立德树人	劳动道德
她尤为关心学生的发展，在全市中等职校第一个创建了学生助学超市(LM16)	教育公平		
了解到同一小区有一名智障的女孩小婷，每周一晚上，都是L老师与小婷约好的补课时间(LM22) W担任一所薄弱学校的校长(LM08)			
复旦大学、上海交通大学的面试结果出来后，她们第一时间召集所有获得预录取资格的学生，促膝而谈，谈人生和责任(LM10)	社会责任		
在HD学校，J老师是一个带有传奇色彩的人物，她的教学是"梆梆响"的，她的班主任工作是具有"魔力"的(LM12)	榜样作用		
一面看，一面记，一面不停地擦汗，半个小时下来，衣服都湿透，Y老师就这样坚持了三个多星期(LM06)	奉献精神	无私为他	
她为家庭经济困难的学生补课。每天下午3点到6点开通热线，为家长和学生提供服务和帮助(LM22)	利他行为		
她为学校的持续发展出谋划策，为改善学校的环境四处奔波，为学校的队伍建设献计出力(LM27)	集体利益		
她对名和利有另一种更艺术的解释，美育的影响力是"名"，学生的成长是"利"，这就是她最幸福的追求(LM18)	超越自我		

三、新时代教师劳模精神的特征

　　劳模精神具有实践性、时代性和开放性[1]，借鉴以上特征，首先，教师劳模精神具有实践性，需基于教师真实劳动情境，了解教师的劳动气质在教育教学实践中的表现。其次，关注时代变迁对教师劳模精神的影响。党的十八大以来，习近平总书记深刻阐释了教师工作的重要性，提出了从"四有好老师"到"教育家精神"等丰富的理论主张。教师劳模精神与这些理论主张既有交叉共通之处，又各有侧重。因此，新时代的教师劳模精神需体现时代对教师提出的新要求。最后，教师劳模精神具备开放性，其通过内源拉力与外在推力的双重力量，以开放的姿态，实现教师专业的内在深度发展与教师角色的外部社会担当的统一。因此，需将教师劳模精神置于开放的社会系统中，进一步归纳其特性。

　　通过对文本的编码分析发现，崇教敬业和爱生为生的劳动态度、教研双修与引领同伴的劳动知能以及立德树人和无私为他的劳动道德是新时代教师劳模精神的主要特征。

　　1. 崇教敬业、爱生为生的劳动态度

　　（1）崇教敬业的职责坚守

---

　　① 李建国，刘芳：《建国70年来劳模精神的发展演进、理论诠释及新时代价值》，《学习与实践》2019年第9期，第14-24页。

教师劳动态度是教师对其职业的艰巨性、神圣性的认知。当前,部分教师存在职业操守缺失和责任心缺乏等问题。[①] 反观劳模教师,对本职工作展示出崇教敬业的态度,着重体现在他们面对困难时所表现出的非凡毅力和坚定承诺。Y 老师曾用 7 年多的时间持续跟踪收录某部专题片,如今他已搜集了影视片 7000 多集,建立了上百万字的影视资料档案,为历史影视教育的发展提供了丰富资料(LM06)。J 老师将教育视为神圣的事业,在骨折仅休息两个星期后,便坚持打着石膏板回校上课(LM12)。此外,劳模教师在教学和日常行为中对崇教敬业精神的演绎,潜移默化地影响了学生的劳动态度,是对学生进行劳动教育的有效途径之一。可见,崇教敬业是教师"爱岗敬业、艰苦奋斗"劳模精神的表达,既体现出劳模精神在教师职业中的普遍性,又体现出教师职业言传身教、辐射学生的特性。

(2)爱生为生的使命担当

教师对职业的热爱不仅体现在对职业本身的敬畏,还体现在对学生的浓厚情感。"教育是一门'仁而爱人'的事业,爱是教育的灵魂,没有爱就没有教育"[②],爱是教师进行劳动的内在本源和灵魂所在。[③] 教师对学生深沉的爱与责任体现为教师对学生成长过程的帮助、扶持。C 老师经常无偿为学生补课,尤其注重帮助家庭经济困难学生(LM10)。L 老师用心爱着每一位学生,她蹚积水送学生回家,只因雷雨天小学孩子胆小不敢独自而归;下班后她换乘了好几辆车赶到医院,只为鼓励即将开刀的学生;夜晚她冒着大雨去"小淘气"家进行家访,只为鼓励家长重新树立教育好孩子的信心(LM22)。可见,爱生为生是教师"崇教敬业"劳模精神的更深层次表达,体现了教师劳模精神在劳动对象、劳动方法、劳动情感上区别于其他职业劳模精神的特性。

综上,劳模教师以崇教敬业为原则,以爱生为生为要义,塑造了其持续、稳定的劳动态度。这一劳动态度既体现中华优秀传统文化中"敬业乐群""以身作则,言传身教""爱护学生,无私无隐"等师者规范,又体现新时代背景下"大先生""教育家精神"等理论主张,彰显教师劳模精神的时代性。需要指出的是,崇教敬业的职责坚守与爱生为生的使命担当相辅相成,一方面,职责坚守是教师爱生为生的前提,另一方面,爱生为生的使命感又会反过来激发教师产生更积极的工作态度[④],进一步坚守职业。可见,教师正是通过日常的劳动实践,实现自我调节与外在规约的统一,体现出教师劳模精神的实践性和开放性。

2. 教研双修、引领同伴的劳动知能

(1)教研双修的专业自觉

不论是斯滕豪斯(Lawrence Stenhouse)提出的"教师作为研究者"概念,还是艾利奥特(John Elliott)提出的"教师成为行动研究者"概念,都强调教师应该在教学中开展研究。[⑤] 劳模教师常在教学创新与教学科研上走在前列,他们坚持不懈的探索为其他教师提供了宝贵的教学研究与课改经验。二期课改期间,面对教参、案例课不足的现状,W 老师用 4 年时间,通过 20 节研讨课为课改提供大量材料。2004年,面对教材中爱情主题的争议,她率先开设全市主题研讨课,证明了该主题的可行性,再一次展现了她在教改中发挥的创新引领作用(LM04)。不仅如此,以科研引领教学是劳模教师作为研究者的另一表现。J 老师始终把科研视为教学的"源头活水",她主持了多项市级课题,有效带动组内青年教师提升教学研究能力,她设计的课例成为上海向全国推荐的四节课之一(LM12)。劳模教师教研双修是其践行"勇于创新、争创一流"劳模精神的真实写照,是其作为教育教学主人翁意识的集中表现。

(2)引领同伴的角色履职

① 马爽,吴云志:《新时代教育家精神的基本内涵、生成机理与时代要求》,《当代教育论坛》2025 年第 1 期,第 107-114 页。

② 习近平:《做党和人民满意的好老师——同北京师范大学师生代表座谈时的讲话》,载中华人民共和国中央人民政府网:https://www.gov.cn/xinwen/2014-09/10/content_2747765.htm,最后登录日期:2024 年 10 月 19 日。

③ 赵永勤:《这些乡村老师靠什么赢得了社会认同——基于"荆楚乡村好老师"事迹的质性研究》,《现代基础教育研究》2024 年第 2期,第 38-43 页。

④ Xie Baoguo, Xia Mian, Xin Xun, et al. , "Linking Calling to Work Engagement and Subjective Career Success: The Perspective of Career Construction Theory", *Journal of Vocational Behavior*, Vol. 94, (2016), pp. 70-78.

⑤ 刘誉:《教师为何要做研究——比较视野下"教师作为研究者"的价值定位探析》,《比较教育研究》2025 年第 2 期,第 67-75 页。

劳模教师能在知识生产、同侪发展、学习共同体的建立等多个方面发挥领导力,引领他人发展。上海二期课改期间,C老师先后执教了19次国家级、市区级教学展示课,这些课程在全国范围内进行光盘传播(LM10)。Y老师编著近百万字的著作,他的成果被多家媒体和杂志报道(LM06)。通过媒介手段,劳模教师在教育教学上的科研成果得以更广泛地辐射推广。此外,劳模教师也是学习共同体中的奉献者和支持者。H老师曾是教研组组长,为了大力培养青年教师,她将青年教师推上组长岗位,而自己却在幕后默默支持教研组的工作(LM18)。C老师作为市区级基地的主持人,不断开拓资源,让学员接触并认识那些激励自己成长的"关键人"(LM09)。可见,劳模教师通过赋权、资源辐射等方式,无私地引领后辈教师,进而为区域教师队伍建设添砖加瓦。

综上,劳模教师不仅以良好的劳动态度对待职业,更在实干中收获专业发展的知识与技能。劳模教师不仅具有研究者的专业发展自觉,更能践行领导者的使命担当。需要指出的是,教师劳模精神的发挥,不仅是个人能动性发挥的结果,还得益于外部的系统性支持。党的十八大以来,我国加快教育现代化、建设教育强国上的步伐,强调教师要深化对教育教学改革的规律性认识,探索适应新时代要求的教书育人有效方式和途径[1],这为劳模教师的专业发展指明了方向;同时,区域教师学习共同体建设进程的加快,赋予了劳模教师更多的角色使命,为推动区域名师名校长的辐射引领和资源共享提供了保障。因此,教师劳模精神生成于教师的专业实践中,在时代的政策加持下进一步强化,内源拉力与外部推力交织在一起,彰显教师劳模精神的开放性。

3."立德树人"、无私为他的劳动道德

(1)"立德树人"的道义守护

习近平总书记在同北京师范大学师生代表座谈会上指出:"一个优秀的老师,应该是'经师'和'人师'的统一,既要精于'授业''解惑',更要以'传道'为责任和使命。"[2]如今,功利主义取向使得部分教师无暇追求教育的整全性,理性主义的束缚使得部分教师漠视对德性的追求[3],而劳模教师以"经师"和"人师"的统一,坚守着立德树人的教育根本任务。劳模教师与一般教师的区别就在于,劳模教师具有深远的育人视野,旨在塑造学生的人格品质和精神世界。J老师在担任头脑奥林匹克比赛教练期间,坚持激发学生的创新思维和团队合作意识(LM12)。Z教师倡导"德教双馨",在学生获得大学预录取资格后,他与学生促膝而谈,提醒他们不能仅仅满足于成绩,更要为别人做点什么,指导学生参与学校的各项服务活动(LM05)。所谓"经师易遇,人师难遭",劳模教师作为"经师"与"人师"的统一,其学问道德和为人处世无形中熏陶着学生,彰显着教师劳动的复杂性与教师劳模精神的特殊性。

(2)无私为他的境界追求

教师的身份本质是为了学生、成就学生,这种成就过程彰显教师"舍小我、为大我"这一利他精神。[4]对于劳模教师而言,他们在"无私为他"这一师德维度上表现突出,这种"为他"意味着教师为他者操心、负责,以此实现自我作为主体的伦理本质。[5]访谈中,不少老师曾为了不影响学生的学习而放弃病假、婚假(LM05、LM12)。L老师面对区级主题班会比赛冲刺和孩子生病住院的冲突,白天认真上课,中午指导学生排练,晚上去医院陪夜(LM22)。可见,劳模教师在实践中,建构与养成了崇高师德,从"自我"向"超我"转型,最后抵达"忘我"之境。

综上,劳模精神强调"淡泊名利、甘于奉献"的劳动道德,对应到教师身上,则重在对师德的强调。教

① 中华人民共和国教育部:《教育部关于加强新时代教育科学研究工作的意见》,载中华人民共和国中央人民政府网:https://www.gov.cn/zhengce/zhengceku/2019-10/24/content_5456781.htm,最后登录日期:2024年10月16日。

② 习近平:《做党和人民满意的好老师——同北京师范大学师生代表座谈时的讲话》,载中华人民共和国中央人民政府网:https://www.gov.cn/xinwen/2014-09/10/content_2747765.htm,最后登录日期:2024年10月19日。

③ 王飞、张升峰:《从"经师"到"人师"——立德树人之时代吁求》,《教育理论与实践》2023年第16期,第37-44页。

④ 游旭群:《教育家精神的阐释与培养》,《国家教育行政学院学报》2023年第8期,第3-11页,第30页。

⑤ 闫领楠、杨雁茹:《从教书匠到教育家:教师师德的主体性建构》,《当代教育论坛》2024年第6期,第114-121页。

育工作的特殊性意味着教师是教育活动的道德主体,良好的德行是贯穿于教师立身、立学和施教的精神指引。[①]而教师劳模精神需借助实践养成,面对社会不良风气对教育的冲击,劳模教师能通过自悟、自觉、自律,将生命感悟与社会反馈相结合,主动承担师者的伦理责任,守护立德树人的道义,走向"为他"向度。因此,就劳动道德来看,教师劳模精神同样具备实践性、时代性和开放性。

四、新时代教师劳模精神的传承路径

在厘清新时代教师劳模精神的特征后,进一步探究教师劳模精神的传承路径。结合案例与访谈,本研究聚焦蕴含机制、传导机制和评价机制,分析新时代教师劳模精神的有效传承路径。

1. 内生外促:教师劳模精神孕育场

蕴含机制关注教师劳模精神的孕育过程。访谈发现,一方面,拥有崇高的职业信仰是劳模教师共有的内在精神特质。"当一名师德高尚的好老师是我终身的追求(LM22)""我愿意牺牲很多东西,也不在乎别人怎么看我,不会在乎我多花了一点时间(LM12)"。对待工作上的任务与压力,劳模教师的抱怨都比较少,他们认为多做肯干、吃苦耐劳是劳模教师最重要的品质(FT03-W-T)。在教师劳模精神中,"崇教敬业"排在第一位,教师只有真正热爱与尊敬这份职业,以正确的心态和行为投入教育事业,才能有效传承教师劳模精神。另一方面,外部环境为教师劳模精神的孕育提供土壤。当前,全国总工会联合教育部在各级各类学校开展"劳模工匠进校园"活动,该活动不仅有利于培养学生的劳动意识,而且有助于提升教师的劳模精神。对此,在区域层面,X区通过组织新教师与劳模工匠面对面交流座谈、做深做强"劳模创新工作室"等措施,为教师劳模精神的传承提供支持。与此同时,学校层面进一步与之联动,夯实"劳模工匠进校园"活动效果。如HD学校组织校内劳模教师主持"劳模进校园"活动,并将教师劳模精神融入教师节表彰活动、教师培训课程、教师激励计划以及教师评选标准中,确保教师劳模精神贯穿学校人才培养和师资队伍建设的始终(FT02-C-P)。WG学校则举办劳模教师讲座和工人文化宫参观活动,引领教师不断学习教师劳模精神的内涵和本质(FT03-W-P)。通过知识学习和视野拓展,教师能够更深刻地理解教师劳模精神的内涵,为教师劳模精神的形成奠定理性基础。最终,在内在信仰与外在刺激的双重推动下,教师于具体劳动情境中锤炼出教师劳模精神。

2. 榜样引领:教师劳模精神传导链

传导机制聚焦教师劳模精神在个体之间的传导过程。研究发现教师劳模精神主要借助公共榜样和校内榜样进行传导。其中榜样对教师的教育理念与教育实践作用重大。如劳模教师C老师和W老师,分别受到陶行知和毛蓓蕾的影响,形成了自己的教育理念(LM10、FT03-W-T)。在教学实践上,C老师曾受特级教师启发而改变教学方式,由此激发了对教学改革的热忱(FT02-M-T)。此外,学校是培育和传承劳模精神的关键场所,本研究也发现劳模教师的分布存在学校效应,不少学校涌现出两位以上的劳模教师。因此,聚焦学校内教师劳模精神代际传递很关键。具体来看,第一,校内榜样可以通过言传身教的方式,以自身的人格、行动、理念影响新教师:"H老师很少开会说理,总是做实事,让我们切实看到高标准(FT01-H-S)"。言传身教的带教方式符合情境学习理论的相关假设,强调学习者在具体环境中通过观察和实践来学习。教师在观察与模仿劳模教师教学实践的过程中逐步成长为劳模教师,由此实现了教师劳模精神的延续。第二,学校还通过文化传承的方式传递教师劳模精神。教师在劳模教师前辈的影响下成为新的劳模教师,他们面对其所带的青年教师,同样毫无保留地进行劳动态度、劳动知能与劳动道德的传递。这一过程,正如结构取向下的教师身份建构观所强调的,教师身份建构是让自身言语和行为逐步符合社会制度规定和期望的过程[②],通过培养新劳模教师的方式回报劳模教师前辈是一

---

① 马爽,吴云志:《新时代教育家精神的基本内涵、生成机理与时代要求》,《当代教育论坛》2025年第1期,第107-114页。

② 沈晓燕,王国明:《教师如何建构自己的身份?——基于结构取向与叙事取向的比较分析》,《教师发展研究》2025年第1期,第23-29页。

种社会期望,因此,教师会遵循这一规范,完成劳模精神的薪火相传。

3. 立足日常:教师劳模精神方向标

评价机制侧重于导向作用。教师劳模精神并非一成不变,从评价的角度引导其发展方向,有利于激发教师队伍整体积极性。首先,从内容上来说,正如劳模精神从侧重"爱岗敬业,艰苦奋斗"拓展至强调"争创一流,勇于创新"一样,新时代教师劳模精神的内涵也被注入新元素。由此,在评价教师是否具备教师劳模精神时,除了考虑其劳动态度、劳动道德,还应关注其是否具备开拓创新的实践智慧、直面教育改革的勇气魄力和引领同伴学习的角色担当。其次,从教师劳模精神的叙事逻辑上来说,通过对31位处于不同时期的劳模教师的案例进行分析,研究发现以往刻画教师劳模精神,往往突出劳模教师牺牲个人幸福甚至个人健康,这种叙事不免让一些教师望而却步,而现阶段教师劳模精神的叙事则更倾向于强调教师在日常劳动态度、劳动知能和劳动道德上的投入与努力,从而更能调动教师学习模仿的积极性。可见,教师劳模精神评价方向标的转变意味着选树劳模必须保持与社会发展的同频共振①,在政策导向与公众认同之间找平衡。劳模教师的高尚道德并非源自非凡行为,而是在日常教学中对工作的坚守与创造。践行主体平凡化、践行内容日常化是教师劳模精神评价的价值导向。通过确立这样的价值引导,可以激发教师的内在动力,鼓励他们在平凡岗位上不断追求卓越,向劳模教师看齐。

Research on the Characteristics and Inheritance Path of Model Teacher Spirit in the New Era

ZHANG Weihua[1], CAI Zhenni[2]

(1. Education College of Hongkou District, Shanghai, 200081;

2. Faculty of Education, East China Normal University, Shanghai, 200062)

Abstract: The spirit of model teachers provides spiritual guidance for teachers to practice socialist labor ethics, form professional development consciousness, and participate in building a powerful nation and a competent educational workforce. This study, based on case studies and interviews with 31 model teachers from District X in Shanghai, explores the characteristics and effective inheritance paths of the model teacher spirit in the new era. The research finds that the spirit of teacher model workers not only inherits the core essence of the model worker spirit, but also demonstrates unique characteristics such as a labor attitude of dedication to education and love for students, labor knowledge and skills in both teaching and research as well as leading peers, and labor ethics of establishing morality and cultivating people with selflessness. The study further summarizes the inheritance pathways of model teacher spirit, including a special operating mechanism for internal development and external promotion, an inheritance mechanism of role model leadership, and an evaluation mechanism based on daily practice.

Key words: model teacher spirit, characteristic, Inheritance pathways

---

① 柳礼泉,庄勤早:《新中国道德模范的历时性演进图景及其当代启示》,《伦理学研究》2017年第6期,第70-74页。

《现代基础教育研究》
第58卷，2025年4月　　　　　　　　　（Research on Modern Basic Education）　　　　　　　　　Vol.58, Apr. 2025

基于教育家精神引领的新时代教师精神成长路径

闫丽霞

（盐城师范学院 教育科学学院，江苏 盐城 224002）

摘　要： 受市场经济和教育评价等影响，教师精神成长面临伦理支撑式微带来情感表达表面化、主体性意识缺乏框限理性生长的空间、数字标尺的丈量引发意义世界偏颇等问题。教育家精神是教师精神成长的卓越典范，基于教育家精神引领教师精神成长，在于引导教师不断追求更高的精神境界和更完善的自我，涵养成长智慧和发展教师精神主体性。

关键词： 教育家精神；教师；精神成长

教育家精神是贯穿教育家之教育生涯的信念图谱与意义坐标，既体现为他们在教育实践中开拓创新的理论自觉与实践智慧，也是教育家不断追求教育卓越过程中持续升华的道德境界和人格范式的综合呈现。习近平总书记从理想信念、道德情操、育人智慧、躬耕态度、仁爱之心和弘道追求六个方面对教育家精神做了系统全面的阐释，共同构成教育家精神的内核。教育家精神已成为新时代我国教师成长的核心价值追求，是建设教育强国重要的思想财富和精神能量。教师在精神成长的过程中，需要叩问教育家精神世界何在，以明晰精神成长之典范；反思自身精神世界是否出现萎靡，探究精神成长困顿何存；追问构建丰富精神世界何为，以此来实现更高层次的专业成长和履行时代赋予的教育使命。

一、卓越典范：教育家精神世界何在

教育家以其独特的理论创新、卓越的实践成就和深远的教育思想，为国家的教育强国事业注入强大动力和智慧。"一个人要做出教育家的业绩，就需要他理解教育工作的本质与意义，需要他倾注自己的智慧和热情，需要他具有不怕压力不畏艰险的意志，需要他具有自我牺牲的精神与胸怀。"[1] 教育家的精神特质为教师精神成长提供了卓越典范。深入探究教育家的精神世界，把握与内化教育家精神的核心特征，是教师自觉追求专业成长和获得精神滋养不可或缺的一步。

1. 教育家的情感是他们精神世界内在性和本真性的体现

"情感本身即可被视为思考方式的一种"[2]，是人类精神世界不可或缺的一部分。教育家的情感是他们精神世界的内在性和本真性的体现，并在

基金项目： 全国教育科学规划项目"浸润教育家精神的乡村教师教育课程一体化建设研究"（项目编号：BRA240226）。

作者简介： 闫丽霞，盐城师范学院教育科学学院副教授，博士，主要从事教育基本理论与乡村教育研究。

① 周川，黄旭：《百年之功——中国近代大学校长的教育家精神》，福建教育出版社2005年版，前言。

② 肖珺，容东霞，黄枫怡：《数智情感：人机交流的困境与出路》，《新闻与写作》2024年第11期，第61-73页。

广泛的教育行为中发挥关键作用。

教育家精神有浓重的爱国主义底色[①],深刻反映在他们对国家和民族命运的自觉担当上。历史长河中,教育家以其独特的视角和行动,展现了对祖国的无限忠诚和深沉爱意,"他们在此时代使命的召唤下积极投身于教育改革的大潮中"。[②] 正如陶行知先生所言:"有了爱便不得不去找路线、寻方法、造工具,使这爱可以流露出去完成他的使命。"[③] 情感驱动批判和反思,是教育家提出新思想、新观点和新主张的重要动力,也是他们对国家深沉爱意的具体体现。"他们总是时时注视着教育现实中的各种弊端,对妨害、压制人的全面和谐发展的思想、制度、内容和方法,以忧愤之情给予揭露和批判,提出自己的新思想、新观点、新主张。"[④]

教育家精神中另一种核心情感是"乐教爱生、甘于奉献"的仁爱之心。"教育家在其漫长的办学过程中所表现出来的无私大爱之精神气度和植根儿童命脉之本体追求"[⑤],是教育家办学成功的最重要因素。教育家始终以学生的成长为核心,展现出超越个人利益的博爱精神,以常人难以想象的顽强毅力投身到充满挑战的儿童教育世界中,着眼于教育长远发展和社会的整体进步。陶行知认为,学生成长就是教师快乐的源泉,"教师的快乐与名利无关,其'无限之乐'就乐在育人的过程本身"[⑥];斯霞在其教育生涯中始终秉持"爱心育人"的教育信念,她的教育实践充满母亲般的温暖和爱抚[⑦],让学生深刻感受到她的关怀;霍懋征"没有爱就没有教育"的教育理念,更是把情感作为推动教育实践的核心动力,他始终强调要热爱、尊重和关心学生,把真挚的爱给予每位学生。[⑧]

2. 教育家的理性世界与常人相比更具批判性与创新性

理性是教育家精神的重要组成部分,包括理论理性和实践理性两个方面。作为一种高级的认知能力,理论理性涉及对概念、原则和理论的系统性思考,"着力在认识和解释对象世界的必然性,目的在于求'真',以合规律为标准"。实践理性涉及对行动、决策和实践的系统性思考,"以合目的性为根本标准"。[⑨] 它不仅仅是关于"做什么"的问题,更关乎"为什么做"和"如何做"的深层次探讨。

与常人相比,教育家的理论理性更具批判性与创新性,他们深度思考教育的多维本质,将社会、文化、道德、心理等因素纳入考量,展现出教育家独特的洞察力。教育家"致力于在更高的可见层次上重新审视熟悉的一切"[⑩],在远见卓识的基础上将教育和时代推向前进。在我国教育发展的漫长历史过程中,张伯苓塑造"南开精神",经亨颐探索人格教育,陈鹤琴倡导"活教育",陶行知践行"生活教育",这些主张和探索彰显了教育家各自不同的理论理性,成为教育史上的重要里程碑,持续散发着魅力。

教育家的实践理性使他们在面对教育实践的复杂问题时,能够超越肤浅的、经验性的、即兴的反应,所以教育家的教育实践更具有系统性、适应性和前瞻性。教育家对教育实践产生了与常人不一样的深刻理解,他们"对既定的社会情境、社会问题或者社会方案——不过,这些东西对他的行为的制约与它们对普通个体行为的制约并无二致——的反应所具有的这种独特性和创造性,则使他与普通个体区别开来了"。[⑪] 教育家与特定时代背景紧密联系,又展现出不随波逐流的对时

① 冯运,沈萍霞:《教育家精神的内涵特征、价值意蕴与培育路径》,《教师教育学报》2024年第3期,第9-18页。
② 黄书光:《百年变动:教育家办学的文化反思》,福建教育出版社2021年版,第24页。
③ 陶行知:《陶行知文集》,山西教育出版社2021年版,第97页。
④ 孙孔懿:《教育家:存在与意义》,人民教育出版社2022年版,第58页。
⑤ 黄书光:《百年变动:教育家办学的文化反思》,福建教育出版社2021年版,第299页。
⑥ 黄书光:《百年变动:教育家办学的文化反思》,福建教育出版社2021年版,第301页。
⑦ 黄书光:《百年变动:教育家办学的文化反思》,福建教育出版社2021年版,第392页。
⑧ 黄书光:《百年变动:教育家办学的文化反思》,福建教育出版社2021年版,第398页。
⑨ 李方安,刘慧:《基于实践理性的教师道德发展理路》,《全球教育展望》2024年第9期,第66-78页。
⑩ 詹姆斯·卡斯:《有限与无限的游戏》,马小悟等译,电子工业出版社2019年版,第174页。
⑪ 乔治·赫伯特·米德:《心灵、自我和社会》,霍佳桓译,译林出版社2014年版,第240页。

代局限性的超越，以及对由此带来的教育改革前瞻性的保持。教育家能够客观评价其所处的时代，以人类的基本价值为圭臬，"每一位、每一群、每一代教育家都为它的延伸拓展注入过源头活水"[1]，承载着历史的光荣，引领着未来的方向。

3. 教育家的意义世界是对人类理想信仰的深刻表达

"意义世界"代表着人类在现实世界中找寻的、一个能够支撑起生命存续的具有方向性的目的系统。[2]意义世界是人类实践活动和思维过程中不可避免的终极追求，它体现了人类对于目标和价值的深层次指向。"精神的生成过程经过了意识—自我意识—理性阶段，最终以某一具体的理性方式（不同的精神类型）客观化呈现，它是'被理解的意义世界'"[3]，教育家精神不仅体现为教育家们强烈的情感支撑、复杂开创的理性精神，更是对人类理想信仰的深刻表达。

意义世界"集中体现于理想的追求与使命的意识"。[4]教育家始终坚持在服务国家、民族的需要上担当使命[5]，"心有大我、至诚报国"，引领教育体系适应时代发展的需求，实现教育目标与国家战略的紧密结合。教育家更是意味着对中华民族伟大复兴的弘道追求。[6]正如许美德所说："他们每个人都强烈感觉到自己的人生是与自己所在的大学、地区与国家紧密地联系在一起的，所以他们才会以超乎常人的方式将自己的全部力量都奉献给教育事业。"[7]

不同时代的教育家肩负着不同的时代使命。作为对当时与后世的教育产生较大影响的教育者[8]，教育家精神的具体表现形式随个体经历、时代背景和社会环境的差异而展现出多样性和变化性，但是"他们所展现的精神是教师精神世界同社会文化与教育生活辩证互动的产物"[9]，教育家敏于时代变迁和社会变革，他们的精神和实践是对社会变革的深刻洞察和积极回应，"他们所具有的独一无二的重要意义，来源于他们采取了与更大的社会有关的生活态度"。[10]在与组织互动中，教育家周围的社会在这个过程中也同样发生了变化。"当一个有机体发展了——无论它是怎样实现这种发展的——某种能力，因而能够处理它的祖先所无法处理的它的环境的某些部分的时候，它就在这种程度上为它自己创造了一种新的环境。……也许这种影响微不足道，但是，只要他不断地调整自己，他所进行的这些调整就会改变他能够对其做出反应的这种环境的类型，而这样一来，这个世界也就相应地变成了另一个世界。"[11]

二、内在瓶颈：教师精神成长困顿何存

帕克·帕尔默指出，"我只有拓展和深入我的内心世界，才能理解任何伟大事物的内心世界。我不认识自己的本性，就谈不上认识他者的本性"[12]，自我认知是理解他人和世界的基础。受市场经济和教育评价等影响，教师的教师精神成长面临着挑战。

1. 伦理支撑式微导致情感表达表面化

情感异化是教师对感受与需要进行价值判断的消极结果外显而产生的关于教师行为的综合表

① 孙孔懿：《教育家：存在与意义》，人民教育出版社 2022 年版，第 223 页。

② 尤吾兵：《"精神"内质结构的哲学透视》，《武汉科技大学学报（社会科学版）》2018 年第 1 期，第 64-70 页。

③ 游旭群：《教育家精神的阐释与培养》，《国家教育行政学院学报》2023 年第 8 期，第 3-11 页。

④ 杨国荣：《论意义世界》，《中国社会科学》2009 年第 4 期，第 15-26 页。

⑤ 吴章荣：《论教育家精神的主要特质、生成机制与培育路径——基于职教领域 24 名全国教书育人楷模先进事迹材料的分析》，《职业技术教育》2024 年第 9 期，第 1-8 页。

⑥ 成尚荣：《教育家精神蕴含的原理性、规律性探讨》，《课程·教材·教法》2024 年第 2 期，第 7-8 页。

⑦ 许美德：《思想肖像：中国知名教育家的故事》，教育科学出版社 2008 年版，第 257 页。

⑧ 徐仲林，熊明安，李定开，等：《中国教育家传略》，云南人民出版社 1983 年版，第 362 页。

⑨ 赵鑫，王玲：《教育家精神的历史演进、时代导向与弘扬方略》，《苏州大学学报（教育科学版）》2024 年第 3 期，第 52-61 页。

⑩ 乔治·赫伯特·米德：《心灵、自我和社会》，霍佳桓译，译林出版社 2014 年版，第 241 页。

⑪ 乔治·赫伯特·米德：《心灵、自我和社会》，霍佳桓译，译林出版社 2014 年版，第 239 页。

⑫ 帕克·帕尔默：《教学勇气》，方彤译，华东师范大学出版社 2019 年版，第 181 页。

征。[①] 教师情感异化首先表现为教师情感能量转化困难。教师自我情感调节能力不强,情感调节机制尚未建立,一旦陷入低落、被动和消极的状态,他们往往难以从这种状态中摆脱出来,恢复充满热情、信心和积极主动的状态需要较长时间。有研究表明,"小学教师每天进行的人际互动达到1000次之多"[②],高强度的情感劳动要求教师在不同角色之间切换,管理自己的情绪以满足职业规范和社会期待,而长期的情感资源消耗和非教学性事务的增加导致他们产生了情感倦怠。

教师情感劳动根基薄弱。教师在情感投入和情感表达上缺乏稳定而深厚的基础,在教育实践中难以实现情感的深度投入和持久的情感动力。"教师之德"与"内心之善"[③]是教师情感劳动的深层心理基础,根植于内在的品质是高情感能量产生的源泉,有助于提升教师对教育事业的情感承诺和师生之间的真诚互动。教师情感表达的表面化,折射出教育伦理根基疏离的结构性困境。在职前培养阶段,师范生对于师德的学习停留在职业道德规范,缺乏对教育本质和伦理价值的深层认同,未能形成深刻的教育伦理观。在职后阶段,教师又处于高度强调标准化测试和量化评估的环境中,往往只是形式上遵从规则,却未能真正内化教育的社会主义核心价值观和情感投入,从而无法实现教育的深层目标和学生情感的真正触动,对"以教育伦理为支撑的内在情感意识建设与外在情感表达输出"[④]没有给予足够的重视。

2. 主体性意识缺乏框限理性生长的空间

理性精神的培育不仅是教师专业发展的需求,也是实现高质量教育的关键。杜威指出:"真正的自由是理智的;它依靠训练有素的思维能力,依靠研究事物的'叩其两端'的能力和深思熟虑对待事物的能力。……培养不受阻扰的、粗心大意的表面化的活动能力,就是鼓励奴隶般的盲从,它将使人完全受欲望、感觉和环境的支配。"[⑤] 真正

的自由不是简单的行动自由,而是建立在深入分析基础上的理性思考能力,这种能力使人能够超越冲动和环境的束缚,做出明智的决策。

理论理性主体发展自觉是指教师对教育理论的深刻理解和自我反思的能力,以及在此基础上形成的理论建构能力。理论理性是形成精神的必要基础,"它能够为人类认识世界和自我提供一种科学视角与分析框架"。[⑥] 然而,在教育实践中,教师理论理性主体自觉发展意识不足,部分教师对教育规律、教育原理、教育哲学等认知水平较低,无法深刻理解教育理论的内涵和外延,难以将理论应用到自己的教育教学实践中去。面对教育实践中的复杂问题,他们往往缺乏深度思考和创新能力,更多地依赖经验而忽视理论提炼的重要性。教师实践理性方面的不足首先表现在对教育行政部门的规定和领导的指示等过度依赖,"从上到下制度性安排的行动导向和任务导向的改革居多"[⑦],外在依赖限制教师的自主性和创造性,"自我"在执行过程中消失了。[⑧] 另外,教师在教学实践中往往遵循既定的模式和方法,缺乏创新和变革的动力,模式化的教学阻碍了教师教学智慧的生成。

教师理论理性的不足与师范教育课程设置有关,以模块化理论知识呈现形式和清单式知识点学习方式为特征的离散型理论知识的传递模式,在一定程度上造成教师建构自我结构化和系统化的理论体系的难度;职后教育又陷入"技术升级陷阱",其培养结构呈现显著的工具理性偏向,教师理论认知长期停滞在入职初期水平,难以应对复杂教育情境的思维挑战。教师实践理性的不足与科层化管理对专业自主权的挤压有一定关系,教育行政部门通过量化指标(如达标率、公开课次数)形成的考核指标,使教师陷入"执行者"角色;超负荷工作状态在一定程度上挤压了教师反思时间,教师从事非教学事务的时间显著增长,影响了

---

① 张冲,王艳君:《中小学教师情感的异化过程及其矫正》,《教学与管理》2018年第36期,第57-60页。

② 高晓文,于伟:《教师情感劳动初探》,《教育研究》2018年第3期,第94-102页。

③ 杨慧,吕哲臻:《情感异化与情感唤醒:教师情感劳动的现代议题》,《福建论坛(人文社会科学版)》2023年第2期,第187-200页。

④ 杨慧,吕哲臻:《情感异化与情感唤醒:教师情感劳动的现代议题》,《福建论坛(人文社会科学版)》2023年第2期,第187-200页。

⑤ 杜威:《杜威教育文集》(第5卷),吕达,刘立德,邹海燕主编,人民教育出版社2008年版,第115页。

⑥ 孙华:《教育家精神生成的理想类型模式——基于蔡元培、吴玉章、朱九思的案例》,《江苏高教》2024年第11期,第7-15页。

⑦ 胡秀锦:《教学改革与教师避责——基于理性选择制度主义的分析》,《教育研究与实验》2024年第5期,第55-63页。

⑧ 江世勇,代礼胜:《从自为到自觉:教师意识的觉醒与教师专业发展的内涵重构》,《教育理论与实践》2012年第26期,第30-33页。

教师实践理性的增长。

3. 数字标尺的丈量引发意义世界偏颇

意义世界是支撑人在现实世界中安身立命、引导生活实践的价值理念系统，是一个具有超越属性的"形上世界"，是帮助"人"认识自我价值、提升生存境界、发现自然奥秘的力量所在的"世界"。[①] 教师迷失在各种各样的量化标准和外在性评定中，忽视教师作为教育者的内在价值和精神追求，导致个体生活失去了对精神性、崇高性的观照。

意义世界的迷失"意味着我们心灵的匮乏，无法找到有意义的超越性的精神来滋养自身；也意味着难以有效地谈论有意义的东西"。[②] 意义世界一旦迷失，个体的心灵就会变得贫瘠和空虚，无法从更深层次的价值和目标中获得满足和动力。教师意义世界迷失导致教育平庸，受制于心灵匮乏的困顿。如果教师失去对教育的深层意义和价值的追求，他们会将教育简化为一种职业行为，而非一项有意义和价值的事业。这种简化直接导致教育的平庸化，把教育活动变成追求分数、文凭和就业等表面指标，而忽视教育在服务国家、民族需要上的担当使命和弘道追求。

三、养成路径：教师精神成长何为

教师应以教育家精神作为自己的成长典范，不断追求更高的精神境界和更完善的自我，将教育的光辉照亮每一位学生的心灵。

1. 厚植家国仁爱情怀，唤醒教育伦理重构

情感作为精神结构中的高层次因素，它通过意向性实践行为与价值紧密相连，以一种非逻辑但非常有效的方式，帮助个体在复杂多变的环境中做出适应性的选择。教师情感是一种开放的、持续进化和修正的实践生成的智慧，它需要不断的自我审视以实现内向的心灵成长，养成可"悦"、可"贵"、可"信"和可"美"[③]的情感。教师明确情感意识、情感管理与情感表达等情感劳动的要素

及其运行机制，在教育中采取恰当的策略，就能使教师情感劳动得到优化，充分发挥其教育价值。[④] 教师情感世界的发展是一个系统工程，需要从职前教育、职后培训与学校文化等多个方面入手。

教育家情感世界中的爱国主义底色和乐教爱生的仁爱情怀，是一种深刻的情感认同和价值追求，感化着教师将家国共同体意识与教育人文关怀内化为自身情感世界的核心维度。职前培养阶段的重要任务之一，是引导师范生从对职业道德规范的表面遵循逐步走向对教育本质和伦理价值的深层认同。在这一阶段，可开发"教育者心灵史"专题课程，以纪录片、书信集、口述史等为载体，立体呈现陶行知"爱满天下"、于漪"育人如栽树"等教育家的情感实践，使师范生在与教育先贤的跨时空对话中体悟"教育之爱"的伦理深度。在职后发展阶段，引导教师将个人理想融入民族复兴的集体叙事，在甘于奉献中实现教育者生命价值，以爱育构筑师生成长共同体。在这一阶段，可设立"教育家情感工作坊"，搭建"教育困境情感重构""家国情怀教育叙事"等模块，引导教师深入探讨教育情感问题，促进教师情感表达从技术性应对转向价值性投入。

2. 发展理性主体，构筑专业自主生长

理论理性的精进有助于教育理论的建树，确保教师教育实践的深度和有效性。每位教育家无不有着自己的教育哲学和理论主张，这些理论思想为他们改造教育实践提供了科学视角和分析框架。

实践理性突出的特点在于它的理性统合性，"它不把其他理性形式排除在自身之外，而是纳入自身，针对不同领域问题将其综合思考、判断、选择和运用"。[⑤] 教师在教育实践中应注重对自身行动的反思，系统性地思考"为什么做"和"如何做"。历史上的教育家无不是在实践理性的统合下，对特定时空中的教育情境进行深刻变革。丰富的教育实践和生活阅历有助于提高教师处理复

① 吴河江：《乡村教师意义世界的退隐与自我救赎》，《当代教育科学》2021年第7期，第63-68页。
② 曹永国：《自我的回归——大学教师自我认同的逻辑》，福建教育出版社2019年版，第16页。
③ 蒙培元：《情感与理性》，中国人民大学出版社2009年版，第35页。
④ 赵鑫，熊川武：《教师情感劳动的教育意蕴和优化策略》，《教育研究与实验》2012年第5期，第17-21页。
⑤ 李方安，刘慧：《基于实践理性的教师道德发展理路》，《全球教育展望》2024年第9期，第66-78页。

杂问题的能力,养成理性精神。根植于现实的实践理性是教师深刻理解社会,直面困难,追求理想和解决实践教育问题的能力保障。教师需要不断更新思想观念和持续改进教育方法,且革新不只发生在教学领域内,还应延伸到学生的全面培养,并最终促进整个社会的思想进步。

3. 贯通意义世界,引领人生境界升华

教师精神养成还需要提升人生境界。境界的核心集中体现为理想信念的追求和使命意识的担当。前者以"人可以期望什么"或"人应当期望什么"为指向,后者以"人应当承担什么"为追问。① 每位教师都有成为道德典范和卓越领袖的潜质。教师在特定的历史时刻,通过其独特的教育实践和深刻的教育理念,可以无限接近教育家的高度,从而在教育领域内实现其个人价值和社会价值的统一。自我创造性和自由感的增强是教师提升人生境界的基础。这种主动性和创造性使个体从有限的狭隘共同体走向更加广阔的天地,而且使他们能够通过这些活动不断标新立异,对社会进化做出建设性贡献,进而推动社会的不断进化和变迁。

教育意义的丰盈在于具身化的实践,在行动中突破狭隘共同体,借由创新性行动推动教育实践的革新。持续演进的教育实践会推动教师形塑生命意义的建构,在行动中实现人生境界的升华。他们以观察者的身份审视着教育,但只要在教育实践中看到改进教育现状的创造本身,便可以转变为创造者,接着从有限游戏的创造者升华为无限游戏的创造者,投身于人类进步的无限探索之中,不断寻找新的可能性,推动着教育边界的不断扩展。"观察者—创造者"的转变过程也是教师不断自我进化的历程。

正如帕克·帕尔默指出:"如果把学生教育好的本领取决于人际关系的互信,那么人际关系的互信又取决于什么呢? 很明显,取决于一个教育者在自己的生活中'探索内心景观'的能力,凭此学会如何永葆信任之心,安然通过人生之旅中那遍布陷阱的险要地段。"② 情感、理性和意义世界构成了教师的内心景观的全景图,三者相互依存、相得益彰地交织于教师的自我之中,而正是融合于三者的精神气度,教师会看得更深远,以更广阔的视野去理解教育、更深刻的洞察力去启发思考、更坚定的信念去引领自我成长。

Pathways for Teachers' Spiritual Growth in the New Era Guided by Educator Spirit

YAN Lixia

(College of Education Science, Yancheng Teachers University, Yancheng Jiangsu, 224002)

Abstract: Under the influence of market economy and educational evaluation, teachers' spiritual growth faces challenges such as superficial emotional expression due to weakened ethical support, limited space for rational development due to lack of subjectivity, and the distortion in meaning resulting from metric-based assessments. Educator spirit serves as an exemplary model for teachers' spiritual growth. How to guide teachers for their spiritual development based on educator spirit lies in inspiring them to pursue higher spiritual realms and a more refined self, cultivating their growth of wisdom, and fostering the subjectivity of teachers' spiritual identity.

Key words: educator spirit, teachers, spiritual growth

---

① 杨国荣:《意义世界》,《中国社会科学》2009年第4期,第15-26页。

② 帕克·帕尔默:《教学勇气》,方彤译,华东师范大学出版社2019年版,第20页。

《现代基础教育研究》

第58卷，2025年4月　　　　　(Research on Modern Basic Education)　　　　　Vol.58, Apr. 2025

高品质课例研讨：推动校本教研的深度发展

——以高中数学"同构法再探讨"教研活动为例

张　珺

（上海市南洋模范中学，上海 200032）

摘　要：校本教研深度发展呼唤高品质的课例研讨。然而，当前课例研讨在实施过程中面临主题不明、深入不够、内驱力不足、持续性不强、价值不高的困境，阻碍了校本教研的进一步深化。为了彰显课例研讨的价值力量，该研究按照教研深度评估框架，精心规划了高品质课例研讨在立意、布局、协作、谋划进阶直至成果获得等整个过程的应然路径。以高中数学课例"同构法再探讨"教研活动为实例，详细阐述了高品质课例研讨的具体实施过程，并提出立意高的主题、全员主动参与、以生为本三个要素对于促进校本教研深度发展尤为关键。

关键词：课例研讨；校本教研；深度教研；同构法

一、校本教研的深度发展呼唤高品质的课例研讨

随着"双新"课改的不断深入，以核心素养为导向的课堂对教师的教学水平提出了更高的标准，对新时代校本教研提出了"深度"的要求。根据教研深度的评估框架[①]，"深度"表现为"高度、广度、参与度"三个维度（见表1）。其中，高度是衡量价值指引和行为导向的重要指标，主要反映教研活动的主题、目标等，重在引领方向，定向实践；广度是衡量精准专业指导和教学创新的重要指标，主要反映教研活动的内容、过程等，重在强化基础，定位实处；参与度是衡量教师自我反思和团队合作能力的重要指标，主要反映教师参与活动的表现与表达等，重在显示主体作用，定性实效。因此，为了满足教研"深度"的内在要求，课例研讨活动需要按教研深度评估框架去构思，在引领性、探究性、参与性等方面有突出表现，提升教研品质，高品质课例研讨应运而生。

表1　校本教研深度评估框架

三维指标	关注点	观察点	功能
高度 （主题与目标）	高挑战性的问题	源于真实问题 主题指向关键问题	重在引领方向， 定向实践
	有引领性的主题	目标适切可行	

作者简介：张珺，上海市南洋模范中学高级教师，硕士，主要从事高中数学教学研究。

① 陆伯鸿，等：《走向深度的上海教研》，上海教育出版社 2022 年版，第 19 页。

（续表）

三维指标	关注点	观察点	功能
		主题导向明确	
广度 （内容与过程）	有广泛性的内容设计	多角度梳理知识间的关系	重在强化基础， 定位实处
		内容有可操作性	
	体现探究性的过程设计	分析问题产生、发展及变化	
		过程聚焦主题	
	灵活多样的教研形式	形式多样	
		资源丰富	
参与度 （表现与表达）	有学术争鸣特征的表现	参与踊跃广泛	重在显示主体 作用，定性实 效
		互动有质疑争鸣	
	理性的质疑与表达	使用工具支持研讨	
		观点明确，有依据	
	重视实践价值的活动评估	表达有证据意识	
		提升教师对主题的理解	
		成果易转化为教学实践	

课例研讨是指以课为例开展研究和讨论。课例研讨的载体是课例，形式是研讨。"课例"是一门具体科目、具体学习内容的"课"，它可以是完整的一堂课，也可以是课中相对完整的片段，或课中涉及整体的某些细节。"研讨"包括自我反思、同伴共商、专家点评等，表现为口头、书面，正式、非正式等形式。[①] 结合上述分析，笔者认为，课例研讨是一种扎根于日常课堂，枝茂于教学研究，围绕课中真实发生的教学问题而开展的一系列思辨活动，包括上课教师与学生、教师同行、专家之间的研究、交流、沟通、对话、讨论。

二、当前课例研讨的实然困境

当前课例研讨通常以"先公开课展示、后听课评课"的形式呈现。在实际教研活动中，研讨主题、内容、主体、过程、效果等方面的偏差会使活动陷于困境，影响校本教研的效果。

1. 研讨主题缺乏明确选择

主题是中心思想，是研讨的核心。课例研讨一般是公开课教师按自己的意愿选择课题组织教学，然后评课教师各抒己见，谈听课感受，发言的范围涵盖内容设计、教学方法、数字技术、课堂交流、效果评价等，具有"点多面广"的特点。这种方式一般没有明确的研讨方向，教师发言随意性强，容易导致教研主题空乏或涣散。

2. 研讨内容缺乏深刻剖析

研讨内容存在评课套话多、评述浅尝则辄止，三言两语难以点明内涵，就事说事缺乏理论分析等问题。这种"浮、浅、寡"的评课，不会形成高质量的思想争鸣，参研教师难以感悟学科教学的真谛。

3. 研讨主体缺乏主人意识

参与课例研讨的教师内驱力不足，常会感到"被研讨""被学习"。大多数教师认为自己只是课例研讨的"旁观者"，在课例研讨现场，教师要么只做"听众"——服从少数权威教师的发言，要么发言"从众"——让自己的想法向大多数人靠拢。因此，这种形式的课例研讨使得教师缺乏主人翁意识。

---

① 王荣生、高晶:《"课例研究":本土经验及多种形态(上)》,《教育发展研究》2012 年第 8 期,第 32 页。

4. 研讨过程缺乏持续跟进

课例研讨一般经历"上课—听课—说课—评课"的过程,若研讨前缺乏调查,研讨中脱离教师的教学实际,评课环节结束就是课例研讨的终点。这样,评课过程中形成的教学建议,只能停留在"说说"层面,不能转化为改进教学的实际行动,缺了公开课再实践的尝试,少了见证效果的过程,无法形成对同类课可以推广、借鉴的研究成果。

5. 研讨效果缺乏价值引领

课例研讨作为教师直面教学的重要平台,若对课例的教学分析未能提升到教育理论的学习层面,便会将认知与行动局限于狭隘的视角,仅限于表面现象的分析;同样,若实践操作的改进不能转变为对教育理念的执着追求与创新驱动,那么进步的步伐将难以迈开,只能原地踏步。因此,课例研讨若缺乏明确的价值导向,极易陷入形式主义的泥潭,导致研讨片面化、低效化。

课例研讨面临的上述困境与校本教研深度发展要求有明显的差距,会降低教师对教学研究的信心和兴趣,使得教师表面上理解了教学内容,却无法准确把握教学目标和重难点,难以形成和谐的教师学习共同体等,进而抑制校本教研向深度发展,从而延缓教师专业成长的速度,延误教学质量的提高。

三、高品质课例研讨的应然路径

高品质课例研讨是聚焦教学实践中的核心问题,通过精心策划而开展的一场富有价值、讲究策略、全员热忱投入的高阶研究活动。此活动不仅致力于从表面现象入手深入剖析教学本质,还引领教师跨越思维界限,全面理解教学中的多维关系。在这一过程中,实现了教师从"要我研究"到"我要研究"的态度转变,极大地提升了研讨的层次与质量,是有效推动校本教研深度发展的强大力量。

1. 发现真实问题,提炼"高立意"的研讨主题

"解决自己教学的困难"是广大教师最朴素的教研愿望。在日常课堂中,每一天都在发生实实在在的教学问题,这些问题包括教师在教学过程中遇到的矛盾、困惑以及由此产生的想法、思路、对策和情感。高品质的课例研讨就是要善于发现这些真实问题,并将它们作为开展研究的"契机",在经验基础上,将某些典型问题进行分类归纳,提炼成实用的研究主题,为后续开展集中式的研讨打下基础。因此,在筹划高品质课例研讨时,需要精心选定一个意义深远且有思想高度的主题,以此作为行动的指引,旨在激发教师对教育本质的深刻思考,引领他们超越日常教学的习惯性思维,迈向更加高远的教育理想和境界。

2. 布局关键任务,明确"高需求"的研讨内容

教研内容不能是泛泛的"面"化,要实现"点"化。在研讨活动的准备时期,可将教研主题分解为"以问题为导向"的若干个关键任务,并且明确专人负责广泛搜集资料、学习与主题相关的理论,着力解决教师关切的、真实的、实际的问题,这样有利于教师获得改进教学的智慧。

3. 提倡团队协作,营造"高参与"的研讨氛围

受资历、身份和学识的影响,面对相同的教学问题,不同的教师会站在自己的视角,有不同的教学理解和表达。而"高参与"的研讨不应是某个人的"独角戏",要营造教师"感兴趣、愿表达、能对话"的争鸣交流的氛围,发挥团队协作的优势,带领教师全过程、全视角、全身心地参与,将教学思维引向深处。

4. 重视系列谋划,设计"高进阶"的研讨活动

教研问题的解决有时很难一步到位,需要系统谋划、多方求解。课例研讨可以按知识和认知的规律设计链式递进过程,让教师在研讨前后有明显的进步,不仅能够获得拓展思维和改善行为的有益启示,更能丰富教师对于深度学习的自身性体验,从而为实现从"教师自身学习"到"指导他人学习"的过渡打下基础。

5. 关注开拓创新,获得"高满足"的研讨成果

教研活动要始终秉持开放的理念,鼓励教师拓宽思维边界,不固守己见,能对现象背后的原因进行分析、反思,从教育理论、教学方法的高度进行归纳、总结,找到真正解决问题的突破口,不断增强教师专业成长的获得感、幸福感和安全感。

四、高品质课例研讨的实施案例

下面以高中数学"同构法再探讨"课例研讨为例,阐述推动校本教研深度发展的实施过程。

1. 聚焦教师的需求,找准高品质课例研讨的主题

问题是高品质课例研讨的起点。考虑到教研时间和资源的有限性,高品质课例研讨不可能对所有问题一一研究,鉴于此,笔者通过收集教师的反馈,筛选出具有迫切性和研究意义的主题作为研讨对象。

笔者所在学校的徐老师进行了公开课教学,教学内容为"同构法的应用"。"同构法"不是教材中的必修内容,该公开课又是本校教师的初次尝试。为了解教师真实的教研需求,笔者在公开课后组织了一次教学问诊活动,邀请听课教师分别写书面点评。此外,对执教教师和班级学生进行了访谈。最终,采集到来自执教教师、听课教师和学生提供的反馈信息。通过分析这些信息发现,教师和学生虽然听了课,但对"同构法"的认识依然模糊,存在认知短板。鉴于此,笔者聚焦"同构内涵"这一主题作为课例研讨的对象,以帮助教师建立概念理解,从而使学习实现由"懂"到"会"的跨越。

2. 汇合团队的智慧,重视高品质课例研讨的参与感

为了让参与教师清楚地知道主题的重点方向,笔者将主题细化为若干具有挑战性的详细任务,并明确各项任务的职责和完成时间。教师个人(或小组)按专长或喜好选择相应的任务,以确保每一项任务都得到充分关注和有效执行,从而提高研讨活动的整体效率。每一项任务都可能引发教师新的思考、新的观点和新的发现,从而对主题形成多个角度、多个层面的认识,为后续研讨活动深入和全面开展提供思考方向和丰富的内容。具体而言,教师的参与体现在以下几个方面。

(1)教师带着明确的任务"躬身入局"

在分析了参与教师的各种认知"短板"后,笔者从定义、发现、应用等角度将主题"同构内涵"分解为三个问题式任务:①如何理解"同构"概念? ②如何发现"同构"? ③"同构"有哪些深度应用?并对每一项任务提出了要求,再将任务分配到人。教研组内有 9 位教师首先"躬身入局",各自从中认领了一个问题先行研究。

(2)利用团队智慧,帮助"攻坚克难"

有了明确的任务后,教师教研身份由"旁观者"自然转为"共建者"。在准备教研活动时,教师之间的交流变得很频繁。教师时而从听众转变为积极的演讲者,分享自己的见解和成果,时而从演讲者转变为评判者,对同事的工作进行评价和反馈。如:经常会听到有教师与执教教师交流改进建议;也有教师在任务驱动下,改变了原有认识,发现同构法是一个通用性强的方法;另外,年轻教师在苦思冥想大学"群的同构"和中学"函数的同构"是怎样一种联系时,得到了组内两位资深教师的点拨,提升了对"同构"认识的高度。

(3)创设轻松氛围,鼓励教师"发表观点"

在进行教研活动时,平等、包容的环境可使教师之间的交流自在、放松。在这种环境中,教师不用担心被评判或指责,可以自由地表达自己的想法和困惑。与此同时,笔者会及时记录并调整研讨的形式和内容,以更加符合教师的实际需求。比如一位教师提出"同构法解题的困难点在哪里"的困惑时,笔者立即记录下想法,并在后续的研讨中引导大家探讨"如何突破学习难点"的问题。

3. 强化过程的探究,凸显高品质课例研讨的高阶性

高品质课例研讨的核心在于强化过程的探究。这一探究过程敦促教师秉持批判思维和创新精神,

深入教学现象，力图对知识本质进行重新审视，对问题解决方法进行多元探索，对学生需求进行精准把握。教师相互激发、深度交流、共同反思，这样的互动促使教师不断超越既有认知边界，以更加前瞻的视野和敏锐的洞察力，不断优化教学策略，提高课堂教学质量。

（1）透析知识的本质，促进教师对基本概念有深层理解

一门好课的关键在于教师能够准确而透彻地理解知识本质。知识本质不仅包含知识"是什么"的基本定义，还包括知识的起源即"知识从哪里来"，以及"知识的应用"。此外，知识还承载着重要的教学价值，包括思想启迪、能力培养、精神塑造和素养提升等方面。若教师在教学过程中缺乏对基本概念的精准把握和深层理解，那么这些知识背后丰富的教学价值难以被充分发掘和有效利用。因此，在推进高品质课例研讨的过程中，可以引导教师围绕知识本质的多重维度展开讨论，不断加强对知识本质的理解，并促使他们思考如何将这些理解转化为有效的教学策略，从而提升教学水平。

活动片段1：对"同构"本质的充分研讨

在准备教研活动时，教师通过查找资料，整理了三种关于"同构"的说法，分别为：①初等数学中把变量不同、结构相同的表达式称为同构式；②若两个数学结构之间一一对应，保持它们的结构属性不变，那么这两个结构是"同构"的；③"同构"来源于抽象代数，指的是数学对象之间定义的一类双射，它揭示在这些对象的属性或操作之间存在的关系。在教研活动时，笔者首先出示了公开课"同构法的应用"的引例：函数 $y = f(x)$ 的表达式 $f(x) = 2x^3 - 5x^2 - 4x$，如果 $f(a) = f(b) = f(c)$ 且 a、b、c 是互不相等的实数，求 abc 的取值范围。随即引发研讨教师思考："这道题为什么能用同构法来解呢"，教师主要表达了三种观点。

第一种观点认为，由两个等式 $f(a) = f(b)$，$f(b) = f(c)$，将函数 $f(x) = 2x^3 - 5x^2 - 4x$ 代入分别化简，可得方程 $2a^2 + (2b - 5)a + 2b^2 - 5b - 4 = 0$ 和方程 $2c^2 + (2b - 5)c + 2b^2 - 5b - 4 = 0$，此时，变量 a 和 c 各自构成一个一元二次方程，注意到这两个方程对应系数相同，这两个方程称为同构方程。因此，可从相同的结构去认识同构。

第二种观点认为，等式 $f(a) = f(b) = f(c)$ 可转化为方程组 $\begin{cases} f(a) = f(b) \\ f(c) = f(b) \end{cases}$，观察方程组，发现第一个方程是以 a 为元，b 为系数形如 $F(a) = 0$ 的一元方程。类似地，第二个方程是以 c 为元，b 为系数形如 $F(c) = 0$ 的一元方程，由于结构属性一致，两个方程为同构方程。

第三种观点认为，若从函数自变量与函数值对应角度观察，两个函数关系的同构实质是映射关系的同构。此题题干 $f(a) = f(b) = f(c)$，这里蕴含着两个数学映射关系，一个数学映射是：$a \rightarrow f(a)$，$b \rightarrow f(b)$，$f(a) = f(b)$，表示不同的自变量 a 和 b 对应的函数值相同；另一个数学映射是：$b \rightarrow f(b)$，$c \rightarrow f(c)$，$f(c) = f(b)$，表示不同的自变量 b 和 c 对应的函数值相同，从而可知这两个数学映射有相同的属性：不同的自变量对应的函数值相同，即两者的映射关系均为 $g: x \rightarrow g(x)$。因此，这两个映射关系同构，即 $f(a) = f(b)$ 与 $f(c) = f(b)$ 是同构的。

结合实例对"同构"概念的诠释，使得教师对数学概念的认知由"形"至"性"不断深化，由初等数学的函数至高等数学的映射不断推进，有效推动了教研思维向多角度发展。

（2）探讨解法的优越性，激发教师对学习价值有深度思考

在问题解决的过程中，常常会面临多样化的方法选择。深入分析这些解法不仅需要考量其在特定问题上的适用性，更需评估它们应对问题变形的灵活性和广泛性。通过对比不同解法在不同情境下的效能，可以洞察某种解法之所以更加高效与简洁的深层原因，引导教师发现解法背后所蕴含的宝贵学习价值——逻辑思维的培养和优化能力的提升。教师若能借此契机，将这些问题解决策略融入教学之中，便能让学生学会优化思考路径，实现知识的迁移和深化，有效促进学生逻辑思维的发展，增强他们面对复杂问题时的灵活应变能力，从而构建坚实又灵活的知识基础和思维框架。

活动片段 2：对同构法解题的优越性进行研讨

由于"同构"不是引例的唯一解法，笔者邀请参与教师进一步思考："用同构法解题有何优越性？"通过探讨教师达成了共识：利用同构法可促进运算的简化。从运算过程看，由 $f(a) = f(b)$，将函数 $f(x) = 2x^3 - 5x^2 - 4x$ 代入化简，可以推出以 a 为主元的方程 $2a^2 + (2b - 5)a + 2b^2 - 5b - 4 = 0$，因为 $f(a) = f(b)$ 与 $f(c) = f(b)$ 具有同构的特征，所以解题可以另辟新路，即再计算 $f(c) = f(b)$ 时不需要重复上述的运算步骤，直接以 c 代替 a，得到方程 $2c^2 + (2b - 5)c + 2b^2 - 5b - 4 = 0$，体现了同构法事半功倍的作用，这也是学习"同构"的价值所在。

显然，课例研讨通过追问解法的优越性，推动了研讨向纵深发展。让与会教师从中领悟解法的合理性、便捷性和创新性，有效促进了教师对概念的深度理解，进而明确学习同构法的双重价值：一是构建相同结构，为解题开辟新的思路；二是避免重复运算，达到事半功倍的效果，为达成学习由"懂"到"会"打下坚实的基础。

（3）立足学生的视角，助力教师体验对认知难点的突破

在日常教学中，常常会看到教师对学科知识驾轻就熟，讲课也是头头是道，但学生还是似懂非懂，造成这种教与学匹配度不高的根源，是教师没有"俯下身"来关注学生的认知（经验、知识、需求）基础和特点（认知困难、认知兴趣、认知差异），不清楚学生面对新问题时的所思所想，没有在学生思维的受阻点上给予恰当的指导，导致学生难以形成解决问题的思路、方法和策略。在课例研讨的活动现场，笔者有意设置暴露思维过程的情境，让教师反思具体数学问题的解决过程，像学生一样经历各种可能的思路（包括失败的思路），在不同思路的比较中对学习难点有深刻体验，从而明明白白地知道今后教学应该在哪些思维关键点上发力，做到因材施教，为学习搭建由"懂"到"会"的桥梁。

活动片段 3：站在学生思考角度，对难点突破进行研讨

在参与教师已经了解"同构"本质和价值后，笔者又提供了公开课"同构法的应用"的一道例题。

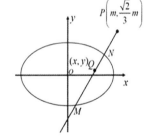

【例题】如图，已知椭圆方程 $\Gamma: \dfrac{x^2}{3c^2} + \dfrac{y^2}{2c^2} = 1$，设椭圆外一点 P 在直线 $y = \dfrac{\sqrt{2}}{3}x$ 上且横坐标为常数 $m(m > a)$，过点 P 的动直线 L 与椭圆 Γ 交于两个不同点 M、N，在线段 MN 上取点 Q，满足 $\dfrac{MP}{PN} = \dfrac{MQ}{QN}$，试证明：点 Q 恒在直线 $2mx + \sqrt{2}my - 6c^2 = 0$ 上。

笔者随即引导教师思考此题为什么想到用同构法解决，还一起回顾了解题的步骤。参与教师讨论，认为此题即证 $2mx_Q + \sqrt{2}my_Q - 6c^2 = 0$ 存在三个学习难点。

第一个学习难点是"寻找和发现同构关系式"。如题中比例式 $\dfrac{MP}{PN} = \dfrac{MQ}{QN}$ 转化为同构向量式一般有两种情形，情形 1 设 $\dfrac{MP}{PN} = \dfrac{MQ}{QN} = \mu \Rightarrow \begin{cases} \overrightarrow{MP} = \mu\overrightarrow{PN} \\ \overrightarrow{MQ} = \mu\overrightarrow{QN} \end{cases}$，情形 2 先交换比例式中的内项，设 $\dfrac{MP}{MQ} = \dfrac{PN}{QN} = \lambda \Rightarrow \begin{cases} \overrightarrow{MP} = \lambda\overrightarrow{MQ} \cdots \cdots (1) \\ \overrightarrow{NP} = \lambda\overrightarrow{NQ} \cdots \cdots (2) \end{cases}$，其中哪一种情形是"最佳"转化，学生心存疑惑。

第二个学习难点是"判断和运用同构关系式简化运算"。如化简（1）式得 $(m - x_M, \dfrac{\sqrt{2}}{3}m - y_M) = \lambda(x_Q - x_M, y_Q - y_M)$，进一步计算得

$$\begin{cases} m - x_M = \lambda(x_Q - x_M) \cdots\cdots (3) \\ \dfrac{\sqrt{2}}{3} m - y_M = \lambda(y_Q - y_M) \cdots\cdots (4) \end{cases}$$

，由(3)式，得 $x_M = \dfrac{m - \lambda x_Q}{1 - \lambda}$，再求解 y_M 时，学生可能急于运算，容易忽略观察，而没有发现方程(3)和(4)是同构式，会出现重复运算浪费时间的状况，没有用好"同构"的优势。

第三个学习难点是"方程简化过程中'元'的选择"。如把点 M 的坐标 $(\dfrac{m - \lambda x_Q}{1 - \lambda}, \dfrac{\frac{\sqrt{2}}{3} m - \lambda y_Q}{1 - \lambda})$ 代入椭圆方程，可得方程：$2(m - \lambda x_Q)^2 + 3(\dfrac{\sqrt{2}}{3} m - \lambda y_Q)^2 = 6c^2(1 - \lambda)^2$，在对此方程进行化简整理时，学生可能想不到选择以 λ 为"元"，从而无法顺利求解。

参与教师经历了上述学习难点的探讨后纷纷表示，在开展课堂教学时，需要引导学生经历三个过程：①判定方程是否"同构"；②运用同构关系简化运算；③把两个同构式抽象为一个关系。另外，基本运算也不能被忽视，建议在运算时让学生思考：为什么如此计算，下一步将会如何？不断提升学生将"解题目标"和"运算趋势"联系起来思考的能力。

五、总结与反思

反思高品质课例研讨活动，基于高度、广度、参与度融合的评价标准，本研究发现其中三个关键因素对促使校本教研深度发展至关重要，具体如下。

1. 立意高的主题是校本教研深度发展的首要因素

确定以"同构内涵"为主题，不仅赋予了研讨高度和广度，还将数学解题的研讨从单纯的"解法学习"层面提升至"数学思维"的深入研究，通过将"形式相同的判别"转化为对数学"结构关系"的探索，教师们的研讨超越了初等数学中量的简单对应，进而追寻高等数学中的映射关系。这种对"同构内涵"的深刻认知，促使解题方法研讨由方法的选择深入到数学原理的认识，实现了由表及里、由现象到本质的跨越。因此，立意高的主题探讨成为推动校本教研深度发展的首要关键因素。

2. 全员主动参与是校本教研深度发展的重要保障

校本教研的核心宗旨在于促进教研组内每一位教师的成长和进步，通过集体努力实现教研质量整体跃升，进而推动学校教学水平全面提升。在案例研讨活动中，每一位教师都积极参与其中，不仅各自领衔研讨特定的问题，还主动查阅资料，寻找理论支撑与解题方法，全程深度融入研讨活动。在这一过程中，每位教师既是研讨问题的解答者也是新问题的提出者，既是倾听他人见解的听众也是评判讨论质量的参与者。从同构内涵的概念建立、同构现象的发现到同构法的深度应用，教师的专业能力在全员参与、互动交流的过程中得到了显著提升，使得校本教研成为一项可实践、可操作的深度发展行动。因此，没有全员教师的主动参与，校本教研就无法实现深度发展的目标。

3. 以生为本是校本教研深度发展的根本因素

通过研究学生的思维状况，教师可以及时发现并矫正教学中的不足。在解题教学中，如果仅仅注重方法的传授，而忽视对解题思维的深入分析，学生往往会觉得解题方法难以理解。这正是许多学生在"同构"教学后对新解法感到困惑的原因。因此，在课题研讨中，教师必须将学生解题的思维路径、解题难点等问题作为研究的核心，逐一呈现并深入探讨。这样做的目的是揭示学生思维过程的必然规律，并寻求突破的方法。这种以教育问题的产生和解决为出发点，从学生如何学习追溯到教师如何教学的探析，为教学方法的改进提供了有力的依据、方法及策略，实现了研讨的螺旋式上升，推进了教研的深度发展。

《现代基础教育研究》

第58卷，2025年4月　　　　（Research on Modern Basic Education）　　　　Vol.58, Apr. 2025

教育伦理、教育家精神与师德师风建设
——全国第十一届教育伦理学术研讨会述评

周治华[1]，王锐洁[2]，寇文婷[2]

（1. 上海师范大学 马克思主义学院，上海200234；2. 上海师德研究与评价中心，上海200234）

摘　要： 全国第十一届教育伦理学术研讨会坚持理论联系实践，围绕教育家精神的伦理价值和伦理内涵、教育公平的时代内涵、教育数智化时代的伦理挑战和应对、师德师风建设的新思路和新路径等问题展开深入研讨，展现了教育伦理学研究的蓬勃生机和研究成果。

关键词： 教育伦理；教育家精神；师德；教育公平

为了贯彻落实党的二十大、二十届三中全会深化教育改革，以及习近平总书记关于"立德树人"、弘扬教育家精神和加强师德师风建设的重要指示精神，大力推动我国教育伦理学理论研究和师德师风建设实践，以"教育伦理、教育家精神与师德师风建设"为主题的全国第十一届教育伦理学术研讨会于2024年10月18日至20日在南京师范大学顺利召开。本次会议由中国伦理学会教育伦理专业委员会主办，教育部人文社会科学重点研究基地南京师范大学道德教育研究所、南京师范大学教师教育学院承办，上海师德研究与评价中心协办。来自北京师范大学、华东师范大学、中山大学、华中师范大学、上海师范大学、南京师范大学、复旦大学、湖南师范大学、首都师范大学等全国100多所高校及教育单位的近300位专家学者、教育工作者齐聚一堂，围绕会议主题进行了全面深入的学术研讨。现将本次会议专家学者的研讨观点述评如下。

一、教育伦理学视域中的教育家精神

自2023年教师节前夕习近平总书记首次提出并全面阐释教育家精神内涵以来，"中国特有的教育家精神"迅即成为教育界热议的论题。2024年8月，中共中央、国务院出台《关于弘扬教育家精神 加强新时代高素质专业化教师队伍建设的意见》，进一步强化了这一话题的政策导向性和实践指向性。这样一个事关教育价值、教育责任以及教师道德之探究的论题，亦是教育伦理学关注的焦点。

1. 教育家精神对教育伦理研究和师德师风建设具有重要指导意义

中国伦理学会教育伦理专业委员会主任、上海师范大学王正平教授在大会主旨报告中指出，

基金项目： 国家社科基金一般项目"习近平总书记关于教育重要论述的思想逻辑研究"（项目编号：20BKS049）。

作者简介： 周治华，上海师范大学马克思主义学院副教授，博士，主要从事应用伦理学研究；王锐洁，上海师德研究与评价中心助理研究员，上海师范大学教育学院科研助理，主要从事教师教育与教育伦理研究；寇文婷，上海师德研究与评价中心助理研究员，上海师范大学马克思主义学院科研助理，主要从事马克思主义理论与师德理论研究。

科学合理的教育伦理道德是现代教育事业发展的支持性资源。我们要面向实践，认真学习、合理探讨和全面落实中国特色教育家精神。要以马克思主义为指导，以道德科学和教育科学理论为基础，认真探讨师德建设中面临的新问题，开展与时俱进的教育伦理和教师道德研究，努力建构中国特色教育伦理学理论和话语体系；要自律自强，涵养高尚师德师风，善于辨析师德是非，捍卫教师的职业尊严，促进全社会尊师重教良好风气形成，为加强新时代高素质专业化教师队伍建设提供伦理道德支撑。

南京师范大学副校长张连红教授在致辞中指出，教育的本质在于培养人的品德和智慧，引导人追求真理和美好。教育伦理学正是在这一基础上探讨教育过程中应该遵循的道德原则和规范，为教育活动提供伦理指导。如何以中国特有的教育家精神引领师德师风建设，是当前教育伦理学研究的热点和难点，具有很强的现实针对性和理论指导意义。福建师范大学教师工作部部长李锋副研究员认为，教育家精神的提出，既是对我国传统文化中教育理念的继承与发展，也是对新时代教育实践需求的深刻反思与回应。传承与创新教育家精神，对于推动教育事业持续发展具有重要意义。

2. 教育家精神是中华优秀传统文化与现代教育理念相融合的伦理精神

在台州学院于春玲教授看来，习近平总书记在提出教育家精神时之所以强调"中国特有的"，是因为教育家精神蕴含中华优秀传统教育伦理思想的精髓。教育家精神的六个方面要求可以进一步整合为理想道德、为教为学、为人为道三个层面。在教育家具备的所有道德品质中，"爱国"是核心，"至诚"是关键。唯有"至诚"，方为楷模。东北师范大学博士生李雪姣、柳海民教授认为，教育家精神内蕴的崇高信仰是对执教的理想追求，表现为一种立身从教、育才造士的志业精神，为构建教师的个人哲学提供了丰富的思想养分，为驱除平庸的"艾希曼"式教师提供了精神良方，促使教师通过明悟、内化、践行教育家精神，树立崇高教育信仰，淬炼个人教育哲学，通达自我精神生存。北京师范大学博士生何睿梳理了"教育家精神"的前生产、生产与再生产三个阶段，揭示了其从实存

到理念再回到实存的生产与发展规律，为这种精神理念指导现实、引领现实提供了必要的理论视角。

3. 弘扬教育家崇高师德要从恪守底线师德做起

在弘扬教育家精神等崇高师德的同时，不能忽视底线师德的建设。底线师德是教育伦理中的基础道德，是最基本的道德条件。华东师范大学余玉花教授认为，我们应当坚持"底线师德与崇高师德相统一"的师德建设原则。崇高师德给予教师以目标和理想信念，指引教师人生追求的方向和激励作用。在崇高师德追求之下，底线师德给予教师人格的坚守，以配得上"教师"之称。

上海师范大学王正平教授认为，在教师道德规范体系中，底线师德为高尚师德奠定伦理基础，高尚师德为底线师德提供价值引领。中国特有的教育家精神和教师队伍中的模范人物身上体现的高尚师德，是底线师德普遍践行的一种最持久、最深入的伦理精神支持。并且我们应当看到，高尚师德本身包含底线师德，底线师德在特定道德情景中的践行，其自身也是十分高尚的。今天倡导的中国特有的教育家精神，本质上是一种新时代教育伦理精神。恪守师德底线，不能满足于底线师德，而是要广大教师在学习教育家精神的过程中，怀揣道德理想，努力走向高尚师德。每位教师学习和发扬教育家精神，应当踏踏实实地从恪守师德底线开始。

4. 践行教育家精神重在"以智启智""以心润心"

无论是强调师德理念，还是凸显师德底线，最终都是要以教育家精神涵养崇高师德，引领师德师风建设。湖北大学靖国平教授认为，"启智润心"这一维度最能体现教育的独特价值和育人功能，以及教育者的职业本领、魅力和修养。"以智启智"是教育者与受教育者之间的智慧连接、互动与生成，这一具人性的教育交往活动，能充分体现教师的德性水平、修养和境界。"以心润心"是教育者与受教育者之间的心心相印、心灵相通，它与"以智启智"互为前提、相辅相成，构成评判师生关系和师德水平最为重要的尺度。

广州大学讲师王玲认为，教育家精神对于教师成长发展的重要意义，在于引领新时代教师群体立德、立心、立行，安顿新时代教师的身心和灵

魂,激励和鼓舞广大教师奋斗在教育第一线,以学生为本,以教育为业。西北师范大学研究生王若宁认为,教育家精神涵养教师道德包含三个阶段,首先是"择善而从之",然后是"仁以为己任",最终是"修己以安人"。湖州师范学院研究生罗婷针探讨了以教育家精神引领乡村教师职业发展的路径。

二、教育伦理的前沿问题与现实关切

当今中国正处在以中国式现代化全面推进强国建设、民族复兴伟业的关键时期。对于中国式现代化而言,教育现代化既是关键一环,又是不可或缺的坚实支撑。同时,中国式现代化向教育现代化提出全新需求与挑战,也为教育伦理学提供了生动的论题,进而推动了教育伦理的发展。

1. 教育公平是中国式教育现代化的重要伦理指标

教育公平正义是社会公平正义的基础,既是教育伦理学研究者长期关注的重要问题,又是一个常谈常新的现实问题。中国伦理学会会长、中国社会科学院孙春晨研究员指出,坚持"以人民为中心"发展教育,必须通过深化改革,推动教育成果更多更公平惠及最广大的人民群众,持续增强人民群众对教育改革发展的获得感和幸福感。因此,深化教育公平问题的研究,需要立足我国教育发展的真实现状,聚焦教育公平实践当中遇到的新问题。坚持教育的公益性原则,应当围绕解决人民群众急难愁盼问题,重点探讨如何通过深化教育综合改革,进一步扩展教育公共服务的普惠性、可及性和便捷性。

华中师范大学杜时忠教授认为,我国逐渐由传统的熟人社会转向现代的陌生人社会,在伦理道德要求上由熟人伦理转变为陌生人伦理。这决定了依附于血缘情理、以爱为核心的传统师德要求已不能适应基于人人平等和个人权利的现代社会,新的教师专业伦理应建立在公正优先的基础之上。公正优先强调教师应该优先满足公正的道德要求,严格遵守不伤害学生和公正对待学生的基本原则。当公正与其他道德原则发生冲突时,教师应遵守公正原则。

浙江传媒学院李耀锋副教授认为,教育正义的实现是教育现代化的重要成果体现,教育正义包涵教师正义、学生正义、学校管理正义和教育政策正义等内容。江苏大学吕寿伟教授提出,教育作为改变命运的力量,被视为最基本的社会正义。但要想发挥这样的正义力量,教育就必须是正义的教育。只有正义的教育才能真正重塑命运、推动社会正义,才能真正为弱者的命运带来希望。上海出版印刷高等专科学校张玉华副教授从"价值冲突"的视角认为教育公正的推进,应充分考虑不同价值主体的利益关系和价值选择。上海师范大学周治华副教授以莱斯·布朗的道德和正义的基本原则为依据,指出教育分配要以需求为标准,即按需分配,才能彰显分配正义的普遍理想。

2. 教育的数智化转型亟待教育伦理的观照、应对和引导

对于中国式现代化进程中的教育现代化来说,一个重要的维度是积极拥抱数智技术,推动教育过程和教育资源的数字化、网络化及智能化转型,开辟更加便捷、高效的教育路径。然而,现代科学技术在教育场景中的应用,伴随着伦理的冲击、风险和挑战。复旦大学吴新文教授指出,人工智能模型及其衍生产品已经深度介入教育领域,给教育的主体和对象、教育内容、方式方法、教育过程和教育评价都带来了很多改变,由此也对教育伦理构成一系列挑战。面对这些挑战,教育伦理学需要未雨绸缪,积极应对,通盘筹划,还要有针对性和前瞻性。安徽师范大学博士生汉帼君、赵平教授评估了 Sora 对于教学活动的伦理影响,认为它在促进学习内容立体化、学习体验沉浸化、学习方式创意化上有广泛的运用价值,但也引发了教师主体价值削弱、挑战教育公平的隐忧。扬州大学国宁讲师认为,现实运用中夸大数智技术手段,容易忽视个性化学习的内在机理,可能会造成虚假的个性化,导致个性的去主体化、孤立化和机器化。

南京师范大学叶飞教授认为,在数字化转型过程中,需要进一步促进教师专业理念的创新,实现三元空间育人理念的生成;迈向以"学"为中心,推进课程教学能力的再造;建构虚拟学习社群,培育教师能力成长的共同体;成为反思性实践者,推动实践反思能力的发展。广东第二师范学院陈华教授认为,教育环境就是人成长的真实环境,数智

技术能够营造虚拟教育场景,但不能脱离现实世界。上海师范大学黄素珍讲师提出要充分考虑人工智能技术在教学领域未加伦理规制的广泛应用带来的技术风险和应对措施,以面向未来的伦理责任观,构建更富有责任和成效的人际互动、人机互动的教育教学环境。

3. 教育评价和师德评价应遵循教育伦理规范

习近平总书记指出:"教育评价事关教育发展方向,事关教育强国成败。"[①] 有鉴于此,不少与会学者认为,教育评价伦理是当前需要高度重视并加强研究的教育伦理学议题。北京师范大学王本陆教授指出,我国教育评价改革虽然取得了很大成绩,但仍然存在诸多问题,如名目繁多、标准严苛、程序繁琐、影响负面等。教育评价涉及社会公共权力的运作,关涉教育系统方方面面的利益,一旦滥用,将给教育系统造成很大困扰。因此,要慎重开展教育评价工作,要有自觉的教育评价伦理意识,要从评价制度和评价活动等不同层面分析教育评价是否合乎道德。要坚持以人为本、促进发展、教育公正的原则,对教育评价的伦理取向、评价动机、评价过程(方式)、评价后果等,进行全方位的教育伦理评估。

师德师风是评价教师队伍建设的第一标准,而教师道德评价是教育评价的一个重要方面。上海师范大学刘次林教授认为,仅用行为规范对教师进行评价,会陷入道德实在论。具体表现为对规范的单方面尊敬和绝对服从;只用行为结果来评判教师行为而无视动机;只按照规范的字面意思不考虑背后的意义。师德治理者的道德水平如果停留在道德实在论层次,反而会制造或激发更多的矛盾和冲突。武汉大学姜子豪以主体权责关系内容为依据,将师德评价主体划分为管理型评价主体、专业型评价主体与监督型评价主体三种类型。广州大学苏启敏教授认为,人们在网络空间组成的社会场域内进行师德评价时很容易出现逻辑失真、功能扩大和偏重负面的不道德或非道德现象。应对数字时代师德评价泛化问题,需要重塑师德评价的教育场域边界,回归日常生活空间重新审视师德评价,寻找防止师德评价泛化的主体空间,以及维护有利于师德评价的舆论空间。

三、师德师风建设的新视域与新思路

教育大计,教师为本。与时俱进地推动师德师风建设是教育伦理学最具实践性的议题。拓展和深化师德师风建设的研究视域,才会展现别开生面的理论洞见,进而提出切实有效的工作新思路。

1. 积极借鉴中外伦理思想资源,开拓师德师风建设新视域

我国优秀传统伦理文化是建构新时代中国特色教师道德规范体系的重要思想资源。湖南师范大学向玉乔教授认为,教师应该高度重视道德话语能力培养,把加强语德修养作为自身"立德"的首要内容。中国古代哲学家老子主张"慎言"甚至"不言",要求人们"惜言"和"善言"。教师应当汲取老子的道德智慧,懂得"慎言""惜言""善言"的道理,既不随意说话,也不乱说话,更不恶语伤人。北京师范大学田海平教授指出,"己所不欲,勿施于人"作为儒家"仁"的教育的奠基性原则,奠定了情感和情感教育的优先地位。面对人类文明共同遭遇的现代性教育伦理难题,要发掘"仁"的教育赋予时代的启示——"仁"是人类自由的根本,"仁"的教育是人类文明最好的自由之训练。上海师范大学张自慧教授、上海电机学院孙振武教授强调,要利用几千年积淀的传统智慧,救治教育现代化过程中"技术化""数字化"的弊端,以滋养生命来建构心灵秩序。教师要坚守教育良心,对教书育人的"天职"有高度自觉的道德责任感,既为"经师"又为"人师"。

加强师德师风建设研究,同样需要积极借鉴国外优秀的伦理文化思想资源。南京师范大学冯建军教授认为,受自我中心主义的影响,教师道德面临一系列失范危机。以他者性理论重新建构师德修养,教师要接纳他者,回应学生的道德召唤与诉求;亲近他者,转变师德他律为师德自律;关爱他者,践行对学生的爱与道德责任;协调他者,平衡师德"为他"与"为己"的关系。杭州师范大学王凯教授借助美国教育家杜威的道德理论,提出激发教师师德兴趣、以主体的姿态做出合宜行动的

---

① 习近平:《论教育》,中央文献出版社 2024 年版,第 232 页。

思路。也就是说,在师德建设上实现"由管到育",引导教师在日常教育实践中探究道德行动;在师德观念上强化"由分到合",关注教师的生活道德对专业道德的积极影响;在师德教育上突出"由讲到研",建立学校师德支持系统,鼓励教师叙述教育中的伦理困境,主动探究合宜的师德行为。

2. 关注社会现实与热点问题,寻求师德师风建设新路径

师德是在一定的社会环境和社会关系中生成和发展的。当前面临的师德现实与热点问题既与社会整体道德状况联系在一起,又有其自身的特殊性。南京森林警察学院糜海波教授通过比照师德的传统维度,指出现代师德的发展具有经济、政治和文化三重意蕴:在积极适应市场经济道德价值观的同时,追求内在的超越,保持自身的相对独立性,体现一种"主体精神";坚持师德的社会主义政治方向,具有大德和国家意识,为民族复兴和社会进步育人育才;倡导"育人为本"的价值取向,彰显尊重生命的教育伦理,实现提升教育境界、推进教师发展和引导学生成长的多元价值。

构建良好的师生关系关键在教师,是师德师风建设的重要方面。西南大学黎松副教授对当前研究生与导师关系的主客异化进行分析,并提出从"我应成为一个怎样的人""主体优秀品质的发挥"和"利他精神的展现"三个方面提出基于德性伦理的应对之策。湖州师范学院虞夏骏副教授对"恨铁不成钢"式师德失范现象进行分析,认为其作为一种利他动机下的不恰当教学行为,不仅给社会、学校、家庭、学生带来了危害,而且给教师本人及教师队伍带来了伤害。防止这种师德失范应当加强新教师的"适教性"诊断,同时要加强社会支持。

3. 深化多学科、跨学科探究,建构师德养成教育新思路

在本次学术研讨会上,还有学者从美学、教育学、社会学等多学科的视角探讨师德建设问题。南京师范大学文建章讲师认为,"寓美于师"是有效落实新时代基础教育强师计划、加快推进学校美育工作贯彻、积极应对数智时代对教师职业挑战的重要选择。教育工作者有必要以审美视角把握"高质量教师队伍"的意涵。河南财经政法大学孟维巍副教授提出,教育过程是行为主体与审美环境的有机互动,是对真、善、美的追求。对于开展审美生存教育的教师来说,需要在变化的现实生活中专注当下、专注自身、专注发展,超越自我的狭隘,以更加宏观的维度审视生活、看待问题。兰州大学张建荣副教授、研究生李逸群基于社会责任的视角,提出教师需要在教学中主动识别及担负伦理责任,要明晰课堂讲授的伦理边界,认识到教学的核心不仅要关注学生的学业成绩,还应关注其道德发展与人文精神培育。华中师范大学刘志芳博士生将"道德伤害"概念引入师德建设研究,认为教育工作充满复杂的伦理冲突,教师会因为实施或目睹与自身道德信条和价值观念不一致的行为而出现内心冲突和痛苦,遭遇道德伤害。教育部门应启动"教师关爱工程",为教师提供必要的专业、心理和情感支持。

华中师范大学孙银光副教授、母志蕊博士生提出,学校应在继承传统师德要素的基础上契合时代发展脉络,在遵循道德发展规律的前提下关注学校教育特性,在尊重教师生涯阶段的基础上统合不同发展需求,从而引导教师在学校生活中获得道德的良序发展。曲阜师范大学董泽贤博士生认为,当前的师德教育面临课程价值消解、实践属性隐没、生存空间被挤占等危机,直接影响未来教师师德素养的培育与提升,阻碍了新时代"大国良师"的培养和塑造。河北师范大学张振国研究团队从职业认同、关爱学生、用心从教和自身修养四个方面,对定向培养师范生的教育情怀进行调查,提出凸显师德教育课程价值、回归师德教育实践属性、建构师德教育"学""师"融合的应对路径。

本次全国教育伦理学术研讨会坚持理论联系实践,专家学者发言热烈,理论探讨深入。正如首都师范大学王淑芹教授点评时指出,学术研讨有两个体现鲜明特色的关键词:一是"问题"。发言专家都具有鲜明的问题意识,能够抓住新时代师德建设中重要的理论和实践问题,具有较强的学术敏感性。二是"个性"。针对具体的师德理论和实践问题,与会专家提出了具有启发性和独到性的思想观点,体现了学术思想的创造性。

高质量发展视野下中小学生心理健康问题治理

朱仲敏 [1,2]

（1. 上海市教育科学研究院 德育发展研究院，上海200032；2. 教育部"教育大数据与教育决策"实验室，上海200032）

摘　要： 根据高质量教育体系建设要求以及中小学生心理健康问题系统治理的现实紧迫性，文章探讨了高质量发展视野下中小学生心理健康问题系统治理的路径：在纵向上，推动心理健康教育的学段衔接，全程护航学生积极发展；在横向上，推动学生心理健康工作的"家校社医"协同，全方位预防学生心理健康问题；在技术创新上，推动线上线下学生心理健康工作的联动，全时空防范学生心理危机；在保障机制上，加大专业人才队伍建设与经费投入，促进学生心理健康工作的可持续发展。

关键词： 高质量发展；中小学生心理健康问题；系统治理；路径

党的二十大报告提出"高质量发展是全面建设社会主义现代化国家的首要任务"，同时要求"加快建设高质量教育体系"。2023年5月29日，习近平总书记在中共中央政治局第五次集体学习时强调："要坚持把高质量发展作为各级各类教育的生命线。"[1] 随着我国经济从高速增长向高质量发展转型，高质量发展不仅要关注经济指标的合理增长，还要关注教育等民生领域的发展水平提升。高质量教育体系必须实现教育制度现代化与学生福祉增长的协同演进，具体到学生发展领域，不仅应关注学生发展的单一或片面的结果性指标（如：学业表现、成绩与分数等），还应关注学生成长过程的质量，包括学生的身心健康成长、全面发展状况。心理健康是学生发展的基石与保障，中小学心理健康教育是教育体系的重要组成部分，在落实《教育强国建设规划纲要（2024—2035年）》"塑造立德树人新格局，培养担当民族复兴大任的时代新人"任务中发挥基础性的作用，需要谋求高质量发展。

一、高质量发展视野下中小学心理健康问题系统治理的现实紧迫性

1. 中小学生心理健康问题凸显

首先，中小学生心理健康问题呈高发、低龄化趋势。中小学生抑郁、焦虑检出率较高，其中，小

作者简介： 朱仲敏，上海市教育科学研究院德育发展研究院、教育部"教育大数据与教育决策"实验室副研究员，博士，主要从事积极心理资本开发与管理研究。

① 本报评论员：《加快建设高质量教育体系——四论学习贯彻习近平总书记在中共中央政治局第五次集体学习时的重要讲话精神》，《中国教育报》2023年6月3日，第1版。

学生抑郁、焦虑也有一定的检出率，且近年来中小学生的抑郁检出率呈上升趋势。研究者对2010—2020 年我国学生心理健康问题检出率研究的元分析（纳入检出率元分析的研究数量：小学生 101 项，初中生 222 项，高中生 252 项）表明：整体来看，中小学生抑郁、焦虑的平均检出率均超过了 20%，其中，小学生、初中生、高中生抑郁检出率分别为 14.6%、24.0%、28%（平均值为 22.2%），小学生、初中生、高中生焦虑检出率分别为12.3%、27.0%、26.3%（平均值为 21.87%）。[①] 上述数据表明，在三个学段中，初中生焦虑检出率最高，高中生抑郁检出率最高；其中，小学生抑郁、焦虑的检出率也超过了 10%。对 2010—2023 年我国青少年抑郁症状变化趋势的研究表明：中国青少年抑郁在 2010—2020 年间有下降倾向，但在2021—2023 年间呈显著上升趋势。[②] 其次，中小学生心理健康问题呈现疾病化倾向。比如，流行病学调查表明，我国 6—16 岁在校学生精神障碍总患病率为 17.5%。[③]

总之，中小学生心理问题呈现发生率高、低龄化、疾病化的特点。学生心理问题阻碍其成长成才和终身发展，如果达到疾病程度也会给整个社会带来重大负担。时至今日，学生心理健康工作已经上升为国家战略，其重要标志是 2023 年 4 月教育部等 17 部门发布的《全面加强和改进新时代学生心理健康工作专项行动计划（2023—2025）》。[④] 心理健康教育要立足时代性，回应并解决新需求与新问题。[⑤] 时代要求中小学生提高适应多变、复杂、不确定环境的心理健康素养，同时心理健康工作的思路与方式方法也需要与时俱进，以更加系统化、有针对性的举措加强学生心理健康工作，促进学生心理健康教育的高质量发展。

2. 中小学心理健康问题的复杂成因呼唤系统治理

有研究者认为，中小学生自身生理、心理的急剧变化与整个社会的快速变迁密切联系并相互作用，是学生心理适应困难、心理问题突出的最根本原因。[⑥] 随着国内外环境不确定性的增加，互联网、新媒体应用快速推进，学生成长环境不断变化，生活节奏加快，竞争压力加剧，加之学生自身生理、心理与社交需求发展，学生的心理健康发展遇到多方面的挑战。一方面，全球化背景下多元文化交融、交锋，导致学生思想的独立性、选择性、多变性、差异性日趋明显；另一方面，互联网新媒体应用快速推进，对中小学心理健康产生深刻影响，社交媒体的过度使用容易增加青少年的心理压力，损害其生活满意感，甚至造成严重心理问题。总体而言，中小学心理健康问题的产生是由个体、关系、环境等多层面因素及其相互作用所致，其成因具有复杂性、多重因素叠加、动态变化等特征。因此，中小学生心理健康工作超出了心理健康教育的范畴，不应限于教育系统内部，而应贯穿学校、家庭、社会各个方面。

治理不同于管理，它强调多元主体的合作共治。[⑦] 在治理实践中，需要推进治理的理念现代化、治理主体多元化、合作共治方式网络化、资源的共建共享等。目前，在中小学心理健康问题治理上，还存在以下不足：一是缺乏系统观念。有些中小学的心理健康工作仅仅局限于德育条线，甚至被窄化为心理教师的工作，没有从校内外资源整合的角度做好整体组织谋划、系统设计、协同实施。二是存在单一路径依赖。根据布朗芬布伦纳

① 俞国良：《中国学生心理健康问题的检出率及其教育启示》，《清华大学教育研究》2022 年第 4 期，第 20-32 页。

② X. Du, H. Wu, S. Yalikun, et al. , "Trajectories of Chinese Adolescent Depression before and after COVID-19: A Cross-temporal Meta-analysis with Segmented Regression", *Journal of Affective Disorders*, Vol. 373, No. 3(2025), pp. 333-344.

③ F. Li, Y. Cui, Y. Li, et al. , "Prevalence of Mental Disorders in School Children and Adolescents in China: Diagnostic Data from Detailed Clinical Assessments of 17,524 Individuals", *Journal of Child Psychology and Psychiatry*, Vol. 63, No. 1(2022), pp. 34-46.

④ 教育部等十七部门：《全面加强和改进新时代学生心理健康工作专项行动计划（2023—2025 年）》，载教育部网：https://www. moe. gov. cn/srcsite/A17/moe_943/moe_946/202305/t20230511_1059219. html，最后登录日期：2025 年 1 月 15 日。

⑤ 桑标：《新时代学校心理健康教育应把握的四个特性》，《教育发展研究》2022 第 10 期，第 1-9 页。

⑥ 张大均：《青少年心理健康与心理素质培养的整合研究》，《心理科学》2012 年第 3 期，第 530-536 页。

⑦ 陈刚：《治理理论的中国适用性及中国式善治的实践方略》，《湖北社会科学》2015 年第 2 期，第 43-48 页。

生态系统模型,个体心理健康受微系统(家庭、学校、网络等)、中系统(家校互动)、外系统(社区支持)等共同影响。[①] 但现实中治理路径存在结构性失衡现象,主要表现为:学校教育责任被扩大化,学段之间缺少衔接,家庭与社区参与不足,社会支持系统薄弱,对网络风险因素的治理乏力,新技术运用不足。三是存在部门之间的割裂与协作缺失、专业人才与经费保障不足、学生心理健康问题"预防—筛查—干预—转介—康复—复学"工作闭环的缺失等状况。要弥补这些不足,迫切需要加强中小学生心理健康问题的系统治理。

3. 中小学生心理健康工作与高质量发展要求尚存差距

学生心理健康问题是属于公共卫生和社会领域的问题,学生心理健康工作是一项重要的公共服务。从国际来看,公共卫生服务视角下的学校心理健康服务三级预防的概念模型主要包括以下内容:一级预防针对的是大部分正常学生(约占学生总数的 80%—85%),采取的措施是普遍性干预。二级预防针对的是有低风险的少部分学生(约占学生总数的 10%—15%),采取的措施是选择性的团体干预。三级预防针对的是有高风险的个别学生(约占学生总数的 5%—10%),采取的措施是针对性个别化干预。[②]

高质量教育体系是面向全体人民,兼顾公平与质量原则,充分发挥每个人的潜力与才能的教育体系。[③] 教育高质量发展的主要特征是:特色强,满足需求能力强,质量优。[④] 对照高质量发展的要求,我国中小学心理健康教育还不能满足不同风险等级学生的差异化、多元化需求,质量还不高,特色也不鲜明。具体而言,主要存在以下几个方面的问题。第一,对于全体学生心理健康促进:重知识普及,轻素养提升。整体来看,留给中小学

心理健康教育的时间与空间不多,心理健康教育缺乏系统、持续的教育实践活动支撑,导致难以提升学生心理健康素养。2020 年,中国科学院心理研究所的研究表明,青少年心理健康素养总体达标率为 14.24%,存在较大的提升空间。[⑤] 第二,对于部分有心理风险的预防性干预:重来访接待,轻主动发现。目前,学生心理风险的访谈与评估、预防性干预主要依赖心理教师,而全体教师参与的主动发现机制尚未形成。而心理教师师资数量严重不足、质量普遍不高。[⑥] 2022 年,《中国儿童发展纲要(2021—2030 年)》统计监测报告显示,配备专职心理教师的小学、中学比例分别为 33.2% 和 58.6%,仍存在较大缺口。第三,对于个别学生严重心理问题的干预:重单向转介,轻协同应对。根据生态系统论的观点,家庭、学校是影响学生心理健康的近端环境,社区是影响学生心理健康的远端环境。医疗机构在学生严重心理危机干预处置、精神障碍诊治等环节发挥重要的作用。目前,对存在严重心理问题的学生,学校已经有转介意识,比如建议家长到专业医疗机构寻求专业评估、诊断、治疗。但家庭、学校、社区、医院之间的联动仍不够紧密,缺乏多向互动,尚未建立高效率的协同应对机制,对严重心理问题学生的个别化、综合性干预还存在很大的改进空间,缺乏富有中国文化特色的干预模式。

二、高质量发展视野下中小学生心理健康问题系统治理路径

中小学生心理健康工作是一个系统工程,需要创新思维、齐抓共管、系统治理。[⑦] 如前所述,中小学生心理健康工作包括三个层级:第一层级是面对所有中小学生的心理健康促进,主要目标

① 俞国良、李建良、王勍:《生态系统理论与青少年心理健康教育》,《教育研究》2018 年第 3 期,第 110-117 页。

② 弗朗,等:《学校积极心理学手册》,张大均,等译,西南师范大学出版社 2017 年版,第 396 页。

③ 刘宝存、张金明:《国际视野下的高质量教育体系:内涵、挑战及建设路径》,《重庆高教研究》2022 年第 1 期,第 6-14 页。

④ 钟晓敏:《新时代高等教育高质量发展论析》,《中国高教研究》2020 年第 5 期,第 90-94 页。

⑤ 傅小兰、张侃、陈雪峰,等:《中国国民心理健康发展报告(2019-2020)》,社会科学文献出版社 2021 年版,第 146-149 页。

⑥ 叶子青、叶一舵:《学校心理健康教育三十年:历史演进与未来走向》,《福建师范大学学报(哲学社会科学版)》2020 年第 2 期,第 140-147 页,第 171 页。

⑦ 俞国良:《新时代学生心理健康教育的新理念和新思路》,《中国德育》2023 年第 11 期,第 1 页。

是促进所有学生心理健康素养提升与积极发展。第二层级是面对部分有风险、易感学生的专业心理辅导与咨询,主要目标是减少心理困扰、预防心理问题。第三层级是面对个别罹患心理疾病的学生的医教协同服务,主要目标是治疗心理疾病、防范心理危机。高质量的心理健康服务体系应该注重三个层级的整体推进,同时加强技术与保障支撑,针对中小学生心理健康的多重影响因素,纵横结合、线上线下联动,对学生心理发展进行全过程、全方位、全时空、可持续的支持与帮助,构建心理健康问题的多元治理路径。

1. 在纵向贯通上,推动学段之间的一体化

目前,各学段的心理健康教育还存在各自为政、彼此割裂的现象,比如,高中心理健康教育工作者对高一刚入学的新生的心理状况无法知情,难以及早、有针对性地帮扶有心理服务需求的学生。因此,心理健康教育学段衔接的本质是促进中小学生做到心理发展阶段性(差异性)与连续性(递进性)的统一,以及心理适应能力与积极心理品质的持续提升。

德国心理学家保罗·巴尔特斯提出的毕生发展观认为,个体发展是整个生命发展的过程,一生中的任何阶段的经验对其发展均有重要的意义。[1] 在发展系统理论的推动下,发展科学领域出现了积极青少年发展观。在 20 世纪 90 年代之前,许多发展心理学研究倡导的是一种基于缺陷的模型,如认为青少年处于危险之中,受到问题的困扰,并受到不可避免的、基于生物学的缺陷的影响。为弥补缺陷导向的发展观的不足,勒纳等人大力倡导积极青少年发展观。该观点主张,所有青少年都拥有可塑潜能,这类潜能构成促进其健康发展的基本资源;当青少年个体的可塑潜能与其内外发展资源相一致时,积极发展就会出现。积极青少年发展观试图取代长期以来对青少年的

负面认知,主张所有青少年都拥有待开发的资源,而不一味强调管理青少年的问题。在此基础上,勒纳等人建构了一种基于优势的发展模型,提出了青少年积极发展的六大指标(又称六“C”模型),即能力(Competence)、信心(Confidence)、人际联结(Connection)、品格(Character)、关心(Caring)或同情(Compassion)、贡献(Contribution),其中,“贡献”是前五种品质发展的结果。[2] 六大品质是预防心理健康问题的重要资源,其形成是一个发展的过程,需要各学段学校持续培育。

在上述理论的指导下,心理健康教育的衔接需要放弃某一个学段教育孰轻孰重之争,在规避伦理风险的前提下,探索跨学段一体化心理健康档案系统的建设与应用。一方面,在青少年积极发展的六“C”模型指导下,定期为每位学生制作心理品质画像,构建学生心理品质的纵向追踪及预警体系,持续关注学生的心理发展特点与需求,做到因材施教。另一方面,形成准确、翔实的学生心理健康状况阶段性评估报告,方便下一学段心理健康教育工作者快捷地调阅学生既往资料,为中小学心理健康促进的精准施策、持续干预提供支持。

2. 在横向联动上,促进“家校社医”协同

研究表明,环境风险因素通过引发个体高心理痛苦水平,加剧心理危机的风险;而环境资源可通过促进个体内生资源的发展,帮助个体形成更好的危机免疫屏障。[3] 因此,可通过构建协同联动与综合治理机制,全面减少心理健康的风险因素,增加保护性因素。

第一,家庭履行关注未成年人心理健康的法定职责。落实《中华人民共和国家庭教育促进法》,发挥家庭教育的基础作用。家长引导孩子逐渐学会对自己的心理健康负责,倡导家庭成员相互关爱,形成符合自身和家庭特点的健康生活方式。[4] 家长积极参加学校组织的家庭教育指导和

① 桑标:《儿童发展》,华东师范大学出版社 2014 年版,第 51 页。

② M. R. Lerner, M. J. Tirrell, M. E. Dowling, et al., "The End of the Beginning: Evidence and Absences Studying Positive Youth Development in a Global Context", *Adolescent Research Review*, Vol. 4, No. 1(2019), pp. 1-14.

③ 孙芳,李欢欢,郭玥言,等:《"危"亦或"机":家庭-学校-社区风险和资源的潜在剖面结构与青少年心理危机的关系》,《心理学报》2023 年第 11 期,第 1827-1844 页。

④ 中华人民共和国教育部:《教育部等十三部门关于健全学校家庭社会协同育人机制的意见》,载教育部网:https://www.moe.gov.cn/srcsite/A06/s3325/202301/t20230119_1039746.html,最后登录日期:2025 年 1 月 15 日。

家校互动活动，及时主动向学校沟通子女在家中的思想情绪、身心状况和日常表现，形成良性双向互动。① 相关部门要强化对家长自身情绪调控、亲子沟通、亲子陪伴等方面的指导，减少因亲子冲突、关系型创伤给孩子带来的心理伤害，防止家庭暴力发生。针对监护缺失、家长严重失职等情况的家庭，由民政、妇联、社区、街道联合组织社工进家庭，或开展社会化家庭教育指导等服务。

第二，学校发挥心理育人主阵地作用。探索、践行中国特色的心育模式，比如，将育心与育德相结合，将厚植家国情怀、激发成长力量与培育积极乐观的人生态度、坚韧不拔的意志品质有机融合。学校坚持五育并举、全员育人，整合校内外资源，通过建设心理辅导室、配足师资、开好课程、组织活动、营造良好师生关系和同伴关系等，开展针对性的心理健康教育服务。比如，上海中小学根据心理健康教育达标校建设的要求，在学校系统建立跨部门合作联动机制，由校领导牵头、相关人员组成的心理健康教育领导小组，将心理健康工作纳入学校发展规划和培养目标，完善"学校—年级—班级—寝室或个人"工作网络，推动跨部门的合作以及资源的整合，建立学校心理辅导室并发挥其专业功能，满足学生专业辅导需求。学校发挥专业指导优势，开展家庭心理健康教育指导服务。注重中小学生网络素养培育、人工智能普及教育，预防因网络、人工智能产品使用不当造成的思想、心理与行为问题。

第三，构建中小学生心理健康成长的社会支持系统。构建跨部门协同机制，通过细化职责分工、定期召开联席会议、加强工作协同、落实责任追究等，提升治理合力。严格落实"双减"政策，加强校内外学业负担的协同治理，切实减轻违背教育教学规律、有损学生身心健康的过重学业负担。严格管理校外培训机构，严禁违规培训，遏制恶性竞争，减少焦虑传递。整合全社会各类资源，加大

心理健康服务资源的供给，充分利用报刊、广播、电视、网络媒体等平台和渠道，向大众宣传普及心理健康常识，消除对心理健康的误解，减少对心理疾病的病耻感和污名化态度，倡导主动、及时的心理求助，引导学生树立"身心同健康"意识，营造有利于学生健康成长的社会环境，以自尊自信、理性平和、积极向上的社会生态涵育学生的健康心态。完善突发公共事件应对机制，预防、减少、控制突发公共事件对学生的心理冲击。

第四，推进医教结合心理健康服务。在《中华人民共和国精神卫生法》的框架内，对于个别患有精神障碍的中小学生，根据心理危机干预流程，将其转介医疗机构，以便得到及时、有效的诊治，并按规范做好后期复学的衔接。推进医校合作，完善沟通联动机制，引入精神科医生驻校开展疑难和危机学生评估，畅通心理危机和急性、重性精神障碍学生转介的绿色通道，比如上海市长宁区推行"心理顾问制"，为每所学校聘请一位精神科医生或心理健康方面的专家作为心理顾问，为学校提供专业咨询、指导和帮助，学校参考心理顾问的建议和意见开展相关心理服务工作。② 医疗机构要加强资源供给，加强儿少科精神卫生服务资源建设，提升儿童青少年心理门诊服务能力，满足患病学生的就医需求。此外，我国目前已有部分省市将心理咨询与心理治疗部分纳入医保支付范围。这种做法应进一步推广，以减轻患者接受心理健康服务的负担。③

3. 在技术创新上，推动线上线下的融合

当前，网络对中小学生的影响是一把双刃剑。一方面，网络的过度使用会造成学生价值观的迷失、道德失范、人际交往障碍、角色认知失调等，严重者则可能网络成瘾。④ 另一方面，由于网络具有匿名性、便捷性、空间穿越、时序弹性等特征⑤，部分学生在现实中不愿表露负面情绪，反而会在社交媒体上表达情绪情感甚至危机信号，这给学

① 第十三届全国人民代表大会常务委员会：《中华人民共和国基本医疗卫生与健康促进法》，载全国人大网：https://www.npc.gov.cn/npc/c2/c30834/201912/t20191231_304414.html，最后登录日期：2025 年 1 月 15 日。

② 徐星：《"心理顾问制"，畅通医教结合"最后一公里"》，《上海教育》2020 年第 34 期，第 28 页。

③ 董妍，俞国良：《党的十八大以来青少年心理健康教育政策的演进》，《人民论坛·学术前沿》2024 年第 19 期，第 91-100 页。

④ 雷雳：《互联网心理学》，北京师范大学出版社 2016 年版，第 512 页。

⑤ 雷雳：《互联网心理学》，北京师范大学出版社 2016 年版，第 499 页。

生心理危机干预工作提供了新的线索。因此,在减少网络技术使用对学生负面影响的同时,如何利用网络技术的优势,使之服务于学生的成长,是一个现实课题。

第一,清查网络空间。重点清查问题较多的网络游戏、直播、短视频等,开展网络借贷、赌博、诈骗等问题的警示宣传教育,做好网络欺凌预防、个人信息网络保护、网络沉迷防治,预防网络对学生的不良心理影响。

第二,探索数字化心理干预。首先,数字技术打破了时间和空间的限制。它不仅可提供远程心理健康服务,还能够进行实时行为监测,及时获取学生心理健康的动态数据。其次,由于心理健康资源建设仍处于发展阶段,传统的干预方法可能无法满足学生日益增长的心理健康服务需求。不过过度依赖数字技术也是中小学生出现心理问题的常见诱因。因此,一方面,我们必须意识到并尽力规避数字技术带来的风险。另一方面,更好地利用数字技术来提升工作效能。比如,在确保数据安全和遵守伦理的前提下,探索大数据、人工智能赋能学生心理危机预防与干预管理的路径与方法,及时捕捉学生心理危机信号,监测并预警学生自伤或伤人等危险行为,提高心理危机预防与干预的及时性、精准性与有效性。

第三,推动跨学科协同创新研究,以破解技术难题。结合心理学、社会学、脑科学、人工智能等多领域的研究成果,充分研究数智时代中小学心理健康工作的挑战与机遇,破解现实问题。坚守科学,不回避难点和热点话题,重视循证研究与实践,不断改进干预与促进技术方案。[1] 比如,心理危机有一定的隐蔽性、突发性,这给预防与干预带来技术上的难题。中小学生心理健康状况具有动态变化的特征,需要多次的过程监测、评价才能把握其真实状况与发展动向,从而为精准干预提供

依据。研究表明,心理健康发展评估与测评既需要一次性的横断研究来整体了解心理健康状况,还需要固定样组和随机抽样相结合的方法,进行长期追踪研究。这样有利于及时把握学生心理健康发展趋势,探索深层次原因。[2] 一方面,在遵守伦理的前提下常态化开展心理健康监测工作,有效采集学生生活、学习、社交等多方面的信息,提高监测的科学性与准确性。规范监测工具选用、监测实施,改善学生参测体验,建立健全监测数据安全保护机制,防止信息泄露。另一方面,加强工作改进。应用监测、评价结果,精准改进工作,对重点群体做到"一人一策"、个别化支持,促进工作质量全面提升。

4. 在保障机制上,加大专业人才队伍建设与经费投入

高质量的发展需要高投入、强保障来支撑。首先,需加强队伍配置与建设。根据教育部等17部门文件要求,中小学每校至少配备1名专(兼)职心理健康教育教师。[3] 北京市、上海市、广东省、福建省、山东省、江西省等省市对心理健康教育教师的配置标准高于教育部标准,着力推进心理健康教育教师专职化。[4] 比如,上海2023年最新文件《全面加强和改进新时代学生心理健康工作专项行动实施方案》要求:中小学每校至少配备1名专职心理教师,学生规模500名以上、多校区、多学段学校应适当增加配备数量。这也反映了实际需求的增长以及地区之间的差异。目前,与学生心理健康需求相比,中小学心理健康教育教师的配置总体数量不足,专业素养也有待进一步提升。另外,据2019年公开报道的数据,全国儿童精神科医生总数不足500人。[5] 因此,加强儿童精神卫生专业人才供给显得非常迫切。应推进全体教师心理健康教育学习资源开发和培训,提升教师自身心理健康水平,以及发现并有效处

① 陈庆荣,汤其凤,安媛媛:《中小学生心理健康发展评估与测评》,《江苏教育研究》2023年第1期,第7-12页。
② 陈庆荣,汤其凤,安媛媛:《中小学生心理健康发展评估与测评》,《江苏教育研究》2023年第1期,第7-12页。
③ 教育部等十七部门:《全面加强和改进新时代学生心理健康工作专项行动计划(2023—2025年)》,载教育部网:https://www.moe.gov.cn/srcsite/A17/moe_943/moe_946/202305/t20230511_1059219.html,最后登录日期:2025年1月15日。
④ 谭鑫,彭玮婧:《我国中小学心理健康教育建设的省际政策比较——基于31省份中小学心理健康教育实施方案的文本分析》,《湖南师范大学教育科学学报》2021年第1期,第115-122页。
⑤ J. Wu,J. Pan,"The Scarcity of Child Psychiatrists in China",The Lancet Psychiatry, Vol. 6, No. 4(2019), pp. 286-287.

置学生心理健康问题的能力。其次，加大经费投入与保障。与高质量中小学心理健康工作体系建设的需求相比，目前中小学心理健康工作经费投入不足且标准缺失，应加大投入，保障心理辅导场所与设备的升级改造，以及日常工作、队伍建设经费等。

三、结语

高质量发展视野下中小学生心理健康问题的治理需要坚持系统观念，围绕工作体系的高质量、个体心理健康素养的高质量两大目标，突破简单、静态的线性思维，转向承认复杂性、动态适应性、生态系统性的新范式，形成在优势发展、问题预防与干预、技术创新、保障机制等方面整体推进的多元治理路径：在纵向上，推动心理健康教育的学段衔接，全程护航学生积极发展；在横向上，推动学生心理健康工作的“家校社医”协同，全方位预防学生心理健康问题；在技术上，推动线上线下学生心理健康工作的融合，全时空防范学生心理危机；在保障上，为学生心理健康问题的治理提供持续的人力与财力支撑。未来，还可以开展学生心理健康问题系统治理效果监测与改进，不断优化治理理念、目标与路径，更好地服务于学生心理健康发展。

Addressing Mental Health Problems of Primary and Secondary School Students from the Perspective of High-Quality Development

ZHU Zhongmin[1,2]
(1. Institute of Moral Education Development, Shanghai Academy of Education Sciences, Shanghai, 200032;
2. Lab for Educational Big Data and Policymaking of Ministry of Education, Shanghai, 200032)

Abstract: In light of building a high-quality educational system and the pressing need for comprehensive governance of students' mental health problems, this paper explores the paths of systematic governance for addressing mental health problems among primary and secondary school students. Vertically, it advocates the connection of mental health education in students' different stages and protects their continuous developmental support. Horizontally, it calls for collaborative governance involving families, schools, communities, and healthcare institutions in the mental health work for students, thus preventing their mental health problems from all aspects. Technologically, it emphasizes the integration of online and offline mental health services to provide all-time support for students and prevent their psychological crisis where possible. In terms of the guarantee mechanism, it stresses the importance of professional talent development and increased funding to ensure the sustainable development of students' mental health initiatives.

Key words: high-quality development, mental health problems of primary and secondary school students, systematic governance, paths

新时期小学生心理韧性提升的校本策略

陈　静

(上海市徐汇区建襄小学,上海 200030)

摘　要: 新时期培育小学生心理韧性意义重大。学校立足社会情感学习理论与韧性发展动态观,通过调研明确学情,立足坚韧、自强、乐观三个维度,构建了"课堂活动—校本课程—评价机制"三位一体的心理韧性培育体系。在课程教学中,一是遵循教师课堂公约和结构化专题课程,促进学生认知发展;二是创设真实问题情境和组织多样化德育活动,激励学生实践参与;三是优化小组合作学习和开展趣味化综合活动,丰富学生情感体验。在评价环节,把授课教师参与式观察和听课教师第三方观察相结合,同时加强学生自评反馈机制,真实反映心理韧性培养需求和效果。

关键词: 小学生;心理韧性;校本策略

2023年,教育部等17部门印发《全面加强和改进新时代学生心理健康工作专项行动计划(2023—2025年)》,提出发挥课堂教学作用,帮助学生学会理性面对困难和挫折,增强心理健康素质。随后,中共中央、国务院印发《教育强国建设规划纲要(2024—2035年)》,强调普及心理健康教育,促进学生健康成长、全面发展。对此,中小学需要有计划、有体系地构建学生心理韧性培育体系,营造积极和谐的学校氛围,加强心理健康教育效果。

一、小学生心理韧性的内涵

"心理韧性"(psychological resilience)最先由美国心理学家布洛克提出,有不同种译法,如"心理韧性""心理弹性""心理复原力"等。[1] 由于文化背景和关注重点的差异,不同国家和地区的学者对心理韧性给出不同的内涵界定。"特质论"强调心理韧性的静态属性,是个体与生俱来的、比较稳定的心理品质;"结果论"关注个体遭遇并克服困难后所获成长;"过程论"则关注人与环境的互动过程。[2] 20世纪90年

基金项目: 2022年度教育部重点项目"社会情感学习理论视域下小学生心理韧性培育的校本研究"(项目编号:DEA220482)。

作者简介: 陈静,上海市徐汇区建襄小学校长,中学高级教师,主要从事学校教育管理研究。

① J. Block & A. M. Kremen, "Ego-resiliency: Conceptualization and Measurement", *Journal of Personality and Social Psychology*, Vol. 70, No. 2 (1996), pp. 1067-1083.

② S. C. Kobasa, S. R. Maddi, "Personality and Constitution as Mediators in the Stress-Illness Relationship", *Journal of Health and Social Behavior*, Vol. 23, No. 4 (1982), pp. 368-378.

代以后,国外社会情感研究为国内学界认知心理韧性的变化过程和机制带来新契机。[①] 国内关于青少年心理韧性的研究主要分为两类[②]:一类研究心理韧性在风险事件与心理问题之间的调节或中介效应[③];另一类针对特定青少年的心理韧性,如某一因素对心理韧性的影响。[④] 上述研究都为我们探析小学生心理韧性的结构维度和影响因素,以及探索培育途径提供了理论指导。

依据康纳-戴维森心理韧性量表(Connor-Davidson Resilience Scale)和我国学者肖楠、张建新的中文修订版,心理韧性大体可分为坚韧(Tenacity)、自强(Strength)、乐观(Optimism)三个维度。[⑤⑥] 坚韧指的是坚持不懈,灵活适应,并从中积极学习和成长;自强指的是积极主动、努力进步的品质和态度;乐观指的是从积极视角看待事物,对克服逆境有信心,能为之努力的相对稳定的正向心理特质。

二、培育小学生心理韧性的背景和意义

1. 家庭与社会"育韧"不足

心理韧性是个体成功应对压力生活事件的人格特征,它涵盖个体在变化适应性、目标坚持性、负性情感调节等方面的品质,可以充当缓冲性保护机制。[⑦] 当前,我国经济社会发展和教育体制改革都处于重要转型期,城市小学生心理脆性问题逐渐凸显。薄弱的心理韧性会严重威胁青少年健康成长,致使青少年出现辍学甚至自杀意念。[⑧] 社会理应是培育小学生心理韧性的重要主体。然而当前,家长或是溺爱、过度保护,导致孩子以自我为中心、缺乏责任感、自私自利;或是过分严厉,导致孩子自尊心受损,出现社交问题和逃避行为,都不利于学生心理韧性的正常发展。离异、家暴等原生家庭问题因素也会对学生心理韧性产生负面影响。此外,互联网时代社交媒体上的价值观扭曲、攀比和欺凌等社会不良因素可能会诱发小学生出现自卑、焦虑、抑郁等心理问题,如缺乏必要的引导和干预,则会间接影响其心理韧性的正向发展。

2. "双新"增强"育韧"要求

对于心理韧性水平较低的个体来说,在应对挫折和消极经历时,常常会产生巨大的挫败感和负面情绪,很难从逆境中恢复过来。而那些具有高心理韧性的个体,则能够更快地调节由负面事件带来的主观情绪体验,以积极的方式应对问题,从失败中学习经验,从而增加个体创造性行为。[⑨] "双新"背景下,学校教育驱动学生直面挑战,同时赋予其自主探索空间,引导学生在真实问题情境中锤炼创新思维、锻造解决问题的核心能力,为未来发展奠定坚实基础。只有心理韧性够强,才能处变不惊、迎难而上。值得注意的是,学习、思考、质疑、探究等活动也是有效磨砺并提升小学生心理韧性的方法和路径。简言之,学校不能将学习和"育韧"割裂开来,而要作为一个有机整体。如何在教学评实践中全方位贯彻落实心理韧性培育,如何全面促进小学生综合素养发展,对小学教育提出了现实挑战。

① S. S. Luthar & L. B. Zelazo, *Research on Resilience: An Integrative Review: Adaptation in the Context of Childhood Adversities*, Cambridge: Cambridge University Press, 2003, pp. 510-542.

② 罗芮、陈福美、罗玉晗,等:《青少年心理韧性的发展轨迹:感恩和压力知觉的作用》,《心理学报》2023 年第 10 期,第 1635-1644 页。

③ 黎旭娇、欧阳泽平、罗雨星,等:《中小学生心理韧性、情绪调节在家庭累积风险与积极应对方式间的中介效应》,《预防医学》2024 年第 11 期,第 941-942 页。

④ 胡月琴、甘怡群:《青少年心理韧性量表的编制和效度验证》,《心理学报》2008 年第 8 期,第 902-912 页。

⑤ K. M. Connor & J. R. T. Davidson, "Development of a New Resilience Scale: The Connor-Davidson Resilience Scale (CD-RISC)", *Depression and Anxiety*, Vol. 18, No. 2(2003), pp. 76-82.

⑥ 肖楠、张建新:《韧性——在压力下复原和成长的心理机制》,《心理科学进展》2005 年第 5 期,第 658-664 页。

⑦ 张耀华、徐敏、黄云云,等:《心理韧性缓冲压力生活事件与青少年学业倦怠之间的非线性关系》,《心理与行为研究》2024 年第 1 期,第 123-129 页。

⑧ 裴婷昊:《校园欺凌与青少年心理韧性的关系:焦虑与社会支持的链式中介作用》,《教育科学研究》2024 年第 1 期,第 22-27 页。

⑨ 王丹、王典慧、陈文锋:《青少年心理韧性与恶意创造性行为倾向的关系》,《心理学报》2024 年第 2 期,第 154-167 页。

三、基于小学生心理韧性问题的校本探索

1. 开展家校调研,全方位把握学生主要问题

为深入探析心理韧性维度,上海市徐汇区建襄小学(以下简称"建襄小学")以心理韧性和社会情感学习理论为基础,借鉴美国非营利组织"学术、社会和情感学习组织"(Collaborative for Academic, Social, and Emotional Learning,缩称 CASEL)提出的社会情感学习框架的培养要点[1],该框架旨在通过系统性方法培养个体在社会情感领域的核心能力。本研究尝试将社会情感学习的五大要点,即自我管理、自我意识、人际交往、社会意识及对自我负责的决策,与心理韧性的坚韧、自强和乐观三大维度进行匹配,编制完成"小学生社会情绪能力调查问卷"及访谈提纲。在此基础上,面向学生、家长及教师开展问卷调研和访谈,多视角把握小学生心理韧性的现状和问题,积极探索心理韧性教育的侧重点和突破口。

通过对全校三、四、五年级1300多名学生的全员调查以及500多份家长和教师访谈汇总和统计分析,建襄小学完成《心理韧性发展调查报告》,明确了小学生心理韧性问题的主要症结:一是存在以自我为中心的思维与行为倾向,接纳相异观点的能力有待发展;二是容易忽略周围同伴的感受,友好积极的同伴关系有待深化;三是在与同伴沟通交往方面较被动,建设性解决人际问题的能力有待提升;四是面对困境缺乏足够自信心和应变力,情绪管理能力和压力管理能力有待增强。以上调查访谈分析为后续创新实践奠定了良好基础,完成对康纳-戴维森"心理韧性"界定的本土化过程,发展并形成关于心理韧性三个维度的校本界定。坚韧,即面对压力挑战时能调试情绪、灵活适应,为实现目标坚持不懈付出努力;自强,即能持久保持学习动机,对新事物有好奇心,具备主动探索、协调资源和解决问题的能力;乐观,即对学习生活抱有积极态度,对克服逆境、挑战有信心,不畏惧学习压力和人际问题。

2. 加强校本专题研修,积累和推广经验成果

在明确主要问题和基本维度的基础上,建襄小学围绕心理韧性积极组织各层面的专题研修,包括每年组织市区级研修活动不少于4次,校际和校级学科专题研修活动20多次,各学科组开设研究课20多节。不仅如此,学校还围绕心理韧性培养,打造"微主题""微设计""微观测""微报告"的"四微"校本特色研修模式。具体而言,聚焦"坚韧、自强、乐观"的培育目标,提炼"微主题";在教学设计中从微小处入手,完成"微设计";在实践培育中设计合适的支架,落实"微观测";在研修中达成共识,撰写"微报告",由此不断加深教师集体思考和优化行动策略。在专题研修的引领与支持下,每一位教师都越来越关注学生心理状态,心理韧性成为教学设计中的高频词;每一位教师都能对标心理韧性三维度,运用多种方法增进师生交往、创新教学方式、营造育人环境。在此基础上,学校开发了"课堂心理韧性观测表"等实用校本工具,每年遴选出十多篇优秀典型案例,已汇编为两本《心理韧性教育校本案例集》,成为校本研修和教师自学的重要素材。

四、培育小学生心理韧性的主要策略

1. 心理韧性课堂活动策略:构建"认知—实践—情感"协同框架

基于社会情感学习理论与心理韧性发展的一般规律,课堂活动需通过结构化策略设计实现认知强化与行为实践的双向互动。对此,建襄小学采取三大核心策略:其一,研制《课堂行动公约》,将坚韧品质具象化为教与学的规范,便于学生识记;其二,创设基于真实问题的挑战性情境,以"问题链—任务群"驱动学生自主探究,在认知冲突中提升逆境应对能力;其三,优化异质化小组合作机制,通过角色分工、过程引导与反思性评价培育积极归因模式。上述策略以"认知发展—实践参与—情感体验"为逻辑链条,

① Collaborative for Academic, Social, and Emotional Learning (CASEL), *Frameworks, Competencies, Standards, and Guidelines-CASEL: Social and Emotional Learning (SEL) Frameworks and Resources for State and School Districts*. Chicago: CASEL, 2023.

形成课堂场景下心理韧性发展的闭环系统。

（1）研制教师课堂公约，促进学生认知发展

建襄小学通过教师课堂公约建设育韧文化的标识系统。首先，在学校层面设计研修支架，组织教师共同聚焦并剖析坚韧目标，深刻意识到克服逆境、培养抗压能力的重要性，商议课堂行动公约框架，形成简明的要素列表。其次，充分发挥学科优势，各学科组自主探索坚韧品质与学科课程标准如何融通并达成实践共识，同时充分整合教材资源，在教学内容和实施方式上对坚韧品质培育的内容进行自然渗透。再次，引导教师自主思考课堂目标，通过多个关键词反映坚韧课堂的主要特征，促进教师转变观念、积极行动。复次，对标坚韧目标，教师反思自我课堂，同时认真听取学生意见，简明列举主要的教学问题。最后，针对坚韧目标和教学问题，师生充分讨论，依靠集体智慧总结有效应对方法，凝练各学科教师的课堂行动公约，既成为每一位教师自觉遵守的教学规范，也展示了每一位学生真实认知的课堂生态，见表1。

表1 语文教师课堂行动公约

课堂目标	轻松、赏识、开放
聚焦问题	1.教师过度依赖教学参考，缺少对单元的整体认知，对任务链、任务群欠思考
	2.教师主导过于强势，学生学习按部就班，缺少学习激情、思维的主动碰撞
	3.教师缺少倾听意识与能力，忽略课堂动态生成，未将其转化为教学契机
课堂公约	1.成为积极的理答者，让学生人人体验到思考的快乐
	2.成为耐心的倾听者，让学生人人感受到课堂的温情
	3.成为开放课堂的设计者，让学生人人愿说、人人敢说

（2）创设真实问题情境，激励学生实践参与

乐意迎接挑战，以战胜挑战来自我证明，是小学生的基本特点之一。对此，课堂教学要积极创设富有挑战性的问题情境，使学生在有效的情境支架下，产生探索学习的兴趣，激发学生综合运用相关学科知识、灵活解决各类问题的基本能力，迅速提升思维品质。

在创设问题情境过程中，需遵循趣味性、适当性、自主性、开放性的原则。趣味性即问题情境要与生活实际关联，引发学生好奇心，引导其自然接受挑战，不逃避、不抱怨；适当性即问题情境设计不仅要符合学科教学规律，还要符合学生生活经验与知识储备等基本情况，有助于学生调动经验和梳理回忆，快速调整自己的思维和情绪，进入解决问题的状态；自主性即鼓励学生在挑战面前持久保持学习动机，相信自己有能力解决问题；开放性即支持学生寻找资源、开阔视野、积极思考，寻找新思路和解决方案。

突破原有的课堂样态、创设具有挑战性的真实情境，给教师带来很大挑战。因此，教师需要提升和改变教育理念，对"学习是怎么发生的""学生又是如何学习的"这些问题形成正确认知，才能在具体的教学设计与实施中，搭建有助于主动探索和解决问题的学习框架，从而真切关注到每一位学生的需要和成长。①

（3）优化小组合作学习，丰富学生情感体验

合作学习使学生相互交流、互帮互学，不仅有利于思维在碰撞中发展，还能引导学生学会敢于挑战困难、表现自我、接纳他人，形成乐观无畏的心理品质。然而，小学生组织协调和自我管理能力较低，尚未完全具备自行开展合作学习的意识、习惯和技巧，因此，课堂氛围尽管较为活跃，却往往无序而低效，难以达到育韧效果。

对此，教师应当调整自身角色，帮助学生优化小组合作学习过程。首先，教师要发挥"设计者"角色，根据课程标准，充分考虑教材承载的学科核心价值，以及学生认知水平等综合因素，制定小组学习任务。当然，并不是所有学习内容都适合小组合作，教师需要精心设计难易适中且有合作价值的问题。其次，发挥"组织者"角色，和学生商议合作方式和评价标准等基本规则，优先采用异质性分组，确保合作公平

---

① 陈静：《上海市徐汇区建襄小学：心理韧性培育进校本课程》，《中国教育报》2024年9月29日。

性。再次,发挥"协调者"角色,指导各组自主根据组员知识层次、能力水平、个人特长、性格特点等分配角色和任务,帮助组员明确分工。复次,发挥"参与者"角色,关注小组合作学习过程,随时调控活动环节和实施节奏等。最后,发挥"评价者"角色,在组内交流和班级展示环节,利用适当机会对学生进行发展性评价,在认可其努力的同时,及时指出问题所在并给予针对性指导。

2. 心理韧性校本课程开发策略:打造"认知—实践—情感"三大课程群

针对小学生心理韧性发展的阶段性特征,校本课程需通过模块化策略实现全场景浸润式培育。对此,建襄小学采取三类课程开发策略:第一类为结构化专题课程,以"认知自我—调适情绪—应对压力"为逻辑主线,通过160课时的系统教学夯实韧性认知基础;第二类为多样化德育活动,依托"逆境模拟—任务驱动—反思复盘"路径,在志愿服务、红色教育等场景中强化抗逆行为模式;第三类为趣味化综合活动,通过"乐在四季"品牌项目融合五育,依托科技竞赛、体育合作等帮助学生体验积极情感。三类课程以"认知发展—实践参与—情感强化"为递进框架,形成心理韧性培育的课程生态系统。

(1)专题课程结构化,促进学生认知发展

建襄小学搭建"学生坚韧品质发展基本要求以及专题课程框架",确立各年级的教学模块和教学主题。专题课程由全体班主任负责,每班一周一节。该课程聚焦学生克服逆境、抗压能力培养,按照"模块—主题—课时"结构设计,分为"认识自我""情绪调适""人际交往""学会学习""压力应对"五个模块,每个模块含1—2个主题,每个主题下又分为4课时内容,合计40个主题近160课时。框架不仅覆盖学生日常的学习与生活内容,扎实落实各年级学生坚韧品质发展基本要求;还针对各年级学生不同认知水平、心理特征,制定针对性的基本发展要求,实现年级之间有衔接、有递进,模块之间有融通、有呼应。

通过各模块和主题的整体引领,15分钟的浓缩课堂教学可谓"麻雀虽小,五脏俱全",包含热身活动、情境剧场、主活动、小锦囊与评价四个教学环节,采取心理游戏、角色扮演、绘本教学、讨论分享、情境创设、小组合作等教学策略,激发学生深度思考,提升应对逆境和复原能力,帮助学生在学习生活的真实情境中提升认知水平,养成坚韧不拔的心理品质。

(2)德育活动多样化,激励学生实践参与

少先队活动分为常规和特色两类。常规活动通过国旗下讲话、红领巾广播、少先队活动课、公众号推文学习等途径,落实日常行为规范教育、文明礼仪教育、学习习惯养成教育、政治启蒙以及爱国主义教育等,让学生在参与中磨砺习惯,懂得责任、自律和坚持。

德育特色活动丰富多样,包含参观科技馆、环保项目、历史探索、运动比赛、野外拓展等,均设有一系列富有挑战性和教育性的活动,让学生在实践中体验、学习和成长,在主动探索过程中学会协调资源、解决问题。这些活动通过心理辅导、小组讨论等方式帮助学生保持学习动机。例如,"羽翔嘉澜"少先队社会化活动,以户外公共空间嘉澜庭口袋公园为起始点,开展定期的志愿服务清扫、文明礼仪宣传、红色故事宣讲、红色景点寻访以及爱心商品义卖活动,这些活动需要学生进行统筹、规划、调查、研究、体验、合作等,增强了学生的探究精神和综合素质,在实践过程中磨炼自强不息的心理品质。

(3)综合活动趣味化,丰富学生情感体验

"乐在四季"是学校综合活动品牌,倡导五育融合,以"春之魅""夏之颂""秋之健""冬之乐"为主题,涉及艺术、阅读、体育、科技与德育等方面,在为学生创造成长空间的同时,促进其积极乐观地参与校园生活和面对未来社会。

如"冬之乐",将科技与德育相融合,依托中国科学院上海分院,建襄小学举办了形式多样的科技活动,比如科普讲座、科创嘉年华、科技竞赛、科苑杯比赛等。尤其是科苑杯比赛,要求队员以个人或者团队的方式完成参赛作品,不仅激发了学生创造力和探索精神,也使他们在面对困难和挑战时保持乐观态度、轻松应对压力,无形中提升了心理韧性。此外,上述活动均以团队形式开展,促进学生在集体活动中形成团队合作能力。学生分工负责设计活动、分配任务、协调资源、记录汇报等工作,从而提升其责任意识、领导能力和组织能力。学生在参与过程中,时而体验发现的欣喜、合作的快乐、成功的喜悦,时而体验磨合的阵痛、失败的失落,种种体验都是成长的财富,从而在活动中形成乐观无畏的心理品质。

3. 心理韧性评价反馈策略:构建"监测—诊断—优化"循环机制

基于形成性评价理论与韧性发展动态观,建襄小学采取双轨并行的策略体系:其一是教师主导的课堂韧性观测策略,通过"课堂心理韧性观测表"量化记录学生课堂参与度、逆境应对表现等关键指标,结合第三方观察实现多维度数据采集;其二是学生自评反馈策略,设计"自评摘星榜"与阶段性调研工具,通过"行为描述—星级评定—需求反馈"流程表达真实意愿。两类策略依托"数据画像—归因分析—教学干预"循环机制,为韧性培育提供实证依据,实现从经验驱动向数据驱动的策略转型。

(1)教师全面观察,把握课堂"育韧"效果

学校通过授课教师的参与式观察和听课教师的第三方观察,对教学和学习的过程进行及时评价,以评促教、以评促学。

参与式观察指的是授课教师提前精心设计课堂理答,关注学生情绪变化、思维发展等表现,捕捉学生在答题、交流、提问中随时产生的生成性资源,进行及时的解释、鼓励、追问等,做到既能答疑解惑,也能循循善诱。根据不同年龄特点,教师通常以鼓励性的口头语言为主,面对低年级学生还可辅以直观的物质奖励,让每一位学生都切实体验到思考的快乐。

第三方观察指的是第三方在制度允许的情况下"推门听课",对授课教师的课堂教学进行评价。听课教师必须结合"课堂教学评价表"对学生学习目标、学习过程和学习效果进行客观评价,该表切实体现《教师课堂行动公约》要求、凸显"育韧"目标,结合单课时的重难点,既可记录显性行为频次,也可以文字描述某个场景,将量化与质性研究相结合,有助于后续开展教师交流、教研活动、教学反思与"育韧"改进等,进一步确保各学科"育韧"成效。

(2)学生自评反馈,表达自身"育韧"感受

课程"育韧"过程中,学生能够真实表露自身情感和感悟是非常重要的。对此,学校采取学生自评摘星榜和阶段性抽样调研等方式,及时准确地了解每一位学生的评价和建议。

自评摘星榜是由学生在课中或者课后,通过寻找符合自己的描述,以"自评摘星"的方式对自己的兴趣、言行等进行过程性评价,着重关注自身的心理韧性。如二年级语文《学会道歉》一课中,教师根据课时教学目标设计了相应维度的"自我评价表",由学生在下课前给自己评星:"当我做错事情时,我知道如何道歉;当我们友谊破裂,我知道怎样和好。"通过自评,学生既能清楚回忆本节课的所学所获,也对自己的真实生活有所思考、有所展望。

在每学期的期初、期中、期末等重要时间节点,学校还会组织学生问卷调查及抽样访谈,其中包含心理韧性在内的学习感受、想法、评价、困惑、期望等,再进行量化和质性相结合的统计分析,形成班级、年级和全校层面调查报告,在全校范围内进行广泛交流和深入探讨,通过动态评估和头脑风暴等方式,不断改进和优化"育韧"课程体系的设计与实施。

基于自我决定理论的数学资优生培养策略

王松萍,何　强

(上海市市北初级中学,上海 200070)

　　摘　要:该研究基于自我决定理论(SDT),以上海市市北初级中学为典型案例,构建"自主驱动—胜任强化—归属赋能"的三维动态培养策略体系,旨在破解数学资优生培养中"标准化模式"与"个性化需求"的深层矛盾。通过分层教学与翻转课堂触发认知跃迁,依托挑战性任务与精准反馈推动能力突破,借助学术社群与家校协同维持动机持久性。研究提出"动态适配模型",从精准识别、弹性调整与生态协同三个方面为数学资优生培养提供可操作的生态化路径。

　　关键词:自我决定理论;数学资优生;培养策略;动态适配;内在动机

一、研究背景

　　数学作为科技创新的基石学科,其资优生群体是突破"卡脖子"难题的核心储备力量。然而,传统教育模式多聚焦于应试能力,忽视学生个性化需求,导致长期存在资优生"有类无教"[1] 的困境,特别是面临两大矛盾:第一个矛盾是标准化与个性化之间的割裂,义务教育公平理念下的"平均化"[2] 教学消解了资优生的特殊发展诉求。例如,某位学生在初中阶段通过自学掌握了大学微积分知识,但传统课程体系无法适配其个性化成长需求,若按照普通教学轨道,其潜能不能被充分激活。第二个矛盾是静态能力观与非线性成长之间的冲突,传统教育依赖统一课程与机械练习,难以适配资优生认知跃迁的突发性与动机波动的阶段性。例如,某学生从初中阶段的"考试焦虑"状态,到大学阶段在智能机器人领域取得国家发明专利的转型,凸显了传统模式对动态能力发展的忽视。

　　上述矛盾在基础教育阶段尤为突出:资优生的成长亟须灵活的支持系统,但现有培养体系在识别机制、课程设计、资源协同等方面显著滞后发展。那么,如何基于自我决定理论(SDT)[3] 构建动态适配的数学资优生培养策略? 本研究以上海市市北初级中学(以下简称"市北初中")为典型案例,该校通过近30年的实践探索,构建了"自主驱动—胜任强化—归属赋能"的三维动态培养策略体系,以期为差异化教育

　　作者简介:王松萍,上海市市北初级中学高级教师,主要从事数学教育与资优生培养研究;何强,上海市市北初级中学校长,数学特级教师,正高级教师,主要从事数学教育与教育管理研究。

　　① 方中雄,张瑞海,黄晓玲:《破解超常教育的制度重构——将超常儿童纳入特殊教育体系》,《教育研究》2021 年第 5 期,第 101-107 页。

　　② 唐盛昌,徐奉先:《构建拔尖创新人才早期识别培育链的探索与思考:专访上海中学原校长唐盛昌》,《中国考试》2025 年第 3 期,第 7-15 页。

　　③ E. L. Deci, & R. M. Ryan, *Intrinsic Motivation and Self-Determination in Human Behavior*, New York: Plenum Press, 1985, pp. 245-271.

模式提供理论依据与实践参考。

二、自我决定理论的内涵与理论框架

1. 数学资优生的动态内涵重构

自我决定理论是由美国心理学家爱德华·德西和理查德·瑞安（Deci&Ryan）在 1970 年代初提出，他们认为个体身上存在三种水平的因果定向，即自主定向、控制定向和非个人定向。不同因果定向水平的人具有不同的人格特点：高水平自主定向的人富有创新精神，勇于承担责任，善于寻求有趣的和有挑战性的活动；高控制定向的人会把财富、荣誉和其他一些外界的因素看作极端重要的事情；非个人定向的人从来不进行规划并且墨守成规、随波逐流。[①] 我们观测到，初中阶段数学资优生具有高水平自主定向的潜在人格特点。在何强提炼的初中阶段拔尖创新人才的素养特征[②]的基础上，本研究从以下三个维度重新界定数学资优生内涵（见表 1）。

表 1 数学资优生的维度、内涵及其依据

维度	内涵	依据
能力特征	逻辑推理、抽象思维、跨学科迁移能力，数学直觉	课堂观察：一些学生解题时依赖直觉快速定位方向
动机特征	数学美的内驱力（如对称性、简洁性等）、自主探索倾向、挑战性任务偏好	校友数据：66.07%的数学资优生日均学习数学超过 3 个小时；黄同学因"计算器改装分享"重获自信
环境需求	高自主支持（分层作业设计）、强归属网络（学术社群）、精准反馈（校本题库）	校友数据：91.51%的数学资优生认可学校氛围影响；微积分社团促成董同学与同伴的知识共创

2. SDT 理论与数学资优生培养的适配性

本研究认为，自我决定理论提出的三大心理需求——自主性、胜任感、归属感，与数学资优生的成长需求高度契合。第一个需求是自主性，自主性满足能激发内在动机，促使学生从"被动接受"转向"主动建构"。通过分层教学与翻转课堂赋予学生探索自由。例如，市北初中减少机械作业量，允许学生按兴趣选择学习内容，教师角色从"知识灌输者"转为引导者。根据市北初中校友问卷得出数据：66.07% 的数学资优生日均数学学习超过 3 个小时，48.68% 认为"科学引导+自主学习"是最佳教学方式。第二个需求是胜任感，基于"最近发展区"的精准分层练习系统。例如，校本题库按难度分为基础层（巩固知识）、拓展层（跨学科应用）、挑战层（高阶思维），动态匹配学生能力。91.24% 校友愿重选数学竞赛课程，58% 认为数学竞赛内容学习显著提升思维品质。第三个需求是归属感，归属感是维持长期动机的关键。构建学术社群（如数学论坛、微积分社团）与家校协同机制。例如，市北初中的学生参与社团后，与同伴共创学习公众号，形成"分享→认可→归属"的正向循环。

3. 动态适配模型的理论构建

为破解传统模式的静态局限，本研究提出"动态适配模型"，将 SDT 的自主性、胜任感、归属感需求与数学资优生的认知跃迁、动机内化深度融合，突破传统理论（如 Renzulli 三环模式[③]）的静态解释局限。例如，通过重构数学资优生的动态内涵（能力、动机、环境需求三维度），揭示"需求满足→动机内化→能力跃迁"的作用路径。

---

① 暴占光,张向葵：《自我决定认知动机理论研究概述》，《东北师大学报(哲学社会科学版)》2005 年第 6 期，第 141–146 页。

② 何强：《初中阶段数学拔尖创新人才的早期识别与培养》，《现代基础教育研究》2023 年第 1 期，第 16–21 页。

③ J. S. Renzulli, "What Makes Giftedness? Reexamining a Definition", *Phi Delta Kappan*, Vol. 60, No. 3 (1978), pp. 180–184.

三、研究方法与实证支撑

1. 研究设计与方法

本研究采用混合研究方法,结合量化数据分析与质性案例研究,旨在多维度验证"动态适配模型"的有效性。具体设计如下。

(1)量化研究:针对市北初中 719 名数学资优生校友(含 IMO 金牌得主、顶刊论文作者)开展回溯性调查,涵盖学习动机、教学方式、环境影响等维度。问卷采用 Likert 5 级量表,探究学校氛围、分层教学、学术社群等变量对数学学习成效的影响,验证 SDT 三大需求的满足程度。

(2)质性研究:选取 9 名典型学生,本文主要呈现董同学(跨级自学微积分→初三直接清华录取)与黄同学(中学时期考试焦虑→大学阶段成为国家专利获得者),采取对学生、家长、教师的深度访谈与成长档案分析等方法,追踪策略作用路径。通过实践观察以及记录分层课堂、学术社团等场景的师生互动,提炼策略落地的关键细节。

(3)三角互证:量化数据(如"91.24% 的校友愿重选竞赛课程")与质性案例相互印证;教师访谈(如"分层作业设计逻辑")与课堂观察(学生解题行为)交叉验证策略有效性。

2. 校友数据分析

(1)影响数学学习的关键因素

根据 719 份问卷的分析显示,学校氛围与同伴影响对数学资优生的成长非常显著,占比分别为 91.51% 与 89.84%,这表明,学术社群的协作文化是维持动机的关键;良师引领(92.21%)凸显精准反馈的重要性,教师个性化指导能够帮助学生突破能力的边界。

(2)教学与学习方式的偏好

在教学方式方面,集中授课(48.68%)、科学引导(47.57%)最受认可,因其通过结构化支持释放自主性;在学习方式方面,大量练习(54.38%)、善于总结(52.99%)被视为提升胜任感的核心路径;在教师特质方面,数学学养丰厚(58.41%)、善于引导(50.9%)的教师更易满足学生的自主性与胜任感需求。

3. 策略运用的成效

借助对董同学与黄同学的翔实案例剖析,以及对策略适配性展开的深度探讨,能够全方位洞察策略在实际运用过程中的成效与局限。

以董同学为例,体现了自主驱动策略的典型特征。第一,自主性激发:学校巧妙运用弹性课时与分层作业模式,为董同学每日晚间争取出 3 小时的自主学习时段,有力支撑其在初中阶段便完成微积分知识体系的学习。第二,归属感强化:董同学积极创建并投身"微积分社团",携手同伴共同运营学习公众号,分享解题思路与学习心得,成功构建起"知识共享—集体认同—学习动机持续增强"的良性循环。第三,成效验证:凭借扎实的自学成果,董同学成功入选清华大学求真书院,并在丘成桐竞赛中斩获银奖,彰显出自主驱动策略的显著效能。

再以黄同学为例,充分展示胜任强化策略的转型成果。第一,精准反馈机制:教师依据黄同学错题本中呈现的问题与典型错误,精心设计针对性练习,助力其逐步提升解题的严谨性与准确性。第二,挑战性任务赋能:通过参与"计算器改装中的数学原理"课题展示,黄同学收获了师生的一致认可,不仅有效缓解了学习焦虑情绪,还极大地增强了自信心。第三,长期影响:升入大学后,黄同学充分融合数学与工程专业知识,在智能机器人领域成功取得国家专利,生动诠释了胜任强化策略对学生长远发展的积极推动作用。

四、核心策略:基于 SDT 的三维动态培养体系

本研究以"自主驱动—胜任强化—归属赋能"为主线,构建可操作的动态适配路径。

1. 自主驱动策略:释放探索空间,触发非线性成长

通过校本测评工具(逻辑测试、抽象思维任务、动机问卷),选拔出参加拓展课和讲座课的学生,每半学期根据学生发展情况加以调整,针对不同水平的学生,量身定制不同的学习路径。对测评成绩在前5%的学生,鼓励越级学习(如 6 年级学生进 8 年级的课堂学习),可自主决定学习内容和进度,选择在家少做作业,利用课堂时间去图书馆自修等,充分体现学生对学习的自主掌控。

(1)教学内容分层

市北初中秉持"以学定教"的理念,对接知识与逻辑的生成顺序,为学生提供多样化的学习课程(见表 2)。

表 2 "以学定教"的分层教学内容

课型	教学对象	教学内容	教学时间	自主性体现
基础课	全体学生	课程标准与统编教材内容	常规教学时间	通过课堂互动、课后作业等环节自主深化理解,为后续学习筑牢根基
拓展课	前 20% 的学生	《市北初级中学资优生培养教材》[①]	每周两个下午	可自主选择是否参与拓展课学习
讲座课	前 5% 的学生	高难度、前沿数学知识与问题	周五下午	在讲座内容中探索更深入的数学知识,拓宽知识边界,满足自主学习的需求

(2)教学方法多元

如表 3 所示,教学遵循由浅入深、由已知到未知的认知规律,尽可能将接受式学习转变为发现式学习。为了避免学生被机械化的解题方法禁锢思维,教师通过精加工提问"为什么选择这种方法""还没有其他思路"等方式,引导学生进行深度思考,帮助学生提升思维的主动性。

表 3 与不同课型匹配的多元教学方式

课型	教学方法	自主性体现
基础课	传统讲授与小组合作结合	在小组合作环节,学生可自主选择合作方式和交流对象,通过自主表达观点、倾听他人意见,提升自主学习能力和合作交流能力
拓展课	翻转课堂教学法	学生在课前可自主安排学习时间,选择适合自己的学习方式来观看微视频或预习资料。课堂讨论环节,学生能自主表达对知识的理解和疑问,主导学习过程
讲座课	费曼学习法与小先生制	学生自主决定学习进度和内容,充分发挥自身优势。学生自主组织活动,轮流担任"小先生"自主讲解知识,分享见解,通过相互学习满足自主性和归属感
	专家讲座	可以选择是否参加课程,是否继续讲座内容的学习与研究,参与专家引领的课堂对话

2. 胜任强化策略:精准突破能力边界

(1)分层作业系统:三级挑战设计

基于三个层级的分层作业系统,如表 4 所示。

---

① 何强,王松萍:《初级中学资优生培养教材·数学·六年级》,华东师范大学出版社 2018 年版,第 1 页。

表4　三级分层作业系统

层级	目标	适配对象	难度界限	题目示例
基础层	巩固课堂知识	全体学生	中考要求	解方程 $x^2-5x+6=0$
拓展层	跨领域应用、数学素养提升	前20%的学生	高中自主招生难度	方程 $x^2-ax+6=0$ 有整数解，求整数 a 的值
挑战层	高阶思维训练	前5%的学生	无上限	探究 $x^3-5x+6=0$ 是否有解，有几个解，如何求解?

（2）错题本机制：从纠错到跃迁

首先，进行错题归因：将错题分为知识盲区（如未掌握勾股定理逆定理）、审题失误（如误读"至少"为"至多"）、思维定势（如机械使用配方法）；其次，精准推送练习：教师根据错误类型，从校本题库中匹配相似题目（如为黄同学推送10道"审题精细化"练习题）；最后，及时动态反馈：每周分析错题本数据，调整教学重点。

（3）竞赛与小论文撰写赋能：挑战性任务驱动

在初级阶段，校内会举办"市北杯"数学竞赛，每半学期一次，题目侧重课内延伸与拓展课教学内容巩固，兼顾知识广度与难度（难度约为0.6）。到了高级阶段，校外参与伊朗几何竞赛、美国数学竞赛（AMC）等竞赛活动。学校鼓励学生撰写数学小论文，并将其纳入学科评价体系。教师根据学生的兴趣将论文主题分为三类：新知探索、问题扩展和一题多解。例如，弓学生对"直线分平面所成的区域数"问题产生了浓厚兴趣。在教师的指导下，她通过查阅文献、设计实验、自主探究，最终完成了一篇小论文，并在上海市学生探究论文评比中获一等奖。

3. 归属赋能策略：构建学术生态网络

（1）学术社群：协作创新平台

在学生社群中，可以围绕教师或同伴提供的挑战性问题进行自由研讨。研讨形式有时类似学术论坛，教师或问题的提出者作为主持人调控进度，学生则像学者一样进行思维碰撞。微积分社团由学生自主运营，定期开展"难题攻坚会"。例如，董同学曾发起"求积分的方法论"研讨，吸引了众多学生踊跃参与。社团成员凭借扎实的学术基础和浓厚的钻研热情，取得了显著成果：2位成员在初三时、1位成员在高一时便被清华大学求真书院录取，充分彰显了社团在培养学术人才方面的卓越成效。

数学前沿快讯社团专注于追踪数学领域的前沿动态。例如，孪生素数猜想的推进、零点猜想的疑似解决，以及挂谷猜想的解决等重要讯息，经由社团及时发布，引发了校内师生的热烈讨论，极大地激发了大家对数学研究的热情与兴趣，营造了浓厚的学术氛围，为学校学术生态网络的构建与壮大注入了源源不断的活力。

（2）家校协同：情感与资源双支持

学校不定期举办"数学教育沙龙"，指导家长如何提供"非干预式支持"。例如，黄同学家长学会亲子沟通内容以"欣赏过程"替代"追问分数"，缓解其焦虑情绪。

（3）文化浸润：学科价值认同

学校通过邀请杰出校友分享成长经历，强化学生对学科价值的深度认同。例如，2019年国际数学奥林匹克（IMO）金牌得主谢同学曾深情回忆："在市北初中的日子是我到目前为止人生中最开心的几段时光之一。"2016年IMO金牌得主张同学也分享道："在市北初中，我萌生了将数学研究作为未来方向的想法。"2005年IMO金牌得主刁同学直言："市北初中培养了我对数学的浓厚兴趣，使我打下了扎实的功底，并且在数学竞赛方面给予我非常系统的训练。"这些分享不仅展现了市北初中在数学教育领域的卓越成就，也为在校学生树立了榜样，激励他们追求卓越。

此外，学校不定期邀请知名数学家、教育家以及优秀学长为学生开设讲座，提供丰富的拓展学习机会。这些讲座不仅拓宽了学生的视野,更激发了他们对数学竞赛的兴趣与热情,助力学生们将数学学习从单纯的解题技巧升华为探索真理的旅程,深刻体会到数学学科的魅力与价值,从而在内心深处建立起对学科的坚定认同。

4. 教师角色转型支持

市北初中的教师团队通过持续的校本培训、专业成长和教研创新,为资优生培养提供了坚实的支持。具体策略包括:数学教研组坚持手写教案、讲题必先做题的传统,教师通过提前预判学生可能遇到的问题,优化教学设计;学校定期组织教研活动,邀请专家讲座、开展集体备课、实施跨校联合教研等。数学组教师通过办公室"问题墙"或微信"教研群",将课堂上遇到的难题和学生提出的创新解法记录下来,供其他教师参考。数学教师的校本培训体系,如表5所示。

表 5 资优生数学教师的校本培训体系

模块	内容	理念
SDT理论解析	自主性、胜任感、归属感的需求满足机制	教师通过案例理解"减少干预≠放任自流"
分层教学设计	动态调整课程难度	教师与学生一起确定个性化课题
学术社群运营	社团活动策划与资源整合	教师指导创建研讨小组
问题解决及其教学	波利亚的怎样解题法	在波利亚的解题表指导下提问
教师数学素养提升	初等数学研究	不讲无准备之题,比学生多一种解法

五、成效验证与讨论

1. 学术成果与长期影响

(1)国际竞赛与学术发表

市北初中数学资优生培养策略的成效在国内外竞赛与学术研究中得到充分验证。其毕业生累计斩获国际数学奥林匹克(IMO)金牌 9 枚,国际物理、化学奥林匹克金牌各 1 枚,历年中国数学奥林匹克(CMO)国家集训队入选人数近 50 名,其中 2021 年占全国 60 人名单中的 7 席,2023 年上海市入选的 50 名 CMO 队员中市北初中毕业生达 18 人。此外,学生在国际顶尖数学期刊中表现亮眼:张同学(麻省理工学院本科生)与合作者关于"高维等角线最大值"的研究获评 2023 年世界华人数学家联盟最佳论文奖,发表在《数学年刊》[①];刁同学(清华大学副教授)与合作者在《美国数学会杂志》发表的《刚性簇上的对数黎曼—希尔伯特对应》[②],被审稿人评价为"该领域的里程碑式突破"。

(2)校友职业发展追踪

长期参加学校数学竞赛课程学习的校友大部分进入麻省理工学院数学系、清华大学姚班、北京大学数学学院等国内外顶尖高校深造,61.89% 的校友认为数学学习与当前职业(如金融量化、人工智能算法设计)具有高度相关性。校友黄同学的典型案例表明,初中阶段通过数学建模培养的跨学科能力,直接支撑其大学期间在智能机器人领域取得国家发明专利。

(3)学习动机与能力提升

校友回忆日均数学学习时间曾达 3 个小时以上,表示"学习动力源于数学本身的美感与挑战性"。

① Zilin Jiang, Jonathan Tidor, Yuan Yao, Shengtong Zhang, Yufei Zhao, "Equiangular Lines with a Fixed Angle," *Annals of Mathematics*, Vol. 194(2021), pp. 729-743.

② Hansheng Diao, Kai-Wen Lan, Ruochuan Liu, Xinwen Zhu, "Logarithmic Riemann - Hilbert Correspondences for Rigid Varieties," *Journal of the American Mathematical Society*, Vol. 36, No. 2(2023), pp. 483-562.

量化数据显示,58% 的校友认为参加数学竞赛能显著提升逻辑严谨性,强化了跨学科迁移能力。例如,董同学通过自主探索微积分知识,在初中阶段即形成抽象思维与直觉能力,并形成了极强的自学能力,为其后续跳过高中直接进入大学阶段的学习奠定了坚实基础。

2. 动态适配模型的实践验证

校本测评工具(能力、动机、环境三维评估体系)成功定位学生差异化需求。以董同学为例,其逻辑推理与数学直觉能力及家庭环境支持均获高分,学校据此允许其跳过基础课程,直接挑战更高难度的内容。同时,校本题库系统依据错题类型(如黄同学的"审题精细化需求")动态推送题目,使其解题正确率得以提升。

学术社群与家校协作机制构建了多层次支持网络。董同学在社团中与同伴共创学习公众号,形成"知识共享→集体认同→动机持续"的良性循环,印证了归属感对长期学习动力的维持作用。

3. 局限与改进方向

市北初中的资源优势(如校本题库、顶尖师资)可能放大策略效果,资源薄弱校推广需配套支持。建议开发轻量化工具包(如基础版分层作业生成器),并推动区域校际资源共享。当前研究聚焦学业阶段表现,对职业发展期创新动力的追踪不足。未来需建立校友终身数据库,分析数学素养对职业成就的长效影响,例如竞赛获奖学生的后继科研或创新动力。此外,部分教师对"引导者"角色适应性不足,需将SDT 理论纳入师资培训体系。可设立"策略创新奖",激励教师为学生量身定制学习路径。

本研究通过"自主驱动—胜任强化—归属赋能"三维策略体系,验证了自我决定理论在数学资优生培养中的适配性,成功破解"标准化"与"个性化"的深层矛盾。动态适配模型通过精准识别需求、弹性调整资源、生态协同支持,为非线性成长提供了可操作的实践路径。未来研究需进一步拓展技术赋能(如AI 测评工具)、跨学科迁移(如理科资优生培养)及全球化合作,推动基础教育从"机会均等"向"需求适配"的范式转型,为国家拔尖创新人才培养提供可持续的生态化解决方案。

Cultivation Strategies for Mathematically Gifted Students Based on Self-Determination Theory

WANG Songping, HE Qiang

(Shanghai Shibei Junior Middle School, Shanghai, 200070)

Abstract: Based on Self-Determination Theory (SDT), this study uses Shanghai Shibei Junior Middle School as a typical case to construct a three-dimensional dynamic cultivation strategy system: autonomy-driven, competence-enhanced, belonging-empowered. It aims to address the deep conflict between standardized models and individualized needs when mathematically gifted students are trained. This strategy includes cognitive leaps through stratified teaching and flipped classrooms, competency breakthroughs via challenging tasks and precise feedback, and sustained long-term motivation through academic communities and home-school collaboration. The proposed Dynamic Adaptation Model offers an operational ecological pathway for training mathematically gifted students through precise identification, flexible adjustment, and ecological synergy.

Key words: Self-Determination Theory (SDT), mathematically gifted students, cultivation strategies, dynamic adaptation, intrinsic motivation

《现代基础教育研究》

第58卷，2025年4月 （Research on Modern Basic Education） Vol.58, Apr. 2025

数字文化视域下德国教育数字化育人的政策与实践

吴梦徽

（同济大学 德国问题研究所，上海 200092）

摘 要： 数字文化的概念内涵及其参照性、社群性和算法性三大特征构成了分析德国教育数字化转型的理论框架。基于此框架，教育转型目标聚焦于数字主体性、数字公民性、数字伦理性。通过梳理德国联邦层面教育数字化政策文件，揭示了政策层面如何将数字文化特征转化为制度性安排，同时反映教育数字化转型实践中的现实张力。德国数字化育人案例表明，通过赋能参照性、重构社群性和批判算法性，可以有效促进学生在数字主体性、数字公民性和数字伦理性方面的发展。

关键词： 数字文化；数字化育人；教育数字化转型；德国

数字文化（Kultur der Digitalität）不等同于数字化（Digitalisierung）。后者更倾向于纯粹的技术层面，而前者则涵盖了数字化所带来的文化和社会影响，是"数字化在生活世界中的意义"。[1] 因此，数字文化决定着生活各个领域的文化构成，其重要性类似于传统媒体文化，如识字文化或印刷文化，对教育领域产生重大影响。在数字文化背景下，学校必须进行根本性变革，以应对人类有史以来面对的最大文化挑战。[2] 然而，教育实践和学术讨论中的重点仍停留在使用有助于课堂教学的数字媒体和技术，鲜少从文化研究的角度来探讨数字化现象。已有研究证实，数字媒体在传统学习环境中的有效性较低[3]，这提示我们必须在新的文化框架下重新思考教育的核心理念，并据此对学校环境与教学范式进行根本性的变革。

随着我国教育数字化战略行动加速实施，教育变革也在不断推进。当前，这一发展正催生新的教育文化，反映在教育治理、育人模式、共同体建构等诸多层面。[4] 同时，由于对新媒体技术的风险认识不足、教育系统传统架构的抵制等因素制约了教育可持续发展，构成教育数字化转型的现实挑战。

德国教育数字化转型起步较晚，但近年来在全球进入后疫情时代及教育信息化快速变革的国际趋

基金项目： 上海市教育科学研究项目"育人导向下人工智能赋能高校教学改革的实践路径研究"（项目编号：A2025011）。

作者简介： 吴梦徽，同济大学德国问题研究所助理教授，博士，主要从事比较教育研究。

① U. Hauck-Thum, Zur Einführung, *Was ist Digitalität？Philosophische und pädagogische Perspektiven*, Berlin：J. B. Metzler, 2021.

② P. Specht, *Die 50 wichtigsten Themen der Digitalisierung：Künstliche Intelligenz*, Blockchain, Robotik, Virtual Reality und vieles mehr verständlich erklärt, Redline Verlag, 2018.

③ K. Zierer, *Lernen 4.0-Pädagogik vor Technik*, *Möglichkeiten und Grenzen einer Digitalisierung im Bildungsbereich*, Baltmannsweiler：Schneider Hohengehren GmbH, 2020, p.74.

④ 李玉顺：《数字化战略行动孕育新的教育文化》，《中国教育报》2023年3月18日。

势等内外多重压力之下,德国教育数字化转型取得了迅猛发展。① 在这一转型进程中,德国教育部门逐渐意识到教育数字化转型的成功关键在于对数字化社会文化变革的理解和适应,并借此将数字文化作为推动新时代教育高质量发展的重要抓手。德国文教部长联席会议(Kulturministerkonferenz,缩称KMK)在 2016 年发布的《数字世界中的教育战略》中,将数字文化的特征纳入核心能力领域的建设之中。德国小学研究和教学法委员会(Kommission für Grundschulforschung und Pädagogik der Primarstufe,缩称DGfE)在 2022 年的立场文件中强调,必须认识到社会、媒体和文化的相互交织对教育变革的深刻影响。② 在联邦教研部(Bundesministerium für Bildung und Forschung,缩称 BMBF)发起的《数字化学校公约》(Digital Pakt)的号召下,各级学校积极推进教育数字化实践项目,尝试将数字文化的政策理念转化为教学实践的系统性变革。据此,对数字文化理念进行深入探析,并分析德国依托数字文化理念进行的教育数字化转型政策与实践,具有重要意义。

一、数字文化——德国教育数字化的理论范式

1. 数字文化的概念阐释

数字文化的理论阐释发轫于对"数字化"概念的本质性反思,当技术工具论视角无法解释数字技术引发的系统性文化变迁时,"数字文化"概念应运而生。这一理论转向由费利克斯·斯塔尔德(Felix Stalder)的《数字文化》奠定基础,其核心命题在于:数字技术并非外在于人类文化的工具集合,而是重构了文化存在的基本模态。③ 其中,数字化不再局限于技术扩散的线性进程,而是演变为塑造社会关系的根本性文化基质。

在数字文化的生成机制中,技术与人形成双向建构的辩证关系。以电子阅读器为例,其价值远不止于纸质书籍的电子化替代品:通过动态字体调节、跨文本检索、即时翻译等功能,传统阅读行为被解构为非线性、交互式的知识探索过程。这种转变揭示出数字文化的根本特征——技术装置不仅是功能载体,更是重构认知框架的符号系统。在此基础上,斯塔尔德提出了数字文化的三大实践特征:参照性、社群性和算法性。

参照性打破了传统知识生产的权威垄断,使文化符号在超链接网络中形成去中心化的互文网络。在数字文化时代,传统的信息过滤和筛选机制被削弱,个人参与文化和知识生产的能力得到了增强。每个人都有可能成为内容的创作者和传播者,这导致了信息的爆炸性增长和无序性。为了在这个信息混乱的环境中找到自己感兴趣的内容,人们不得不依赖于个人和群体的参照性,并不断调整自己的筛选和过滤机制。参照性的出现使得信息的流通更加自由和广泛,但也增加了信息的不确定性。

社群性将个体认知转化为分布式集体智能,社交平台上的信息流重组了意义生成的空间拓扑。数字文化将教育经验从可调控和个性化的学习过程转变为共同体经验,社群性体现为人们在社交网络中建立的互动和联系。在数字信息洪流 2.0④的混乱中,作为一个孤立的个体不可能找到自己的方向。社交网络成为人们交流、分享和获取信息的重要平台。社群性使得人们能够与他人分享观点、经验和知识,从而形成更加丰富和多元化的学习和认知模式。因而,群体归属感对青少年起重要作用,所谓的"全球化一代"认同拥有共同价值观、热衷于相同事业的人。社群的典型做法,例如通过共享图片、推特、博客、备忘录等进行交流,是在数字技术的帮助下不断产生和复制的。创造力主要源于社群的共同实践形

---

① 吴梦徽、王中奎:《融合理念下德国教师教育数字化转型:举措、成效与隐忧》,《比较教育研究》2023 年第 8 期,第 83-93 页。

② Deutsche Gesellschaft für Erziehungswissenschaft (DGfE), *Positionspapier der DGfE-Kommission Grundschulforschung und Pädagogik der Primarstufe zum Thema Digitalisierung*, 2022, 载 https://www.dgfe.de/sektionen-kommissionen-ag/sektion-5-schulpaedagogik/kommission-grundschulforschung-und-paedagogik-der-primarstufe/schwerpunkte, 最后登录日期:2024 年 10 月 6 日。

③ F. Stalder, *Kultur der Digitalität*, Berlin: Edition Suhrkamp, 2016, p. 11.

④ F. Stalder, "Herausforderungen der Digitalität jenseits der Technologie", *Fachmagazin für Digitalisierung in der Lehre*, 2018, p. 105.

式,而非孤立的个体。这种形式是产生文化的实际主体,即共享意义。[1]

算法性则通过数据建模重构了人类决策的认知基础,使计算成为应对复杂性的新理性形式。由于信息过载和无序性,个人和群体的筛选能力已经不足以应对当前的挑战,因此,人们必须依赖算法来过滤和选择信息。然而,算法的工作原理通常是不透明的,这赋予它们巨大的权力,但也引发了隐私和透明度等问题。

这种文化转型对知识结构产生颠覆性影响。传统知识体系如同精心编排的图书馆,依赖专家系统的分类编码维持秩序;而数字文化中的知识生态则类似亚马逊仓库的算法化仓储——元数据标签替代了主题分类,超链接网络消解了层级结构,知识检索从逻辑推理转向模式匹配。这种转变不仅改变了信息获取方式,更重塑了认知主体性:当个体在社交网络中通过话题标签构建临时性知识社群时,其认知过程已深度嵌入算法推荐的注意力经济之中。教育场域中的"个性化学习"神话在此遭遇根本性质疑,因为所谓个体认知轨迹实则是算法对群体行为数据的概率预测,学习者的主体性在数据画像与推荐系统的合谋中被重新配置。

2. 数字文化与教育变革

数字文化对教育系统的解构性影响,本质上是技术哲学视域下人类存在方式的范式转换。当数字符号系统通过参照性重构知识生产逻辑、借助社群性重塑交往形态、依托算法性再造认知路径时,教育作为"人的发展"的实践载体,其本体论基础正经历根本性动摇。这种动摇首先体现在知识权威的消解——维基百科的集体编纂模式颠覆了传统百科全书的知识等级,TikTok 短视频的碎片化传播重构了认知节奏,使得教育系统面临从"知识传递"向"意义建构"的范式转型压力;更深层的危机则在于主体性的技术化重构。算法推荐系统通过数据画像构建"数字孪生",导致学习者陷入"被计算的主体性"困境;异步学习打破课堂时空边界,使得洪堡提出的"人与世界的共同发展"理念[2]在数字空间获得超域性实现的同时,也消解了传统教育情境的具身交往价值。在此背景下,德国传统"教化"理念所强调的"自我形塑"面临双重挑战:既要回应技术对认知结构的重构,又要守护教育作为人性培育的本质属性。

在此背景下,结构性媒介教育理论(Strukturelle Bildungstheorie)[3]能够帮助我们厘清数字文化中的教育变革方向。该理论强调从社会和文化背景视角理解教育的动态性,尤其在媒介化和数字化的社会中,个体如何在变革中塑造自我身份与世界观。从媒介化社会的结构性特征出发,将教育过程解构为三个相互作用的维度:作为技术具身化实践的媒介教育活动,作为认知重构路径的个体学习目标以及作为社会关系转型的交互过程。这三个维度分别对应数字文化的核心特征:参照性通过超链接化知识网络重构个体认知框架,对应个体学习目标维度;社群性在虚拟共同体中重塑交往规则,对应转型过程维度;算法性支配技术实践的物质基础,对应媒介教育活动维度。

基于此,数字时代的教育变革需要实现三重目标转向(见表1)。

表 1 数字文化中的教育变革目标

媒介教育结构	育人转型路径	教育变革目标
媒介教育活动	技术具身化实践	数字主体性建构
个体学习过程的目标与结果	数字公民身份形塑	数字公民性培育
转型过程	数字社会的伦理判断发展	数字伦理性养成

[1] F. Stalder, *Kultur der Digitalität*, Frankfurt am Main：Suhrkamp, 2016, p. 2.

[2] C. Kühn, "Atmosphären des Lehrens und Lernens：Annäherung an ein soziales Phänomen", *Forum Erwachsenenbildung*, Vol. 3, (2019), pp. 17-20.

[3] B. Jörissen, W. Marotzki, *Medienbildung：Eine Einführung*, Bad Heilbrunn：Julius Klinkhardt, 2009.

（1）参照性与数字主体性：在超链接化知识网络中，个体学习目标的核心是建构数字主体性。参照性特征消解了线性知识体系，要求学习者通过动态关联的符号系统重构认知坐标系。这本质上是康德"理性为自我立法"理念的数字化延伸——主体必须在碎片化信息流中建立批判性参照能力，从而在技术具身化过程中保持认知自主。

（2）社群性与数字公民性：虚拟共同体的社群性特征推动转型过程向数字公民性演进。当教育交往突破地理边界形成去中心化网络时，个体需在多重身份切换中发展数字公共领域的参与能力。[1]这要求将世界公民理念转译为算法社会的公民素养，即在数据流动中平衡权利主张与共同体责任。

（3）算法性与数字伦理性：算法性支配的媒介教育活动催生数字伦理性需求。作为技术实践的物质基础，算法系统通过参数化逻辑重塑行为模式。教育必须发展出对算法权力的批判意识，使个体在被计算的生存状态中守护人性尊严。

此三重目标构成传统"教化"理念的数字化转译：数字主体性确保认知自主，数字公民性维系共同体价值，数字伦理性则划定技术化生存的伦理边界。它们共同指向教育的终极命题——在数字文化中实现"完整的人"的培育。

二、政策设计——数字文化的制度建构

教育变革三重目标转向——数字主体性、数字公民性与数字伦理性——不仅指向认知框架的重构，更要求通过制度设计将技术具身化过程锚定于教育本质。德国教育数字化转型政策通过联邦层面的战略框架与州级政策工具的多维度整合，将数字文化的参照性、社群性与算法性特征转化为具体的制度实践，其核心在于构建技术赋能与人性培育的动态平衡机制。

1. 数字文化的制度表达

以 KMK《数字世界中的教育战略》《数字世界中的教与学》为核心，以 BMBF《数字学校公约》为支撑，其他政策倡议为协同网络的联邦政策体系，通过制度性创新将数字文化的参照性、社群性与算法性特征转化为教育实践的操作框架，在守护传统育人理念的同时，构建数字时代主体培育的批判性参与范式。

在知识生产逻辑的参照性重构维度，政策设计通过课程整合与能力框架的革新消解线性知识权威，直接服务于数字主体性的培育目标。KMK 制定的《数字世界中的教育战略》包含数字文化的核心要素：在"交流与合作"的能力领域明确规定了参考性，要求学生"掌握参照实践""共享文件、信息和链接""了解并思考交流中的道德规则"；在"分析和反思"能力领域，数字文化的社群性特征尤为突出，要求学生"认识和评估数字环境中由利益驱动的话题设置、传播和主导""了解和使用数字媒体对舆论形成和决策的重要性"；"认识和制定算法"能力领域则凸显数字文化的算法性特征，要求学生"知道并理解数字世界的功能和基本原则"。[2]

虚拟共同体的社群性特征在政策中体现为交往伦理与参与规则的再造，其制度目标指向数字公民性的培育。首先，DGfE 在其立场文件中强调"跨校、跨区域协作网络"，鼓励师生利用数字工具（如协作文档、视频会议）突破地理限制，构建虚拟学习社区。[3]其次，文件提出"数字伦理教育"，要求教师在教学中整合算法社会的公民责任（如数据隐私意识），并通过开放教育资源促进公共领域的知识共享[4]，体

---

① K. Clinton, H. Jenkins, J. McWilliams, "Neue Literalitäten in einer Ära der Partizipationskultur", in *M. Hagener & V. Hediger* (*Hrsg.*), Medienkultur und Bildung. Ästhetische Erziehung im Zeitalter digitaler Netzwerke, Frankfurt/M./New York: Campus Verlag Kulturelle Bildung, 2015, pp. 203-226.

② KMK, 2016, pp. 11-13.

③ Deutsche Gesellschaft für Erziehungswissenschaft（DGfE）, *Positionspapier der DGfE-Kommission Grundschulforschung und Pädagogik der Primarstufe zum Thema Digitalisierung*, 2022, 载 https://www.dgfe.de/sektionen-kommissionen-ag/sektion-5-schulpaedagogik/kommission-grundschulforschung-und-paedagogik-der-primarstufe/schwerpunkte, 最后登录日期：2024 年 10 月 6 日。

④ 同上。

现了数字公民性中权利与责任的平衡需求。此外,文件还提出应建立尊重规则的数字交流文化,包括制定在线交流的行为准则。BMBF《数字学校公约》更将数字公民性培育嵌入基础设施,要求联邦和各州政府应创造必要条件,确保教育系统在数字文化中的全民参与。

面对算法性对认知路径的再造,政策设计通过技术治理与价值嵌入的共生机制,划定数字伦理性的边界。KMK 于 2021 年发布的《数字世界的教与学》即强调数据使用目的的限制与透明性,要求教育系统警惕算法对教学决策的影响,并要求教师教育中纳入"理解算法社会的基本原理"。[1]《数字学校公约》亦强调,必须意识到数字化带来的风险,确保学生能够明智、负责任、批判性地使用数字技术。为此,数字世界中的教与学必须以教学法为主导,联邦与州也将"学校是否进行教学理念与方法的革新"纳入资助评价标准。[2]

上述三重维度的政策实践,展现了德国联邦政府在数字时代教育变革中的系统性思考和战略布局。其不仅敏锐地捕捉到数字文化的三大核心特征,更尝试通过制度创新将其转化为可操作的教育实践框架。其核心目标在于,在坚守传统教育理念的基础上,积极拥抱数字变革,最终培养出具备批判性思维和积极参与能力的数字时代主体。

2. 数字文化的现实张力

工业化教育范式在数字时代的延续性力量,构成了数字文化落地的根本性障碍。尽管《数字世界中的教与学》等政策文件试图引入文化转向,但教育实践仍深陷"技术工具论"的认知框架——这种矛盾本质上是传统教育理念与数字文化生态的结构性冲突。当政策制定者用"数字世界"的修辞建构新型教育空间时,恰恰暴露了工业化教育范式的深层惯性:这种表述似乎隐含着"数字世界"与"现实世界"的二分法[3],将技术变革视为可被现有系统吸收的孤立变量,而非重构教育本体的存在论革命。

这种认知惯性首先表现在时空秩序的固化上。传统课堂的物理边界虽被智能设备打破,但教育者仍执着于重建受控的数字教室:交互白板成为电子黑板,在线文档复制纸质作业流程,视频会议模拟线下授课场景。贝塔斯曼基金会 2022 年的调研显示,大部分数字化教学实践仅实现媒介载体的电子化迁移,未能触动以课时为单位、以教师为中心的知识传递结构。[4] 这种数字化"拟像"实质是工业化教育逻辑的技术强化,其通过将数字技术驯化为传统教学工具,消解了数字文化对教育时空结构的解构性力量。

更深层的矛盾源自能力培养范式的路径依赖。当政策文件强调"数字文化中的参与"作为人与世界交互的新维度时,教育系统仍在沿用标准化评估体系。编程课程聚焦语法正确性而非计算思维培养,媒体素养简化为软件操作证书。这种能力规训模式与数字文化的特质背道而驰——在算法推荐重构认知路径、数据画像重塑身份认同的数字生态中,传统教育仍在培养"技术操作员"而非"文化参与者"。正如洪堡理念遭遇的实践困境:学生被要求"在数字世界留下痕迹"[5],却因校内禁令使用智能手机而无法体验真实的社交网络互动,更遑论理解数字足迹的文化意涵。

资源配置模式的现状进一步暴露了制度惯性的顽固性。尽管《数字学校公约》投入 50 亿欧元用于推动德国学校的数字化转型,但从学校提交的申请来看,大多数学校仍倾向于在传统的"以教师为中心"的教学模式上进行数字化改造。许多申请主要集中在技术基础设施建设和交互式白板系统的配备,这在一定程度上强化了传统教学环境的理念。造成这一现象的原因在于,学校在时间压力大、资源有限的

① KMK, *Lehren und Lernen in der digitalen Welt*, 2021, p. 27.

② BMBF, *Verwaltungsvereinbarung DigitalPakt Schule 2019 bis 2024*, 2019, p. 2.

③ T. Irion, V. Knoblauch, "Lernkulturen in der Digitalität", in *M. Peschel* (Hrsg.), Lernkulturen, Frankfurt am Main: Grundschulverband, 2021, pp. 183–206.

④ Bertelsmann Stiftung, *Monitor–Digitales Lernen an Grundschule*, Gütersloh, 2017, p. 7.

⑤ M. Fuchs, "Medien als Mittel der Weltaneignung. Zur Medienkompetenz als Teil der kulturellen und ästhetischen Bildung", in *Medienkultur und Bildung*, *Ästhetische Erziehung im Zeitalter digitaler Netzwerke*, Frankfurt/M.: Campus Verlag, 2015, pp. 39–48.

情况下,往往选择规避新的媒体文化,而只是根据媒体技术的发展对现有教学模式进行调整和优化,而非推动真正意义上的教学创新。

这些实践困境共同揭示了一个残酷的现实:数字文化面临的核心挑战并非技术适配的难题,而是传统教育范式在维护自身合法性时所表现出的系统性抵抗。要突破这一结构性困境,必须认识到,数字文化并非一个外在于课程体系、等待被"融入"的元素,而是重塑教育存在方式的根本力量。这要求教育系统超越工具理性的局限,在认知框架、组织形态和评价体系上,与数字文化生态实现深度耦合,从而推动真正意义上的教育变革。

三、实践创新——数字文化的教育转化

1. 参照性赋能:数字主体性建构的课堂革命

LearningApps 平台作为数字时代教育变革的典型代表,通过创新知识生产与认知构建的路径,有效地促进了学习者数字主体性的发展。该平台由瑞士教育技术团队开发,并在德国基础教育领域得到广泛应用。其核心价值在于将传统的静态知识转化为动态的交互式网络。教师可以利用平台提供的多模态任务模板,例如配对题和交互式视频填空等,对线性的知识体系进行解构。这有助于学习者在完成跨媒介的关联任务(如将数学统计图表与地理气候视频相结合)时,构建非对称的认知框架。[1]

LearningApps 作为一个"作者工具",允许教师和学生自主创建和填充应用程序内容。这种自主生产的模式为赋能参照性提供了途径。教师可以根据教学主题、学生水平和兴趣定制内容,确保学习内容与学生实际情况紧密相关。更重要的是,学生可以创建自己的学习应用,将学习内容与他们自身的理解和视角联系起来,增强学习的个人意义和现实意义。LearningApps 平台的一大亮点在于支持学生主动创建应用程序,这体现了"教学相长"的原则。为了能够向他人解释知识,学生需要深入学习,收集、整理和准备相关信息。在这个过程中,学生不仅主动参照已有的知识,更通过自己的理解和表达,将知识内化并赋予其独特的参照意义,从而显著提升学习的自主性和参与度。[2]

学生自主创建学习应用,能够显著提高他们在知识获取过程中的互动性和参与度。这种学习方式更多地以知识构建为特征,而非简单的知识传授。当学生能够自由选择主题或学习方向时,会体验到更强的自主性,进而提升学习动机。这种自主选择和主动创造的过程,正是平台通过赋能参照性来建构学生数字主体性的关键机制。

虽然 LearningApps 不适用于引入全新知识或解释复杂概念,但它作为一种补充工具,能够有效地帮助学生深化对课堂所学知识的理解,并将其与自身的经验和兴趣联系起来。通过自主创建和使用 LearningApps,学生能够以更个性化和有意义的方式参照学习内容,最终增强其在数字环境中的学习能力和主体意识。

2. 社群性重构:数字公民性培育的共同体实验

Kidipedia 作为一个面向 1—6 年级学生的在线百科全书,是德国在数字化文化背景下促进积极参与的新型教育工具。该平台通过重塑知识生产与传播的社群关系,为儿童构建了一个参与式的数字公共领域实践场域。该平台由帕德博恩大学教育团队开发,其核心机制是将维基百科的协作模式创新性地转化为适合儿童的数字公民训练营。[3]

① P. Arnold, L. Kilian, A. Thillosen, G. Zimmer, *Handbuch E-Learning. Lehren und Lernen mit digitalen Medien*(5. Aufl.), Bielefeld: wbv Publikation, 2018.

② D. Petko, *Einführung in die Mediendidaktik. Lehren und Lernen mit digitalen Medien*, Weinheim & Basel: Beltz Verlag, 2014.

③ M. Haider, M. Peschel, T. Irion, I. GryI, D. Schmeinck, M. Brämer, "Die Veränderung der Lebenswelt der Kinder und ihre Folgen für Sachunterricht, Lehrkräftebildung und sachunterrichtsdidaktische Forschung", in *A. Becher et al.* (Hrsg.), Sachunterricht in der Informationsgesellschaft, Bad Heilbrunn: Verlag Julius Klinkhardt, 2022, pp. 55-72.

Kidipedia 通过鼓励"产销合一"模式,有效地重构了学习社群。学习者通过自主创建关于学科主题的条目,以及参与编辑已有的条目,体验到自己是数字文化及其驱动的学校学习文化中的积极塑造者。[①] 同时,他们搜索功能和浏览区域,作为内容消费者访问其他儿童创建的条目。这种去中心化的知识流通网络有效地重塑了传统的教育交往规则。例如,当学生发现同伴创作的关于"水资源循环"的图文信息存在矛盾时,教师并非直接介入纠错,而是引导全班开展一场"数字议会"式的辩论,从而将评估信息可信度的过程转化为培养公共协商能力的实践。

尽管 Kidipedia 在成人监护的必要性与技术简化的程度等方面仍存在争议,但它成功地展现了通过社群性重构来培育数字公民性的教育潜力。真正的数字公民性不仅需要技术支持下的协作空间,更依赖于教育者将知识生产活动转化为一个促进公共理性发展的社会实验,从而引导学生在数字环境中负责任地参与和做出贡献。

3. 算法性批判:数字伦理性养成的技术治理

绿幕技术教育项目创新性地通过解构算法权力的物质基础,为小学生搭建了一个培育数字伦理意识的技术治理实验室。该实践以 KMK 发布的《媒体素养能力框架》为指导[②],其核心理念是让学生亲身体验使用绿幕技术来制作具有欺骗性的图像,从而实现对算法的批判性理解。

在该项目中,学生学习如何利用平板电脑或电脑上的相关应用程序,将自己或物体放置于不同的虚拟背景中。这一过程使他们能够直观地理解数字图像是如何被修改和合成的,从而揭示视觉信息并非总是真实可信。由此他们能够直观地理解社交媒体上虚假信息的生成逻辑,从而培养对数字内容背后算法机制的认知。通过创建被操纵的图像或视频,并进行批判性的媒体反思,该项目旨在提高学生对视觉虚假信息概念的认识。这种意识是形成"对可信度的自发怀疑",以及随后对在线信息进行更深入分析和反思的基础。课堂上教师会组织讨论和反思,学生可以分享自己的创作,并分析其呈现效果、潜在影响以及被识别的操纵痕迹。

教师在项目中扮演关键的引导角色,他们会引导学生比较自己制作的媒体产品与真实的视觉虚假信息案例,探讨社交媒体上视觉虚假信息背后的操纵意图,并将其与电影或新闻演播室中绿幕技术的应用区分开来。学生还会像"绿幕侦探"一样,在自己创建的图像中寻找能够暴露篡改痕迹的"错误",例如,轮廓周围的绿色光晕或人物/物体的光源与背景不符等。

尽管有观点批评这种"封闭实验环境"可能弱化现实世界的复杂性[③],但该案例依然有力地证明,真正的数字伦理性培养需要学习者同时成为技术的"解剖者"——通过调整参数理解算法的支配逻辑,又成为伦理的"行动者"——在共同体的实践中将道德原则转化为对抗技术异化的具体方案。

四、结语

数字化转型对儿童和青少年的影响远不止于技术层面,将"数字文化"仅仅等同于"数字化"容易忽略其对个体成长和社会发展的深远意义。数字文化的核心在于关注学校和社会中更广泛的文化变革,培养学生在数字环境中的全面参与和深刻理解,而不仅仅是工具性的技术运用。数字文化的基本实践和对相关机制的理解尚在起步阶段,学校在处理数字媒体时,仍旧倾向于传统的教学空间和运作方式。数字媒体被理解为旨在改进教学或更易懂、更高效传达和呈现教学内容的工具。相关人员只有意识到与文化相关的生产性实践是教育过程的重要先决条件,才能形成对数字文化能力的理解,而不局限于工

① T. Irion, V. Knoblauch, "Lernkulturen in der Digitalität", in *M. Peschel* (Hrsg.), Lernkulturen (Bd. 153), Frankfurt am Main. : Grundschulverband, 2021, pp. 183−206.

② KMK, *Strategie der Kultusministerkonferenz Bildung in der digitalen Welt*, 2017.

③ F. Gervé, "Digitalisierung und Bildung im Primarbereich", in *J. Heider−Lang & A. Merkert*(Hrsg.), Digitale Transformation in der Bildungslandschaft − den analogen Stecker ziehen?, Augsburg: Rainer Hampp Verlag, 2019, pp. 97−114.

具性技能的可用性,这也将从根本上改变传授知识和获取知识的方式。

回顾历史,新的媒体文化融入教育体系往往需要漫长的过程,教育系统的深刻变革并非一蹴而就。通过对德国教育数字化育人政策与实践的分析,本文旨在为理解这一转型过程提供一个基于数字文化视角的框架,并期望教育系统能够借鉴相关经验,摆脱传统模式的束缚,加速实现与数字时代相适应的根本性变革,最终培养出能够积极参与、理性思辨的数字公民。

Policies and Practices of Digitization in German Education from the Perspective of Digital Culture

WU Menghui

(Institute for German Studies, Tongji University, Shanghai, 200092)

Abstract: The conceptual connotations of digital culture and its three main features of referentiality, communality and algorithmicity form a theoretical framework for analysing the digital transformation of German education. Based on this framework, the goals of educational transformation focus on digital subjectivity, digital citizenship, and digital ethics. A review of federal-level policy documents on educational digitization in Germany reveals how the features of digital culture are transformed into institutional arrangements at the policy level while also exposing the realistic tensions in the practical implementation. The case study of German digital education demonstrates that by empowering referentiality, reconstructing communality and critically engaging with algorithmicity, it is possible to effectively enhance students' digital subjectivity, digital citizenship, and digital ethical awareness.

Key words: digital culture, digital education, digital transformation of education, Germany

《现代基础教育研究》

第58卷，2025年4月 　　　　（Research on Modern Basic Education）　　　　Vol.58, Apr. 2025

隐入群体之中：当代儿童"平均人"现象剖析

孙悦含[1]，边　霞[2]

（1. 湖北第二师范学院 教育科学学院，湖北 武汉 430205；2. 南京师范大学 教育科学学院，江苏 南京 210023）

摘　要： 在高速发展的现代社会，儿童萌发了与群体中同伴保持一致的期望，进而以群体的同质性淹没个体的异质性，成为抽象概念上的"平均人"。"平均人"的出现，源于传统群体本位思想对儿童的习染，教师机械地依赖官方标准形成对儿童的校准，固化时空规划对儿童运动的约束，以及管理主义加固教育惩戒催生儿童的表演性行为。对此，教师亟须培养儿童的主体意识，引导儿童正视自身的个性需要；尊重儿童的多元性，不以统一标准衡量具有无限可能的儿童；创设弹性时空，鼓励儿童参与班级时间与空间的规划；克服管理主义倾向，给予儿童充分尊重和情感关怀，从而帮助儿童走出"平均人"困境。

关键词： 儿童；"平均人"；群体性；个性

近年来，"以 ChatGPT 为代表的生成式人工智能技术的快速更迭，正在反向诉诸人才的高阶能力"，其中就包括个性与创新精神。[1] 但在当下的学校中，许多儿童萌发了与他人，确切地说是与群体保持一致的期望，从而消磨自身个性与创新精神，成为"平均人"。成为"平均人"的代价，是儿童逐渐失去自主探究的机会和试错的信心与行动力，进而失去判断力与创新能力，陷入"无思"的境地。正如《优秀的绵羊》中所说："当前系统下培养出来的学生大都聪明，富有天分，而且斗志昂扬。但同时又充满焦虑，胆小怕事，对未来一片茫然，极度缺乏好奇心和目标感。"[2] 因此，描绘学校中的"平均人"现象与表征，探寻其产生路径，并着眼于儿童主体性与个性的回归，帮助儿童走出"平均人"困境，对儿童的现实发展具有重要意义。

一、何为"平均人"

"平均"被解释为"没有轻重或多少的分别"和"把总数按份均匀的计算"等，平均的对象可以是抽象的事物，如权益，也可以是具体的事物，如钱财。[3] 值得注意的是，本研究中的"平均人"并不意味着人与人之间完全的"平分"与"相等"，因为每一位儿童都是独一无二的存在，无法实现与他

基金项目： 湖北省教育厅哲学社会科学研究青年项目"低生育率态势下湖北学前师资供需适配的实现路径研究"（项目编号：24Q147）。

作者简介： 孙悦含，湖北第二师范学院教育科学学院讲师，博士，主要从事学前教育基本理论研究；边霞，南京师范大学教育科学学院教授，金陵女子学院院长，博士生导师，博士，主要从事学前教育基本理论研究。

① 王景，李延平：《ChatGPT 浪潮下拔尖创新人才的培养：价值意蕴、现实隐忧与生态重塑》，《中国电化教育》2023 年第 11 期，第 62-71 页。
② 威廉·德雷谢维奇：《优秀的绵羊》，林杰译，九州出版社 2016 年版，前言。
③ 程荣：《同义词大词典（辞海版）》，上海辞书出版社 2010 年版，第 693 页。

人完全"相同",而是说儿童萌发了与他人,确切地说是与群体保持一致的期望,并以此约束自己,那么他就会成为抽象概念上的"平均人"。具体来说,"平均人"具有以下特点:

首先,"平均人"的内核是群体性。群体既可以由多人组成,也可以由一两个同伴构成。一方面,儿童因为地域相同、年龄相似、发展水平相近等原因,聚集在班级中,与其他同伴乃至教师共同组成一个群体;另一方面,儿童作为积极的社会行动者,具有社会交往的本能,所以也会主动与同伴,哪怕是一个同伴,结成小群体。这是一个"求同立异"的过程,即儿童采取去个性化和自我刻板化的策略,顺利融入群体。由此,他们通过对群体规则的内化与阐释性再构,生成与群体成员相统一的价值判断,建立具有群体性质的思维和行为模式,并助推了"平均人"的产生。

其次,"平均人"强调自我与他人在外形上的同类性、在行为上的一致性。确切地讲,"平均人"内心共享着同一个儿童形象,其涉及内容包括儿童的身体外形、身体动作和身体延伸物等。在这个过程中,儿童就像一个"无思"的接受者,他们以"平均人"为模板,展开自我设计与自我完善。譬如,班级里唯一戴眼镜的儿童会在拍毕业照时将眼镜取下来,以贴合群体特征;学习进度较快的儿童会通过主动拖延的方式,等待其他同伴"跟上",等等。那些能够彰显自身的个性特征被儿童弃之敝屣,以向心目中具有群体性质的"平均人"形象靠近。

再次,"平均人"对群体的跟从是无意识的、不假思索的。"群体中的个人会被带入一种状态,使他失去独立的人格意识,并且对将他带入这种状态的人唯命是从,不会想着再去改变,这就使他会做出一些与自己的习惯和性格非常矛盾的举动。"[1] 而一旦做出有异于群体的行为,儿童就会陷入焦虑乃至恐慌。即使他们只要保持理性并稍加思考,就会发现短暂"脱离"群体并不会受到惩罚。譬如,当教师提出"长针指到 10,所有人需要完成绘画作品"的要求,而一名儿童默认自己无法完成作品时,会加快涂色速度,甚至不自觉地小声

啜泣。儿童以群体的眼光和立场审视自身,并为符合群体要求放弃自我的节奏与需求。这样来看,群体似乎具有某种催眠性,它使儿童无意识地将群体要求视为"正确且不可违背的",继而为紧跟群体要求忽视自我个性需要。

最后,"平均人"多出现于有教师在场的集体活动中。进一步说,成为"平均人"是儿童面对不确定性事物时采取的一种"避责"行为,即儿童通过做出与同伴趋同的行为,减少甚至避免教师的关注与惩罚。一种经常出现的现象是"你做我再做",其中态度的转变,源于"平均人"判断自己是"单打独斗"还是"团队作战"。前者使他的行为暴露在教师的目光之下;后者使他的行为隐秘于同伴的行为之中,由此,被教师惩罚的风险也被分担了。可见,群体具有匿名性,它"不同于个人,是个无名氏,是不需要同个人一样承担责任的"。[2] 进入群体,意味着儿童进入了某种"保护伞"之下,处于"安全"之中,由此,儿童会更为放松地做出某些决定和行动。

值得注意的是,"平均"不代表"平凡""平庸"和"泯于众人",相反,每个"平均人"都有被他人表扬与认可的需要。正如戈夫曼所言:"促使我们把自我中更为美好、更为理想的方面呈现给世界的那种动力,在各行各业、各个阶层的人们身上都有机地存在着。"[3] 对身处现代社会"内卷"文化下的儿童来说更是如此,他们参加各式各样的"兴趣班",参与各种竞赛,较之以往儿童更具自我呈现与实现的需要。但也正是如此,儿童会更加依赖教师制订的群体规则,因为他们将其视为优秀的标杆,从而努力去执行;面对自身有别于群体的个性,儿童则认为是错误的、劣势的,从而加以隐瞒和藏匿。就此,"平均人"得以出现。

二、儿童缘何会成为"平均人"

人生活在两个世界:一是自己的世界,即主观世界;二是为"我"而存在却与"我"格格不入的客

① 古斯塔夫·勒庞:《乌合之众》,亦言译,广东人民出版社 2020 年版,第 22 页。
② 古斯塔夫·勒庞:《乌合之众》,亦言译,广东人民出版社 2020 年版,第 21 页。
③ 欧文·戈夫曼:《日常生活中的自我表演》,徐江敏译,云南人民出版社 1988 年版,第 18 页。

观世界。[1] 客观世界不意味着事物的虚无，而是具备某种精神和道德状态使身处其中的人不得不服从该世界的规则，走向某种特定的状态。在儿童这里也是如此。

1. 传统群体本位思想促使儿童作为群体的成员

中国传统社会强调群体本位的价值系统。所谓群体本位，是一种"以群体定位自我"，将自己作为群体的一员，站在群体角度评价和选择价值的观念。群体本位的出现，有其地域上的必然性。传统中国是农业社会，人与土地形成紧密的依存关系，为抵御当地自然灾害，人们不得不以家庭或宗族为单位的协同劳动方式增强自身力量。自然空间是社会关系生产的框架和基本支撑，以农业为主的自然空间，缔造出以家庭和宗族为单位的社会关系。此后，以西周为始的宗法制度进一步清晰了人与人、人与群体之间的关系。在这样的关系中，人们一级控制着一级、一级依附着一级，并从严密的等级关系中定位自我。[2] 由此产生的儒家文化在一定程度上亦反映并强化了群体本位思想。所谓"仁者爱人"，就是讲人与人之间的依存关系；所谓"克己复礼为仁"，就是通过抑制自我而扮演言行符合社会的身份角色。每个人都能够在家庭、宗族、国家中找到固定的位置和次序，进而扮演相应的身份和角色，维护群体的利益。因此，每个人社会生活的起点就是群体，而不是"个人"或自我。

现代社会在很大程度上延续了群体本位的价值系统，学校里亦是如此。儿童不被视为独立的个体，而是群体中的成员。这里的群体指的是包含教师在内的班级群体。该群体中教师与儿童形成上下级的主—客关系，教师制订了班级群体的规则与文化，儿童则凭借对这些规则与文化的内化、遵守与维护来学习和生活。例如，在班级生活中，大部分儿童会极力展示自我与群体相贴合的一面，并主动、及时地提醒与纠正同伴做出的背离

群体的行为。几乎所有儿童都参与到对群体共性的维护当中，正如雅斯贝斯所说："当群众秩序的巨大机器已经巩固的时候，个人就不得不服务于它，并且必须时常地联合他的伙伴来整修它。"[3] 消除自身个性以维持群体的统一性，已然成为群体成员的共识，"这使得学生只要停留在学校的高墙之内，就不可能避免成为'与其他人一样的人'或抵抗成为'普通人'"。[4] 逐渐地，儿童弱化了对自身的关注与体察能力，而后者恰恰是儿童一切智识产生的基点。长久缺乏对自身个性的关注，儿童便习惯按照群体规则行事，缺乏对群体的反思与评判，成为一个"无思"的人。

2. 对官方标准的机械化依赖使得儿童成为被校准者

在学校，官方标准指的是教育部等国家机构颁布的各项法规文件，其对不同年龄阶段儿童发展水平及相关活动做出具有普遍意义的预测与描绘，为教师教育教学提供参考。从这个意义上说，官方标准本身就具备"平均"的意味。教师作为专业的教育工作者，则需要对官方文本进行"拓殖"和"解压"，以进一步拓展与细化使之适用于生活中具体的儿童。从抽象到具象，从平均化到个性化，是标准设计与实施、产生与落地的理想状态。但在实践中，教师往往简化这一过程，过度依赖标准，进而直接以抽象的平均化的标准来检视与规范具体的、个性化的儿童。由此，儿童成为被教师校准的对象，逐步走向"平均"。

鲍曼提出"立法者"这一隐喻，认为其作为规则的建立者，能够决定某一场域中哪些意见是正确的和应该被遵守的。[5] 在幼儿园场域中，教师在很大程度上承担着"立法者"身份，他们以官方标准为依据，将儿童行为打上"积极正面"或"消极负面"的标签，并通过重复提醒和赏罚制度，约束儿童"脱轨"行为的发生与发展。在一日生活中，教师对儿童的"监管""校准"是漫长、连续且无序的，这意味着儿童只知道自己"被监控着""被管理

① 郭丽双：《对客体化世界的反抗：别尔嘉耶夫思想研究》，上海社会科学院出版社 2008 年版，第 115 页。
② 王洪波：《儒家文化主导下群体本位思想之演绎逻辑——从文化之"围"到制度之"礼"》，《河北大学学报（哲学社会科学版）》2016 年第 41 期，第 128-132 页。
③ 卡尔·雅斯贝斯：《时代的精神状况》，王德峰译，上海译文出版社 2005 年版，第 10 页。
④ 布雷恩·J. 麦克维：《日本高等教育的奇迹与反思》，徐国兴译，华东师范大学出版社 2020 年版，第 94 页。
⑤ 齐格蒙·鲍曼：《立法者与阐释者：论现代性、后现代性与知识分子》，洪涛译，上海人民出版社 2000 年版，前言。

着",却无法探知"被监控""被管理"的时机。这时,学校之于儿童,就像福柯所说的"全景敞式监狱","权力应该是可见的但又是无法确知的。所谓'可见的',即被囚禁者应不断地目睹着窥视他的中心瞭望塔的高大轮廓。所谓'无法确知的',即被囚禁者应该在任何时候都不知道自己是否被窥视"。[①] 在这样的制度下,儿童将习得一种想象性的目光,即在接受教师校准的同时,以虚拟的他者性的目光审判与校准自我与同伴。他们按照教师给予的"标准",将自我与同伴分为"优""良""中""差",并通过自我改变游走在标签之间,由此,儿童自身的发展也从多元转为单一,成为群体意义的"平均人"。

3. 固化的时空规划促使儿童产生群体性的运动

儿童生活在一片由教师创设的制度化的时空中。从教室的时间规划来说,教师设置了精细的时间表将儿童的运动分割、细化且单元化。譬如,晨练时间、早餐时间、活动时间、游戏时间等,而超出时间表以外的运动则被视为"偏轨",被教师禁止。从教室的空间规划来说,密闭的空间是一个最好的"贯彻纪律的保护区":直挺的木制桌椅可以约束儿童好动的肢体,秧田式的座位排序能够方便儿童被教师凝视,一尘不染的窗户恰好隔绝了儿童与外界非学习活动的联系……在既定的空间中,儿童的一举一动都受到隐形的束缚,按设置者的要求行事。一旦儿童做出与教室时空安排表相悖的行为,也就是儿童的身体运动不符合群体规范时,就会被视为"掉队"。教师通常会勒令其"脱离"群体,"滞留"在等待环节,直到惩罚结束。

在这种密集、严格、固定的时空规划下,儿童会产生盲从群体的反应。因为教师创设的时空本就适用于群体,它是教师根据对儿童发展和需要的预设来规划的,以同样的时空约束不同的儿童,必然导致儿童的"同质化""平均化"。此外,时空的维持总是与既定的纪律联系在一起,什么时空做什么事情似乎成为不可抗拒的规则。"各种韵律的节奏和有规律的间歇性节奏取代了自然界混乱

的节奏性,且成为人类社会化的基本成分和社会融入之象征。"[②] 对时空的辨识和记忆已然成为儿童必守的纪律之一,充满个性的儿童也被统筹起来,走进必然性和规律性的王国。最后,长期处于同一时空的儿童会出现"呆视",在德国学者韩炳哲看来,"呆视"的条件是儿童"被饲以看似花样翻新实则完全相同的东西"。进一步说,重复性极高的时空规划,会使所有儿童习以为常,丧失批判与超越的能力,进而成为时空的产物,成为"单向度的人"。在固化的时空中,儿童成为一个有固定路线的机器人,"他无法从实际环境中开凿出一个可能的世界,无法为自己创造一个主观地带,无法对虚拟的任务做出应答,因此也就丧失了一切可能性,从而最终丧失了人最宝贵的自由"。[③]

4. 管理主义加固教育惩戒促使儿童出现表演性行为

管理主义从产生起就凭借管理至上、科学精神、工具理性、效率中心等特征受到关注,进而被引入教育学领域,以提高教学研究的效率与产出。管理主义过多关注组织内部的管理问题,甚至试图以管理技术解决所有社会问题。在管理主义的影响下,教师把加强班级管理看作解决儿童发展问题的重要手段和基本途径,有时甚至是唯一手段。与此同时,管理主义还注重效率和结果导向,它"不仅要告诉人们如何正确地做事,而且要告诉人们如何做正确的事"。[④] 受管理主义影响,教师对儿童行为的正确与否有更多关注,于是在管理班级的同时,加强教育惩戒的频次与程度,即通过标号、组织、统一、检测、筛选、淘汰儿童,将儿童行为控制在"安全""正确"的范围内,以致于儿童被社会化:"他们的行为就像被权威人物区隔和计划出来一样,有些学生甚至被与同伴群体隔离开来。"这样的结果是"学生学会了尊重权威界限,并理解有朝一日变成'服从型'劳动者的重要意义"。[⑤]

管理主义加固教育惩戒后,会促使儿童出现表演性行为。对于表演,戈夫曼这样描述:"当个

① 米歇尔·福柯:《规训与惩罚》,刘北成、杨远婴译,生活·读书·新知三联书店2003年版,第226页。
② 贝尔纳·斯蒂格勒:《技术与时间2. 迷失方向》,赵和平、印螺译,译林出版社2010年版,第103页。
③ 马元龙:《身体空间与生活空间——梅洛-庞蒂论身体与空间》,《中国人民大学学报》2019年第33期,第141-152页。
④ 周三多:《管理学(第二版)》,高等教育出版社2005年版,前言。
⑤ 布雷恩·J. 麦克维:《日本高等教育的奇迹与反思》,徐国兴译,华东师范大学出版社2020年版,第100页。

体处于他人面前时,常常会在他的行为中注入各种各样的符号,这些符号戏剧性地突出并生动地勾画了若干原本含混不清的事实。"① 人们通过身体管理,结合各种各样的场景和道具来扮演外部环境赋予的角色,儿童亦是如此。面对管理主义习染下,教师创设的压力和控制过大,缺乏宽容和批判性思维的环境,儿童就会错误地认为,只有严格遵守纪律,听从教师的安排,增加对教师服从的强度和范围,才能够获取解决问题的"完美方案",否则就是"错误"的,会受到惩罚的。于是,儿童在班级生活的"前台"会主动扮演"平均人"角色,做出相似的群体行为,即使这些行为与表演并非代表其真实想法。简言之,儿童产生了一种新的思维模式:"在公共决策中避免人为的选择,不仅仅成为理论……还成了神学……人为选择被视为太危险。"② 对此,麦克维提道:"管理主义是不正常的一种情形,它阻碍独立和自治精神的成长。"③

三、如何帮助儿童走出"平均人"困境

儿童是积极的社会行动者,本就有建构自身个性以及童年的需要。想要帮助儿童"走出"平均,教师必须回归儿童,扭转权力失衡的师生关系,将儿童中心原则贯彻到现实生活之中。

1. 培养儿童主体意识,引导儿童正视自身的个性需要

主体,是与客体相对应的概念。对儿童来说,他们是存在主体并参与存在,其一切行动都必然反映或体现自身的需要、意愿和目的。然而,受群体本位思想影响,学校场域下的儿童一直处于客体地位,他们是师生关系中的"弱者",接受教师的定义与约束,久而久之甚至会放弃第一人称视角,以第三人称(教师、家长等成人)身份来审视自我与同伴,将自我与同伴视为群体的枢纽。

为此,教师应扭转儿童的客体身份,培养儿童的主体意识,引导儿童正视自身的个性需要。首先,教师应扭转当下权力失衡的现状,帮助儿童确认自己是身体的主人。亨利(Henri Bergson)提道:"我们的身体生命不过是绝对主体性生命的一种样式","我"的身体隶属于绝对内在的领域,"一个身体是主体的并且就是自我本身"。④ 因此,教师在一日生活中,不是从儿童的外部出发对其进行定义与要求;而是从儿童的内在出发,通过给予儿童身体感受与体验,让其自然地融入活动情境,并通过自主探索,发现与内化活动准则,进而在对活动准则的阐释性再构中解决问题。在此过程中,教师与儿童处于平等的地位,教师是情境的创设者、活动的引导者,而非命令的下达者;儿童则在自主行动中确认"我能",进而确认自身的主体地位。其次,教师应引导儿童关注并尊重自身的个性需要。对此,别尔嘉耶夫提道:"集体中没有生存的中心,没有主体,也就没有能力体验痛苦和快乐。生存的状态只能在真正的人身上,在个性的质里去寻找。"⑤ 儿童的个性及其需要是弥足珍贵的,它使一位儿童与其他儿童出现差异,进而从周遭群体中独立出来,成为特殊的存在。教师可以鼓励儿童思考自己的"特殊之处",通过回顾自己的身体经验、自己与他人的差异,加深对自我的理解;同时也鼓励儿童与同伴交流、分享自身的独特之处,这既可以帮助儿童建立良好的同伴关系,也可以让儿童学会理解、尊重和接受他人个性。

2. 尊重儿童的多元性,不以统一标准衡量无限的儿童

天性自然的儿童,发展的可能性几乎无穷尽。但就如尤瓦尔·赫拉利在《人类简史》里总结的黄金法则——"天生带来允许,文化造成封闭"。⑥ 具体地说,教育的目的是儿童的全面发展,教育的手段与工具则是官方标准,但在实际运用中,教师过于注重标准,甚至以此来审视儿童,就是将教育的最终目的、儿童学习与发展的最终指向简化为标准本身。由此,儿童发展的顶点就不再是自身生命的完满与充盈,而是有限的官方

① 欧文·戈夫曼:《日常生活中的自我表演》,徐江敏译,云南人民出版社 1988 年版,第 25 页。
② 杰瑞·穆勒:《指标陷阱》,闫佳译,东方出版中心出版社 2020 年版,第 41 页。
③ 布雷恩·J. 麦克维:《日本高等教育的奇迹与反思》,徐国兴译,华东师范大学出版社 2020 年版,第 99 页。
④ 夏可君:《身体——从感发性、生命技术到元素性》,北京大学出版社 2013 年版,第 29 页。
⑤ 别尔嘉耶夫:《论人的奴役与自由》,张百春译,上海人民出版社 2019 年版,第 143 页。
⑥ 尤瓦尔·赫拉利:《人类简史》,林俊宏译,中信出版社 2017 年版,第 141 页。

标准，儿童也变成学校中的"平均人"。"青春被赋予一种虚构的优越性，但却达不到其目标，因为，如果人是在连续几十年时间内成长的，并且是由一系列他不得不沿循的足迹而严格地引入正规，那么，人就不可能成为神。"[①]

基于此，教师需要尊重儿童自身发展的多元性，不以统一标准衡量无限的儿童。一方面，教师不能仗着年长者和知识垄断者的角色，以自身视角或官方权威设定儿童的理想状态和评价指标，而应走进儿童、"倾听"儿童，并以此认识真实的儿童。这里的"倾听"不是被动的行为，而有独特的主动性[②]，即教师必须放下自身权威和偏见，尝试从儿童的立场出发，对儿童的言行举止产生共情。只有这样，儿童才愿意发出真实的"声音"，显露自身的"他性"，呈现具有多元性的自我。进一步说，走进与"倾听"，是教师认识儿童的前提。"我们可以把我们所认识的东西称为主体，我们可在客体的后面认识主体，在客体化之外进行认识。"[③]因为除儿童自身以外，没有谁能够提供有关儿童的最真实的解读。另一方面，教师需要减少对儿童的结果性评价，关注儿童发展的过程。因为每位儿童必然存在差异，这些差异使儿童与同伴在面对同一事物时可能会选择截然不同的解决问题方式。以"攀高"活动为例，同样的高度，身体发育较好的儿童可以在处高位的木桥上行走，乃至小跑；身体发育较差的儿童则只能四肢环抱木桥，以"爬"的方式匍匐前进。教师需要看到身体差异下儿童努力的过程及其经验生长的过程，而非简单地认定前者优于后者。

3. 创设弹性时空，鼓励儿童参与班级时间与空间规划

身体能够通过运动创造与带出生活时空。对此，梅洛-庞蒂提道："通过思考行动中的身体，我们可以清楚地看见身体如何占据空间。"[④]具体地说，当"我"身处自然空间之中，"我的知觉尽可能地向我提供一个千变万化且十分清晰的景象"，"我的运动意向在展开时向世界得到所期待的反应"[⑤]，这些使身体被啮合进已有空间中。此后，出于生存需要，"我"又将周围事物组织起来，从自己位置出发抵达其他实在物。随着身体行动的重复与积累，时间节律和空间方位就得到了规定，"我"也开辟与创造了一个可能的栖息地（生活时空）。可见，由教师制定时空安排表，实则颠覆了身体与周遭时空的潜在因果论，即生活时空不是由所处其中的身体（儿童）创造与带出，而是由局外人（教师）提前设立，儿童活动受到固化时空的约束与管制，进而生成具有群体性质的身体运动，成为与同伴一般无二的"平均人"。

为此，教师需要创设弹性时空，并鼓励儿童参与到班级时间与空间的规划之中。以空间为例，空间教育的先驱者霍尔将空间划分为三种类型：固定特征空间（由建筑和不可移动的墙壁创造）、半固定特征空间（由家具塑造）和非正式空间（个人携带的个人空间，其在与他人的互动中发生变化）。[⑥]固化特征空间具有不可变更性，所以儿童能够参与创设的空间主要指向半固定特征空间和非正式空间。一方面，教师可以邀请儿童参与教室中半固定特征空间的创设。譬如，鼓励儿童用绘画和摄影等方式记录对班级区域的偏好，之后再邀请儿童以小组为单位规划与改造该区域，让儿童参与班级空间的创设过程。建筑设计家杜德克进行了一项"与儿童一起设计空间"的实践，即建筑师和设计师对儿童讲述关于山和海的故事，带领儿童体验教育空间中的游戏项目，并邀请儿童提出在这个过程中喜欢和不喜欢的事物和现象，以此为方法设计和改造教育机构。[⑦]另一方面，教师应对儿童创设的非正式空间给予尊重与保护，即尊重儿童与同伴的互动。儿童同伴互动是儿童与同伴共同创造的非正式空间，其中体现儿童的自主性和创造性，能够滋养儿童文化的产

---

① 卡尔·雅斯贝斯：《时代的精神状况》，王德峰译，上海译文出版社2005年版，第69页。

② 韩炳哲：《他者的消失》，吴琼译，中信出版社2019年版，第108页。

③ 郭丽双：《对客体化世界的反抗：别尔嘉耶夫思想研究》，上海社会科学院出版社2008年版，第116页。

④ 马元龙：《身体空间与生活空间——梅洛-庞蒂论身体与空间》，《中国人民大学学报》2019年第33期，第141-152页。

⑤ 莫里斯·梅洛-庞蒂：《知觉现象学》，姜志辉译，商务印书馆2001年版，第319页。

⑥ S. Jordon, "Embodied Pedagogy: The Body and Teaching Theology", *Teaching Theology & Religion*, Vol. 4, No. 2 (2001), pp. 98-101.

⑦ 黄进：《儿童的空间和空间中的儿童——多学科的研究及启示》，《教育研究与实验》2016年第3期，第21-26页。

生和儿童的成长，所以教师(外来者)不能破坏，而是安静地在一旁观看，等待时机，当儿童团体邀请自己，再顺其自然地加入空间，展开教学。

4. 克服管理主义倾向，给予儿童充分尊重和情感关怀

从根本上说，管理技术并不能解决所有的社会问题。特别是对于儿童来说，他与同伴组成的班级，并不是一种社会组织，或者是一种特殊的社会组织。"社会组织成员在组织活动中感受到较强的约束和限制，有一种紧张感。由规章制度维持的正式角色是一种摒除感情的中立性交往关系，这种关系必然会给人带来一定的心理影响，片面地影响了人们的交往深度。而在初级群体中，人们一般感到自由和无拘无束。"[1] 儿童及其同伴组成的群体明显是一种初级的社会组织，教师进行适当的管理和疏导是可行的，但一旦走向管理主义，就将正常和必要的管理活动绝对化了。在这种情境中，儿童自然会高度重视教师要求与班级规则，并产生一定的避责行为，甚至出现一系列"违心"的"前台"表演。

为此，教师需要克服管理主义倾向，给予儿童充分的情感关怀。首先，教师应关注班级管理的过程与回应维度，而不是管理的结果与惩罚维度。在一开始制订班级规则时，教师就可以邀请儿童参与其中，认真倾听甚至采纳儿童的建议，并将整个过程透明化、清晰化，使儿童了解规则的类目与边界等信息；在之后实施班级规则和惩罚机制时，教师也需要给予儿童解释、证明和辩护的机会，以全面了解儿童的处境、事情发生的经过，从而辩证地看待纪律与惩罚。正如厄内斯特·波伊尔指出的："作为一个纪律严明的场所，基础学校有一套让学生自己参与制定的行为规则。"[2] 其次，教师需要重视自身在教育过程中的情感角色，给予儿童充分的情感关怀。教育的过程本是同为主体的教师与儿童之间的灵肉交流活动，它不是一方主宰、控制、规训另一方的活动。简言之，教师需要投入爱和情感，打开束缚住儿童的枷锁，让儿童真正发展个性。

Hidden into the Group: an Analysis of the Average Person Phenomenon in the Contemporary Society

SUN Yuehan[1], BIAN Xia[2]

(1. School of Educational Science, Hubei Second Normal University, Wuhan Hubei, 430205;

2. School of Educational Science, Nanjing Normal University, Nanjing Jiangsu, 210097)

Abstract: In today's rapidly developing society, children aspire to conform to their peers, thus erasing the heterogeneity of their individuality with the homogeneity of this group and becoming an Average Person in the abstract sense. This phenomenon stems from the influence of traditional group-oriented thought on children, teachers' mechanical reliance on official standards for children's evaluation, rigid spatio-temporal regulations for limiting children's movement, and managerialism reinforcing punitive education that triggers children's performative behaviors. To address this phenomenon, teachers should cultivate children's sense of subjectivity and help them recognize their individual needs; they should respect children's diversity and avoid using unified standards to evaluate children with boundless potentials; they should create flexible time and space arrangements that encourage children to participate in class time and space planning; and they should resist the tendency of managerialism by offering children genuine respect and emotional support. These steps are essential to help children break free from the constraints of being an Average Person.

Key words: children, Average Person, group, individuality

---

① 厄内斯特·波伊尔：《基础学校：一个学习化的社区大家庭》，王晓平译，人民教育出版社 1998 年版，第 29 页。

② 同上。

基于"多轮同伴互评"的批判性思维培养策略

沈传辰

(上海师范大学附属中学,上海 200124)

摘　要: 研究发现,与传统的教师评价相比,"多轮同伴互评"能更好地培养学生的思辨能力,通过互动和讨论机制弥补传统教学的不足。实践表明,同伴互评能够促进学生间的合作与交流,培养了批判性思维和自主学习能力。对此,教师可采取设计引导性问题、提升补充材料的利用效果、化解学生社交顾虑的相应策略。

关键词: 批判性思维;多轮同伴互评;教学策略

教育部发布的《普通高中英语课程标准(2017 年版 2020 年修订)》明确指出,"思维品质"是英语学科素养的一个重要方面,"批判性思维"则是"思维品质"的一个重要组成部分。[①] 因此,探索能够有效培养学生批判性思维的教学策略,对于落实新课标要求、提升学生核心素养具有十分重要的实践意义。

一、"多轮同伴互评"概述

1. 定义与理论依据

"多轮同伴互评"是一种同伴评价的形式,它强调评价过程中的互动性和多向性。与传统的单向评价不同,评价者和被评价者之间可以进行多轮交流和讨论,以达到更深层次的理解。在这一过程中,学生不仅是评价的接收者,也是评价的提供者,能够与同伴开展意见探讨,形成深度思考,提升批判性思维能力。

"多轮同伴互评"的教学策略有坚实的理论依据。建构主义学习理论的发展推动了"多轮同伴互评"理论的发展。陈泽璇等人提出了"以评促学为主、以评为学为辅"的理念。[②] 也有学者提出了促进自我调节和协同调节学习,强调学生获取和解读同伴反馈期间的自我评估、反思和调节学习过程。[③] 上述研究均体现了"以评为学"的理念,引领了当下"多轮同伴互评"的重要理论方向。

2. 特点与优势

"多轮同伴互评"是对传统"同伴互评"的有效补充,旨在弥补传统评价模式的缺点。传统的同伴互

作者简介: 沈传辰,上海师范大学附属中学一级教师,硕士,主要从事高中英语教学研究。

① 中华人民共和国教育部:《普通高中英语课程标准(2017 年版 2020 年修订)》,人民教育出版社 2020 年版,第 5 页。

② 陈泽璇,胡可欣,焦建利:《从"以评辅教"到"以评为学":同伴互评研究回顾与展望》,《开放教育研究》2023 年第 5 期,第 64-73 页。

③ E. Alemdag, & Z. Yildirim, "Design and Development of an Online Formative Peer Assessment Environment with Instructional Scaffolds", *Educational Technology Research and Development*, Vol. 70, No. 7 (2022), pp. 1359-1389.

评往往存在上下位关系或单向关系。此外，传统评价模式会忽视被评价者的想法，"多轮同伴互评"则打破了这种固有的单一模式。

在这个过程中，教师扮演指导者的角色，指导评价者或被评价者的行为，引导讨论的方向。教师还充当倾听者的角色，倾听学生的意见和想法并进行总结。在这个过程中，被评价者不仅是被动接受评价的一方，还能与评价者进行思维碰撞，可以对评价者的意见进行反驳，也可以选择接受对方的意见。评价者基于同伴的学习成果进行评价，如果被反驳，则可以进一步提出或改变自己的意见，形成多轮互动和深入探讨。

"多轮同伴互评"不仅能够促进学生之间的合作与交流，还有利于培养学生的批判性思维能力和自主学习能力。同时，教师的指导和引导可以确保评价过程的有效性和准确性。因此，"多轮同伴互评"在教学中具有重要意义，为学生提供了更广阔的思维空间和个性化的学习体验。

3. 基于"多轮同伴互评"培养批判性思维的重要性

"批判性思维"是个体对问题进行深入思考、分析和推理的一种能力。文秋芳构建了批判性思维能力的"层级模型"，将批判性思维能力分为元思辨能力和思辨能力两个层级，分别包括认知技能（分析、推理、评价等）和评价标准（清晰性、相关性、逻辑性、深刻性和灵活性）两个方面。[1] 批判性思维要求学生既能理解信息，又能评估信息的质量和相关性，形成自己的见解。在全球化和信息化的背景下，批判性思维成为 21 世纪学生必备技能之一。

然而，传统教学方法往往侧重于知识传授，忽略了学生批判性思维的培养。而批判性思维是学生应对复杂问题、进行深入分析和推理的关键能力。要想激发学生的批判性思维，则需要创造开放、合作的环境，并引入互动和讨论的机制。[2] "同伴互评"是培养学生批判性思维行之有效的教学策略之一。[3] 因此，引入"多轮同伴互评"策略，旨在激发学生的批判性思维活力，弥补传统教学模式的不足。

二、"多轮同伴互评"的实施路径

1. 学生阅读并初步评价同伴的作品

在这一阶段，学生需要阅读同伴的作品，并给出初步的评价。在这一过程中，学生不仅要理解作品的内容，还要能够批判性地对作品进行分析和评价。在实施这一环节前，教师需要带领学生熟悉评价标准，以便学生针对同伴作品开展评价。

2. 评价者与被评价者之间的讨论

评价者与被评价者之间展开讨论，分享评价意见，并给出各自立论的理由。在这一过程中，被评价者既可以接受他人建议，也可以提出反对意见，多轮往复，形成思维碰撞的过程，从而促进深入思考和全面理解问题。学生经过充分交流，最终探讨出作品的优点和不足，并提出合理的改进建议。

3. 教师作为指导者和倾听者

教师在这一过程中扮演指导者和倾听者的角色，引导学生为自己的论点提出论据，并判定论据的合理性。教师的引导和评价有助于确保讨论的质量和方向。在所有互评的过程中，教师应当设计专门的任务、问题和评价量表，让学生从不同角度去审视作品。同时，教师也可以提供一些范例和指导，帮助学生培养批判性思维，引导他们进行深入的互动与讨论。

4. 学生在课外继续深入思考和完善评价意见

课外，学生可以继续深入思考和完善他人给予的评价意见，在线上或线下平台进行多轮讨论和互动。在这个过程中，被评价者若觉得自身观点更为合理，应当找到有力的论据予以支持；若觉得他人的

---

① 文秋芳：《中国外语类大学生思辨能力现状研究》，外语教学与研究出版社 2012 年版，第 31–32 页。
② 文秋芳：《中国外语类大学生思辨能力现状研究》，外语教学与研究出版社 2012 年版，第 31–32 页。
③ 李艳、李涛：《英语写作教学中同伴互评思辨效应研究》，《当代外语研究》2022 年第 6 期，第 76–85 页。

建议有合理之处,也要虚心接受。课后讨论的内容最好以录音、文字资料等方式保留下来,以便回溯和深究。

三、"多轮同伴互评"的教学策略

2023 年 12 月,笔者执教了两堂"读写结合"公开课,旨在提升学生的批判性思维和写作能力。以下是课程实施的操作要点与经验总结。

1. 以"矛盾点"制造话题,激发思维

笔者执教的公开课课题为《普通高中英语(上教版)(必修第一册)》第四单元 Reading and Interaction, *The 1940s House*(阅读与互动,1940 年代的房子)。笔者从课文中挖掘出潜在的几个矛盾点,将其转化为多轮互评的讨论核心。以课堂其中的一个话题"生活水平的提高带来家庭关系疏远"为例,笔者先询问学生课文中针对这个"矛盾点"的解释是什么。随后,要求学生进行头脑风暴,思考还有哪些可能的原因。此时学生未必能分析得很到位,但却是一个激发"多轮同伴互评"的良好契机。在课堂上,学生可以评判他人回答的合理性并给出理由。

在课堂实录中,第一轮互评聚焦观点的明确性和完整性。学生 A_1 提出"智能手机是问题根源",教师引导同伴 B_1 对其回答进行评价,判断这一观点是否完整,引导学生结合家庭关系进一步分析,以帮助学生 A_1 完善观点内容。从批判性思维的角度来看,学生 A_1 只提出了观点"手机是个问题",没有深入思考手机问题背后的根本原因,也没有将其与课堂上"家庭关系疏远"的话题联系起来。相比之下,学生 B_1 的回答则更具思辨性。他不仅同意了学生 A_1 的看法,还进一步分析了手机游戏如何导致家庭成员之间沟通减少、家庭关系疏远等问题。学生 B_1 的回答显示出他深入思考问题、分析问题本质并能够将具体现象与更广泛的话题联系起来的能力。在整个过程中,教师通过追问或引导性提问的方式,帮助学生深入思考话题,形成了完整的逻辑分析链。随后,笔者继续追问学生:"Whose answer is more convincing? Why?(谁的回答更有说服力? 为什么)"

第二轮互评侧重逻辑关系的分析。学生 B_1 补充"沉迷游戏减少沟通"的因果关系链后,笔者要求学生对比 A_1 与 B_1 的回答,讨论哪一方更具说服力。通过两轮互评,学生的评价逐步从现象描述转向本质分析,其中同伴反馈成为思维深化的关键推力。

2. 以"关联性补充阅读"支持多轮同伴互评的深度互动

当涉及陌生话题时,学生常因背景知识不足而难以展开有效互评。为此,笔者通过补充阅读材料来搭建互评基础,并设计多轮递进式互评任务,确保同伴反馈有据可依,逐步深化。

(1)互评前的知识铺垫:从"单向输入"到"互评素材库"

为了弥补学生背景知识的不足,笔者向学生提供了两篇补充阅读(二战物资配给制、传统女性角色分析),并布置了两项任务,学生需主动挖掘材料以支持后续评价:

任务 1:标注关联证据。学生需在材料中划出与课文矛盾点直接相关的句子,如,二战时期肥皂紧缺,迫使家庭改用"煮"来清洁衣物,并标注可能支持哪方观点。

任务 2:预判同伴论点。小组内交换标注结果,预测对方可能如何运用这些证据,并记录存疑点,如,煮衣是否真的更节省。

(2)互评中的多轮对话:从"观点碰撞"到"证据博弈"

完成了信息铺垫后,笔者布置了写作任务。在第二课时,针对同伴习作,开展互评活动。笔者开展了三轮互评。在首轮互评中,双方就论点清晰度开展互评。全班围绕学生 A_2 作文的主题句"人们错误认为家务是女性职责"开展评价。笔者要求学生结合补充阅读材料的信息,分析文中哪一数据或案例能强化该观点。以下是课堂实录:

Teacher:Now let's focus on the statement. How is A_2's claim about wrong impression on women connected with our supplementary reading materials？ 现在让我们聚焦这句话。A₂同学主张，人们对女性有错误印象，这与我们的补充阅读材料有什么关系？

Student B₂: In the article about traditional gender roles, it mentions that 82% of 1940s British households considered cooking exclusively women's work. This supports A₂'s point. 在关于传统性别角色的文章中，它提到82%的1940年代英国家庭认为烹饪完全是女性的工作。这支持她的观点。

Teacher: A₂, do the data strengthen your argument？ A₂同学，数据是否强化你的观点？

Student A₂: Yes. 是的。

Teacher: Why？ 为什么？

Student A₂: It shows the historical roots of this stereotype. 它显示了这种刻板印象的历史根源。

结束上述对话后，笔者引导学生开展第二轮互评，开始聚焦"作文的逻辑严密性"，针对A₂在作文中提出的"搞好家务并不难"，同伴需引用材料或生活经验，开展反驳或表示支持。以下是课堂实录：

Teacher: Let's examine the "housework knowledge" argument more deeply. Can you find any relevant examples in our reading materials？ 我们更深入地研究一下"家务知识"的争论，并在阅读材料中找到相关举例。

Student B₃: The article says housewives had to know exactly how much fuel was needed to sterilize clothes by boiling. That's technical knowledge. 文章说家庭主妇必须确切地知道需要多少燃料才能通过煮沸对衣服进行消毒。这就是技术知识。

Teacher: A₂, how would you respond to this comparison？ 你会如何回应这个比较？

Student A₂: Yes, we need precise knowledge. 是的，我们需要精确的知识。

Teacher: Any examples for our modern housework？ 能举一下现代家务劳动的例子吗？

Student A₂: Like knowing different fabrics need different water temperatures. 就像知道不同的面料需要不同的水温一样。

在上述对话中，B₃谈及"技术性知识"的重要性，使A₂意识到家务活中的技术性难题，明白做家务也不是件容易的事情，改变了"搞好家务并不难"的最初想法。随后，笔者带领学生开展第三轮互评，双方需要提出解决方案，讨论A₂的倡议"全家参与家务"的可行性。在第三轮互评中，通过类比补充阅读中的"二战期间家庭协作模式"，A₂受到同伴B₄的启发，意识到只是呼吁家庭成员之间需要家务合作远远不够，具体落实还需要依靠明确的分工。

综上，首轮同伴互评确立了论点与文本证据的关联，第二轮同伴互评运用历史案例强化了逻辑论证，第三轮同伴互评借鉴历史完善了解决方案。笔者通过搭建"材料证据→逻辑分析→方案优化"的互评框架，使同伴反馈始终围绕文本依据展开，避免了空泛讨论。

（3）教师支架：从"纠错者"到"互评引导者"

在多轮同伴互评中，教师不再直接纠正错误或提供答案，而是通过设计递进式问题搭建思维脚手架，引导学生自主发现逻辑漏洞、完善论证结构。以下是实施策略：

其一，在问题链设计方面，从"是什么"到"为什么"，再到"如何更有说服力"。问题需层层递进，推动学生从表层信息提取转向深度分析。在之前展示的课堂实录中，笔者提出递进式的问题，帮助学生逐渐确认事实、分析逻辑，形成批判性思考。

其二，在同伴评价方面，从"评价结果"到"揭示思维过程"。教师需引导学生关注同伴的"思考路径"，而非仅仅关注答案的对错。在之前展示的课堂实录中，笔者不只是让学生做对错的回答，更多的是要求学生说明理由、给出依据。通过设计开放性问题、在现场不断地追问，最好再配以板书记录，引导学生关注整个思维过程。

3. 以"写作框架"辅助思路组织

在学生掌握了一定的信息和素材的基础上，笔者讲解了基本写作框架：主题句+展开论述。高一学生中考时大多接触过记叙文写作,但对议论文的写作框架并不熟悉,因此,"写作框架"的教学很有必要。通过写作框架的指导,学生能够更清晰、更有条理地表达自己的观点,使他们的作文更具说服力。教师将写作框架转化为同伴互评的标准化工具。首轮互评聚焦主题句清晰度。学生交换初稿,用"是否直接回应矛盾点"作为评价标准。次轮互评采用"3C 反馈"(Complement 补充证据、Challenge 质疑漏洞、Connect 关联课文)开展同伴评价。

4. 以"检查单"辅助多轮同伴互评

为了确保学生能够对作文进行客观的评价,笔者提供了一份详细的检查清单。这份清单不仅规范了评价作文的标准,也为同伴互评提供了参考。通过这份清单,学生能够更加明确地认识到作文的优缺点,从而在互评过程中给出更有建设性的意见。在课堂上,笔者鼓励学生积极分享自己的观点和建议,并就同伴的作文展开讨论。这种互动既锻炼了学生的表达能力,又培养了他们的批判性思维。通过多轮互评,学生学会了如何合理地提出反驳意见、如何接受并吸收他人的观点。

5. 以"课后作业"持续提升思辨能力

在课堂的最后,笔者布置了课后作业,要求学生根据课堂上的反馈和互评,进一步完善自己的作文。这一步骤不仅巩固了学生在课堂上学到的知识和技能,也为他们提供了持续提升自己写作能力的机会。

通过上述课程设计和反馈机制,学生的批判性思维和写作能力得到了显著提升。他们在互评中展现自己的观点,吸收他人的不同看法。这种教学实践培养了学生的批判性思维,同时锻炼了团队合作能力和写作表达能力。

四、"多轮同伴互评"教学难点与对策

除了经验总结,笔者在公开课中也遇到了一些问题与挑战。下面将具体分析笔者在"多轮同伴互评"实践过程中所遇到的挑战,并提出相应的应对策略。

1. 设计引导性问题突破思维障碍

在开展"多轮同伴互评"过程中,笔者注意到了课堂内学生思维层次的差异,课堂上,一些学生容易遭遇思维障碍。例如,在讨论"技术进步对'生活品质提升与人际关系疏远'的影响"这一议题时,一位学生仅将"手机使用"视为问题所在,但在被要求具体阐述其背后原因时,未能提供充分的解释,导致讨论暂时中断。随后,另一位学生介入并补充了答案。尽管这一议题在思维敏捷学生的参与下得到了迅速的解答,但那些未能参与讨论的学生也就失去了深入思考和自我启发的机会。

为了提高学生的批判性思维能力,教师可以设计更多的引导性问题,引入具体的实例来辅助学生理解抽象问题,帮助他们一步步触及问题的本质。

2. 加强指导提升补充材料的利用效果

在提供补充阅读材料时,笔者发现,学生在如何有效利用这些材料上存在困难。虽然这些材料为学生提供了多角度的信息,但在写作时,学生往往难以将这些信息与自己的观点有效结合,导致写作内容缺乏深度和广度。

为了解决这一问题,教师可以指导学生如何从阅读材料中提取关键信息,并将其与自己的论点相结合。此外,日常可以开展"文献搜索和综述写作"方面的培训,教会学生引用和整合外部资源来支持自己的论点。

3. 多重策略化解学生的社交顾虑

在本研究的公开课环节,笔者预设学生在"多轮同伴互评"活动中能够积极互动,提出建设性意见,分析出同伴建议的合理性。然而,实际课堂观察表明,学生在评价同伴作品时,往往仅给予正面评价,这可能是出于社交顾虑,在公开课场合不愿对同伴作品提出批评式评价。即便在教师引导下学生能够识别出作品中的不足,被评价者也往往缺乏对不合理建议的有效反驳。针对上述"社交顾虑"问题,笔者提

出以下策略：

首先，向学生提供一个具体的反馈框架——"三明治法则"（先肯定优点，再批评不足，最后鼓励）。这种反馈模式具有双重优势：一方面，通过初始的正面评价营造良好的沟通氛围，降低被评价者的心理防御；另一方面，借助最后的鼓励来缓冲批评可能带来的负面情绪，从而有效维护被评价者的自尊。其次，教师应在互评过程中进行积极引导，帮助学生理解不同观点，促进学生之间的对话。此外，可采用小组讨论和小组代表反馈的模式。这不仅能够减轻个人提供反馈的压力，而且还能借助集体的智慧，客观审视问题，增加反馈的全面性。最后，教师应在学生互评后提供及时反馈，肯定学生的互评努力，并指出具体的改进空间，以增强学生的信心和互评技能。上述策略旨在提升"多轮同伴互评"的质量，减少学生的社交焦虑，促进批判性思维的发展。

针对"被评价者无力反驳"的问题，本研究建议从以下几个方面着手解决：首先，教师应在课堂上明确检查清单的作用，并指导学生如何使用。通过示范和讲解，让学生了解检查清单的具体项目和评价标准，以及如何对照这些标准进行自评和互评。其次，分步骤引导学生使用检查清单，例如，先让学生对照清单进行自评，然后再开展组内互评。这样的分步操作有助于学生逐步掌握如何利用检查清单进行有效的多轮评价。最后，教师需要强化检查清单的实践应用，提供具体的评改要求和指导，帮助学生更好地运用检查清单。

五、未来展望

随着英语教学对批判性思维重视程度的不断提升，"多轮同伴互评"教学策略显示出其在促进学生思维发展和写作技能方面的潜力。然而，为了充分发挥这一策略的效果，未来的教育实践和研究需要从以下几个方面进行深入探索：

第一，技术整合是未来教育的关键。利用在线平台和数字工具，可以为"多轮同伴互评"提供更加灵活、便捷、高效的交流环境。这不仅能够促进学生之间即时反馈评价，还能方便教师进行实时监控和指导。

第二，评价机制的完善对于确保学生得到公正评价至关重要。建立一个全面、透明且具有可操作性的评价体系，将有助于更准确地衡量学生的进步和成就，为学生批判性思维的培养提供有效支撑。因此，评价机制的建立健全值得进一步研究。

第三，跨学科在培养学生批判性思维能力方面具有巨大潜力。通过在不同学科中实施"多轮同伴互评"，可以促进学生在更广泛的知识背景下发展思辨能力。在评价方法的选择上，语文新课标提倡教师应根据评价的具体目标，灵活运用多种评价手段。这包括传统的纸笔测试，也包括更多元的评价方式，如现场观察、对话交流、小组分享以及自我反思等。[①] 多元化的评价方式不仅能够全面地考查学生的思维能力，也有助于激发学生的主动参与和深入思考，从而在评价过程中实现教师的教学目标与提升学生的学习能力。

---

① 中华人民共和国教育部：《普通高中语文课程标准（2017年版）》，人民教育出版社2017年版，第46页。

《现代基础教育研究》
第58卷，2025年4月　　　　　(Research on Modern Basic Education)　　　　　Vol.58, Apr. 2025

体育中考感知对初中生体育锻炼行为的影响

刘汉平[1]，张诗雨[2]

（1. 上海师范大学 体育学院，上海 200234；2. 上海市建平中学西校，上海 200120）

摘　要：运用交叉滞后模型探究不同年级初中生体育中考感知对体育锻炼行为是否存在影响，以及体育中考感知对学生体育锻炼时间、强度、频率的影响是否存在年级差异，结果显示：初中各年级学生的体育中考感知与其体育锻炼行为之间的交叉滞后路径均不显著。体育锻炼行为在学生年级上成反比，体育中考感知不与学生年级成正比，同一年级学生体育锻炼行为前后稳定性较低。研究结论如下：不同年级学生体育中考感知与体育锻炼行为在年级维度上均存在显著差异，但学生的体育中考感知不能预测或影响其体育锻炼行为，是因为各年级学生对体育中考成绩的预测影响了体育中考感知对体育锻炼行为的影响。

关键词：体育中考；体育锻炼行为；体育中考感知；交叉滞后模型

一、引言

我国青少年的体质健康呈下滑趋势，脊柱侧弯、近视等已经成为青少年群体普遍存在的健康问题。如何从根本上扭转青少年体质健康下降的趋势，是社会各界面临的重大挑战。体育中考作为我国教育政策的重要组成部分，旨在激发学生对体育锻炼的热情，促使学生主动参与体育锻炼，从而培养良好的体育习惯和观念。对于初中生而言，能够准确感知与把握体育中考政策是确保该政策能够科学实施并实现政策初衷的重要条件。在对体育中考政策产生基本感知后，初中学生会从自身体育能力和价值观出发对政策进行评估和判断。结合北京大学教育经济研究所问卷调查结果与对相关文献的整理归纳[1]，本文将"中考体育感知"界定为初中生（被研究群体）对体育中考政策的了解程度和满意程度。

目前，研究多围绕体育中考的现状展开，着重探究现阶段体育中考存在的问题和解决方案，涵盖考试项目设置、考试公平性等关键问题。目前在关于体育中考与初中学生关系的研究中，多数学者指出两者之间存在一定的相互作用，如有学者认为体育中考可以促进初中学生体育锻炼行为。[2] 但学界对体育锻炼行为的定义目前尚未达成共识。在相关研究中，有学者认为体育锻炼行为是体育行为的外在表现，其核心是健身行为。[3] 在某些学者的定义中，学生群体的体育锻炼行为是指以健身、提高运动技能

作者简介：刘汉平，上海师范大学体育学院讲师，主要从事体育课程与教学研究；张诗雨，上海市建平中学西校二级教师，主要从事课程与教学研究。

① 蒋承、李笑秋：《政策感知与大学生基层就业——基于"三元交互理论"的视角》，《北京大学教育评论》2015年第2期，第47-56页。
② 黄小琪：《中考背景下初中生体育锻炼习惯的培养策略》，《学周刊》2024年第3期，第158-160页。
③ 郑家鲲：《健康城市背景下的学生健康体育行为培养研究》，上海体育学院博士学位论文，2013年，第48-49页。

等为主要目的而自发进行的；[1] 也有学者认为，学生群体的体育锻炼行为是具备一定运动强度、时间和频率的体育行为。[2] 通过对现有相关研究进行分析，本文将体育锻炼行为定义为：学生在课余时间进行的、以锻炼身体为主要目的，并具有一定强度、频率和持续时间的体育行为。

有学者认为，体育中考通过内在和外在两个层面影响学生的体育锻炼行为。内在层面主要指心理层面的影响，而外在层面则包括学生层面和学校层面的影响。已有的研究表明，体育中考与中学生体育锻炼行为之间存在关系，体育中考能够在一定程度上促进青少年的体育锻炼行为。学者关于体育中考与中学生体育锻炼行为的研究，并未探究体育中考是否会对初中学段不同年级学生体育锻炼行为产生差异影响，亦未探讨体育中考与学生体育锻炼行为的内在作用关系以及作用方式。基于此，本文试图解决如下问题：体育中考感知与学生的体育锻炼行为是否存在相互影响？在不同年级中，学生对体育中考的感知是否会导致其在体育锻炼的时间、强度和频率上表现出差异？学生的年级高低是否与他们的体育锻炼行为呈正相关？学生的年级高低是否与他们的体育中考感知呈正相关？研究旨在为体育中考政策提供一定的优化建议，使体育中考政策愈发完善。

二、研究对象与方法

1. 被试

本文对上海市 XX 区 XX 中学初中 6—9 年级自然班学生的体育锻炼行为及其体育中考感知之间的关系进行研究。研究对象为四个年级共 720 名初中生，追踪调查持续一个学期，共计 3 个月，分别在 2022 年 9 月和 12 月进行两次数据测量。测试前，每位参与者均被告知研究详情，整个数据收集过程在确保被试者知情同意的基础上进行，施测过程符合科学研究的伦理规范。

2. 测量工具

（1）体育中考感知问卷

笔者通过归纳分析相关文献，自行编制了包含 21 个题项的调查问卷，本问卷将学生体育中考感知分为"满意程度"和"了解程度"两个维度。问卷采用李克特 5 点计分法，选项范围从 1 分（表示"非常不了解"或"非常不赞同"）到 5 分（表示"非常了解"或"非常赞同"）。其中，体育中考了解程度是指初中学生对体育中考考试项目、考试项目评分细则以及不同项目考试形式等方面的认知和评价；体育中考满意程度是指初中学生对体育中考政策的构成、体育中考实施过程及其政策效果等方面的反馈和评价。该问卷在第一次测量（T1）和第二次测量（T2）中的 Cronbach's α 系数分别为 0.93 和 0.95。

（2）体育锻炼等级量表

该量表采用了梁德清编制的"体育活动等级量表"。[3] 该量表通过收集被试者参与体育锻炼的持续时间、频率及强度来衡量被试者的体育活动量，其中频率与强度的评分范围为 1—5 分，而持续时间的评分范围为 0—4 分。通过采用公式"活动量=强度×频率×持续时间"来量化个体体育锻炼活动量，作为衡量被试者体育锻炼行为的指标。

3. 施测过程

笔者于 2022 年 9 月 22 日和 12 月 23 日分两次进行问卷发放与回收，问卷要求学生填写年级、年龄、性别、学号。问卷发放过程中，采用标准化的指导语，并确保流程规范。以初中自然班为单位进行团体施测，团体测试时长控制在 15—20 分钟之间，所有问卷在发放后当场统一回收。同时将学生按年级和成绩分层，每一层随机选取 5 名男生和 5 名女生，全校共有 40 人参与此次访谈。访谈以半结构化方

① 陈方顺：《学校体育环境对临沂市初中生体育锻炼行为的影响研究——体育学习兴趣的中介作用》，吉林体育学院硕士学位论文，2024 年，第 6—7 页。

② 万力芳：《高中生、大学生和研究生锻炼态度—行为九因素模型特征比较研究》，武汉体育学院硕士学位论文，2006 年，第 6—7 页。

③ 梁德清：《高校学生应激水平及其与体育锻炼的关系》，《中国心理卫生杂志》1994 年第 1 期，第 5-6 页。

式进行,通过预先设计的访谈提纲,鼓励学生对体育中考和体育锻炼行为发表自己的观点。

4. 数据处理与分析

本研究采用 Mplus7.0 和 SPSS21.0 软件对所得数据进行系统分析。主要对符合要求的数据样本进行交叉滞后因果关系的分析,采用 SPSS21.0 对数据进行录入,随后开展描述性分析、信度评估、缺失数据模式分析和相关性及偏相关性研究。运用 Mplus7.0,基于两次测量所得的纵向数据搭建结构方程模型,以进行交叉滞后分析。

5. 问卷纵向效度分析

为了保证研究的科学性和严谨性,为检验共同偏差,本研究采用 Harman 单因子检验方法,将所有条目同时进行探索性因素分析,并最终提取出三个公因子,其中首个公因子的方差解释率为 38.59%,说明本研究未出现严重的共同方法偏差问题。

(1)验证性因素分析

因为数据为追踪数据,为了验证体育锻炼行为量表和体育中考感知量表在两次测量中结构效度的稳定性,在综合考虑分析目的与模型复杂程度之后,运用 Mplus7.0 建立体育感知每个因子的纵向验证性因素分析模型。

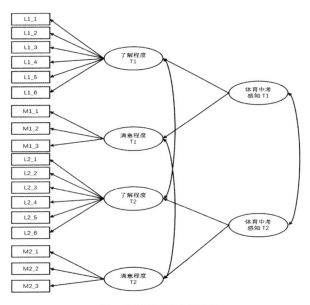

图 1　验证性因素分析模型

本研究采用以下拟合指数对各变量的纵向验证性因素分析模型进行评估:CFI>0.90,RMSEA<0.10,SRMR<0.05,χ^2/df<5 以及 TLI>0.90。由于 χ^2 指标通常易受到样本量的制约,本研究为了确定其是否处于可接受范围内,对其他拟合指数进行了综合考虑。根据表1所示,所有维度的纵向验证性因素分析模型的拟合指标均处于合理范围内。

表 1　体育中考感知各维度的纵向验证性因素分析拟合表

维度	χ^2/df	CFI	TLI	RMSEA	SRMR
了解程度	8.14	0.97	0.96	0.10	0.03
政策实施效果	5.40	0.98	0.97	0.08	0.03
政策实施过程	5.06	0.99	0.98	0.08	0.02
体育锻炼行为	4.04	0.98	0.94	0.07	0.03

(续表)

维度	χ^2/df	CFI	TLI	RMSEA	SRMR
体育中考政策内容	12.91	0.95	0.90	0.10	0.06

（2）信度分析

体育中考感知问卷由"了解程度"和"满意程度"两个维度组成。在两次测量中，了解程度在两次测量中表现出较高的内部一致性，Cronbach's α 系数分别为 0.93 和 0.95。满意程度在两次测量中也表现出较高的内部一致性，Cronbach's α 系数分别 0.95 和 0.88。

本研究采用 PARS—3 体育活动等级量表（由梁德清等人修订），该量表通过运动强度、运动频率、运动时间三个方面来评估受试者的运动量。采用以下公式计算运动量：运动量=时间×强度×频率。评分标准为：强度与频率的等级范围为 1—5 等级，分别记 1—5 分；时间的等级范围为 1—5 等级，分别记 0—4 分，总分为 100 分、最低分为 0 分。运动量评定标准：运动量≤19 分，则为波动量；20<运动量≤42 分，则为中等运动量；运动量≥43 分，则为大运动量。得分越高，表示个体的体育锻炼行为水平越高。PARS-3 量表的重测信度测量结果为 0.82。

6. 建立交叉滞后模型

建立模型前提条件验证各变量的稳定性、相关性与同步性。由表 2 可知，了解程度的跨时间相关系数为 0.69，满意程度的跨时间相关系数为 0.63，体育锻炼行为的跨时间相关系数为 0.08，体育中考感知的跨时间相关系数为 0.68。因此，了解程度、满意程度、体育中考感知具有一定的稳定性，满足稳定性条件。了解程度与满意程度、体育中考感知在同时间点上的同步相关系数在 0.39—0.85 之间，均显著相关。因此，体育中考感知、满意度与了解程度之间满足相关性和同步性条件。

表 2 二次测量各变量的相关系数

变量	1	2	3	4	5	6	7	8	9	10
了解程度 T1	–									
了解程度 T2	0.69***	–								
满意程度 T1	0.58***	0.46***	–							
满意程度 T2	0.39***	0.54***	0.63***	–						
体育锻炼行为 T1	0.08*	0.05	0.07	0.11**	–					
体育锻炼行为 T2	-0.03	0.01	0.02	0.01	0.08*	–				
体育中考感知 T1	0.85***	0.62***	0.92***	0.59***	0.08*	0.01	–			
体育中考感知 T2	0.57***	0.81***	0.64***	0.93***	0.10**	0.03	0.68***	–		
性别	-0.02	-0.03	-0.02	-0.03	0.07*	-0.02	-0.02	-0.04	–	
年级	0.27***	0.30***	0.06	0.11**	-0.09**	0.01	0.17***	0.21***	-0.03	–
M	4.24	4.15	4.57	4.36	31.15	44.79	4.45	4.28	0.50	7.47
SD	0.83	0.89	0.64	0.77	25.11	306.19	0.63	0.72	0.50	1.13

三、研究结果

1. 体育中考感知不能预测或影响体育锻炼行为

建立体育中考感知与体育锻炼行为的交叉滞后模型（饱和模型无拟合度，下同）。结果可知，体育中考感知 T1 指向体育锻炼 T2 交叉滞后路径不显著；同样，体育锻炼 T1 指向体育中考感知 T2 交叉滞后路径不显著,即体育中考感知(T1)不能预测体育锻炼行为(T2),体育锻炼行为(T1)不能预测体育中考感知(T2)。

为进一步分析体育中考感知与体育锻炼行为的关系,建立了解程度、满意程度与体育锻炼行为的交叉滞后模型。结果可知,了解程度 T1、满意程度 T1 指向体育锻炼 T2 交叉滞后路径不显著;同样,体育锻炼 T1 指向了解程度 T2、满意程度 T2 交叉滞后路径不显著。即了解程度(T1)不能预测满意程度(T2)与体育锻炼(T2),满意程度(T1)不能预测了解程度(T2)与体育锻炼(T2),体育锻炼(T1)不能预测了解程度(T2)与满意程度(T2)。体育中考感知对体育锻炼行为的作用可能因年级因素而存在不稳定性,因此,需进一步分析不同年级体育中考感知对体育锻炼行为的影响。

体育中考感知包含了解程度与满意程度,不稳定是否因为不同因子对体育锻炼行为的作用不同所造成? 是否体育中考感知各因子对体育锻炼行为造成促进作用? 体育锻炼行为受体育感知各因子的影响是否一致,或者这些因子对体育锻炼行为存在不同的影响效果? 为解决上述疑问,进一步剖析体育中考感知对体育锻炼行为的影响,我们将在模型中引入体育中考感知的两个维度因子在不同年级中进行数据分析,以进行探究和解答。

2. 不同年级学生对体育中考感知的了解程度、满意程度均不能预测或影响体育锻炼行为

建立六年级、七年级、八年级、九年级的了解程度、满意程度与体育锻炼行为的交叉滞后模型。结果可知,了解程度 T1、满意程度 T1 指向体育锻炼 T2 交叉滞后路径不显著;同样,体育锻炼 T1 指向了解程度 T2、满意程度 T2 交叉滞后路径不显著。即了解程度(T1)不能预测满意程度(T2)与体育锻炼(T2),满意程度(T1)不能预测了解程度(T2)与体育锻炼(T2),体育锻炼(T1)不能预测了解程度(T2)与满意程度(T2)。六年级、七年级、八年级、九年级学生的体育中考感知不能预测和影响其体育锻炼行为。

分析显示,各年级学生的体育锻炼行为不受其体育中考感知的预测或影响。由于在性别维度上,男生群体和女生群体在体育锻炼行为(T1)上存在显著差异,故进一步猜测是否因为性别因素影响,使得体育中考感知不能预测体育锻炼行为,接着单独分析性别因素,建立性别维度上的体育中考感知与体育锻炼行为交叉滞后模型。

3. 不同性别学生对体育中考感知的了解程度、满意程度均不能预测或影响体育锻炼行为

在男生群体中建立了解程度、满意程度与体育锻炼行为的交叉滞后模型。结果可知,了解程度 T1、满意程度 T1 指向体育锻炼 T2 交叉滞后路径不显著;同样,体育锻炼 T1 指向了解程度 T2、满意程度 T2 交叉滞后路径不显著,即在男生群体中体育中考感知不能预测或影响体育锻炼行为。

在女生群体中建立了解程度、满意程度与体育锻炼行为的交叉滞后模型。结果可知,了解程度 T1、满意程度 T1 指向体育锻炼 T2 交叉滞后路径不显著;同样,体育锻炼 T1 指向了解程度 T2、满意程度 T2 交叉滞后路径不显著,即在女生群体中体育中考感知不能预测或影响体育锻炼行为。

在年级与性别维度上进行交叉滞后分析后,发现体育中考感知在这两维度上不能预测或影响体育锻炼行为。尽管体育中考感知与体育锻炼行为均在不同年级之间存在显著差异,但这些差异为何未能预测行为仍需探究,同时两者在年级维度上的关系仍难以预测。为深入研究这一问题,我们将对各年级学生进行抽样访谈,试图找到原因。

4. 个体对体育中考成绩的预测对学生体育锻炼行为存在影响

通过对上海市 XX 中学的各年级学生进行实地访谈后发现,各年级学生对体育与其他笔试科目在中考中是否存在差异具有认知偏差。同时,对于花费的精力与现实的收益,部分年级之间也存在认知差异。六年级学生普遍认为中考体育与其他笔试类科目并不存在显著差异。该年级的学生认为,想在中考体育中取得好成绩,只有在初中阶段充分锻炼,发展相关运动能力,才能获得理想成绩。同时,六年级学生普遍表示难以预测将来在体育中考可能取得的成绩。关于体育学科与其他笔试科目在中考中的差异、体育中考成绩预测等方面,七年级学生与六年级学生没有明显区别。八年级学生则普遍认为,在中考中体育与其他笔试类科目存在差异。八年级的学生表示,要在日后的体育中考中取得好成绩,不需要在初中阶段进行大量的体育锻炼,也不需要提升自身身体素质发展相关运动能力,而只需在临考前集中

训练,就能获得理想成绩。同时,八年级学生还表示,自己能在体育中考中取得理想成绩,并且认为自己能够拿到 29 分及以上的分数。九年级学生普遍认为,在中考中体育与其他笔试类科目存在显著差异。该年级的学生认为,想在体育中考中获得较理想成绩,并不需要进行多余的体育锻炼,也不需要发展相关身体素质,只需针对体育中考项目进行短期练习,便能获得好成绩。并且九年级的学生认为,想要在中考中取得令自己满意的总分,考取自己心仪的高中,更应优化时间管理,增加中考笔试类科目的学习,以提升笔试类科目成绩。九年级学生普遍认为,自己能在体育中考中取得理想成绩并能拿到 29 分及以上的分数。在访谈过程中发现,认为自己的体育中考成绩能够达到 29 分及以上的八、九年级的学生人数在总的受访者中占比达到 80%。

在访谈过程中发现,不同年级学生对于自身体育中考成绩的预测可能是影响体育锻炼行为的直接原因。因此,检验了体育锻炼行为在年级上的差异,由表 3 可知,锻炼行为 T1 在年级上存在显著差异。六年级学生倾向于进行中等强度(均值介于 3.07—3.70)的体育锻炼,锻炼时间(均值介于 2.05—2.67)主要集中在 21—30 分钟,体育锻炼频率(均值介于 3.56—3.72)倾向于每天一次;七年级学生倾向于进行中等强度(均值介于 2.98—3.24)的体育锻炼,锻炼时间(均值介于 2.25—2.67)主要集中在 21—30 分钟,体育锻炼频率(均值介于 3.08—3.43)倾向于一个月 2—3 次;八年级学生倾向于大强度(均值介于 3.10—3.12)但持久性不高的体育锻炼行为,锻炼时间(均值介于 2.48—2.57)主要集中在 21—30 分钟,体育锻炼频率(均值介于 3.20—3.34)倾向于一个月 2—3 次;九年级学生倾向于中等强度(均值介于 3.06—3.24)体育锻炼行为,锻炼时间(均值介于 2.55—2.64)主要集中在 21—30 分钟,体育锻炼频率(均值介于 3.01—3.10)倾向于一个月 2—3 次。数据显示,七年级学生的锻炼行为(T1)显著高于九年级。在不同年级之间,锻炼频率 T1 表现出显著差异,其中六年级的锻炼频率(T1)最高,而九年级的锻炼频率(T1)则最低。与此同时,锻炼频率 T2 在年级上也表现出显著差异,六年级的锻炼频率(T2)最高。通过对比,发现各年级学生对体育中考成绩的预测可能与体育锻炼行为存在一定关系。

表 3 体育锻炼行为在年级上的差异

变量	六年级(n=187)	七年级(n=173)	八年级(n=173)	九年级(n=173)	F	LSD
锻炼强度 T1	3.07±1.15	3.24±1.06	3.10±1.02	3.06±1.08	1.04	
锻炼时间 T1	2.50±1.23	2.67±1.16	2.57±1.06	2.55±1.14	0.71	
锻炼频率 T1	3.56±1.38	3.43±1.37	3.34±1.26	3.01±1.24	5.64***	A>D,B>D,C>D
锻炼行为 T1	8.00±6.57	8.72±6.88	7.56±5.94	6.75±5.49	5.23***	D<B
锻炼强度 T2	3.70±3.75	2.98±3.44	3.93±10.50	3.12±1.02	1.08	
锻炼时间 T2	2.67±1.15	2.25±2.12	2.48±1.34	2.64±0.96	2.96*	A>B,C>B
锻炼频率 T2	3.72±2.00	3.08±1.51	3.20±1.27	3.10±1.18	6.89***	A>B,A>C,A>D
锻炼行为 T2	10.30±11.70	7.73±15.10	19.80±153.21	7.04±5.18	0.01	

注:***p<0.001,**p<0.01,*p<0.05。A 表示六年级,B 表示七年级,C 表示八年级,D 表示九年级。

同时,在走访调查中发现,学生更倾向于重视体育中考分数,而非体育锻炼本身,并且他们对这两者之间的关联性持有不同的观点。笔者将主要分析 2021 年 XX 中学九年级学生的体育中考成绩。统一测试成绩和平时成绩两部分共同组成上海市学生的体育中考成绩,收集 XX 中学 2021 届学生(N = 254)的体育中考成绩,进行统计分析后发现,2021 届学生体育中考成绩中的平时成绩获得满分 15 分的人数高达 252 人,获得 14.5 分的有 2 人,2021 届学生体育中考平时成绩满分比例达 99.2%。另外,在统一测试中获得满分 15 分的人数有 151 名,获得 14 分及以上的学生有 202 人,其比例分别为 59.4% 和 79.5%。通过对比平时成绩和统一测试成绩可以发现,在这两类测试体系中满分人数存在较大差异。总成绩分析显示,151 名学生获得满分 30 分,占比达到 59.4%;202 名学生获得 29 分及以上,占比达到

79.5%;总分 27—30 分是高频得分区间,且以 0.5 分为单位进行分差变化。

分析数据发现,学生在体育中考中的实际得分与八、九年级的预估得分差异不大,趋于一致,这说明八、九年级学生对体育中考的预期得分与实际得分高度吻合。由此推测,各年级学生对体育中考成绩的预测与其体育锻炼行为之间存在一定关系。

研究结果表明,体育中考感知在两个维度上(了解程度和满意程度)与初中学生体育锻炼行为之间不存在影响或显著预测。体育中考感知与体育锻炼行为的双向交叉滞后路径均未达到显著性水平,表明政策感知不能正向引导学生后续的体育锻炼行为,同时学生以往的体育锻炼行为也无法强化其对体育中考政策的认同或理解。这一现象在初中年级和性别的维度上均表现出稳定性——无论是按年级建模还是按性别分析,体育中考感知与体育锻炼行为的交叉滞后模型均无显著性。但值得注意的是,尽管体育中考感知与体育锻炼行为存在年级差异,如九年级学生对体育中考政策的了解程度显著高于六年级,但是这种差异并未转换成对个体体育锻炼行为的预测力。实地访谈揭示了深层次的机制,八、九年级的学生普遍形成"可短期提高体育成绩,且自己会得到较高分数"的认知,导致他们主动弱化日常体育锻炼行为,转而将时间优先配置于中考笔试科目。因此,体育中考政策虽然在政策制度层面强化了考核要求,但是未能将学生认知转化为持续性的行为,反映出体育中考政策目标与学生行为脱节的问题。

四、研究讨论

1. 体育中考感知与体育锻炼行为的关系

体育中考感知不能显著影响和预测学生的体育锻炼行为。以往的研究普遍认为,体育中考与体育行为之间存在正相关。[1] 但是在本研究中,未能证实体育中考对初中生体育锻炼行为产生积极影响,这与体育中考和体育行为之间存在正相关的假设不符。然而,通过数据分析表明,初中学生的体育中考感知对体育锻炼行为并无预测作用。在对 4 个年级学生的体育中考感知与体育锻炼行为进行交叉滞后模型分析后,发现体育中考感知与体育锻炼行为之间的滞后效应在各年级均不显著。

分析其原因,可能有以下方面:一方面,同一届考生之间的体育中考成绩差距较小。日常考核成绩普遍达到满分(15 分),日常考核成绩差异基本为零,且统一测试成绩的个体差异不大,导致同一届考生体育中考总分高频得分区间在 27—30 分。这导致体育中考成绩的总分差距较小,学生认为这种差异处于可接受的程度。同时,相较于其他学科,体育在学生、家长和学校中的价值体系认知未能得到充分建立。另一方面,各年级学生的体育锻炼行为两次测量的结果显示,学生前后两次不同时间点的锻炼行为稳定性较低,其体育锻炼行为的跨时间相关系数为 0.08,表明测量点前后学生的体育锻炼行为存在较大差异。由此推测初中各年级学生的体育锻炼行为并不稳定,而不稳定的原因可能与学校的体育教学内容有关。

学生能够较为准确地预估自己的体育中考成绩区间,且该区间范围较小。由于体育中考成绩相对固定,而其他学科的成绩波动较大且在总分中占比更高,学生往往通过减少体育锻炼行为,增加其他笔试科目的学习时间。因此,数据显示,无论哪个年级,体育中考的感知与体育锻炼行为之间均无显著相关性,体育中考的感知无法预测或影响学生的体育锻炼行为。

2. 体育锻炼行为与学生年级的关系

学生的体育锻炼频率与其年级呈现负相关,年级越高,参与体育锻炼的次数越少。随着学生年级的上升,学习压力对体育锻炼行为的负面影响日益显著。九年级学生因学习压力而减少体育锻炼行为的人数比例最高,相比之下,七年级学生的体育锻炼行为最为积极,明显高于八、九年级。可以推测,学生随着年级上升,课业负担日渐加重,自由时间变得稀缺,同时学校和家庭更倾向于将时间投入备考中,使得体育锻炼行为被学习活动所取代。

---

① 汪恺:《宁波市区体育中考与中学生体育行为的关系研究》,宁波大学硕士学位论文,2019 年,第 25-28 页。

3. 体育中考感知与学生年级的关系

体育中考的感知并未随着学生年级的上升而增强，年级与体育中考感知之间并不存在正相关。数据显示，六年级学生体育中考感知最低，七年级学生体育中考感知最高，八年级学生体育中考感知则显著下降，而九年级学生体育中考感知再次增强但略低于七年级。在调查过程中发现，初中学生对体育中考的感知主要来源于学校，特别是体育教师。而通过对不同年级各班级的体育教师访谈发现，六年级下学期或七年级上学期通常是体育教师对学生进行体育中考政策相关教育的时间点。可以推测，七年级学生刚开始感知体育中考时，并未了解与分数相关的具体内容，如评分标准、成绩构成等。因此在此阶段，他们虽然初步形成体育中考感知，但并不认为自己在将来的体育中考中获得较好分数，该阶段学生的注意力主要集中在体育中考政策上，思考该如何获得理想成绩，这可能是七年级学生体育中考感知最强的原因。但是，随着八年级学生对体育中考政策更加深入了解后，特别是接触到与分数相关的概念后，如成绩构成、评分标准等。八年级学生开始意识到基本上每个人在日常考核成绩中都能获得满分 15 分，而统一测试成绩的得分区间在 12.5—15 分之间，这意味着学生的体育中考分数总分大多数在 27.5—30 之间，学生个体之间分数差距较小且都接近满分。可见，同一届学生的体育中考成绩差异并不显著。而在八年级，学生对体育中考政策的感知基本形成，容易形成体育中考成绩得分稳定且体育分值占比相对较小的想法。当九年级面对即将到来的体育中考时，教师、学生和家长都对体育中考政策进行了全面且深入的研究与分析，以便用最少的时间投入获得最高的分数。所以学生在追求体育中考高分的过程中，倾向于根据体育中考现实成绩的客观数据来进行最少的体育锻炼行为。由此可见，九年级学生一旦判断自己的体育能力达到体育中考的目标分数后，锻炼行为就会表现出突击性和功利性的特征。

The Impact of Perceptions of the PE High School Entrance Exam on Junior Middle School Students' Physical Exercise Behavior

LIU Hanping[1], ZHANG Shiyu[2]

（1. School of Physical Education, Shanghai Normal University, Shanghai, 200234;

2. Shanghai Jianping Middle School West Campus, Shanghai, 200120）

Abstract: Using a cross-lagged panel model, this study explores whether the Physical Education (PE) High School Entrance Exam among junior middle school students from different grades influence their physical exercise behavior, and whether such influence varies across different grade levels in terms of time, intensity and frequency of physical exercise. The results show that there is no significance in cross-lagged paths between students' perception of the PE examination and their physical exercise behavior at any grade levels. Exercise behavior decreases with students' grade levels, while their perceptions of the PE exam do not increase accordingly. The stability of physical exercise behavior is relatively low in the same grade. This study concludes that although there are significant grade-level differences in both PE exam perceptions and physical exercise behavior, the former does not predict or affect the latter. It is because students' own predictions of their PE exam performance can mediate the effect of their PE exam perception on physical exercise behavior

Key words: PE high school entrance exam, physical exercise behavior, perception of PE high school entrance exam, cross-lagged panel model

《现代基础教育研究》

第58卷，2025年4月 　　　　　　　(Research on Modern Basic Education) 　　　　　　　Vol.58, Apr. 2025

非正式环境下科学教育的场景、特征与策略

潘婷婷 [1,2],张晓峰 [1],张舒平 [1]

(1. 上海师范大学 教育学院,上海 200234;2. 华东师范大学附属浦东临港小学,上海 201306)

摘　要: 科学教育的非正式环境涵盖校园日常场景、家庭生活场景和社会专业场景。非正式环境下科学教育有着开放的结构,能够为学生提供灵活、互动和探索性的学习体验,不仅扩展了科学教育的渠道,而且能够有效弥补正式环境中科学教育的不足。推进非正式环境下科学教育,需构建学校家庭社会协同推进的运行机制,突出学校主导作用,强化家长主体责任,构建社会支持系统。

关键词: 科学教育;非正式环境;场景;协同共育

加强科学教育是我国实现科技强国战略的基础性工程。2023 年 5 月,教育部等十八部门联合印发《关于加强新时代中小学科学教育工作的意见》,指出要推动中小学科学教育学校主阵地与社会大课堂的有机衔接,培育具备科学家潜质、愿意献身科学研究事业的青少年群体。[1] 加强科学教育,通常把任务指向学校课堂和实验室等正式环境中的教育,并聚焦于课程改革、教师队伍建设等策略。然而,相较于正式环境在时间、结构、内容等方面的局限,非正式环境以其丰富多样的学习资源、灵活多变的学习方式,在推进科学教育上表现出独特的优势。[2] 非正式环境下科学教育有着开放的结构,能够为学生提供更加灵活、互动和探究性的学习体验,不仅扩展了科学教育的渠道,而且能够有效弥补正式环境中科学教育的不足。研究表明,学生参与非正式环境中的科学活动,与他对科学的热爱程度和事业志向有着非常紧密的联系。[3]

那么,什么是科学教育的非正式环境?非正式环境下科学教育包括哪些场景?体现出什么样的特征?如何发挥其独特的优势?对这些问题的回答将构成本文的主要内容。

基金项目: 2021 年度上海市哲学社会科学规划教育学一般项目"上海市'强校工程'学校变革与改进的发生学机制研究"(项目编号: A2021013)。

作者简介: 潘婷婷,上海师范大学教育学院博士研究生,华东师范大学附属浦东临港小学校长,中学高级教师,主要从事德育、科学教育与学校管理研究;张晓峰,上海师范大学教育学院教授,博士生导师,博士,主要从事教师教育与教育领导研究;张舒平,上海师范大学教育学院博士研究生,主要从事教育领导与管理研究。

① 中华人民共和国教育部:《教育部等十八部门关于加强新时代中小学科学教育工作的意见》,载教育部网:https://www.moe.gov.cn/srcsite/A29/202305/t20230529_1061838.html,最后登录日期:2025 年 3 月 12 日。

② 李志河,师芳:《非正式学习环境下的场馆学习环境设计与构建》,《远程教育杂志》,2016 年第 6 期:第 95-102 页。

③ P. Tamir ,"Factors Associated with the Relationship between Formal , Informal , and Nonformal Science Learning", *Journal of Environmental Education*, (1990), pp. 33-42.

一、何谓科学教育的非正式环境

人类"学习"概念在 20 世纪获得了重要进展，从行为主义，到认知主义，再到聚焦"认知与学习的生成情境的重要作用"的建构主义，以及今天强调"参与""社会交往"的社会建构主义。[①] 理论基础的变化使得人们改变了过往将学习与情境相分离的倾向，转而强调学习过程中的意义建构过程以及学习与情境的关联。非正式环境下的教育因为注重学习的情境性和体验性，切合学生主动建构的学习需求，近些年受到广泛重视。

对于教育的非正式环境，人们通常是指学校以外的非正式环境。菲利普·贝尔等人把非正式环境中的科学学习分为日常生活环境中的学习（如家庭或同伴讨论与活动、大众媒体参与等）、经过设计的环境中的学习（博物馆、动植物园、图书馆等）以及项目学习（俱乐部、志愿者小组等）三类。[②] 而有学者则认为，非正式环境是与课堂正式学习环境相对的概念[③]，校园中的图书馆、食堂、草地等都具有成为非正式学习环境的可能性。[④] 这一观点将校园视作学习空间的连续体，连续体的一端是完全非结构化的自由交流（自我指导、非正式学习、开放空间），另一端则为结构化的讲授式教学（教师主导、正式学习和封闭空间）。[⑤] 其中便包含学习的正式环境和非正式环境。为此，有学者将非正式环境下的学习分为三种类型：场馆学习，如参观博物馆、科技馆、天文馆以及动物园、植物园等学习活动；日常生活学习，如看电视、听广播、读书、参加感兴趣的活动等；课外小组学习，指学生之间自发结成兴趣小组进行学习，例如

科幻社、英语角等。[⑥] 这里的课外小组便可视为校内的非正式学习环境。

尽管存在上述不同的认识，但学界普遍认为，非正式环境下的教育具有开放性、安全性、非威胁性的特点，是对正式环境下教育有益的、必要的补充。正如有学者指出的，非正式环境下教育具有学习者自由选择、弱化结果评价，并且能够适应不同学习者的文化、兴趣和能力差异等特点。[⑦] 在非正式环境中，科学教育通常不受预设的课程大纲、固定的课程目标和结构化的教学内容的限制，不依赖传统课堂或专门实验室等场合，而是在多种非教学性质的场合中，通过自然的社会交往、生活体验和生产实践来传递和渗透科学知识。推进非正式环境下的科学教育，目的在于弥补正式环境中科学教育在培养科学精神、科学思维、科学技能等方面的不足，主要任务包括激发学生对于科学的兴趣，促进学生理解科学知识，进行科学推理，深化对科学的反思，参与科学实践以及认同科学事业六个方面[⑧]，帮助学生实现从科学兴趣激发到科学认知、推理、反思、实践，进而形成对科学事业的认同感。

二、非正式环境下科学教育的场景

在学习的非正式环境下，场景是学习资源、活动和项目等的集合，是科学教育的重要平台。如前所述，人们通常将学校以外的家庭生活场景和社会专业场景视为学习的非正式环境，却忽略了学校中非正式环境。传统课堂或实验室等正式学习场所之外的校园日常场景，应视为学习的非正式环境的重要构成。据此，本文将非正式环境下

① 钟启泉：《从学习科学看"有效学习"的本质与课题——透视课程理论发展的百年轨迹》，《全球教育展望》2019 年第 1 期，第 23-43 页。

② 菲利普·贝尔，布鲁斯·列文斯坦，安德鲁·绍斯，等：《非正式环境下的科学学习：人、场所与活动》，赵健等译，科学普及出版社2015 年版，第 44 页。

③ R. Ellis，P. Goodyear，"Models of Learning Space：Integrating Research on Space，Place and Learning in Higher Education"，*Review of Education*，No. 2（2016），pp. 149-191.

④ 邵兴江，张佳：《中小学新型学习空间：非正式学习空间的建设维度与方法》，《教育发展研究》2020 年第 10 期，第 66-72 页。

⑤ 陈向东，许山杉，王青，等：《从课堂到草坪——校园学习空间连续体的建构》，《中国电化教育》2010 年第 11 期。

⑥ 刘文利：《科学教育的重要途径——非正规学习》，《教育科学》2007 年第 1 期，第 41-44 页。

⑦ 菲利普·贝尔，布鲁斯·列文斯坦，安德鲁·绍斯，等：《非正式环境下的科学学习：人、场所与活动》，赵健等译，科学普及出版社2015 年版，第 44 页。

⑧ 菲利普·贝尔，布鲁斯·列文斯坦，安德鲁·绍斯，等：《非正式环境下的科学学习：人、场所与活动》，赵健等译，科学普及出版社2015 年版，第 40-43 页。

科学教育的场景划分为校园日常场景、家庭生活场景和社会专业场景。

1. 校园日常场景

课堂、实验室是典型的科学教育的正式环境，侧重传授以理论知识为主的间接经验，为学生科学素养的养成提供专业、系统的支持。这是学校科学教育的主渠道和主体构成。除此以外，学校还应高度重视科学教育的非正式环境，超越传统课堂的边界，建立多维立体的充满活力的科学教育的校园场景。为此，要充分利用校园设施和环境资源营造科学探究的氛围，打造随处可以进行科学发现、随时可以进行科学思维、人人争做科学探究者的校园支持环境。[1][2]

不仅如此，学校还要积极贯通校内外科学教育的资源，拓展科学教育的时空，帮助学生将真实的科学问题与抽象的专业概念相关联，实现深度的意义建构。江苏无锡经济开发区人工智能教育基地建于区域内某学校，是"小馆建在学校"的典型，该基地面向全区 4—9 年级的学生开设智能搭建、数字建模、无人机飞行、编程语言等多门访学课程以及 20 门项目式学习。学生可以具身体验和探索现代科技在校园日常场景中的应用。学校还建造了实物与数字化相融合的"纸博馆"，设有纸的制造、纸与艺术、纸与生活以及纸与设计四个展区，采用图文展示、实物展示、实物制作等形式，全方位阐释纸的发展和运用，营造充满活力的科学教育氛围。

2. 家庭生活场景

家庭生活场景是儿童认识世界的主要场所，在该场景中，儿童的科学学习表现出偶发性、复杂性和机会主义等特征。儿童的偶发性科学问题通常是基于日常生活的真实情境自发产生的，而非基于教材框架。家庭成员的共同生活为儿童的科学学习提供了必要的条件[3]，家庭生活场景也因而成为科学对话和科学教育的潜在场所。在家庭生活场景中发生的科学教育融入了家庭日常生活，能让家长在亲子互动中培养孩子对于科学的热爱和认知。一方面，家庭成员可以围绕偶然发现的科学现象、经历的科学事件展开对话，结合相关的科学主题进行开放性的讨论。另一方面，家长要有意识地采用游戏、生活小实验、辩论等趣味性强的活动形式，引导儿童进行科学认知和思考，培养儿童的科学素养。例如，上海市杨浦区平凉路第三小学的学生家长加入了"构建百个儿童家庭科技角"的活动，在家庭中进行适当的环境布置，确定科学探究或科技制作探究项目，指导孩子完成科学探究活动，让家庭角落变成孩子的小实验台和科技角。[4] 在亲身观察、体验、操作、验证的过程中，儿童才能够更好地理解科学知识，发展科学思维。

3. 社会专业场景

社会专业场景包含博物馆、科技馆等机构以及展览会、博览馆等专门设计的、以参观和体验为主的场馆。在社会专业场景中发生的科学教育，大多强调丰富多彩的真实世界的展示和再现，注重将学习者的情绪和感官反应与具体的科学现象相联系，显得生动而富有趣味。随着现代信息技术的快速发展，由数字技术赋能支撑的科学教育和实践探索正越来越多地出现在社会专业场景中，为参与者提供交互式和沉浸式的学习体验。目前，社会专业场景在科学教育中的独特优势和作用日益受到重视。上海市积极探索科学教育的多元协同路径，以上海科技馆等一批优质科普场馆为龙头，致力于打造以青少年为重点服务对象的科普教育平台，加快推进科普教育与学校正规教育相互融合，拓展馆校合作的广度和深度。如上海科技馆等示范性科普场馆率先推动"学校进场馆"和"场馆进校园"的"双向奔赴"，目前已覆盖全市各区中小学校，并基于学校需求定制开发上百门馆校合作课程。[5]

---

① 李晓辉：《北师大实验中学：构建立体多维的学校科学教育体系》，《中小学管理》2023 年第 6 期，第 19-22 页。

② 左文飞、庄惠芬：《江苏星河实小：全景式推进学校科学教育创新实施》，《中小学管理》2023 年第 6 期，第 26-29 页。

③ 胡金艳、蒋纪平、张义兵：《知识建构理论能用在家庭非正式学习环境中吗？——基于儿童偶发性科学探究的个案追踪研究》，《学前教育研究》2020 年第 5 期，第 67-79 页。

④ 郑小燕：《平凉路第三小学：家校同行共建儿童家庭科技角》，《上海教育》2023 年第 13 期，第 34 页。

⑤ 姜晓凌、陶婷婷：《主体更有活力、内容更有引力》，《上海科技报》2022 年 1 月 21 日，第 1 版。

三、非正式环境下科学教育的特征

1. 主题式和跨学科综合的学习内容

科学教育的非正式环境通常更接近于科学现象、科学问题所发生的真实情境和现场。这决定了非正式环境下科学教育更加注重内容整合和跨学科综合，往往以主题式、现象式、问题式呈现，反映真实的科学世界中知识的存在与运用。也正是因为这种主题式和跨学科综合的特性，非正式环境下的科学教育在结合科学知识、技术、思想和精神等方面具有独特的优势。例如，在家庭生活场景中，孩子在与家长一起制作食物时，便能学习到化学（烹饪过程中物质的变化）、生物学（食材的生物属性）、物理学（温度变化）、数学（计量和比例）以及健康和营养学的知识。这种学习自然而然地融合了多个学科的内容，呈现跨学科综合的特点。在社会专业场景中，学生在进行科学探索或参加科普展览的活动中习得科学知识、锻炼科学思维的同时，也能够体悟到家国情怀、钻研精神、创新精神等，感受到价值观的熏陶。在学校日常场景中，学校开展跨学科综合项目或活动，或者将科学与人文、艺术等领域相结合，如探究科技与社会的关系、科学中的伦理问题等，帮助学生辩证地认识和审视科学，全面培养他们的科学素养。

2. 情境化和探究式生成的学习方式

情境化意味着学习不是单纯的知识输入活动，而是个体基于已有的知识结构和生活经验在情境中的互动建构。[1] 相较于传统课堂对知识性教学目标的重视，非正式环境下的科学教育更加强调学习的情境性，强调学生在自主探究的过程中发现和生成知识，本质上是一种发现式学习。在非正式环境下，为有效促进个体知识在情境中的建构和生成，科学教育通常注重结合特定场所的在地性学习资源，将抽象化的科学知识以情境

化、具象化的方式呈现。

其中，社会专业场景中的场馆教育是较为典型的情境学习形式，场馆中的设施设备和展品布置为学习者提供了生动、具体以及多维感知的情境空间。参与者在学习过程中，可以将个人心理情境、文化资源等社会情境以及场馆展品等构成的物理情境三者交互，从而促进知识的意义建构。[2] 例如，科技馆运用互动展览和实验设施来演示科学原理和技术发展，天文馆通过天体模型和观星活动进行宇宙知识的教学，等等。在这一过程中，具身式的信息感知带来"真实性"的情境体验，从而引导学习者去发现问题、思考问题产生之源，探索问题解决之策，学习者会试图通过探究来印证他们内心的想法，循证自己的思维过程。[3] 非正式环境作为科学现象发生或模拟发生的场所，为学生提供了情境化认识科学现象、探究科学问题的机会，从而推动学生理解和建构知识。

3. 弱利害和写实性记载的评价方法

非正式环境不仅为学生提供了连接学校"正统"科学知识与生活世界的"第三空间"，而且有效弱化了竞争和分数压力，从而更好地促进学生对于神秘科学世界的探究和发现。但非正式环境下的科学教育，学习过程是难以观察到的，学习结果也具有多样性，这便对评价提出了挑战：很难了解学习者在什么时间、什么情况下学习了哪些科学知识、技能、态度和精神。[4] 而如果采用传统的以结果为导向的高利害考试评价，则难以测量学生面对未来所应具备的复杂技能和情感[5]，而且容易给学生的学习体验带来伤害[6]，进而降低学生参与的主动性和积极性。因此，对于非正式环境下的科学教育，应弱化评价的高利害性。

美国同行在评价非正式科学教育的项目时，采用音频和视频技术详细记录学习者的行为，通过观察面部表情和访谈等方式了解学习者的学习情况，注重过程性评价，同时也采用案例剖析等方

① 郭元祥，伍远岳：《学习的实践属性及其意义向度》，《教育研究》2016 年第 2 期，第 102-109 页。

② 翟俊卿，毛天慧，季娇：《儿童如何在参观科技场馆过程中学习科学——基于国外实证研究的系统分析》，《比较教育研究》2018 年第 7 期，第 68-77 页。

③ 奚亚英：《重视非正式学习：儿童学习支持的时代转型》，《中国教育学刊》2022 年第 12 期，第 11-15 页。

④ 符国鹏：《非正式环境中科技教育：连通青少年的科学世界与生活世界》，《上海教育》2021 年第 24 期，第 24-27 页。

⑤ 徐瑾劼，申昕：《重塑以学习者为中心的教育评价生态——基于教育评价智能化发展的全球观察》，《开放教育研究》2023 年第 3 期，第 40-46 页。

⑥ 雷浩：《基于核心素养的"教—学—评"一致性探讨》，《课程·教材·教法》2023 年第 10 期，第 42-49 页。

法对学习效果进行评估。[①] 为此,可采用形成性评价和写实性记载的方法,从学习者的态度、学习过程、学习结果和收获等多个维度,对学习者在非正式环境下科学教育中的表现进行评价。同时,也不应局限于认知方面,以评价促进学生的积极投入和主动发展。评价结果的呈现包括但不限于写实性自我描述、资格认定、成果表达等多种形式,以更好地捕捉学生在学习过程中的积极表现。

四、非正式环境下科学教育的策略

在教育"双减"中做好科学教育加法,对非正式环境下的科学教育提出了更高的新要求。对非正式环境下科学教育的现实境遇而言,仍存在科学学习活动经验化和浅表化、协作共同体缺乏深度合作、教育行政部门支持不足[②]、专业人员匮乏以及成效评估体系不完善等困境。[③] 推进非正式环境下的科学教育,需要加强顶层设计,并在实践探索中不断优化,促进学校、家庭和社会等多元主体协同的科学教育生态体系的建立。

1. 突出学校主导地位,协同推进科学教育

学校作为专业的和专门化的教育机构,在推进科学教育中应发挥主导作用。一方面,要强化主渠道和主阵地地位,完善学校本位的科学教育课程体系。在加强科学及其分科课程如物理、化学、生物等教学的同时,学校既要完善 STEM 课程体系,又要注重在人文学科中渗透科学态度、科学精神的培养。学校既要注重正式环境,又要注重在日常环境中推进科学教育。学校要为学生营造开放、包容、自由的环境氛围,建设资源富集的学习平台和探索空间,注重科学教育与学生日常生活的深入联结,让随时随地进行科学探索成为可能;要创设基于兴趣的科学学习社群和科学探索俱乐部,举办形式多样的科技节、科技创新大赛等活动,激发学生学习科学的驱动力。另一方面,学

校要不断拓展科学教育的场域边界,构建校内外资源有效融通、正式与非正式环境连为一体的科学教育体系。学校应积极将家庭和社会的力量纳入科学教育体系,注重校外资源的开发和建设,以多渠道、多维度和多元化的方式,为学生提供更富情境体验和意义联结的科学教育。

2. 强化家长主体责任,注重科学日常教育

"全员、全科、全生活"是科学教育的基本原则。[④] 家庭是个体成长的第一个教育场域,具有基础性、奠基性的作用,家庭教育的实质是日常生活教育。[⑤] 以家庭日常生活为根基的科学教育,有助于将学生的科学认知与日常生活实践相结合,在日常生活实践中培养孩子的科学态度、科学知识和科学思维。聚焦科学教育的家庭生活场景,一方面,应建立一个以儿童为中心、家庭成员共同参与的社会互动网络,营造支持性的氛围,鼓励儿童与家人、朋友共同探索和学习科学。另一方面,要注重营造科学探索和学习的家庭空间场域,为儿童提供有趣的有关科学教育的报刊书籍和操作工具等资源,鼓励儿童"做中学"和"玩中学",让他们在探究科学的过程中亲身感受科学的魅力。家长要经常与孩子一起观看科学纪录片、阅读科普读物、参与科学探究活动等,共同探索日常生活中的科学现象和问题,追寻答案。当然,家长自身也需要不断提升科学素养,树立正确的科学教育理念,并掌握科学教育的一些有效方法。家庭作为身心放松的温暖之所,儿童会自然而然地流露出好奇心、探究欲和创造性。

3. 构建社会支持系统,共享科学教育资源

社会专业场景中的科学教育资源是分散的,各机构主体相互之间以及与学校之间缺乏有效的合作与协作,因而在推进科学教育时并没有发挥出协同效用。为此,要统筹高校、科研机构、科技馆、青少年活动中心等阵地、平台、载体和资源,打造多主体协同的科学教育体系。要以学习者为中

① NSF. Framework for Evaluating Impacts of Informal Science Education Projects, 载 https://informals-cience. org/research/framework-evaluating-impacts-informal-science-education-projects/,最后登录日期:2025年3月12日。

② 陈舒,裴新宁:《正式与非正式科学教育组织的协作——美国 K-12 科学教育的经验与启示》,《全球教育展望》2016年第1期,第84-93页。

③ 万东升,张红霞:《我国非正式科学教育发展的困境与路径选择——基于美国的经验》,《教育科学》2013年第4期,第6-11页。

④ 俞建祥:《多元融合与资源统整:科学教育的校本实践》,《中小学管理》2016年第5期,第20-22页。

⑤ 康丽颖,姬甜甜:《回归教育学视域的家庭教育理论建构》,《教育科学》2021年第1期,第69-75页。

心，注重唤起学习者科学探索和学习的兴趣，注重提升学习者的情感体验，坚持科学性、教育性和趣味性相结合；要注重资源获取的便利性，确保各类资源对所有人群尤其儿童是开放和友好的，提供多样化选择和个性化服务；要推进社会专业场景中科学教育资源的开放共享，各类科学教育场馆要面向中小学生及学龄前儿童免费或优惠开放。

  总的来说，非正式环境下的科学教育涵盖校园日常场景、家庭生活场景以及社会专业场景等多种场景。在这些场景中，学习内容呈现了主题式和跨学科综合的特征，学习方式注重情境化和探究式生成，评价方法注重过程性和写实性记载。简而言之，非正式环境下的科学教育具有独特而不可替代的价值，它以情境的真切性、场景的多样性和体验的具身性，深化儿童对科学世界的理解，引发儿童科学学习过程中的深度意义链接，从而实现了学校课堂、实验室等正式环境难以企及的效果。

Settings, Characteristics, and Strategies of Science Education in Informal Environments

PAN Tingting[1,2], ZHANG Xiaofeng[1], ZHANG Shuping[1]

（1. School of Education, Shanghai Normal University, Shanghai, 200234;

2. Pudong Lingang Primary School Affiliated to East China Normal University, Shanghai, 201306）

Abstract: Informal Environments of science education include everyday school settings, family life settings, and specialized social settings. These environments are characterized by their open structures, providing students with flexible, interactive, and exploratory learning experiences, which not only expand access to science education but also effectively compensate for limitations in formal educational settings. To advance science education in informal environments, it is essential to establish an operational mechanism that facilitates collaboration among schools, families, and society, to emphasize the leading role of schools, to strengthen the primary parental responsibilities and to build a robust social support system.

Key words: science education, informal environments, settings, collaborative education

《现代基础教育研究》
(Research on Modern Basic Education)

统编版小学语文教科书国家认同形象体系的探析

潘　琪[1]，梅培军[2]

（1. 山东师范大学 教育学部，山东 济南 250014；2. 温州大学 教育学院，浙江 温州 325006）

摘　要：挖掘统编版小学语文教科书国家认同形象体系对学生国家认同的培育具有重要意义。通过项目分析、探索性因素分析和信效度检验建构国家认同结构模型，作为统编版小学语文教科书国家认同形象体系分析框架，对 12 本语文教科书进行文本分析。研究发现，统编版小学语文国家认同形象体系由 4 个一级类目、14 个二级类目以及 36 个三级类目构成，展现出其在历史、哲学、实践以及文学四个向度的建构逻辑。基于此，进一步提出丰富国家认同形象体系类型和构建国家认同形象体系数字化样态的完善建议。

关键词：国家认同；形象体系；统编版小学语文教科书

　　国家认同是学生发展核心素养的重要组成部分，是其在当今世界得以生存与发展的前提所在。[①]形象体系是为强化思想主旨，而反复出现的表达同一主旨思想的图像、视觉影像、感知材料、心理意象、语言符号。[②]统编版小学语文教科书国家认同形象体系是指统编版小学语文教科书中出现的关涉学生国家认同发展的文字表征意象群以及图示图像集合。已有研究从爱国主义教育内容[③]、国家认同教育内容[④]、中国共产党形象建构[⑤]等角度挖掘小学语文教科书中的国家认同特征，其维度划分的信度和效度有待商榷，且缺乏对国家认同各维度的系统论述。因此，在已有国家认同框架的基础上，结合小学语文学科性质，搭建国家认同分析框架，并基于此挖掘小学语文教科书国家认同形象体系结构特征与建构逻辑，进而提出改进建议，对学生国家认同的培育具有重要意义。

基金项目：教育部人文社会科学研究青年基金项目"中小学语文教材文学文本国家认同意识研究"（项目编号：20YJC880069）。

作者简介：潘琪，山东师范大学教育学部博士研究生，主要从事课程与教学论研究；梅培军，温州大学教育学院副教授，博士，主要从事课程与教学论、语文学科教育研究。

① 埃里克·霍布斯鲍姆：《民族与民族主义》，李金梅译，上海人民出版社 2020 年版，第 5 页。

② W. J. T. Mitchell, *Iconology: Image, Text, Ideology*, Chicago: University of Chicago Press, 1987, p. 10.

③ 张素梅：《小学语文教科书中的爱国主义教育内容研究》，华东师范大学硕士学位论文，2022 年，第 51 页。

④ 郝林玉：《部编版小学语文教科书中国家认同教育内容研究》，天津师范大学硕士学位论文，2020 年，第 32 页。

⑤ 高维、李艳红：《统编语文教材中的中国共产党形象建构》，《教育科学研究》2023 年第 6 期，第 55-61 页。

一、研究设计

1. 研究对象的选择

本文所研究的教科书是国家统编版小学语文教材，为确保文本分析与学生实际学习经历的时空耦合性，选取的教科书包括人民教育出版社2016年出版的义务教育教科书《语文》一年级上、下册，2017年出版的义务教育教科书《语文》二年级上、下册，2018年出版的义务教育教科书《语文》三年级上、下册，2019年出版的义务教育教科书《语文》四至六年级上、下册，共12本教科书。

2. 研究框架的建构

(1)国家认同量表的初步编制

本研究初步将国家认同维度分为政治认同、文化认同、历史认同、地理认同与民族认同，并以统编版小学语文教科书篇章内容为本，借鉴已有相关主题的量表项目以及内容结构[1][2][3]，进行"小学生国家认同量表"编制(量表采用Likert5级量表的陈述句形式编写而成)，在安徽省10个地市的小学发放问卷，并利用SPSS.17软件对初测阶段424份有效数据进行项目分析和探索性因素分析。

在量表项目分析阶段，基于初测样本数据，对量表进行鉴别度和同质性检验，从而为量表项目的删除或修订提供参考。按照总分降序排列，分别找出前27%和后27%被试的得分，组建高低分组并进行t检验。结果表明，高分组和低分组各题目得分差异均具有统计学意义($p<0.001$)。另外，依据量表项目与量表总分的相关系数考查其同质性程度，结果发现各量表项目与量表总分之间的相关均显著，且相关系数都在0.3以上。由此可见，量表具有一定的区分度、同质性较高，各量表项目符合保留标准。

在探索性因素分析阶段，研究得到量表KMO检验值为0.927，且Bartlett's球形检验统计量c^2为4973.979，df=210，$p<0.001$。结果表明，样本数据适合进行探索性因素分析。采用主成分分析法，经过正交旋转后发现，特征根大于1的因子有4个，累积解释率为64.382%，因素分析结果可接受。

最终得到正式量表共21个题项，隶属4个因子：①中华民族认同，是中华儿女对自己所属的中华民族的认可、赞同、支持和归属感；②地理认同，是国民在认知和赞美本国领土内独具特色的地理资源和地理景观的基础上，形成的保护国家领土完整不容侵犯的意识和情感；③语言文学认同，是公民对国家语言和语言文学的认可、接受和归属感；④文化认同，是公民在理解国家文化符号和文化理念的基础上，产生的国家文化价值共识。

(2)国家认同量表的正式检验

在正式测试阶段，分别利用SPSS.17软件和AMOS.24软件对来自广东省和广西壮族自治区的15个地市的473份有效数据进行信度检验和效度检验。信度检验结果显示，问卷总体的Cronbach's α系数为0.889，中华民族认同维度为0.924，地理认同维度为0.707；语言认同维度为0.732，文化认同维度为0.706，表明问卷整体及各维度的内部一致性良好，即量表信度可以被接受。效度检验结果显示模型的拟合指数为：$\chi^2=442.090$，df=182，$\chi^2/df=2.429$(<3)，GFI=0.906(>0.9)，AGFI=0.881(接近0.9)，NFI=0.892(接近0.9)，RFI=0.875(接近0.9)，IFI=0.933(>0.9)，TLI=0.923(>0.9)，CFI=0.933(>0.9)，RMSEA=0.058(<0.08)，说明模型拟合的效果良好，该理论模型可以接受。

---

① 殷冬水：《论国家认同的四个维度》，《南京社会科学》2016年第5期，第53-61页。

② 应碧徽，施雨丹：《国家认同视域下中国和新加坡小学品德教育教科书比较研究——以中国部编版〈道德与法治〉和新加坡名创版〈好品德 好公民〉为例》，《全球教育展望》2023年第1期，第63-75页。

③ 杜兰晓：《浙江省大学生国家认同的实证研究——基于浙江省30所高校的调查分析》，《浙江社会科学》2013年第10期，第139-144页，第135页，第160页。

通过探索与验证,国家认同的结构主要由中华民族认同、地理认同、语言文学认同与文化认同四个因素构成。对比原理论假设的五因素模型,四因素模型将政治认同、历史认同和民族认同的相关项目被归为同一因素,体现语文教科书中的政治、历史和民族认同内容相互交织,协同发挥育人作用。此外,四因素模型将文化认同中涉及语言文学的项目单独归为一个因素,体现了语言文学在国家认同教学中的突出地位,显现语文"是一门学习国家通用语言文字运用的综合性、实践性课程"且"工具性与人文性统一"[①] 的课程性质。由此可见,四因素模型更能体现小学语文教科书国家认同结构特点。

3. 研究方法

运用内容分析法对小学语文教科书中的课文、练习、阅读链接、语文园地、口语交际、写作、快乐读书吧、综合性学习等几个板块中的国家认同形象体系进行提取,使用定量的统计分析方法和工具进行处理,从统计数据中得出定性结论。[②] 此外,鉴于存在同一板块内容塑造多种形象的情况,因此,在统计时以实际出现的数目为准,且同一板块中多次出现的同一形象只统计为 1 个。

二、结构特征:层级化体系与非均衡分布样态

以国家认同结构模型为文本分析框架,对教科书中的形象进行提取,并将相同或相似形象进行合并,研究发现,统编版小学语文教科书国家认同形象体系由 4 个一级类目、14 个二级类目以及 36 个三级类目构成,涵盖 1000 个形象。其中,中华民族认同形象有 92 个(占总数的 9.20%),地理认同形象有 120 个(占总数的 12.00%),语言文学认同形象有 586 个(占总数的 58.60%),文化认同形象有 202 个(占总数的 20.20%)。

1. 中华民族认同形象是国家意志的集中体现

中华民族认同是"中华儿女对自己所属的中华民族的认可、赞同、支持和归属感,蕴含推动中华民族伟大复兴的强大精神和心理力量"。[③]对小学教科书进行文本分析发现,中华民族认同形象由政党、历史记忆、中华民族共同体意识和中华民族大团结四种形象构成。

首先,政党形象在中华民族认同形象中占比为 39.13%,通过借助党和国家领导人、革命战士、人民群众、党员干部、普通共产党员、科学家等人物形象来表现国家政党的政治优势,带领中国人民践行实现中华民族伟大复兴的历史使命。其中,党和国家领导人形象几乎覆盖小学语文全学段,学生在毛泽东、周恩来、朱德等伟人的事迹及其作品中深刻体会伟大革命情感;革命战士在政党形象中最为鲜明,其英雄事迹生动诠释了人民军队"始终英勇投身为中国人民求解放、求幸福,为中华民族谋独立、谋复兴的历史洪流"[④];人民群众、党员干部、普通共产党员和科学家的故事讲述了中国共产党始终把人民利益放在至高无上的位置。其次,历史记忆形象在中华民族认同形象中占比 40.22%,由国家的"荣耀"与"辉煌"以及"苦难"与"反抗"两类形象组成,"欲其国民对国家有深厚之爱情,必先使其国民对国家以往历史有深厚的认识"[⑤],教科书对辉煌记忆与创伤记忆形象的书写,帮助学生全方位了解中华民族历史进程,生发对中华民族伟大复兴的美好期待,产生作为"中国人"的身份认同和自豪感。[⑥]最后,中华民族共同体意识和中华民族大团结形象在中华民族认同形象的占比分别为 10.87% 和 9.78%,有助于学生了解中

① 中华人民共和国教育部:《义务教育语文课程标准(2022 年版)》,北京师范大学出版社 2022 年版,第 1 页。

② 肖磊,王宁:《中国教材分析:历程回顾与未来展望》,《课程·教材·教法》2021 年第 10 期,第 42-50 页。

③ 常轶军:《中华民族认同:三维意涵、结构韧性与政治功能》,《思想战线》2023 年第 4 期,第 81-89 页。

④ 新华社:《中国共产党领导下的人民军队忠于祖国、服务人民启示录》,载教育部网:https://www. 12371. gov. cn/Print. aspx? id=543094,最后登录日期:2024 年 11 月 15 日。

⑤ 钱穆:《国史大纲(上册)》,商务印书馆 1996 年版,第 2-3 页。

⑥ 王陆正,赵岩:《统编小学语文教材中的"中华文化认同":内容呈现与教学路径》,《民族教育研究》2021 年第 2 期,第 34-43 页。

华民族源流形象,认识国旗、国歌等中华民族象征符号及其背后蕴含的意义,树立中华民族共同体意识。

2. 地理认同形象是国家物理空间的现实表征

地理是国家存在的物理基础[①],为国家的赓续发展提供了安全屏障与物质资源。[②]对统编版小学语文教科书文本进行分析发现,地理认同形象由地理资源、地理景观和国家领土三种类型形象组成。

地理景观形象在地理认同形象中占比最大,为41.67%,主要通过我国的山川河流自然地理景观和地理建筑人文地理景观来表现。"风景是涵义最丰富的媒介,它是类似于语言或者颜料的物质'工具'……是一套可以被调用和再造从而表达意义和价值的象征符号"[③],教科书中的黄河、长江、珠穆朗玛峰、青海湖等山河湖泊表征了我国复杂多样的地形地貌,天安门、赵州桥等地理标志性建筑彰显我国人文地理特征,这些地理景观形象为学生了解国家地理提供了原初性体验与具象化认知;此外,黄河、长江、长城等形象在不同年级的教科书中多次出现,逐渐被学生所熟知,学生的地理认同得到强化。国家领土形象在地理认同形象中占比较大(40.00%),以地域名称的形式呈现。学生可通过新疆维吾尔自治区、中国台湾、中国香港、中国澳门等地区名称明晰中国疆界,在诗句间的"九州"等古代中国代称中感知我国自古以来广阔的地域领土,在众多地域名称中形成对所生活地域空间的整体性感知与情境化认识,产生自己与领土之间特殊的情感。地理资源形象在地理认同形象中占比最小,为18.33%,包括植物资源和动物资源。从榕树、白桦等丰富的森林资源,到杨梅、榛子等多样的农产品,再到紫貂、大熊猫等种类繁多的动物资源,学生可直观真切地感受到我国地理资源富饶、物产丰富,从而形成地理认同。

3. 语言文学认同形象是国民语言审美的凝练表达

语言是个体与群体归属关系的重要标志[④],文学体现特定群体的语言审美。教科书精选文质兼美的作品,用普通话、汉字、汉语文学三类语言文学认同形象对学生进行熏陶感染。

普通话形象在语言文学认同形象中占比为2.73%,由"拼音"表征,旨在帮助学生准确地拼读音节,奠定其说标准普通话的基础。汉字形象在语言文学认同形象中占比为12.80%,其表征类型更为丰富,涵盖汉字演变、姓氏、文字游戏、文房四宝以及书法作品,汉字演变、《姓氏歌》、"字谜"等文字游戏富含汉字的悠久历史和丰富趣味,文房四宝和《九成宫醴泉铭》《兰亭集序》等作品展现汉字的文化内涵和书写艺术,"遨游汉字王国"单元综合性学习帮助学生深入体会汉字的构字组词特点和智慧。[⑤]汉语文学形象在语言文学认同形象中占比为84.47%,包含文学意象、成语、词语、歇后语、文学典籍、典故、词调曲牌、对韵、文言文句式。其中,文学意象展现了语言文学的丰富审美意蕴,同一意象可拥有不同含义,如"雨"这一意象,可以是"好雨知时节"的喜悦,亦可是"路上行人欲断魂"的伤感;不同意象亦可表达相似内涵,如"只留清气满乾坤"的梅花、"春风吹又生"的小草、"咬定青山不放松"的竹子均表达向上的生命力。成语、词语、歇后语、文学典籍、典故体现语言文学的魅力,学生可通过积累、梳理和整合各类成语、词语和歇后语形成良好的语感,并通过理解、欣赏、评价文学典籍和典故涵养高雅文学情趣。词调曲牌、对韵、文言文句式使学生获得语言文学审美经验,提升语言文学审美素养。

4. 文化认同形象是中华民族精神底色的价值彰显

文化是国民的精神家园[⑥],每个人自生下来就浸染于特定的文化传统中,文化在无形中塑造着每个人的精神气质,塑造着特定的国民文化心理。[⑦]对文化认同形象进行提取发现,教科书主要通过传统美

① 刘立辉:《早期现代英国文学中的地理认知与国家认同》,《西南大学学报(社会科学版)》2020年第6期,第139–152、213页。

② 范俊:《铸牢中华民族共同体意识的地理符号机制探究》,《西北民族大学学报(哲学社会科学版)》2023年第4期,第18–25页。

③ W. J. T. 米切尔:《风景与权力》,杨丽,万信琼译,译林出版社2014年版,第15页。

④ 冀开运,廖希玮:《阿拉伯帝国时期波斯语言文学对伊朗民族认同的形塑》,《阿拉伯世界研究》2022年第2期,第38–55页,第157页。

⑤ 中华人民共和国教育部:《义务教育语文课程标准(2022年版)》,北京师范大学出版社2022年版,第11页。

⑥ 高维:《基于优秀传统文化教育的中小学生国家认同建构》,《教育科学研究》2021年第4期,第5–11页。

⑦ 吴玉军:《论国家认同的基本内涵》,《中国特色社会主义研究》2015年第1期,第48–53页。

德、传统节日、风俗习惯、文化艺术四种形象构筑文化认同形象。

传统美德在文化认同形象中占比为40.10%,随着语文学习的深入,其内涵逐渐丰富。一方面,同一传统美德在不同学段的含义不断深化,例如,"好学"在第一学段为"读书万卷"的学而不厌,在第二学段为"好问则裕"的勤学好问,再到第三学段发展为"不弃功于寸阴"的爱学不倦;另一方面,教科书中的传统美德形象涵盖学生发展的各个方面,包括"立志""自强"等自我品质的修炼、"守信""谦和"等与他人交往素养的提升以及"忧国忧民""爱国"等公民责任的担当,发挥着独特的育人价值。中国传统节日占文化认同形象的8.42%,春节、中秋节等重要节日在教科书中多次出现,使学生形成深刻印象;并通过小说、散文、诗词、歌谣等不同文体来塑造传统节日形象,如对于春节的描写,学生学习《春节童谣》《元日》等古诗以及老舍的散文《北京的春节》等课文,可对传统节日形象有全方位的了解并认可与接纳。风俗习惯占文化认同形象的45.05%,由礼仪和生活方式构成,"祭祖""扫墓"等礼仪文化承载着中华民族的精神特质和价值意蕴,"语文园地——日积月累"中的生活方式呈现着中华文明,如"五谷"蕴含着我国悠久的农耕文化内涵,孕育了中华民族五千多年文明。文化艺术是中国文化精神内涵外化的结晶[1],在文化认同形象中占比为6.44%。有国粹——京剧,民间艺术——泥塑,文人雅士的风雅艺术——弹琴、弈棋、绘画等形象,还有"五彩"和"五音"形象,这些文化艺术形象不仅是教科书中的语言文字,更是视觉、听觉等多感官的文化符号,可帮助学生感受我国百花齐放的艺术盛况和源远流长的文化发展历程。

三、建构逻辑:四维向度的生成脉络

基于国家认同形象体系的文本分析结果,国家认同形象体系展现出其在历史、哲学、实践以及文学四个向度的建构逻辑。

1. 国家认同形象体系呈现国家发展历程

不同维度的国家认同形象共同展现出我国历史变迁的进程。"华夏儿女""炎黄子孙"等民族源流形象是三皇五帝时期的象征,标志我国历史起源,"甲骨文""金文"等汉字和《论语》《尚书》等文学典籍是先秦时期我国古代文明形成与发展的具象体现,祖冲之、诸葛亮等历史人物以及《后汉书》《三国志》等文学典籍记载着我国古代文明在封建时期的成熟、繁荣与转型。同时,国家认同形象体系记录着我国近代历史发展,林则徐等民族英雄和"英法联军火烧圆明园"等历史事件展现了近代中国在旧民主主义革命时期的觉醒与探索,李大钊、刘胡兰、狼牙山五壮士、冀中人民等共产党员、革命战士以及人民群众形象将近代中国进入新民主主义革命时期的精神面貌展现得淋漓尽致。此外,国家认同形象体系展示了新中国成立以来发生的沧桑巨变,2022年北京冬奥会、"天问一号"火星探测器等成就共同展现了我国现代的发展与进步,在新的历史条件下继续取得中国特色社会主义伟大胜利的时代风貌。

2. 国家认同形象体系蕴含中国哲学思想

国家认同形象体系承载着中国哲学思想的世界观和方法论,是中国哲学思想的具象化表达。"和谐"是中国哲学的重要命题,在国家认同形象体系中具体表现为人自身的和谐、人与自然的和谐、人与社会的和谐、事物之间的和谐。首先,人与自身的和谐主张个人修养与自我的建立,这在"有志者事竟成""天行健,君子以自强不息"等传统美德中得到充分体现,强调立志和自强,以求身心内外和谐。其次,人与自然的和谐主张人遵循自然、顺应自然,从而实现"天人合一",体现在建筑设计、文学意象、风俗习惯中,如赵州桥因地制宜而建,《鸟鸣涧》中的花鸟意象传递人与自然的融合,"二十四节气"指引人们遵循天、地、人、物和谐共生之道。再次,人与社会的和谐主张人与人之间相容相生、和谐共处,因此,我国民族政

---

① 邓启耀:《多元共生的文化认同与交融而和的多民族艺术》,《广西民族大学学报(哲学社会科学版)》2023年第3期,第146-155页。

策提出"增进共同性、尊重和包容差异性"①，强调在中华民族共同体意识指导下，各民族团结奋斗、共同繁荣发展，"中华民族共同体意识""中华民族大团结"形象正是"差异和谐"思想在我国政治方面的具体体现。最后，事物之间的和谐，指事物之间的相成相济、搭配和谐，蕴含在"书法作品"的章法和谐、"对韵"的和谐、"五行""五谷""五音""五彩"的对立与联系中，体现"万物和谐"的中国哲学思想。

3. 国家认同形象体系记载我国人民实践

国家认同形象体系体现着我国人民实践活动类型多样。中华民族认同形象记录着劳动人民实践活动的迭代更新，造纸术、活字印刷术等伟大发明是古代劳动人民长期实践经验的积累和智慧的结晶，"东方红一号"卫星等历史成就彰显我国社会主义革命和建设实践，2022 年北京冬奥会和"嫦娥四号"探测器等历史成就是中国特色社会主义新时代实践的具象表征。地理认同形象中的万里长城、赵州桥、颐和园等众多地理建筑是我国劳动人民创造性实践活动的产物，展现出我国劳动人民无穷的创造力和智慧才能。语言文学认同形象中的"汉字演变"是我国劳动人民在长期的劳动生产和社会实践中为适应生活交际需要而创造出来的，体现社会生产力的发展。文化认同形象中的勤俭节约等传统美德彰显劳动人民在生活实践中的宝贵品质，"二十四节气"等风俗习惯是劳动人民生产生活经验的总结，"泥人"等文化艺术体现我国劳动人民的手工技艺。

4. 国家认同形象体系拓展中国文学母题

国家认同形象体系扩充了中国文学母题的外延，使其意蕴日益丰富。首先，国家认同形象体系将主要的文学母题——乡关之恋具象化为对安宁生活的向往、家国情怀以及人伦情味。"太平盛世""丰衣足食"等成语形象以及《清平乐·村居》《村居》等诗词正是对舒适安定生活状态的描绘；"爱国志士"和"民族英雄"是"舍小家，为大国"的典型人物形象，玉门关、阳关等地名是保家卫国的战士戍守的边疆，"天下兴亡，匹夫有责""捐躯赴国难"等传统美德是爱国志士的优秀品质；"姓氏"是同一家族成员的重要符号，同时也是长幼有序的体现，《三字经》《论语》等文学典籍和"仁者爱人""言而有信"等传统美德中蕴含丰富的人伦道理。其次，吾道自足是国家认同形象体系重要的文学母题，《庄子》等文学典籍中蕴含自得、自乐的人生旨趣；"只留清气满乾坤""菊残犹有傲霜枝"等诗句中寄托了自珍、自爱的高贵品质。此外，空间体验是国家认同形象体系另一重要文学母题，在宏观层面，地理资源、地理景观和国家领土等地理认同形象给予学生国家空间感知；在微观层面，书法作品形象的布局体现空间结构特点。

四、完善建议：多维类型拓展与数字化样态转译

1. 丰富国家认同形象体系类型

第一，增进中华民族认同形象的时代特性。首先，在中国共产党的领导下，中华民族发展进程中涌现出一大批杰出的女性，如向警予、杨开慧、赵一曼等革命战士，以及王承书、何泽慧等科学家。她们为中华民族伟大复兴事业做出了巨大贡献，丰富教科书中的女性形象，是女性事业成就和社会价值的真实反映。其次，随着时代发展，历史记忆的内涵不断更迭，教科书中的历史记忆形象也应持续更新，如 6G 移动信息技术等与学生当代生活时代息息相关的形象有待加入，让学生真切体验我国科技的进步。此外，党的二十大报告强调"以铸牢中华民族共同体意识为主线……全面推进民族团结进步事业"②，在小学语文课程中要讲好中华民族故事，就要进一步补充中华民族共同体意识和中华民族大团结形象，增加各民族"同源共祖"故事，为培育和铸牢学生中华民族共同体意识提供精神源泉；补充"大花园""石榴籽"

① 新华社：《习近平出席中央民族工作会议并发表重要讲话》，载中华人民共和国中央人民政府网：https://www.gov.cn/xinwen/2021-08/28/content_5633940.htm，最后登录日期：2024 年 12 月 27 日。

② 习近平：《高举中国特色社会主义伟大旗帜 为全面建设社会主义现代化国家而团结奋斗》，《人民日报》2022 年 10 月 26 日，第 1 版。

"大杂居小聚居的民族分布状况"等形象,体现各民族团结互助、共同繁荣进步的美好局面。

第二,拓展地理认同形象的地域广度,呈现我国疆土辽阔、资源丰富、地理景观复杂多样的特点。一是呈现银杉、白鳍豚、金丝猴等我国特有的珍稀动植物形象,不仅有助于学生因我国物产丰富而产生自豪感,还能激发学生保护野生动植物的思想观念。二是加入东北平原、内蒙古高原、喜马拉雅山脉、山东丘陵、四川盆地等不同地形形象和复杂多样的气候形象,可使学生了解我国地域辽阔和地形丰富的地理特点。三是补充客家土楼、傣家竹楼、四合院等不同地域的地理建筑形象,展示我国不同地区居民建筑风格。四是适当补充新疆喀什、南海、黄海等领陆、领海和领空形象,全方位增强学生的领土意识。

第三,挖掘语言文学认同形象的艺术价值。一方面,普通话形象不单单体现在拼音形象中,洛语、正音、秦音等历朝历代的官话(普通话)形象富含普通话的音韵和谐之美和语言魅力。另一方面,增加书法形象,《中小学书法教育指导纲要》指出:"中小学书法教育以语文课程中识字和写字教学为基本内容,以提高汉字书写能力为基本目标,以书写实践为基本途径,适度融入书法审美和书法文化教育"①,包围结构、布白等间架结构和章法形象以及狼毫、徽墨、生宣、端砚等文房四宝形象让书法美学形象在学生心中更加具象化。

第四,探究文化认同形象中的人文特色,增加服饰、方言等蕴含人文性的文化认同形象。服饰承载不同朝代、不同地域的文化特点,首服、发饰、配饰等衣冠形象,纺织、蜡染、夹缬等制衣工艺形象以及越罗、云锦、吴绫等衣帛形象,彰显着我国作为"衣冠上国,礼仪之邦"的服饰文化。方言作为文化的载体,不仅需要人们倾听其语词意义,还要感知其语音、语调、节奏、停顿等,揭示个人所置身的文化传统②,体现我国乡土文化特色;添加官话方言、闽方言、粤方言等方言形象,促进学生对方言的习得和认同,有利于保障乡土文化的存续和发展。

2. 构建国家认同形象体系数字化样态

《"十四五"国家信息化规划》强调"推进信息技术、智能技术与教育教学融合的教育教学变革"③,构建国家认同形象体系数字化样态是语文课程的必由之路;同时,国家认同形象具有一定的时代性和地域性,没有相关历史背景知识或地域背景的学生很难感同身受,而新兴信息技术可以弥补纸质教科书的局限性,使学生切身感受国家认同形象体系的特点,获得更全面深刻的感知与理解。

其一,以虚拟现实(Virtual Reality,VR)技术还原形象所在情境。VR是一种综合利用计算机系统和现实接口设备,在计算机上生成可交互的沉浸式环境的技术,具有交互性、沉浸性和构想性特征。④用VR技术将政党形象、历史记忆形象、汉语文学形象、传统节日以及风俗习惯等形象通过电脑模拟再现相应的革命故事、历史事件、文学意境、文化场景等三维世界,学生可在不同时空场景进行视觉、听觉、触觉等多感官交互,沉浸式体验中国共产党革命历程的艰辛、重大历史事件带来的震撼、诗词意境之美、民间传统风俗等。

其二,将增强现实(Augmented Reality,AR)技术和人工智能(Artificial Intelligence,AI)相结合,支持学生在真实世界中与虚拟形象的交互,为学生提供人景合一的视觉感受,增强国家认同形象体系学习体验,例如,利用AI技术制作虚拟数字人物形象,并通过AR技术在现实世界呈现虚拟数字人物形象,让

---

① 中华人民共和国教育部:《中小学书法教育指导纲要》,载教育部网:https://www.moe.gov.cn/srcsite/A26/s8001/201301/t20130125_147389.html,最后登录日期:2024年12月15日。

② 刘昌奇:《嘈杂音响、流行歌曲与地域方言——从艺术物性论看贾樟柯电影的声音诗学》,《文化艺术研究》2019年第1期,第114-121页。

③ 中国网信网:《"十四五"国家信息化规划》,载中央网络安全和信息化委员会办公室 中华人民共和国国家互联网信息办公室网:https://www.cac.gov.cn/2021-12/27/c_1642205314518676.htm,最后登录日期:2025年1月17日。

④ 肖俊敏,王春辉:《虚拟现实技术在语言教育中的应用——研究现状、作用机制与发展愿景》,《首都师范大学学报(社会科学版)》2023年第5期,第91-105页。

学生与李白"一起"对诗、与文天祥"分享"如今的国泰民安、向李大钊"讲述"当今的繁荣盛况等，实现与历史人物跨越时空的对话互动。

其三，用全息技术将复刻的国家认同形象进行裸眼 3D 立体成像。全息技术是一种能够记录并再现物体真实三维影像的技术[①]，可使教科书中抽象的文字形象具象化。以地理认同形象为例，学生"现场"感知我国森林植被、野生动物的多样性，感受祖国山川河流的地貌特征，并在地理建筑和地方文物中体会古代人民的智慧。

Research on National Identity Image System in Unified Edition of Primary School Chinese Textbooksd Edition of Primary School Chinese Textbooks

PAN Qi[1], MEI Peijun[2]

（1. Department of Education, Shandong Normal University, Jinan Shandong, 250014;

2. School of Education, Wenzhou University, Wenzhou Zhejiang, 325006）

Abstract：Exploring the national identity image system in the unified edition of primary school Chinese textbooks is essential for fostering students' national identity. This study uses item analysis, exploratory factor analysis, and reliability/validity testing to construct a structural model for national identity, and based on this model, a textual analysis of 12 Chinese textbooks was conducted. Findings show that this image system consists of 4 primary categories, 14 secondary categories, and 36 tertiary categories, showing the of its construction logic in four dimensions: history, philosophy, practice, and literature. Further suggestions are made to diversify the types of national identity images and build a digital version of national identity image system.

Key words：national identity, image system, unified edition of primary school Chinese textbooks

---

① 范文翔,李珂琳,施昌阳,等:《全息技术赋能的学习空间:发展、类别与应用》,《现代远距离教育》2023 年第 5 期,第 61-71 页。

论核心素养视域下初中数学"教—学—评"一致性

岳俊冰[1]，朱立明[2]

(1. 天津师范大学 期刊出版中心，天津 300387；2. 唐山师范学院 科研处，河北 唐山 063000)

摘　要：初中数学"教—学—评"一致性是落实和发展学生核心素养的重要途径。核心素养视域下"教—学—评"一致性为践行新时代教育评价改革提供方向引领，为推动新课标数学课程实施提供专业保障，为优化初中数学的学业质量提供策略支撑；其理据主要体现在素养目标导向，真实问题设计以及多元评价逻辑；其路径表现为教学相长，注重形成学习共同体、以评促学，观照数学学习的过程，以评定教，强化教师的教学反思。

关键词：初中数学；核心素养；"教—学—评"一致性；数学课堂教学

20世纪80年代，美国为了缓解教学质量下滑的问题，开展了一场基于课程标准的教育课程改革，将教学与内容标准作为核心政策目标之一。1994年美国组建了课程与评价一致性分析协会，该协会的主旨是构建判断学业评价与课程标准一致性的系统程序和分析工具，这推动了美国课程理论与实践者对两者一致性的研究。[1] 我国较早提出教学评一致性的是崔允漷教授，并建立了"教—学—评"一致性三因素理论模型，成为后期讨论一致性的理论基础。[2] 随着《义务教育数学课程标准（2022年版）》（以下简称"新课标"）的颁布，确定了核心素养导向的课程目标[3]，而"教—学—评"一致性则是落实核心素养的重要途径。

核心素养视域下"教—学—评"一致性是以素养导向的学习目标为锚点，在教学过程中，教师的教、学生的学以及对学习成效的评价均指向核心素养的发展，设计促进学习的评价，并通过评价引领融合教与学活动的任务设计与实施，实现目标、评价、任务的一致性。

一、核心素养视域下初中数学"教—学—评"一致性的价值

1. 为践行新时代教育评价改革提供方向引领

2020年10月，中共中央、国务院印发了《深化新时代教育评价改革总体方案》（以下简称《方

基金项目：河北省社会科学基金一般项目"指向核心素养培养的初中数学课堂教学与课程标准一致性研究"（项目批准号：HB23JY016）。

作者简介：岳俊冰，天津师范大学期刊出版中心编辑，《天津师范大学学报（基础教育版）》编辑部主任，硕士，主要从事基础教育理论研究；朱立明，唐山师范学院科研处副处长，副教授，博士，主要从事数学课程与教学论研究。

① 刘学智：《小学数学学业评价与课程标准一致性的研究》，东北师范大学博士学位论文，2008年，第3页。

② 崔允漷，雷浩：《教—学—评一致性三因素理论模型的建构》，《华东师范大学学报（教育科学版）》2015年第4期，第15-22页。

③ 中华人民共和国教育部：《义务教育数学课程标准（2022年版）》，北京师范大学出版社2022年版，第2页。

案》)，《方案》提出完善立德树人体制机制，扭转不科学的教育评价导向，坚决克服唯分数、唯升学、唯文凭、唯论文、唯帽子的顽瘴痼疾，为新时代背景下教育评价改革提供了政策支持。① "教—学—评"一致性作为深化课程教学改革的重要理念，为新时代教育评价改革提供了明确的方向引领。首先，"教—学—评"一致性为教学活动提供明确的课程目标，评价关注学生的全面发展，有助于减少教学过程中的目标偏离和内容缺失，从而提高教育评价的达成度。其次，通过"教—学—评"一致性的实施，教师可以更好地关注学生的学习过程，减轻学生的课业负担，精准地把握学生的学习需求和学习状况，及时调整教学策略，提升教育高质量发展。最后，"教—学—评"一致性为新时代教育评价改革提供了重要的理念支撑和实践路径，有助于构建更加科学、公正、有效的教育评价体系。

2. 为推动新课标数学课程实施提供专业保障

课程改革成败之关键在于课程实施，这是师生共同体验课程的过程。新课标数学课程以培养学生的核心素养为目标，强调知识的系统性、逻辑性和应用性。因此，数学课程的实施，不仅要求课程内容的更新与整合，更强调教学过程的优化与评价体系的完善，本次课程方案修订中将"教—学—评"一致性作为切入点，为新课标背景下数学课程有效实施提供了专业保障。"教—学—评"一致性要求教师在教学过程中注重学生的主体地位，激发学生的学习兴趣和探究欲望，促进学生的主动学习。从课程目标到教学目标的转化，从教学目标到学生数学体验的生成，从学生数学体验到数学教学评价的开展，"教—学—评"一致性提供了一系列技术操作路径。这些路径为学校和教师创造地落实数学课程提供专业保障。

3. 为优化初中数学的学业质量提供策略支撑

新课标优化了数学课程内容，形成学业质量标准，并刻画了不同学段学生数学学业成就评价的具体表现特征，针对教学要求，提出了相关学业要求与教学建议。"教—学—评"一致性以素养为立意，以育人为导向，在评价过程中注重对数学核心素养的测查，是对初中数学课程目标达成度的综合性评价，为优化初中数学学业质量提供了策略支撑。初中数学学业质量的核心在于追求教学上的效益性，这就要求不仅注重教师如何教，还要关注学生如何学，而教与学效益的最终研判需要兼顾学习的过程与结果，而"教—学—评"一致性是对"教了，不等于学了；学了，不等于学会了"进行操作化的阐释②，指向初中数学学业质量的效益。核心素养视域下"教—学—评"一致性就是教师在促进学生核心素养发展的过程中，积极引导学生参与数学学习活动，在能动性的学科活动中通过提问、点评等手段促使学生达成预期目标③，从而有效地提升学生数学学业质量。

二、核心素养视域下初中数学"教—学—评"一致性的理据

1. "教—学—评"一致性的素养目标导向

课程与教学的目标体系在一定程度上深受泰勒目标模式的影响，泰勒提出课程开发的四个基本原则后，对课程目标进行了公式化表述，他认为课程目标这种"行为+内容"的描述方式为评价提供了重要前提，因为学生的行为都是可测、可观察的。④ 而布卢姆提出了逐渐递进的台阶型分类框架应用于认知领域的教学目标：知识、理解、运用、分析、综合、评价⑤，将原本错综复杂的目标呈现层次化和有序化，为分析学生学习水平提供理论依据和行动框架。安德森等人在布卢姆教学目标分类的基础上，增加了知识分类的维度，把知识分为事实性知识、概念性知识、程序性知识和元认知知识。⑥ 比格斯的SOLO分类理论又根据学生回

① 中华人民共和国中央人民政府：《中共中央 国务院印发深化新时代教育评价改革总体方案》，载中华人民共和国中央人民政府网：https://www.gov.cn/zhengce/2020-10/13/content_5551032.htm，最后登录日期：2024年8月30日。

② 崔允漷，夏雪梅：《"教—学—评一致性"：意义与含义》，《中小学管理》2013年第1期，第4-6页。

③ 杨季冬，王后雄：《论"素养为本"的"教、学、评"一致性及其教学实现》，《教育科学研究》2022年第11期，第64-70页。

④ 章勤琼，阳海林：《基于课程标准的小学数学"学教评一致性"——兼论核心素养的落实与评价》，《课程·教材·教法》2022年第11期，第21-28页。

⑤ 罗伯特·J. 马扎诺，约翰·S. 肯德尔：《教育目标的新分类学（第2版）》，高凌飚，吴有昌，苏峻，译，教育科学出版社2012年版，第1页。

⑥ 罗伯特·J. 马扎诺，约翰·S. 肯德尔：《教育目标的新分类学（第2版）》，高凌飚，吴有昌，苏峻，译，教育科学出版社2012年版，第6-7页。

答问题的表现将其分为前结构水平、单点结构水平、多点结构水平、关联结构水平以及抽象拓展结构水平。[1] 新课标中的目标也基本遵循上述目标分类进行设计,规定了两类行为动词:"一类是描述结果目标的行为动词,包括'了解、理解、掌握、运用'等;另一类是描述过程目标的行为动词,包括'经历、体验、感悟、探索'等。这些目标是形成核心素养的基础和条件,最终指向学生核心素养的形成和发展。"[2]

目标是"教—学—评"一致性的根基,学习目标是识别课程与教学的关键标准。因此,初中数学"教—学—评"一致性的目标以核心素养为导向,侧重核心素养在教学实践中的落实,新课标强调义务教育阶段学生核心素养为,会用数学的眼光观察现实世界,会用数学的思维思考现实世界,会用数学的语言表达现实世界。[3] 核心素养视域下初中数学"教—学—评"一致性目标导向需要考虑学生核心素养在教、学和评三个关键环节中的达成情况,每一个领域都蕴含充分的核心素养,例如,"数与代数"领域主要蕴含抽象能力、运算能力等素养,"图形与几何"领域主要蕴含几何直观、空间观念、推理能力等素养,"统计与概率"领域主要蕴含数据观念素养,"综合与实践"领域主要蕴含模型观念、应用意识与创新意识等素养。

2."教—学—评"一致性的真实问题设计

核心素养视域下初中数学学习任务设计应注重对实际问题解决的观照,首先,问题解决需要情境,问题情境涵盖现实情境、数学情境与科学情境,其评价需要学生通过分析问题情境中所蕴含的数量、文字、图形、符号等数学信息,洞察数学情境与数学本质。基于情境问题,能够很好地构建数学世界与现实世界的联系。其次,学生应能够建立问题背景与数学的联系,在理解情境基础上获得思考方式,选择适切的数学语言对问题进行数学化表达。当学生利用数学知识解决问题时,会根据问题的信息选择与之相关的数学知识进行表征,需要基于对问题情境中的相关信息进行提取、加工、分析,在实际问题中抽象出数学问题。最后,能够对已有的概念、原理、知识进行重组,并

与情境中的信息相匹配,选择针对性的数学方法解决问题。问题策略的测评应该表现出多样化,学生具有个体差异性,要考虑不同学生可能选取的解题策略。在选择问题策略的过程中,建立该情境下数学知识与解题策略的联合。这样的联合建立之后,学生才会掌握解决相似情境下同种类型问题的策略。

在"教—学—评"一致性中应充分依赖真实问题驱动的方式,在教学设计环节,需要构建能够反映现实生活和学生经验的学习情境。不同情境对学生认知水平的要求不同,将学生置身于现实的、复杂的问题解决之中,为学生能够从现实生活里抽象出数学模型提供学习空间。在学生学习环节,注重学习内容与新课标之间的一致性,学习任务要尽可能涵盖引导性问题、学习材料、学习策略,明确学生在每个学习环节所需的时间和内容,在参与数学学习过程中形成数学学习热情,激发学生自主探究的欲望,尝试从数学家的角度对问题进行数学思考,体验数学发现和构造过程,形成数学科学态度与理性精神。在学生评价环节,真实问题解决是学生运用数学知识进行数学任务完成的过程,需要注重情境,可以根据情境将问题分为四类:第一类,基于学习情境的问题解决,主要在学生熟悉的情境中,借助数学对象的特征解决问题,对应学生的了解水平。第二类,基于数学情境的问题解决,借助数学专业符号或语言对情境进行描述,可以利用基础知识对问题进行解决,对应学生的理解水平。第三类,基于生活情境的问题解决,按照现实世界的数学现象及其内在逻辑呈现问题情境,主要借助数学原理的迁移与应用,对应学生的掌握水平。第四类,基于数学发展情境的问题解决,以数学学科研究思路设置情境,体现数学思想与学术意识,主要借助数学的构造与创新解决问题,对应学生的运用水平。因此,核心素养视域下"教—学—评"一致性是紧密联系、相互支持的素养网络,学习表现对素养提供整合性描述,反映了数学学习的本质,确保初中数学

① 蔡永红:《SOLO分类理论及其在教学中的应用》,《教师教育研究》2006年第1期,第34-40页。

② 中华人民共和国教育部:《义务教育数学课程标准(2022年版)》,北京师范大学出版社2022年版,第181页。

③ 中华人民共和国教育部:《义务教育数学课程标准(2022年版)》,北京师范大学出版社2022年版,第5-6页。

"教—学—评"一致性的有效达成。①

3."教—学—评"一致性的多元评价逻辑

课堂评价是动态循环的过程，始于教学前的目标计划，教师通过课堂活动落实既定目标，经历实践检验、发现问题、给予反馈、采取行动、调整教学，进而促进学生学习。② 因此，"教—学—评"一致性评价逻辑聚合了过程性评价、增值性评价和表现性评价三个领域的理论成果和实践经验。

首先，过程性评价基于教学目标而定，注重师生在教学过程中的表现，强调数学学习中师生之间的互动关系，与数学教学的发展性、动态性与生成性相吻合，最终指向学生数学核心素养的形成与发展。通过过程性评价，教师可以发现学生参与数学学习活动过程中存在的问题，探析学生现有水平与目标间的差距，进而有针对性地改进教学活动，评价结果为学生下一阶段的学习提供实践支架，充分体现评价的诊断性功能。

其次，增值性评价关注学生学习起点、过程与结果，可以作为对学生核心素养进行评价的范式③，不仅注重学生学习的起点与结果"增量"的比较，还关注学生的学习过程，并借助质性描述与量化表达相融合的全程性评价方法，利用残差模型得到核心素养的增值，能够如实反映学生进步或退步状态，有效排除考试环境、学生状态等偶然因素造成的偏误，有利于构建初中生进步幅度常模，借助学生评价结果的数据追踪查询功能。

最后，表现性评价指向素养目标，是教学设计与实施的主体部分，表现性评价多以表现性任务的形式呈现，合理的表现性任务既能体现出知识与技能的应用要求，也能激发学生的活动兴趣，通过评价任务的开展，促进学生的学习。④ 因此，表现性评价贯穿于数学教学活动的始终，通过收集真实情境下学生参与数学学习的行为表现数据来进行评价，在设计上尊重学生的个体差异和多元需求，注重学生能够展示其综合能力和应用知识

的实际解决问题能力。表现性评价能够及时反馈学生数学学习结果，从而对教学活动进行调整和优化，这是实施"教—学—评"一致性的核心策略。

三、核心素养视域下初中数学"教—学—评"一致性的路径

1. 教学相长：注重形成学习共同体

教学是教师教和学生学的双边活动，在这个活动中，教师是主导，学生是主体，理想的教学是教师和学生在学习活动中都可以得到充分发展，这也体现了教和学的一致性。核心素养视域下"教—学—评"一致性要体现教学相长，注重师生学习共同体的形成。一方面，要求教师对新课标、新教材及其两者之间的关系有深入的理解，将新课标与现实生活情境、学生成长经验和未来生存需求紧密结合在一起，凸显问题解决的真实性。教师应更多地关注学生的个体差异和需求，提供个性化的指导和支持，依靠主题统整的方式，实现数学知识的结构化，这不仅是主题内容在形式上的结构整合，更重要的是在数学学科本质与学生数学学习心理两个层面上的知识融合，注重学科内的纵向延伸与跨学科的横向联结，强化数学教育在人的全面发展中的"贡献值"。另一方面，学生在教师引导下，推理论证、批判评价、创造想象、自主探究，尝试从数学家的角度对问题进行思考，能够运用综合性数学知识解决新情境下的新问题，体验数学发现和构造过程，克服学习困难，感受在数学学习活动中所取得的成功，从而形成情感迁移，对数学学习产生情感共鸣，并能够逐渐形成比较稳定的学习方式。学习共同体的形成旨在发展学生的核心素养，指向"教—学—评"一致性的学习共同体可从三个方面着手：

首先，激发教师的自主性，促进教师的教与新课标之间的一致性。例如，对于函数概念的发展

① 张华，杨杰，姚建欣：《以学习表现统领核心素养的教学与评价——国际科学课程"标准—教学—评价"一致性提升策略的启示》，《中国教育学刊》2023年9期，第75—80页。

② B. Cowie，B. Bell："A Model of Formative Assessment in Science Education"，*Assessment in Education Principles Policy & Practice*，Vol. 6，No. 1(1999)，pp. 101–116.

③ 胡洪强，武丽莎，赵欣，等：《新课标背景下小学生核心素养增值评价的可能与可为》，《天津师范大学学报(基础教育版)》2023年第4期，第30—35页。

④ 周文叶，毛玮洁：《表现性评价：促进素养养成》，《全球教育展望》2022年第5期，第94—105页。

史与认知难点,教师可通过集体备课研磨数学本质问题,凸显函数概念所蕴含的核心素养,编制单元学历案实现经验共享;学生组建数学研究小组,开展"数学史微剧场""生活数学发现周"等活动,在文化浸润中深化数学理解,促进学习共同体成长。在横向联结上,应注重缓解与数学相关学科知识结构的矛盾与差异,借助跨学科内容整合,有效地组织相关学科知识的统整;在纵向延伸上,应体会和理解新课标对数学课程内容提出的不同水平要求,适当借助材料或信息等现实情境,突破常规化教学的局限,在教学中实现对数学知识在不同问题情境之下的识别、判断、重组与迁移。

其次,端正学生参与学习的态度,实现学生的学与教师的教的一致性。由于核心素养是学生通过课程学习之后所形成的正确价值观念、必备品格和关键能力,其形成本身具有重要的实践性,必须在学习活动中实现。因此,学生需要在教师引导下,通过小组讨论、同伴分享、共创思维导图等方式完成数学学习活动,以实践的学习方式回应核心素养目标的要求。

最后,关注信息化的教育评价手段,聚焦教学与评价之间的一致性。新课标提出信息技术和数学教学评价深度融合的要求,教师可以借助信息化、智能化数学教育手段和资源,采用技术赋能数学教学和评价的变革,通过对学生学习过程数据的收集和处理,利用多模态的手段和工具,为学生数学学习样态进行精准画像,充分关注学生解决数学问题或完成任务的过程。

2. 以评促学:观照数学学习的过程

在越来越复杂的现实情境中,数学核心素养不能仅仅依靠数学技能来形成,更重要的是由数学推理来驱动。PISA2021 数学素养测评框架强化真实情境,注重学生重构数学建模过程。为此,新课标顺应评价改革趋势,主张发挥评价质量监测、人才选拔、以评促学等功能,即通过评价学生的核心素养水平,促进学生学习的全面、健康、和谐的发展。例如,在"确定位置"教学中,从生活情境出发,通过"如何用数学语言描述座位? →平面直角坐标系能否覆盖所有定位需求? →极坐标与直角坐标如何转化?"等阶梯式问题,引导师生、生生协作建模,在探究中渗透数学抽象与空间想象能力。借助小组互评、思维导图展示等多元互动

形式,强化数学语言的规范性与逻辑严谨性。因此,教师应将评价嵌入学生的数学学习过程,借助评价促进学生参与学习,结合新课标和教学目标要求,设置可观察、可测量的评价任务,以评价任务引导学生的学习过程,让数学核心素养的形成融于真实问题解决的过程之中,并在数学高阶思维建构中得以凝练和深化。通过在教学中实施过程性评价、增值性评价和表现性评价,凸显评价的诊断功能,向学生提供评价结果的反馈和帮助,进而调整学习,培养他们的计划、监控、调整、反思等元认知能力,进而提高评价实效。

"教—学—评"一致性强调评价与教学的有机结合,这种一致性不仅体现在课程设计上,也深入课堂教学实践中。就是如何在完成教学任务的过程中进行评价,关注学生在问题解决过程中的具体表现,例如采用研究性报告的方式,在考试中也要选取与学生生活相关的实际问题,创设真实的问题情境,以更好地考查学生从数学的角度提取信息、分析问题与解决问题的能力。为了保证评价的有效开展,可以借助数据驱动、人工智能等信息技术手段赋能教育评价,以达到精准刻画学生学习过程和目标达成情况。借助技术工具、平台以及应用程序,设计表现性评价清单、明晰获取学生学习成效证据的方式,收集学生学习动态数据,可以根据学生对前数学概念理解、数学知识运用、数学问题解决中的思考方式和思维过程,跟踪评价学生学习发生的进展,针对不同学生的学习方式,制定具有针对性的评价基准,突出每位学生数学学习的差异性,以更全面的方式展现每位学生的数学学习成就。

3. 以评定教:强化教师的教学反思

"教—学—评"一致性的整体育人理念强调教师的教学反思,借助教学反思来调整教师的教学策略。因此,教师应立足以评定教的角度,把握教学内容、学情、教学活动、教学效果与核心素养目标之间的融合,实现教、学和评在核心素养目标层面的吻合。例如,在几何教学中,通过折纸实验引发学生对角平分线性质的猜想,再引导其用符号语言进行严谨证明,过程中嵌入"说理能力""模型建构"等评价观测点。教师需实时采集课堂生成资源(如学生解题路径、典型错误),运用诊断性提问调整教学节奏,确保探究活动始终指向核心素

养教学目标。"教—学—评"一致性要求教师遵循学生为本的理念，收集并分析学生的学习作品和学业成就，充分利用评价结果对自身的教学进行有效反思，反思教学与核心素养目标的达成情况，系统思考教学过程中的成败，及时厘清教学中存在问题，进而总结得失并做出合理调整，为预设或调整后续的教学活动提供依据和实践数据，以提升教、学、评的成效。

教师教学反思具体可以从技术理性反思、实践行动反思和批判性反思三个层次开展。① 其一，技术理性反思指向教学现象层面，针对师生在教学活动中的表现，回答教学活动"是什么"和"怎么样"的问题，例如，在数学认同感与数学审美感的教学中，教师可以将中国数学史上伟大的数学家及其优秀数学成就进行适当渗透，让学生感受其在人类文明发展过程中的重要作用，进而增强学生数学认同感。其二，实践行动反思指向问题层面，强调分析问题产生的原因，回答教学活动"怎么样"的问题，教师根据个人教学经验，对教学活动整个过程进行反思，反思能够将教学情境与教学任务再次还原重现，不断发现问题并解决问题，对自身专业发展具有重要的促进作用。其三，批判性反思侧重教学活动的合理性，回答"为什么"的问题。教师应思考数学学科背后的思想及其育人功能，结合学生全面发展及核心素养理论，"教—学—评"一致性更侧重不同价值取向之间的博弈，例如，教师要思考数学的纸笔测验在促进学生核心素养发展中的作用，如何在测评中体现数学核心素养，厘清数学学习过程与学习结果之间的关系，实现指向核心素养的促学、促教、促评之目的。

The Consistency of Teaching-Learning-Assessment in Junior Middle School Mathematics from the Perspective of Key Competences

YUE Junbing[1], ZHU Liming[2]

（1. Journal Publishing Center, Tianjin Normal University, Tianjin, 300387;

2. Research Department, Tangshan Normal University, Tangshan Hebei, 063000）

Abstract: The consistency of Teaching, Learning and Assessment in junior middle school mathematics is a key pathway to cultivating and developing students' key competences. From this perspective, TLA consistency offers direction for implementing educational assessment reform in the new era, provides professional guarantee for the implementation of the new mathematics curriculum standard, and supplies strategic support for optimizing the academic quality of junior middle school mathematics. The rationale lies in goal-oriented competency development, real-world problem design, and diversified assessment logic. The implementation paths include mutual reinforcement between teaching and learning, emphasis on the formation of learning communities, assessment-driven learning that values mathematics learning processes, and assessment-informed teaching that promotes reflective teaching practices.

Key words: junior middle school mathematics, key competences, Teaching-Learning-Assessment consistency, mathematics classroom teaching

---

① V. Manen, Max: "Reflectivity and the Pedagogical Moment: The Normativity of Pedagogical Thinking and Acting", *Curriculum Studies*, Vol. 23, No. 6(1991), p. 507.

《现代基础教育研究》
第 58 卷，2025 年 4 月 （Research on Modern Basic Education） Vol.58, Apr. 2025

生活德育的理论要义、实践问题及实施路径

周　萍

（上海市位育中学,上海 200231）

摘　要：道德教育是个人立身处世的基础,不应脱离具体的人生实践。故此,生活德育对中学德育实践具有重要价值。生活德育强调道德与生活的有机结合,关注具体而现实的人、面向学生的完整生活以及超越眼前的生活建构。然而,在中小学校实施生活德育时,常面临实践滞后性、过度知识化、场域狭窄化等问题。为解决这些问题,需要系统规划生活德育举措。上海市位育中学在实践中探索出参照生活逻辑、综合采用多元课程结合的方式、促进家校社系统协同发力,建构回应美好生活的学校德育。

关键词：生活德育；学校德育；德育实践

德育是教育的价值表达形式之一。赫尔巴特强调教育有且仅有一个目的,就是养成儿童的德行,即"我们可以将教育唯一的任务和全部的任务概括为这样一个概念:不存在'无教学的教育'这个概念,正如反过来,我不承认有任何'无教育的教学'一样"。[1] 无论是斯宾塞的"教育是为成人生活做准备",还是杜威的"教育即生活",抑或陶行知提出的"生活即教育",无一不表明教育与生活息息相关。因此,生活与德育的结合是道德教育的应有之义。2000 年左右,生活德育进入学者的视野,并逐步发展起来。[2] 传统德育常因脱离实际、强调规范灌输而导致"知行脱节"。生活德育则通过真实情境中的"道德选择压力",促使个体将外在规范转化为内在需求,实现更持久的道德成长。近年来,生活德育的理念貌似被学校教育的关键群体接受,如行政管理人员、校长和教师,但在实践中却仍然存在知性德育的路径依赖. 同时随着互联网的发展,生活变得更加复杂多变,但学校教育依旧沉浸在原有的环境之中。因此,针对新环境,有必要回顾生活德育的理论面向,审思在学校教育中生活德育实施容易出现的问题、切实落地的方向与策略。上海市位育中学(以下简称"位育中学")作为一所现代化寄宿制高中,寄宿制的办学特点为学生拓展了更丰富多样的空间环境,同时也提供了更多可以自主支配的时间,本研究以该学校的实践为例,以期提供参考。

基金项目：上海市徐汇区教育科学研究重点项目"'一核二维三环'大思政育人体系的构建与研究——以上海市位育中学为例"(项目编号：A2024-02)。

作者简介：周萍,上海市位育中学党委书记,中学高级教师,主要从事德育与教育管理研究。

① 赫尔巴特：《普通教育学·教育学讲授纲要》,人民教育出版社 1989 年版,第 12 页。
② 王晓丽：《生活德育的兴起、局限和超越》,《教育研究与实验》2012 年第 2 期,第 17-21 页。

一、生活德育的理论要义

生活德育并非简单拼凑生活与德育。相反，正是生活与德育的有机结合，才有了生活德育的概念。[①]有研究者发现，在整个学校生活中必然要融合道德教育，无论是直接道德教学还是间接道德教学，都应当重建与儿童的生活的联系。[②]我国自古就有这样的传统。宋代朱熹在《童蒙须知》中说明了蒙养之教包含衣着、对话、洒扫和读书等日常内容，目的是"养其德行"[③]，将儿童道德行为的培养与最基础的个人生活结合起来。王阳明所提"学校之中惟以成德为事"，也指在学校教育中将培养德行作为首要任务。具体来说，学校教育的主要目的是帮助学生形成良好的品德和行为习惯，而不是单纯地传授知识和技能。但在实践中，德育过于理性化、抽象化的现象由来已久，这是由片面倚重知性德育造成的。生活德育正是作为纠正上述弊端的方案提出来的，其独特性在于将道德教育融入个体的日常生活实践，通过具体的生活情境、人际关系和实践活动，潜移默化地培养道德认知与行为习惯。与传统德育相比，生活德育尊重主体性，追求道德的自主建构；注重实践性，强调以生活为课堂；讲求渗透性，力求全方位浸润；关注整体性，促进德智体美劳全面融合。具体而言，生活德育的理论逻辑要义在于关注具体而现实的人，面向学生的完整生活，超越眼前的生活建构。

1. 生活德育关注具体而现实的人

教育回归生活世界的要义在于使教育回归育人的原点。[④]"人要追求成为人"是人类在长期历史实践中的觉醒。教育将"成人"视为高层次的价值追求。而道德就是成人之道，让人成为"一个真正的人""一个纯粹的人"，是成"道德之人"而非成"道德之才"。[⑤]

生活德育之所以被提出并受到广泛关注，其背景在于传统知性德育模式的局限。知性德育往往侧重于道德知识的灌输，忽视了道德主体的真实感受与道德实践能力的培养，导致"获取道德知识，而非道德的人"的尴尬局面。德育的真正目的在于关注个体生命的发展与幸福，而非仅仅停留在理论层面的道德知识传授。但在面对道德中的人时，容易走向道德世俗化或道德神话的极端。[⑥]道德世俗化可能导致人沦为动物般的存在，忽视道德的高尚与崇高；而道德神话则可能将道德标准推向极致，使普通人难以企及，从而难以达成"成人"的目标。因此，生活德育应尊重人的自然本性，同时意识到人既是自然人也是社会人，引导个体在尊重自然、尊重他人的基础上实现自我价值的提升。

生活德育强调面向感性的、现实的人，而非机械化的教育对象。学校是未成年人道德成长的重要场所，因此，学校德育必须注重人的生活性、实践性与主体性。教师应尊重学生的个性差异与道德需求，通过生活化的教学方式与丰富的实践活动，激发学生的道德情感与道德行为。

2. 生活德育面向学生的完整生活

道德并非先验的，而是根植于人的生活中。生活德育十分强调"真实有效的德育必须从生活出发、在生活中进行并回到生活"。[⑦]在这一框架下，"生活"这一概念被赋予更为深刻的内涵，"生活"包括但不限于"日常生活，而是人的全部生活领域"[⑧]，即所有对人的生存发展具有意义的实践活动。[⑨]因此，学生的生活经验是德育的起点和基础。学生通过有道德的生活而学习是学校生活德育的核心要求，而关注学生的全部生活领域

① 冯建军：《"德育与生活"关系之再思考——兼论"德育就是生活德育"》，《华中师范大学学报（人文社会科学版）》2012年第4期，第132-139页。
② 高德胜：《回归生活的德育课程》，《课程·教材·教法》2004年第11期，第39-43页，第73页。
③ 朱熹：《童蒙须知》//朱熹：《朱子全书：第13册》，上海古籍出版社2002年版，第371-376页。
④ 鲁洁：《教育的原点：育人》，《华东师范大学学报（教育科学版）》2008年第4期，第15-22页。
⑤ 张正江：《成"道德之人"而非成"道德之才"——鲁洁先生德育目的论研究》，《中国教育科学（中英文）》2022年第4期，第148-154页。
⑥ 鲁洁：《做成一个人——道德教育的根本指向》，《教育研究》2007年第11期，第11-15页。
⑦ 高德胜：《知性德育及其超越——现代德育困境研究》，教育科学出版社2003年版，第168-177页。
⑧ 高德胜：《为生活德育论辩护——与冯文全教授商榷》，《教育研究》2010年第9期，第101-105页。
⑨ 鲁洁：《生活·道德·道德教育》，《教育研究》2006年第10期，第3-7页。

则是实现生活德育的重要途径。

首先，不同时代的人面临着不同的生活境遇，其道德观念与实践方式也随之发生变化。古人强调德政与克己复礼，而现代人则处于工具理性与消费社会的双重影响下，面临着多元文化与全球化的挑战。学生的生活经验是他们认识世界、理解道德的重要基础。在日常生活中，学生通过与家人、朋友、教师的互动，以及参与各种社会实践活动，逐渐形成对世界的初步认识和道德观念。这些经验不仅为学生提供了丰富的道德素材，还培养了他们道德判断和道德选择的能力。因此，德育应当紧密围绕学生的生活经验展开，引导学生反思和审视自己的生活经验，帮助他们形成正确的道德观念和行为习惯。

其次，生活德育通过让儿童过有道德的生活来学习生活和道德。这意味着，德育不仅仅是一种知识的传授和灌输，更是一种生活的体验和感悟。学生在实际生活中遇到的道德问题和挑战，是他们学习道德、提升道德品质的重要契机。通过解决这些问题和挑战，学生不仅能够加深对道德的理解，还能够将道德知识转化为道德行为，实现知行合一。正如刘铁芳所说："教育本身就是一种特殊的教育生活，要引导儿童去体验生活，创造有意义的生活。"①

3. 生活德育超越眼前的生活建构

生活德育最终要培养的是"超越性的存在"。自我超越是人的生存本性。超越性是人的应然向度。② 人不仅要面对现在的生活，更要期待未来的生活，而教育尤其德育在其中的作用最为重要。生活德育论的"自我超越"，也就是在要求德育能够使身处其中的人进行自我扬弃，对现存生活做出反思与批判，并勇于创造可能的世界。生活既是被建构的，也是多样的。这两者也说明了生活的可选择性，而德育的存在或者意义就在于使人能够从中选择并建构一种有价值的道德生活。在生活德育论看来，这种可能世界期待是一种对美好生活的描述。可能的世界和更好的生活，是较之现在的生活，更全面且丰富的、让人能够更好地生活与发展的生活，不仅是学生全面完全的个人生活，也包含学生未来的个人生活、家庭生活以及其他公共生活的构建。③ 这也与教育重视学生发展不谋而合。

同时，我们也应该认识到当学生从生活中获得普遍的德行，助于他们在未来过道德生活。正如涂尔干所言："询问道德的要素是什么，并不是要开列出一张能够把所有德性甚至是最重要的德性都涵括在内的完整的清单……若从道德的角度去影响儿童，并不是在他身上培养出一个接一个特殊的德性，而是采用适当的方法去培育，甚至全面构造那些一般意义上的性情，它们一旦被创造出来，就会使自己轻而易举地适应特殊的人类生活环境。"④ 如若学校德育只关注一项一项的、具体的道德行为塑造，而不进行道德原理的教育，学生就难以获得普遍的道德原则，难以实现道德的迁移和超越。为此，学校生活德育要注重普遍性，让学生从过往的道德生活中生发德行，进一步改造或者建构未来的美好生活。

二、学校实践生活德育的现实问题

"人类的生活是根本，是最根本的，不但教育学或哲学与它有密切的关系，就是其他一切东西，例如政治，法治，道德，艺术，宗教等等，也没有一件不与生活有关系的。"⑤ 为此，学校德育与生活结合看似是自然而然的事。不过，生活德育仍遭遇了许多挑战。从理论上看，有学者批判"生活德育"提法本身带有去知识化、去政治化、去学校化乃至否定道德知识的意图。⑥ 这种说法未免过于极端，高德胜认为，"生活德育不是教育之外的专门活动，而是教育本心的坚守"。⑦ 即便

① 刘铁芳：《试论教育与生活》，《教育理论与实践》1996 年第 4 期，第 18-23 页。

② 鲁洁：《道德教育的期待：人之自我超越》，《高等教育研究》2008 年第 9 期，第 1-6 页。

③ 鲁洁：《道德教育的根本作为在于引导生活的建构》，《福建教育》2022 年第 5 期，第 1 页。

④ 爱弥尔·涂尔干：《道德教育》，陈光金，沈杰，朱谐汉译，上海人民出版社 2006 年版，第 19 页。

⑤ 姜琦：《教育哲学》，群众图书公司 1933 年版，第 10 页。

⑥ 冯文全：《关于"生活德育"的反思与重构》，《教育研究》2009 年第 11 期，第 92-96 页。

⑦ 高德胜：《生活德育论》，人民出版社 2019 年版，第 13 页。

如此，在学校教育实践过程中，生活德育仍存在不少偏差。位育中学作为寄宿制高中，具有全方位实施生活德育的天然条件。因此，位育中学力求以生活德育提升德育实效，关注到德育实践出现了滞后性、知识化、狭窄化难题，折射出中小学生活德育实践的普遍问题。

1. 学校生活德育实践呈现滞后性

随着改革开放的深入和经济体制改革的推进，人们的生活丰富多彩，这无疑要求德育也要跟上时代的步伐，改革和更新德育内容，适应时代发展的需要。然而，当前中小学德育部分内容仍然滞后于社会发展的需要，难以真正融入学生的日常生活中。

中国互联网络发展状况统计报告显示，截至2024年6月，我国网民规模近11亿人（10.9967亿人），较2023年12月增长742万人，互联网普及率达78.0%，其中，10—19岁网民占比为13.6%。[①] 社交从线下转移到线上，成为人类生活不可或缺的一部分。"宅时代"随之到来，这种"不见他者"的消费方式、社交方式可能是学生生活的常态，如何和陌生人甚至看不见的陌生人相处并且平等对待他者，是新时期学校生活德育需要处理的问题。但是，现实中生活教育实践却停滞不前。由于教材编写需要经过一定的时间周期，因而教材中的知识内容可能无法及时更新，导致学生在接触实际问题时无法找到相应的解决方法。这使得生活德育仿佛总是在讲"昨天的生活"，难以面向"现在的生活"，更难以给予学生面对"未来生活"的智慧。在这种情况下，学校在德育实践中发现，部分教师仅关注德育的学科知识，对新兴事物和现象的关注不够，使得教学与现代生活脱节，难以引起学生的共鸣，导致德育效果大打折扣。

2. 学校生活德育实践呈现知识化

在生活德育看来，之所以德育会脱离生活，是因为德育课程以知识为逻辑，注重道德知识、道德规范的传授。生活德育则与之相反，它把主体对生活的体验放到德育的核心位置，意在强调对受教育者主体地位的尊重。德育的过程应该包含"知性"与"体验"，生活是这两者的统一，不应当偏废。

但知性德育由来已久。从历史上看，古希腊哲人认为"知识即美德"，知识便成为道德教育的重要部分，在科学主义的助推之下，理性的知识更受推崇。诚然，科学化道德教育有助于人们理解道德，但仅有知性德育是不够的，生活德育效果并不显著。虽然学界强调要在实践中培养学生的道德品质，但由于德育具有一定的抽象性，难以通过量化或者可视化的指标评价学生的道德情况。同时，在实践中缺乏明确的目标和引导，沿用单一的教学方法，导致道德教育效果大打折扣。此外，为了应对外部问责和家长期待，学校更倾向于选择可量化评估方法的使用，进一步倒逼学校或者教师以教概念的教学方式进行"教"德，难以脱离知识化的牢笼。

3. 学校生活德育实践呈现狭窄化

生活德育作为一种注重学生在日常生活中培养道德品质的教育方式，其核心理念在于将德育全面融入学生的生活，通过实践体验来提升学生的道德认知和道德行为。然而，在实际操作中，围绕生活德育场域局限在一校之内。一方面，学校是教育的主阵地，是系统实施德育的主导者，而家庭、社会往往让位于学校，学校与家庭、社会在德育方面的协同作用不足，导致了德育网络的缺陷。另一方面，学校主导的德育往往在教育内容上局限于学校场域，注重校内场景中的道德培养，而对家庭道德、社会道德涉及不足，致使德育内容缺乏全面性。

事实上，学校生活只是学生生活的一部分，生活德育如若被局限成"学校生活的德育"，则窄化了生活德育的范围。这不仅会影响德育的实效性，也会对学生的全面发展产生一定的制约。位育中学作为寄宿制学校，学生会在周末节假日返回家中。学校观察到，学生在学校中可能表现出良好的道德行为，但一旦离开学校环境，其道德行为就可能大打折扣。因为学校德育与家庭德育未必总是统一的，甚至时有矛盾发生，例如，学校传递的价值观与家庭传递的价值观不一致，这使得学生处于道德发展的挣扎之中。从道德素质的结果来说，学生的道德批判能力和道德选择能力也会因此受到影响，使

① 中国互联网络信息中心（CNNIC）：《中国互联网络发展状况统计报告（54）》，载新浪网：https://finance. sina. cn/2024-09-09/detail-incnqrfh9639169. d. html，最后登录日期：2024 年 12 月 15 日。

他们在面对复杂多变的社会生活时难以做出正确的道德判断或选择行为。

三、学校优化实施生活德育的路径

生活德育早在 20 世纪 80 年代就被教育学界所关注，有研究指出，生活德育论尝试重新构建道德与生活的关系，是我国教育学界难得的原创性理论。[①] 德育如何生活化，这些关键问题需要实践去回答。中国自古重视"教化"，有学者提出中国古代教育史就是一部"尊德性而道问学"的教育史。[②] 如今已经进入物质丰裕的时代，按道理应当"仓廪实而知礼节，衣食足而知荣辱"，但社会出现了"物质越丰裕，精神越匮乏"的现代化危机。这场危机给予教育警醒，以上的问题都需要系统思考，可以在一定程度上避免学校生活德育再次落入滞后性、知识化和标签化的窠臼中，重构回归生活的德育理论与实践。[③] 依据生活德育的基本原理，位育中学通过不断的实践和优化，迭代了校本德育方案，探索出有益的实践路径。

1. 与时俱进地参照生活逻辑展开

鲁洁在谈到生活德育时，曾十分重视日常生活与善行的密切关系："生活世界所指的是人的全部生活领域，包括日常生活和非日常生活，也即所有对人的生存发展具有意义的实践活动。"[④] 在学校实践中，生活德育也必然需要参照生活逻辑逐步展开。

首先，生活德育过程应该是分阶段的。位育中学按照学生道德发展的阶段性规划，进行了分阶段的德育目标设计。高一年级是学生进入高中的开始，身处新的道德环境，为此，学校在高一注重以行为规范为抓手，以习惯养成为重点，逐步养成行为规范、学习自觉、生活自理、做事有序、注重合作、关注团队的良好素养。到高三年级，学生的认知发展到了一定的高度，具有较高的抽象思维能力，能够理解"人生价值与目的"等抽象的概念，因此高三更注重健全人格养成，以理想教育为动力，以榜样激励为手段，加强对学

生的成人意识教育和社会责任感教育，帮助学生逐步形成健全的人格，树立远大的志向，为将来的发展提供持续的助力。

位育中学在实施德育时明确指向"养气育德、砥节砺行"，"养气育德"指向道德品质、内在品格；"砥节砺行"指向行为习惯、外在表现。推动学生养成良好习惯，并通过充分的实践和体验，逐步内化为学生的个性品质，使学生成为习惯良好、品行规范、富有责任感的社会公民，为其终身发展奠定良好的基础。正如朱熹所说："耳闻目见，无非是礼。"虽然中国古代的小学大学与现行学校制度中的大学小学并不相同，但是其中体现出幼时应当"知室家长幼之节"，关注学生的家庭生活和学校生活中衍生出来的道德品质，成人则要"穷理、正心、修己、治人"，从知其然到知其所以然。教育尤其是德育应当随着学生生活的逐渐复杂而逐步深入，德育的内容亦与生活的内容息息相关。

其次，生活德育不仅要包含学生的个人生活和家庭生活，同样重要的是要关注学生的现实生活和虚拟生活，构建社会道德。学生的生活是逐步丰富的，将公共个人生活、家庭生活、公共生活和虚拟生活这四个方面相互交织，共同构成学生道德成长的立体环境。位育中学着重打造了两套学生自主管理运行机制：一是和其他高中所共有的常态化自主管理模式；二是寄宿制学校独有的，针对学生放学后对大量自主支配时间的管理模式。学校中存在着不同的集体生活，集体生活是公共生活的表现形式之一。要将公共生活纳入生活德育的范畴，意味着学生要遵守公共规则、积极参与社区活动、关注社会热点问题，并勇于承担社会责任。在公共生活中，学生作为社会的一员，其行为举止不仅影响个人形象，更关乎社会秩序与公共利益。同时，学校三线并行在不同的集体环境中关注学生：一是学校行为常规常态化管理体系，围绕全校每日各项行为常规情况建立的学生自主管理条线；二是学生活动管理体系；三是基于学校"寄宿制"空间拓展背景下的学

① 姜子豪：《日常生活批判视野下的生活德育再审思》，《教育科学研究》2021 年第 10 期，第 13—20 页。

② 董美英，金林祥：《中国传统生活德育的五个基本实践理路》，《现代大学教育》2014 年第 2 期，第 77—84 页。

③ 檀传宝：《论回应美好生活需要所应有的德育建构》，《南京师大学报(社会科学版)》2023 年第 2 期，第 5—19 页。

④ 鲁洁：《生活·道德·道德教育》，《教育研究》2006 年第 10 期，第 3—7 页。

生自主管理条线——学生寝室管理体系。同时，随着互联网的普及，虚拟生活已成为现代人不可或缺的一部分。网络空间虽然无形，但其影响力却深远而广泛。因此，位育中学十分关注学生在虚拟世界中的行为表现，通过增设德育课程内容、研究性学习等引导学生树立正确的网络道德观念，包括尊重他人隐私、抵制网络暴力、不传播虚假信息等。

2. 综合采用多元课程结合的方式

学校内的课程与活动必然是其中重要的方式之一。课程应包含促进学生"成人"的教育内容，学校需要做好顶层设计，系统规划学校德育工作，避免知识化与生活化的偏废。首先，学校文化中必然包含培养学生的道德发展，学校借助课程这一主要的方式，整合教材内容，开发校内外的课程资源，合理安排学科课时，形成贯穿整个学校的课程设计。位育中学全面构建"气节"德育课程体系，以德育课程建设为抓手，结合历史传承的位育基因、独有的校园文化和新时代位育学子的特点和需求，根据不同年级的特点，构建位育中学"气节"教育的德育课程。"规则立身系列""文化传承系列""生涯导航系列""公民人格系列"4个模块12个德育主题的指导培养，贯穿高中三年全过程，从而不断深化位育学子"六气"内涵，落实"立德树人"根本任务。同时，各学科都应当渗透德育课程，立足全学科育人的实践，挖掘各学科中的德育元素，达成学科融通。

其次，应当将课程和综合实践等相结合，进行学校日常德育生活整体设计。学校注重德育的体验性，围绕相关内容，在"气节"教育目标引导下进行多部门参与、多学科协同开展系统的、主题式的德育活动。如4月是寝室文化节，开展寝室风采展、寝室沙龙、优秀寝室评选，营造良好的寝室文化，提高学生的人际交往能力。德育不应是某个学科的任务，生活德育更是如此，生活德育应当分布在学生的所有生活中。此外，中小学校研学旅行这一形式也有助于推动学校生活德育在社会课堂的生成。[①]学校打造并不断完善以社会考察、志愿服务（公益劳动）、职业体验、综合探究为主体的社会实践活动体系。打造研学

实践、暑期社区志愿服务、南京、绍兴社会实践考察、参观邹容纪念馆、黄道婆纪念馆等一批社会实践项目，将教育融于社会大课堂中。2021年，"我心向党"研学实践项目入选了上海市"中国系列"课程，项目共设计11条研学线路，制作了学生人手一册的《研学践行手册》，学生走访文化场馆、红色纪念馆、高新科技公司、高校科研院所等，自主设计行程、组建考察小组、设计考察计划、与友好学校学生交流互动等，学生在丰富的实践活动中不断提升综合素养。研学旅行所具备的体验性和具身性，引导学生自主思考后获得道德认识，在真实生活中发展生命体悟，养成良好的道德习惯。

3. 构建家校社协同生活德育网络

物质丰裕时代的学生精神危机的出现是多种因素造成的，结果影响也是多因素的。因此，学校生活德育不应将视野囿于学校之中，学生的生活是多重面向的，家庭、学校和社会作为不同的重要支撑，在学校生活德育实践中更应充分发挥所长，但三者由于立场和力量不同，面对德育难题，难以形成合力。[②]因此在学校要采取各种方式加强家社联系。

一方面，要打通学校德育和家庭教育的壁垒，学校可以借助教师引领促使家庭德育专业化，将学校生活德育铺展到学生的家庭之中，学校和家庭共同参与学生的德育实践。位育中学十分强调"三环"德育整体架构模式，"三环"指的是课堂环、校园环和社会环的紧密结合。它强调的是在育人过程中，学校充分利用"三环"的优势资源，形成育人合力，共同促进学生的全面发展。另一方面，学校可以联合社会德育资源，依托本土人文资源促进学校生活德育的丰富度，反过来，也可以促进社会环境的良好发展。位育中学充分发挥学校指导作用，明确家长主体责任，不断健全学校、家庭、社会"三结合"教育网络。建设以学校为龙头、家庭为基础、社会为平台的家长学校，有效发挥家庭教育作用；进一步优化学生的成长环境，有效利用校友资源、社会资源，强化学生、教师、家长、社区的教育合力，构建立体化、全方位的"位育育人共同体"。

① 舒鑫：《中小学研学旅行的德育意蕴与实践策略》，《教学与管理》2024年第27期，第63-67页。
② 焦妙丽：《新时代学校德育面临的挑战及其应对》，《学校党建与思想教育》2024年第8期，第45-47页。

智慧课程的内在价值、作用机理与实施路径

胡翰林，刘革平

（西南大学 教育学部，重庆 400715）

摘　要： 智慧课程具有提供混合化学习场域、兼顾规模化与个性化学习以及指向智慧养成的结果等内在价值。智慧课程的作用机理表现为促进转识成智实现的智慧课程目标、丰富结构化知识体系的智慧课程内容、融合自适应与生成性的智慧课程资源、深化活动属性与类型的智慧课程活动，以及实现客观与精准并行的智慧课程评价。基于此，该研究提出智慧课程的教学与学习、管理与保障、培训与教研以及边界与限度等实施路径。

关键词： 智慧课程；新课标；内在价值；作用机理

智慧课程是依托智能学习环境与空间，赋能课程资源、活动与评价，形成以线上线下深度融合为主要表现形式，兼顾规模化与个性化的教与学过程，促进学习者智慧养成为最终目标的课程。它既是顺应智能时代发展的智慧产物，又是教育"智慧养成"育人目标的诉诸途径，因而具有重要的时代价值与育人价值。当前，智慧课程的研究大多集中于内涵梳理、特征建构以及价值表征等认识层面，尚未触及智能技术促进智慧生成的本质，尤其是没有深究其中的过程与机理，致使智慧课程的应有价值被遮蔽。为促进智慧课程更好地走向实践应用，特别是新课标背景下的课程解读与实施，明晰智慧课程的内在价值、作用机理以及实施路径十分必要。

一、内在价值：智慧课程的要义凸显

从概念内涵来看，智慧课程注重教学活动与过程的智慧化，以及学习者智慧生成的结果，即"过程智慧"与"结果智慧"。智慧课程是在智能技术赋能下以优化传统课程不足的新形态，其内在价值表现在以下方面：

1. 提供混合化学习场域

在教育领域，场域指教师、学习者及其他教育参与者之间形成的以知识生产、传播、掌握与消费等互

基金项目： 国家重点研发计划课题"互联网教育应用的适应性认知发展评估与人机协同诊断技术研究"（项目编号：2022YFC3303504）；重庆市研究生科研创新项目"虚拟现实环境中多模态学习活动的设计与应用研究"（项目编号：CYB22093）。

作者简介： 胡翰林，西南大学教育学部博士研究生，主要从事智慧学习环境与资源研究；刘革平，西南大学教育学部教授，博士生导师，博士，主要从事智慧学习环境与资源研究。

动和行为为依托，以学习者的发展与提升为旨归的一种客观关系网络。[①] 混合化学习场域能够通过丰富课程内容的表征方式来革新与优化学习者的学习方式。通过线上空间、虚拟现实空间等为学习者呈现生动、直观与多态的课程资源、内容，以实现对线下课程知识内容的互补、丰富与延伸，促进学习者通过探究式学习、情境学习、体验学习以及具身学习等多种学习方式参与到学习活动与过程中来，从而实现对学习内容的深入理解与实践应用。此外，混合化学习场域促进新型学习关系的形成。它能够提供丰富的学习资源、内容与活动等，学习者不受时空限制，可以灵活自由地参与到学习过程中来。基于此，师生之间的学习关系将由传统的授导型向启发型转变，即教师通过引导、启发的方式促进学习者进行自主学习、探究学习等；生生之间的学习关系将由独立型向协同型转变，即学习者间通过协同共进的方式完成学习项目、任务等。

随着智能技术不断渗入教与学的方方面面，教与学的空间进一步拓展，师生、生生、师师之间的交往方式得到极大丰富。因此，智慧课程的学习场域将突破以显性与实在存在物理空间的线下学习，逐步迈向虚实交融混合空间的线上线下学习，最终形成线上线下深度融合的混合化学习场域新常态。

2. 兼顾规模化与个性化学习

为了培育大规模人才，智慧课程以普遍性的学习内容、学习活动与实施过程为基础，满足学习者对基础知识、基本技能、基本思想方法与基本活动经验等[②]的共性需求，通过智能平台、智能技术来丰富资源形式、优化资源配置、创新学习活动与提升教学效率等，以实现优质教育资源的共建共享共用，从而有效促进教育公平，提升规模化人才的培养质量。

同时，智慧课程在满足规模化需求的基础之上，应兼顾学习者的个性化需求，以有效支撑学习者的个性化学习。首先，明确学习者的学习状态，从而为学习者进行个性化学习提供基础。通过采集学习者的背景信息、学习表现、认知风格与学习起点等多模态数据，利用大数据技术与学习分析技术绘制学习者画像，以全面获取学习者的学习特征，从而精准定位其学习状态。其次，为学习者提供有效的支持服务以满足其进行个性化学习的需要。通过智能化、自适应学习平台规划学习者的个性化学习路径，提供层次性、差异性与选择性的目标、内容与活动，促进其全面与个性化发展。最后，进行学习过程的智能干预，从而为学习者个性化学习提供重要保障。通过智能学习平台监测学习者的学习状态与学习过程、预测学习者的学习表现与学习需求、预警学习者的学习状态与学习表现等，以此为学习者提供科学的干预，如提供学习资源、调整学习策略等。

3. 指向智慧养成的结果

新课标的出台强调育人方式要突出实践性，倡导"做中学""用中学"与"创中学"；"双减"也强调教育教学过程要"减负提质"，杜绝"惰化"学生思维，可见，大量的重复性记忆训练与知识技能的获得并非理想的学习结果。有研究指出，知识与技能的掌握并不能够使学习者适应复杂多变的社会环境与未来需求，学习者应当具备超越获得知识的应用能力与思维方式，以促进自身成长与全面发展。[③] 因此，学习结果应该促使学习者在理解与掌握知识技能的基础上，通过实践应用来解决现实情境中的具体问题，促使学习者在解决问题的过程中提炼与领悟学科思想，进而形成学科思维，并在不断丰富与发展学科思维的过程中聚合升华为智慧。基于此，教育过程中学习者智慧的生成需要通过"转识成智"的具体实践途径，实现将知识的融通与超越转化为学习者的智慧。

智慧课程的长远目标是培育学习者的智慧，其具体操作目标则是在教学的过程中实现"转识成智"。"转识成智"要以学习者丰富深入的知识为基础，以复杂问题解决为实践过程，并在此过程中提炼出方法、思维、素养与德性等。基于此，对于智慧课程而言，创新资源、内容与活动形式，帮助学习者更为高效地获得基本知识与技能是其作为工具目标的达成，而育人目标将体现在通过智能技术为学习者提供丰

① 刘生全：《论教育场域》，《北京大学教育评论》2006 年第 1 期，第 78—91 页。

② 康合太，沙沙：《数字教材的理论探索与实践——以第二代"人教数字教材"为例》，《课程·教材·教法》2014 年第 11 期，第 33—39 页。

③ 李润洲：《转识成智：何以以及如何可能——基于杜威实用知识观的回答》，《国家教育行政学院学报》2017 年第 2 期，第 10—15 页。

富的虚实实践空间、呈现真实复杂的综合性任务、促进反思的过程跟踪以及引导知识建构与思维发展的关系建立,最终实现对学习者的智慧培育。

二、作用机理:智慧课程的育人逻辑

基于智慧课程的概念内涵与其课程本体的根基,本研究提出智慧课程的核心要素为课程目标、课程内容、课程资源、课程活动以及课程评价。基于这五个要素,本研究将构建智慧课程促进学习者智慧养成的作用机理,如图1所示。

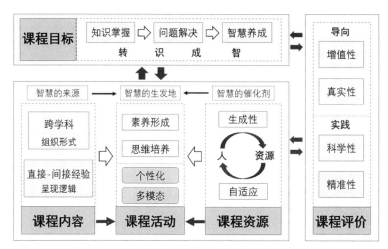

图1 智慧课程的作用机理

1. 智慧课程目标:促进转识成智的实现

(1)具身交互的感知体验,实现知识深层掌握

智慧课程能够为学习者呈现具体的、可操作与可感知的学习资源与内容,促使学习者充分调动身体感觉器官参与到知识感知与体验中进行具身学习。一是理解知识的情境性。在具身交互过程中逐渐体会与感悟知识的情境属性,通过身体体验与交互的过程进行知识建构与理解,在解释与内化情境的动态过程中逐渐理解与深化认识。[①] 二是消解知识的抽象性。知识为真实客观世界抽离的抽象符号,尤其是部分尚不能在真实世界中观察、感知与体验的知识,如化学分子结构、生物细胞构成等,其中所包含的复杂结构、关系组成等需要依托可见、可感的具身体验来消解其抽象性,以实现对知识的全面、深入理解。

(2)虚实场景的实践参与,实现复杂问题解决

VR技术的更新与迭代(AR/MR/XR)不断模糊虚拟与现实的边界,虚实深度融合将逐渐成为未来的主要教育场景。[②] 虚实融合场景依据现实情境或问题线索,进行虚拟场景的转化与显现,能够为学习者呈现基于现实生活情境的多要素关联、多领域整合、多因素影响的复杂问题,促使学习者综合运用多种学科知识进行自主探究与协作学习,灵活、动态与创造性地进行问题分析、问题表征、策略构思、实践操作与反思提升等复杂过程,以有效锻炼学习者运用知识的能力与思维。

(3)发展思维到聚焦素养,实现智慧逐步养成

新课标在强调思维培养的同时,进一步指出聚焦核心素养,培育学习者的正确价值观、必备品格和关键能力。智慧课程促使学习者在实现知识深层掌握的基础上,运用知识来解决复杂问题,经历分析、综合、创造与反思等高级认知过程并逐步形成思维;同时,让学习者进行知识逻辑、思维方法与价值观念

---

① 胡翰林,沈书生:《生成认知促进高阶思维的形成——从概念的发展谈起》,《电化教育研究》2021年第6期,第27-33页。

② 李海峰,王炜:《元宇宙+教育:未来虚实融生的教育发展新样态》,《现代远距离教育》2022年第1期,第47-56页。

等的提炼以培养正确价值观、必备品格和关键能力，并形成素养；最后进一步凝聚与升华素养，使学习者具有良好人格品性、较强行动能力、较好思维品质与较深创造潜能[①]，实现智慧的培育。

2. 智慧课程内容：丰富结构化知识体系

（1）融通直接与间接经验的呈现逻辑

学习者的经验有直接经验与间接经验之分，直接经验强调学习者的亲身实践，间接经验注重获取已有的总结知识或经验[②]，二者共同融合形成学习者的整全经验。智慧课程在智能技术的支持下，为学习者创设蕴含知识内容的环境空间、丰富知识内容的表征形式等，实现直接经验与间接经验的融合发展。一是基于智能环境与空间中所内嵌的知识内容，为学习者提供探究式、问题解决式与项目化等学习过程，让学习者通过参与场景分析、知识发现、问题解决与实践锻炼等方式来感知、体验与理解学习内容，从而有效地获取直接经验；二是智慧课程能够提供超越单一化、二维化等传统知识表征形式，呈现具有沉浸性、交互性与个性化的知识内容，从而促使学习者高效获取间接经验。

（2）支持跨学科学习的内容组织形式

一是要依托智能技术与工具，打破学科之间或学科内课程内容的固有壁垒，通过"线上与线下混合""真实与虚拟融合""直播与全息结合"等方式来对多学科内容进行分布式呈现，如创设复杂问题情境、提供多样化资源、支持丰富的交互过程等，通过真实项目与问题的呈现来重组学习内容，促进学习者建立起跨学科知识的联结；二是要以真实生活情境为蓝本，创建跨学科知识体系的载体，利用虚拟/增强现实、数字孪生与元宇宙等技术，为学习者呈现具有现实生活体验与经历的现象或问题，形成跨领域、跨学科、多关联的实践场所，帮助学习者理解真实生活情境对掌握跨学科知识及其应用能力的需求。

3. 智慧课程资源：融合自适应与生成性

（1）资源→人：依托推荐技术的自适应资源

智慧课程中自适应资源具有"资源→人"的取向，是一种符合学习者当前学习状态并满足学习需要的资源呈现方式。自适应学习资源需要依托特定的推荐技术来实现：一是基于知识图谱的推荐技术，其本质为利用知识点之间的关系，经由"会话""交互"等方式来获取学习者的知识掌握情况，为其推荐促进知识学习的资源[③]；二是通过大数据对学习者的多模态数据进行收集、处理、分析与挖掘，获取与辨识学习者特质，为其推荐符合认知风格、学习习惯等个体特征的资源；三是在获取大量学习者学习行为、表现等数据的基础上，建立相应的学习者模型，对学习者的学习表现与学习需求等进行预测，为其提供适应性的学习资源。

（2）人→资源：学习者参与建设的生成性资源

生成性资源具有强烈的人本主义倾向，强调"人→资源"的取向，即学习者并非接受已有的或固定的学习资源，而是在教学的过程中通过"边做边学"与"共建共享"实现资源的动态生成。一是在参与中理解，鼓励学习者参与资源建设与资源生产，通过对资源的收集、理解、整理、加工与完善等过程，加强学习者认识知识之间以及知识与经验之间的紧密关联，实现对学习内容的深入理解。二是在参与中创造，生成性资源赋予学习者主导性、协作性、开放性与创造性的内容生产模式，如利用 DeepSeek、ChatGPT 等，促使学习者主动探索、创建与分享资源，发挥教师与学生、个体与群体思考的优势，从而创造出新的资源内容。

4. 智慧课程活动：深化活动属性与类型

（1）个性化与多模态的基础属性

智慧课程活动应广泛辐射与兼顾所有学习者，满足学习者的个性化需求，因此，课程活动的设计与

---

① 祝智庭，肖玉敏，雷云鹤：《面向智慧教育的思维教学》，《现代远程教育研究》2018 年第 1 期，第 47-57 页。

② 温寒江，陈爱苾：《学习学（上卷）》，北京教育科学出版社 2016 年版，第 173 页。

③ 孙飞鹏，于淼，汤京淑：《基于知识图谱的汉语词汇学习资源推荐研究——以 HSK 三级词汇为例》，《现代教育技术》2021 年第 1 期，第 76-82 页。

开展应体现个性化的属性。个性化学习活动以学习者个体差异与目标需求为基础,遵循学习者的个人特征与学习潜能,为学习者提供丰富的环境、工具、平台与资源等支持服务,以促使其自主、灵活地进行学习,发展个体智慧。借助学习画像、自适应、大数据以及人工智能等技术的综合运用,精准掌握学习者的认知风格与学习偏好,在学习活动中为学习者提供实时指导与反馈,并为其推荐个性化的学习路径,以促进学习者进行主动参与、开放生成与自由发展的个性化学习。

此外,智慧课程活动中也需引导学习者的多模态学习发生,一是利用智能技术为学习者整合与呈现多模态学习资源,促使学习者全方位、全身心地投入多模态感知中,实现对信息的全面、多维与深入理解;二是要强化多模态学习中的师生、生生多模态交互,促进学习者进行知识内容等信息的模态间转化,以实现深层次的学习。

（2）思维与素养形成的活动类型

智慧课程活动的设计要以学习者的思维与素养形成为目标。面向思维培养的活动要以建立认知冲突、促进实践反思与引导迁移提升为逻辑,其类型有两种:一种是情境体验类学习活动,利用智能技术为学习者创建多样化情境资源,以让学习者在情境中进行感知体验,在其不断地建立与调节认知冲突的过程中,丰富原有认知与思维结构;另一种是问题解决类学习活动,利用智能技术为学习者创建知识应用与实践场所,通过问题引领、自主探究、策略提出等过程促使学习者运用知识来有效解决问题,并借助智能技术对自身行为、知识理解、知识应用以及思维方式等进行总结与反思,以实现思维监控、策略调整以及经验提升,促使学习者形成可以迁移应用的思维能力。

面向素养形成的活动要培养具备关键品格与必备能力的完整的人,促进学习者的"知情意行"全面发展。一类是"志育"类学习活动,为学习者提供沉浸式、体验式的家国情怀、文化浸染、品格塑造等主题学习场景,让学习者在置身参与的过程中触及精神人格、形成意志与品格,达到理智、情感和意志的统一[1],塑造正确的价值观、必备品格和关键能力;另一类是真实性学习活动,以真实世界为根基,设计相应的活动情境,帮助学习者理解知识的本质与学习的意义,让学习者在真实情境中锤炼品格与锻炼能力,并在感知体验与问题解决的过程中形成态度、品质与价值观。

5. 智慧课程评价:实现客观与精准并行

（1）评价的真实性与增值性导向

评价的真实性是指评价的要求或任务基于现实生活,即在智慧课程呈现的真实生活情境或虚实融合场景中,依据智慧课程知识内容为学习者设置一系列现实任务,以获取学习者在进行现实任务中的知识理解、知识应用、问题解决与思维方式等方面的真实表现与水平。评价的增值性在于扭转当前评价过于关注横向比较而忽视学习者个体发展变化的现状。在智慧课程的学习过程中,通过智能技术进行过程式数据采集与建立追踪数据库来追踪学习者的学习起点、过程、变化以及结果等,通过多模态学习分析与学习者建模等过程获取学习者自身在学习过程中学业与身心的成长与变化的增值[2],以客观、精准评估学习表现。

（2）评价的精准性与科学性实践

在智慧课程评价的具体实施过程中,一是要以数据贯穿评价过程,利用传感器、智能终端与可穿戴技术等对学习者进行全过程伴随式数据采集,获取学习者在知识学习、行为表现、态度情感与生理信息等方面的多模态数据。二是要把握评价过程,明确智能技术与教师的角色分工,发挥智能技术在数据采集、处理、分析与预测等方面优势,让教师通过自身经验来对评价结果与决策进行调整、优化与完善,补齐机器在情感、态度与价值观等方面的评价缺失,实现评价过程中的人机协同。三是要以"具身融入"对待评价工具,一方面要选取符合学习者身心发展特征的评价工具,以减轻评价过程中学习者的生理、心理不适感;另一方面要将评价工具融入学习活动中实现工具具身,促使学习者在参与活动、完成任务的

① 岳欣云,董宏建:《素养本位的教育:为何及何为》,《教育研究》2022 年第 3 期,第 35-46 页。

② 谢小蓉,张辉蓉:《五育并举视域下学生增值评价的发展困境与破解策略》,《中国电化教育》2021 年第 11 期,第 32-38 页。

过程中进行伴随式评价，以优化工具带来的认知负荷。

三、实施路径：智慧课程的落地

1. 教学与学习：指向学习者智慧养成

教学与学习既是智慧课程的价值实现途径，又是学习者智慧养成的重要方式。智慧课程的教学实施过程中应注意：一是智慧课程的教学应以促进学习者的智慧养成为目标，并基于此目标展开相应的教学活动，注重教学内容的"转识成智"，以及教学活动中对学习者智慧的引导；二是要持续关注智能技术与教学场域的有机融合，积极进行智能教学技术的开发与应用，以促进智能技术与智慧教学的共生发展[①]；三是注重学习者的主体性与个性化智慧发展，尊重学习者的已有经验并利用智能技术因材施教，以凸显学习者的主体地位，满足其多样化的学习需求。

智慧课程教学的重要意义在于触发学习者的有效学习，引导学习者自发地进行智慧培育，实现智慧养成。在学习过程中要注重采用多种学习方式，如体验式学习、探究式学习、项目式学习与协作式学习等，深化学习者的感知体验，进行知识应用解决问题的实践反哺，以在实践创生的过程中培育智慧。此外，要引导学习者积极进行实践反思、经验提炼以及价值判断等，获得超越知识技能的学习结果，进行思维与素养的锻炼，逐步达成"转识成智"的目标。

2. 管理与保障：课程发展应行稳致远

智慧课程的管理与保障是其有效实施与长远发展的重要支撑。首先，要提升管理者自身的信息化领导力水平，并将其融入自身的专业发展中，以全面、准确地把握智慧课程的价值特征与建设理路，形成智慧课程发展的先进性与时代性视野；其次，要树立"管理即服务"的理念，面向智慧课程教学的真实需求，通过自下而上的方式为教师与学生提供灵活与高效的服务，以推动管理的有效落实；最后，要促进课程管理迈向课程治理，多方利益相关者共同参与智慧课程的开发、组织、建设与维护，实现去中心化的课程协同共治，以动态化、数字化的方式促进智慧课程的高质量建设。

智慧课程的保障主要包括技术保障与风险伦理保障等方面。技术保障主要指智慧课程的开发、建设与实施过程中对智能技术的稳定性与算力需求提供的支持，并通过数字化手段进行实时监测、管控、诊断与反馈，提升智慧课程的教育教学质量。风险伦理保障则是智慧课程中智能技术在个体入侵、情感缺失、隐私泄露以及算法偏见等问题的削弱与规避，对教育真实需求的出发点与教育基本理论的生长点进行全过程监管，构建人机协同的保障生态机制。

3. 培训与教研：促进教师信息化成长

智慧课程有效实施的关键在于教师，因此，要注重对智慧课程师资的培训与教研，促进教师的信息化成长。首先，注重提升教师的信息素养，使其掌握与发展信息化教学的工具与能力，适应智能信息时代的有效教学与自身专业发展，以促进学习者全面成长与提升；其次，引导向"双师"课堂有效转变，利用人工智能等技术的有效介入，打造人机共教的课堂教学形态，发挥教师自身与机器的各自优势，形成人机互补、人机共融的教学新生态；再次，要创新培训方式，采用线上培训与线下培训相融合的方式来实现体验式培训、参与式培训、示范教学以及自主演练等多种培训形式，以满足教师的个性化需求，实施精准化培训；最后，依托智慧教育公共服务平台、教师培训平台等，完善国家、省、市以及区县等多级培训机制，确保不同阶段、不同教龄与不同对象的培训全覆盖。

智慧课程的教研要以虚拟教研室为依托，转变教研组织形式，创新课程教学的方式方法，以促进智慧取向的教师专业发展。虚拟教研室是基于虚拟现实、"互联网+"与智能化平台搭建的协同教研组织新形态，能够增强教师将现代信息技术与教育教学深度融合的能力，通过加强跨专业、跨校、跨地域的教研

---

① 罗生全，王素月：《智慧课程：理论内核、本体解读与价值表征》，《电化教育研究》2020年第1期，第29-36页。

交流来推动优质资源的互联互通、共建共享①,以全面提升教师教学能力。同时,教研内容要在传统教研基础上,将从注重教师教转变为聚焦学生学、从注重知识技能的讲授转变为聚焦学习者思维与素养的发展,以及从注重学校课堂教育转变为聚焦于教育教学的全要素。

4. 边界与限度:理性认知智慧课程

课程的价值在于育人,因而智慧课程不能超出育人规约的边界与限度。智慧课程自身离不开众多智能技术的支持,其高效率、精准化、智能化等特点致使技术在教育领域中超越其应有的工具价值,逐渐走向支配教育教学过程而导致人机关系失衡的现象出现,容易带来信息成瘾、科技崇拜、交往迷失以及异化教育等问题。② 因此,一是要基于新课标建立智慧课程标准,明确智慧课程的性质、理念、目标以及实施要求等,适时适度地运用智能技术,促进技术与教育走向"和合"。二是要遵循教育理论与实践的一般规律,在课程建设、教学实施的过程中融入人文关怀、价值引领以及情感共鸣等,促使智能技术助推学习者的有效学习与智慧发展。

The Inner Value, Action Mechanism and Implementation Pathways of Smart Curriculum

HU Hanlin, LIU Geping

(Faculty of Education, Southwest University, Chongqing, 400715)

Abstract: Smart curriculum embodies inner values such as providing blended learning field, balancing scalability with personalization, and pointing to the result of wisdom cultivation. Its operational mechanism includes achieving the smart curriculum objective of "turning knowledge into wisdom", enriching its content of structured knowledge system, integrating the adaptive and generative resources of smart curriculum, deepening the properties and types of its activities, and achieving its precise and objective assessments. Finally, the paths of teaching and learning of intelligent curriculum, management and guarantee of intelligent curriculum, training and research of course teachers, and the boundary and limit of course education are put forward. Based on these, this study proposes the following implementation pathways, including the design and instruction of smart curriculum, its management and support, teacher training and research, and the clarification of the boundaries and limits of smart curriculum education.

Key words: smart curriculum, new curriculum standards, inner value, operational mechanism

---

① 中华人民共和国教育部:《教育部高等教育司关于开展虚拟教研室试点建设工作的通知》,载教育部网:https://www.moe.gov.cn/s78/A08/tongzhi/202107/t20210720_545684.html,最后登录日期:2025 年 3 月 30 日。

② 张永波:《智慧教育伦理观的建构机理研究》,《中国电化教育》2020 年第 3 期,第 49-55 页。

情境化视角下高中语文成语教学的策略

李会荣[1]，段小花[2]

（1. 上海电力大学 人文艺术学院，上海 201306；2. 山西省娄烦中学，山西 娄烦 030300）

摘　要：情境化视角下成语教学旨在引导学生在文本情境中构建成语认知体系，在文化情境中进行溯源，在应用情境中完成任务，从而实现成语教学从机械记忆向文化体验的转变，从题海训练向思维发展的转变，从知识传递向素养生成和文化传承的转变。文章提出的成语教学策略包括：解构成语文本情境，构建成语语义网络图谱；追溯历史文化情境，巧妙运用事件推进成语教学；采用成语群教学方法，深度认知文化基因；创设成语运用情境，传承文化基因和传统智慧。

关键词：情境化；成语教学策略；文化传承与理解

《普通高中语文课程标准（2017年版2020年修订）》明确提出，语文课程应立足学生核心素养发展。[1] 成语作为中华文化的基因密码，用凝练的语言符号表达了民族思维的文化镜像，其教学价值在"增强文化自信""发展批判性思维"等课标要求中具有不可替代性。然而，现行高中汉语成语教学实践被严重压缩，教学普遍存在"重识记轻体验""重应试轻素养"的功利化倾向[2]；学生成语积累量不足，且在文化理解、迁移应用等维度表现薄弱。[3] 高中成语教学的既有研究多集中于知识分类与记忆强化，或从单一维度提出成语教学的可能路径[4]，尚未形成针对成语教学的系统性策略框架。基于这些问题，本研究将在情境化视角下探索，如何通过情境构建实现成语文化基因的解码，如何通过梯度化任务链实现从识解记忆向深度理解跃迁，如何通过深度理解和实践运用实现成语的文化育人功能以及学生的核心素养等问题。

一、情境化视角在成语教学中的价值

成语教学是成语积累、梳理与探究的过程。情景化视角下的成语教学要求还原成语文化语境、构建成语认知图式并迁移成语交际情境，在梳理成语文化情境过程中探究成语认知图式，提升学生的综合思

基金项目：国家社会科学基金青年项目"汉语量词的摹状与计量功能及其演变研究"（项目编号：24CYY022）。

作者简介：李会荣，上海电力大学人文艺术学院讲师，博士，主要从事语言学与语文教学研究；段小花，山西省娄烦县娄烦中学高级教师，主要从事高中语文教学研究。

① 中华人民共和国教育部：《普通高中语文课程标准（2017年版2020年修订）》，人民教育出版社2020年版，第4-5页。
② 顾晨齐：《核心素养导向下的高中语文成语教学研究》，辽宁师范大学硕士学位论文，2020年，第17-23页。
③ 方丹莉：《统编本高中语文成语教学研究》，福建师范大学硕士学位论文，2023年，第34页。
④ 刘娟维：《高中文言成语教学研究》，华中师范大学硕士学位论文，2021年，第17-18页。

辨能力,感受成语的独特文化魅力。

1. 情境与情境化教学

情境(Situation)是"由人构建的、创造出来的,又反过来影响着人的行为,制约着社会事件发展的势态"。[①] 在语文教育场域,情境特指语言符号与文化意义共生的特定时空场域,包含文本语境、文化语境与交际语境三重维度。

情境化教学实为教学过程情境化,指教师在教学过程中设计一系列真实情境或者模拟真实情形,通过学生主动参与和亲身体验,培养学生提出问题、分析问题、解决问题的基本能力,增强学生的思考及实践意识,进而实现教学效果的改善。[②] 语文课程中的情境化教学,就是要让学习者经历情境中围绕学习主题充分与情境互动而引发经验生长的过程。[③]

2. 情境化教学在成语学习中的价值

语文学科中的成语知识不是单独被呈现的,而是融于情境中。将知识情境化,置于情境中进行感知、理解、重构、运用,才能发挥知识的情境育人价值。情境化视角下成语教学体现为学习者积极投身于成语形成情境、融入成语运用情境和解构成语文化情境,在自身与情境的交互过程中实现对成语的整体把握。

（1）溯源成语形成情境,解读成语原始意义

由于成语意义的凝固性和结构的定型性,学生要获得成语的意义和用法都需源于其形成情境而逐步积累。作为新知的成语蕴含着学生本来没有掌握的信息或概念意义,学生只有通过与成语形成情境中的人物与事件进行交互,才能解读成语中蕴含的意义和价值等。例如,"精卫填海"属中国古代神话传说,当学生置身于其原始情境,才可解码该成语中矢志不渝的精神符号,激活中华文化基因中的集体记忆,理解华夏先民对抗自然的民族精神、文化价值观以及对自然和社会的认知。

（2）融入成语运用情境,掌握成语发展演变

源于古代神话传说或历史故事诗文的成语亦需要厘清成语的运用情境,才能更适切地加以运用。例如,汉高祖刘邦曾对良将张良评价如下:"夫运筹帷幄之中,决胜千里之外,吾不如子房。"(《史记·高祖本纪》)从中进而形成"运筹帷幄""运筹帷帐""运筹千里"等类同成语。"运筹"一词指筹划、制定策略[④],可与近义词语并列构成"运筹决胜""运筹制胜""运筹决算""运筹决策"等类成语结构。如今,"运筹"的运用范围已从军事领域扩展到物流管理、供应链管理、生产计划、交通调度、经济金融等其他领域。

（3）解构成语文化情境,保证成语适切使用

由于人总是从自身的经验出发对情境进行理解与解释,这种先入为主的理解为个体在情境中的行动提供了依据。[⑤] 成语文化语境解构是否准确,直接决定建构文化语境的适切性。"不赞一词"源于"至于为《春秋》,笔则笔,削则削,子夏之徒,不能赞一辞"。(《史记·孔子世家》)意即,孔子编写《春秋》时,笔削得当,子夏之徒无法添言。但它后来常被曲解为对其人其事的批评,错误理解为不值得赞扬或一无是处,其原因在于未能正确解构该成语的文化语境。因此,要正确使用"不赞一词"时,应明确该成语的文化情境常限于评价赞赏优秀的文学作品、演讲或报告时,而不是任何情境。

二、成语教学的困境及成因

成语不仅在词语教学及语言文化教学过程中占据非常重要的地位,而且为高考语文评估的重要考

---

① 柳夕浪:《社会情境与社会智能训练》,《教育研究》1998年第10期,第34-39页。

② 黄建平:《情景教学法在高校教学中的应用——以"数据处理"类课程为例》,《中国成人教育》2016年第13期,第103-105页。

③ 于泽元,那明明:《情境化学习:内涵、价值及实施》,《华东师范大学学报(教育科学版)》2023年第1期,第89-97页。

④ 中国社会科学院语言研究所词典编辑室:《现代汉语词典》(第7版),商务印书馆2016年版,第1622页。

⑤ 于泽元,那明明:《情境化学习:内涵、价值及实施》,《华东师范大学学报(教育科学版)》2023年第1期,第89-97页。

察点之一。① 然而,成语教学存在着诸多困境,挖掘其背后原因是本部分的重点内容。

1. 成语教学存在的困境

总体而言,目前成语教学的困境可归结为三个维度:

(1)语言情境剥离:成语文本语境割裂

成语教学剥离其在原典文本中的语境关联,呈现出"形神分离"的割裂状态:教师过度强调成语的字形辨析、词义背诵等表层知识,通过高频听写、选择题训练等机械化手段进行成语教学;成语的文化维度弱化,语义演变过程未能系统讲解,语义生成机制与文化意蕴得不到深入阐释。② 例如《鸿门宴》中"项庄舞剑",若将其意义简化为"比喻言行表面另有目的",即是与原典文本的割裂。事实上,结合文本语境对"项庄舞剑"进行语义分层:字面意义为项庄舞动宝剑,文本内涵为表面行为(舞剑娱乐)掩盖真实意图(刺杀刘邦),比喻言行或事件表面目的与隐藏意图的割裂。通过语义分层,可透视中国古代叙事对复杂人性的深刻洞察,揭示权力斗争中的谋略,以及成语作为文化基因的隐喻建构功能。

(2)文化情境悬置:成语典源阐释失语

文化情境悬置导致成语学习浅层化,多停留在成语字面义记忆阶段,忽略了其文化隐喻理解层级:成语蕴含的典源语境、思维范式不能被充分激活,成语承载的古代典制、哲学思维在教学中普遍失语。"庖丁解牛"若仅被解读为"技艺纯熟",未免太过浅层化。其中所蕴含的"依乎天理""因其固然"的道家哲学内核才是该成语的核心文化意蕴。"天理"指事物内在的自然规律与结构,"固然"指事物本然的状态与特质,此处均指牛体的筋骨间隙、经络走向。庖丁能够尊重事物本性,依循事物本真状态对牛体结构进行精准把握,喻示着人应遵循自然规律而非主观妄为,这与"道法自然"思想一脉相承。其次,对自然规律的把握,庖丁突破"目视"的局限,超越感官认知,"以神遇而不以目视,官知止而神欲行"。

(3)应用情境缺失:成语教学场域异化

教师在课堂上更多地集中辨识成语中易错字、辨析近义成语及分析成语误用案例,导致成语应用情境缺失。这种去情境化的教学可以帮助学生形成快速的解题方法和能力,但导致学生建构成语认知图式受阻,难以实现成语的迁移应用。③ 例如,成语"美轮美奂"的原始文本情境背景是:晋国大夫赵武新宅落成,同僚张老叹道"美哉轮焉! 美哉奂焉!"(《礼记·檀弓下》)郑玄注其为:"心讥其奢也。轮,轮囷,言高大;奂,言众多。"④ 既赞美建筑本身的宏伟(轮)与装饰的精美(奂),又暗含对过度奢华的隐忧。若缺失"美轮美奂"用于赞美建筑物这一应用情境,就会出现误用情况:误用于形容自然景观(如,九寨沟山水美轮美奂),误用于形容人物外貌(如,新娘婚纱美轮美奂),或误用于形容艺术(如,这首诗歌意境美轮美奂)。

2. 成语教学困境的成因分析

造成上述困境的原因主要体现在以下三个方面:

(1)评价体系的工具性制约

现行语文测评体系对成语的考查相对固化,命题多聚焦字形辨识、近义辨析等表层能力,而非"情境化应用能力"的测评。故多数教师将成语教学窄化为高考考点训练。⑤ 造成的结果是,成语教学走向碎片化,成语教学场域异化为题海操练场域,成语从"文化基因"异化为"应试考点",成语的文化内涵不受重视,成语的文化传承功能被逐渐消解。

(2)教师的文化语境阐释能力匮乏

教师传统文化素养知识较为薄弱。若教师自身对成语的认知停留在工具书释义层面,对成语隐藏

① 刘苗苗,王志强:《1978-2022年高考语文试卷成语命题探析》,《内蒙古电大学刊》2023年第4期,第88-92页。

② 方丹莉:《统编本高中语文成语教学研究》,福建师范大学硕士学位论文,2023年,第34页。

③ 顾晟齐:《核心素养导向下的高中语文成语教学研究》,辽宁师范大学硕士学位论文,2020年,第17-23页。

④ 刘洁修:《汉语成语源流大辞典》,开明出版社2009年版,第782页。

⑤ 刘娟维:《高中文言成语教学研究》,华中师范大学硕士学位论文,2021年,第17-18页。

的文化基因进行解码、激活与重构的能力不够,对成语典故背后的历史源流、哲学思维、制度习俗等方面的专业素养储备不足,那么成语教学往往会跳过文化阐释环节,直接转入解题技巧训练。

（3）教材设计的语境剥离倾向

现行语文教材虽编录大量成语,但呈现"去历史化"特征,对成语典故的解释采用模糊表述,也未对其现代解读加以提示。这种设计割裂了成语与中华文明演进的内在关联。例如,"精卫填海"神话故事中,精卫以微小之躯挑战浩瀚海洋,隐喻人类在自然灾难前的渺小与坚韧,体现了个体与自然的抗争,承载着中华民族对自然力量的敬畏。女娃从人化为鸟,体现中国古代"万物有灵"的生死观。精卫作为女性,明知不可为而为之,展现刚毅的女性力量和不屈不挠的精神。"精卫填海"的精神在现代仍有其现实意义,包括人类对自然界的开发、利用、保护、修复等问题,填海行动中的环境、技术、合作问题,人类在受伤之后的心理创伤、自我疗愈等问题。

总之,现行成语教学中的深层症结在于传统教学范式与核心素养要求的根本性冲突。接受式学习导致学生认知惰性,机械训练抑制学生思维发展,情境缺失阻碍学生文化认同,三者共同构成制约成语教学质效提升的结构性障碍。

3. 成语教学困境的突破路径

成语不是一般词汇单位,它的特殊性要求学生在积累成语时,不仅要梳理成语的类型和用法,还要探究成语的文本情境和文化情境,并真正将其在语言运用情境中加以实践。突破成语教学困境的关键路径,在于实现从"词汇教学"到"文化实践"的范式跃迁,构建"文化语境还原—认知图式建构—交际情境迁移"三位一体的情景化教学路径。

构建情境化教学范式,在语言及文本情境中建构成语认知体系,在文化情境中进行溯源,实现成语教学从机械记忆转向文化体验,从题海训练转向思维培养和发展,从知识传递转向素养生成和文化传承,从而在实现"语言建构与运用"课标的同时,达到"文化传承与理解"的素养要求。

三、情境化视角下成语教学的策略

情境不仅是客观的,还涉及主观层面,它是影响个体行为的变化(产生行为或改变行为)的各种刺激(包括物理的或心理的)所构成的特殊情境。[①] 成语教学情境可分为原始文本形成情境、历史文化情境及个人实践情境。在教学过程中,教师可充分利用教材中的成语资源,适当拓展教学文本情境,深入挖掘相关的历史文化情境,创设真实而有趣的实践情境,激发学生利用个人情境实现对成语的融会贯通。

1. 解构成语文本情境,建构成语语义网络图谱

文本情境是指教材文本中所描述或隐含的情境,涉及课文的内容、语言、结构等多个方面,是学生在课堂上学到的最直接的知识。学生在解构文本的过程中,自主、自然地积累语言文字运用经验和阅读体验,建构相应的语文知识和语文能力,有效提升语文核心素养。[②]

教师应引导学生解构文本情境,在真实文本语境中理解成语的确切内容,在历史事件情境中建构相关的语义网络图谱。《鸿门宴》描绘的是一次表面和谈而实际却暗藏杀机的宴会,是楚汉战争历史转折的关键节点。从文本中鸿门宴空间布局方位(如"项王、项伯东向坐")可知项羽当时的政治地位,突出了刘邦项羽之间强弱悬殊的博弈关系,也为成语"人为刀俎,我为鱼肉"的隐喻提供物理场域,使得权力关系具象化。结合文中两派人物之间的互动细节,可识解范增"老谋深算"且"张扬跋扈"(如范增数目项王,举所佩玉玦以示之者三),"项庄舞剑,意在沛公"(如请以剑舞,因击沛公于坐),针对他们的建议与暗示,项羽的反馈是漠视,故其"刚愎自用"的性格展露无遗。"樊哙闯帐"情节展示了樊哙"勇猛无畏"又"粗中有细"(如披帷西向立,瞋目视项王),刘邦"虚怀若谷",能够"大行不顾细谨",最终"秋毫无犯"地脱

---

① 谷传华、张文新:《情境的心理学内涵探微》,《山东师范大学学报(人文社会科学版)》2003年第5期,第99-102页。

② 王本华:《高考命题如何发挥"引导教学"功能——以语文学科为例》,《人民教育》2023年第11期,第48-53页。

离危险之地，后用"劳苦功高"这一成语称赞樊哙的地位和价值，樊哙亦用"披肝沥胆"来表其忠义。从"鸿门宴"事件始末，可知"鸿门宴"及相关成语已形成集体认知，所指意义远远超越构词语素的简单相加，已经成为具有深远影响的历史事件和文化符号。

2. 溯源历史文化情境，巧用事件推进成语教学

历史文化情境是指在特定历史时期与社会背景下，人们所面临的环境条件、社会状况和历史事件的总和。理解教材文本的成语及情境需要进行适当的课外拓展，回放成语形成过程，投射于更广阔的历史文化情境中。拓展成语教学资源可激发学生对历史文化情境中大事件的学习热情，同时这些事件可不断推动学习走向新的阶段，使学习过程得以持续和深化。[①]

楚汉相争时期孕育了反映当时战争场域、政治结构、社会关系及文化观念等方面的诸多成语。"鸿门宴"是这一时期极为重要的历史事件，若进一步拓展其历史文化情境，不难发现，楚汉相争期间精彩纷呈的小事件亦形成大量成语。有叙述战争的成语，如"背水一战"体现了绝境中的逆袭精神；"十面埋伏"描述"垓下围歼"战事，是中国式战略包围的典型。有反映权力博弈的成语，如"明修栈道，暗度陈仓"反映了"信息战与认知操控"的政治智慧，同时也体现了"道德诚信"与"战略欺诈"的认知冲突；"成也萧何，败也萧何"体现了人才管理的双刃效应，启示人才管理过程中要处理好"制度依赖"和"个人能动性"的关系。也有反映性格特征的成语，如项羽不杀刘邦的决策体现了其"情感主导型"性格，故被贴上"妇人之仁"的标签；因项羽"富贵不归故乡如衣绣夜行"之事形成的成语"锦衣夜行"，反映了项羽深受中国传统"面子"文化的影响。

推进和深化成语学习过程的事件还包括材料的新发现，其他参与者提出不同见解等，它们让学生产生认知冲突，推动学习向新的阶段发展。[②]在学习《鸿门宴》文本时，可将成语语言点与作者情感、文本语境联动，产生非预设性的语言探究机会，进而引导学生运用成语对刘邦和项羽两大团队领导人的性格差异、团队运作方式及不同的历史结局做较为全面的对比与评判，见表1。

表1 刘邦与项羽的对比评价成语表

比较项目	刘邦	项羽
性格	深谋远虑 圆滑机变 雄才大略 委曲求全 能屈能伸 果决狠辣 虚怀若谷 从谏如流 韬光养晦	刚愎自用 争强好胜 沐猴而冠 叱咤风云 胸无城府 优柔寡断 妇人之仁 偏听冲动 残暴狠戾
团队合作	量才而用 知人善任 萧规曹随	任人唯亲 一意孤行 锦衣夜行
结局	深受拥戴 人心所向 大风起兮	痛失民心 众叛亲离 霸王别姬

因此，拓展其历史文化情境，有助于创设运用成语的真实情境，形成有意义的互动学习氛围，能够引导学生深度参与成语学习。

3. 运用成语群教学方法，深度解密文化密码

"成语群"[③]指具有共同生成语境(历史事件/文化母题/人物关联)的成语集合，通过语义互文性形成认知网络。根据一定认知图式，基于某一主题或情境，选取意义相近或主题倾向相同的若干成语建立成语群，这样既可激发学生了解古代历史背景、文化内涵及社会风貌的兴趣，也可集中对某一事件或人物进行更深入的探究。

《史记》全书共收集540余个已具有较固定形式的成语。[④]其中关于重要人物韩信的人生产生了诸多成语，构成了一个成语群，通过成语群教学可以突破《史记》的线性叙事，还原韩信形象的复杂性，同时

① 于泽元，那明明：《情境化学习：内涵、价值及实施》，《华东师范大学学报(教育科学版)》2023年第1期，第89—97页。
② 于泽元，那明明：《情境化学习：内涵、价值及实施》，《华东师范大学学报(教育科学版)》2023年第1期，第89—97页。
③ 李凌云：《高中语文成语文化教学途径初探》，《中学语文教学》2017年第5期，第26—28页。
④ 贺诗菁：《〈史记〉成语管窥》，《青海社会科学》2010年第5期，第123—127页。

可以串联起秦汉之际的政治博弈、军事文化、权力伦理与人性困境,深刻折射出当时的制度与文化特点。

成语群教学可促进学生对古代智慧及制度的深度认知和批判思考。"胯下之辱→国士无双→震主之威→兔死狗烹"的成语语义链,深刻展示了秦汉时期社会底层晋升的制度性通道与系统性风险,对比"解衣推食"的情感治理与"兔死狗烹"的制度理性,反映了传统政治文化的内在矛盾;韩信曾以"妇人之仁,匹夫之勇"剖析项羽败因,却以"多多益善"的统兵智慧与"战无不胜"的实战战绩,最终完成了对楚军的降维打击;"成也萧何,败也萧何"不仅是韩信的命运,更是中国两千年帝制下功臣群体的终极隐喻。这种学习方式不仅使历史人物血肉丰满,更让文化密码在当代语境中完成创造性转化:当学生有感于韩信初期的"胯下之辱"和高峰时期的"国士无双","背水一战"主动迎战和"兔死狗烹"的悲惨终局,这段历史的文化密码被解密,此乃成语群教学的终极价值。

4. 创设成语运用情境,传承文化基因和传统智慧

近年来,高考试卷中的语言运用题出现了情境化转向,重视将语言运用放在特定情境中考查,考查的是与生活和社会密切关联、能够增加个人体验和思考、可以与已有学科认知相契合的真实情境下解决真实问题的能力。[1]

情境化学习创设的复杂情境中,学生能够有效地与他人合作、与环境互动。在成语教学过程中,教师有目的地引入或创设具有一定情绪色彩、形象、生动、具体的场景,激活学生的情绪态度体验,帮助学生理解成语知识的形成过程,使学生心智机能得到充分发展。[2] 在对《鸿门宴》相关事件和人物的评判过程中,应创设实践情境,引导学生结合楚汉之争的历史背景,结合与项羽相关的事件情境,以及自身的文化背景与个体经验,进一步利用成语或者固定结构对项羽的复杂性格进行评判。[3]

①志向远大但又政治近视;②雄才大略而又单纯天真;
③光明正大但又剽悍猾贼;④爱人礼士而又妒贤嫉能;
⑤遵守规则而又率性妄为;⑥敏感过激而又麻木迟钝;
⑦为人不忍而又暴戾暴力;⑧当机立断而又优柔寡断;
⑨英雄豪迈而又儿女情长;⑩分食推饮而又玩印不予。

学生对项羽及其相关事件的评判过程是与相关人物事件的交互过程,是情景化学习实践过程,也是辩证思维的培养过程。学生不仅获取系统化的知识与思考能力,也能够有效地激发学习动机、情感与价值,进而有助于高阶复杂心智的发展。[4] 项羽事迹包括了英雄主义、忠诚与背叛、政治智慧与谋略、实用理性精神、历史转折与反思等文化基因与智慧,这些对学生个人成长与发展具有深刻的启示作用。

成语不仅具有语言工具性,也是解密文化基因的载体;成语教学本质上是唤醒文化基因,联通古今认知,应是培育文化主体意识的实践场域。情景化视角下的成语教学范式打破了"释义—背诵—默写"的机械循环,实现了"文化语境还原—认知图式建构—交际情境迁移"三位一体的成语教学路径。在此过程中,课堂教学是核心,是学生积累成语数量、梳理成语内涵、探究成语文化、领悟成语运用的主渠道。成语教学应基于教材文本的成语核心基础知识,深挖相关的历史文化情境,关联成语的应用情境,让学生在教师精心组织的课堂教学情境中实现沉浸式学习和实践迁移运用,建构和完善成语知识体系的同时,获得成语所蕴含的文化传承和智慧。

---

① 王本华:《高考命题如何发挥"引导教学"功能——以语文学科为例》,《人民教育》2023年第11期,第48-53页。
② 田国生:《"情景教学"激活普通高中生政治课学习热情》,《江苏社会科学》2008年第1期,第170-175页。
③ 褚树荣主编:《高中语文名师教学实录(必修·下册)》,复旦大学出版社2024年版,第41页。
④ 于泽元,那明明:《情境化学习:内涵、价值及实施》,《华东师范大学学报(教育科学版)》2023年第1期,第89-97页。

《现代基础教育研究》

第58卷，2025年4月 　　　　　　　　（Research on Modern Basic Education）　　　　　　　　Vol.58, Apr. 2025

高中语文"当代文化参与"学习任务群的教学实践

李初阳

（上海师范大学附属外国语中学,上海 201600）

摘　要:《普通高中语文课程标准(2017 年版 2020 年修订)》设置的"当代文化参与"学习任务群,对学生发展意义重大,但在教学落实时却困难重重。以必修阶段教学为例,教师可通过提供丰富参考选题、引导学生精准聚焦、鼓励自主发现问题等方式,培养学生的问题意识;运用调查访问与书面学习、现状调查与比较研究、分析研究与参与传播建设有机结合等方式,搭建多元探究路径;采用档案袋法、答辩法、展览法等,构建全面评价体系。多措并举,助力学生语文核心素养的提升。

关键词:高中语文;当代文化参与;必修阶段;教学实践

《普通高中语文课程标准(2017 年版 2020 年修订)》(以下简称《课程标准》)明确提出要"关注、参与当代文化"[①],并设置了"当代文化参与"学习任务群。然而在实际教学中,落实该任务群困难重重。教师面临教学方法与学生需求不匹配的问题,难以充分调动学生的学习积极性;课程设置和评价体系也不够完善,致使教学效果不佳。因此,有效开展该学习任务群的教学,提升学生语文核心素养与关键能力,已成为当务之急。本研究聚焦高中语文必修阶段的"当代文化参与"学习任务群,旨在探索有效的教学策略。

一、"当代文化参与"的内涵及意义

"当代文化参与"教学实践是将当代社会各类文化活动与现象作为资源,关注和参与当代文化生活,剖析、评价当代文化现象,提高发现问题、探究问题、解决问题的能力,传播和交流中国特色社会主义先进文化,增强文化自信为目标,进行以调研、考察、分析、写作等为主要教学形式的课程活动。当下语文学习存在与现实文化脱节、学生积极性不足、思维培养受限等问题,"当代文化参与"对解决这些问题意义重大,具体体现在以下几个方面。

1. 创新人才培育,突破思维禁锢

在时代快速发展的今天,创新人才成为推动社会进步的核心动力。然而,传统语文教学方式多以教师讲授为主,往往致使部分学生思维僵化,习惯于被动接受知识,缺乏主动思考与创新意识。"当代文化参与"学习任务群响应时代对创新人才的需求,让学生通过参与文化讨论与现象调研,打破常规思维模

作者简介:李初阳,上海师范大学附属外国语中学一级教师,硕士,主要从事高中语文教学研究。

① 中华人民共和国教育部:《普通高中语文课程标准(2017 年版 2020 年修订)》,人民教育出版社 2020 年版,第 7 页。

式,学会从多元视角审视问题,逐步培养探究意识,形成创新思维。这种思维的转变有助于学生在未来的学习、工作中探索新路径、解决新问题,为创新人才发展筑牢根基。

2. 文化传承理解,打破文化隔阂

"文化传承与理解"是语文核心素养的重要组成部分,但学生对文化知识的理解往往流于表面,难以将其与当代文化相联系。"当代文化参与"学习任务群则为解决这一问题提供了有效途径。它鼓励学生深入探索本土文化的内涵与价值,同时接触多元文化,拓宽文化视野。通过这一过程,学生既能传承中华优秀传统文化,也能吸收其他文化的精华,促进文化的交融与创新。

3. 强化责任担当,激发学习动力

受应试教育影响,部分学生在语文学习中存在功利化倾向,忽视自身素养和社会责任感的培养,学习积极性不足,而"当代文化参与"学习任务群恰能成为改变这一现状的有力抓手。该任务群引导学生关注社会文化现象,在分析和解决社会文化问题的过程中,学生能够真切地感受到自己与社会紧密联系,从而明确为中华民族伟大复兴而奋斗的使命。这种强烈的责任感会激发学生内在的学习动力,促使他们从被动接受知识转变为主动参与学习。当学习不再是为了应付考试,而是为了提升自己、回馈社会,学生在语文学习中的积极性自然会得到提高,学习也将更具主动性和创造性。

4. 提升综合素养,适应时代需求

"当代文化参与"学习任务群注重学生综合能力的培养。在参与文化调研、讨论和实践的过程中,学生需要与他人合作,清晰表达自己的观点,并深入分析复杂的文化现象。这些活动可以有效提升他们的沟通与协作能力,使其在团队中学会倾听与表达,增强集体意识。此外,通过对文化现象的批判性思考,学生能够形成独立见解,培养逻辑思维与问题解决能力。通过"当代文化参与"学习任务群,学生能够在实践中全面提升综合素质,为未来的学习、工作和生活做好准备,成为适应时代需求的高素质人才。

二、"当代文化参与"学习任务群教学实践

《课程标准》规定的"当代文化参与"学习任务群在必修课中占 0.5 学分,在必修阶段对应的教材内容是上册第四单元,本单元人文主题是"家乡文化生活",结合校本实际和学情,笔者主要让学生以课题研究的形式进行学习,采用课内外相结合的形式。具体课时设置如下:

通识教育(1 课时):介绍本课所涉概念的定义及意义,以及课题探究的一般流程和相关评价机制。课后任务包括创建 4-6 人的研究小组,选出组长并做好分工;选择感兴趣的研究点,自主梳理材料;下次课前提交小组选题方向。

识别问题(1 课时):介绍识别问题的一般路径,针对小组给出的选题方向进行示范性指导。课后小组讨论确定课题,可请教师指导,并搜集整理资料。

文献综述(1 课时):指导如何撰写文献综述,并给出示范。课后学生撰写文献综述,同时思考问卷设计。

问卷设计(1 课时):指导问卷设计的方法和发放工具的使用。课后小组拟定问卷内容,确定发放工具并准备好,进行实地考察和问卷发放。

数据统计与分析(1 课时):指导使用问卷星和 SPSS 等进行数据统计与分析,课后学生利用相关软件处理数据。

课题撰写(1 课时):指导课题撰写的内容和形式,给出示范和格式要求。课后学生撰写课题,准备终期答辩:摆摊道具、答辩 PPT 等。

课题交流研讨(3 课时):采用小组摆摊、汇报、答辩,不同小组互评的形式进行交流研讨。课后在教师指导下修改完善课题,参加后续活动:做展板、做论文集、参加各类比赛、做志愿公益服务等。

课内外课程是紧密结合的。课内课程除了进行必要的课题研究的通识教育之外,大多是针对学生在探究过程中出现的具体问题进行指导。而课外实践,正是基于这些课内的指导和线上线下的指导,才

能有序、顺利地展开。接下来从识别问题、探究问题和多元评价三个关键问题展开论述。

1. 识别问题：培养敏锐问题意识

《课程标准》在"当代文化参与"学习任务群的"学习目标与内容"中，明确指出要"聚焦特定文化现象，自主梳理材料，确定调查问题"，"通过各种传媒，关注当代文化生活热点，聚焦并提炼问题，展开专题研讨"。[①] 一个适当的、可以探究的问题是需要考量的。为助力学生树立问题意识，学会聚焦并提炼问题，笔者展开了多方面的实践探索。

第一，教师为学生提供丰富多元的参考选题，以此拓宽学生的思路。这些选题涵盖文化遗产保护、传统艺术发展、社会热点现象等众多领域，如"天马山古建筑保存现状调查以及保护建议"引导学生关注文化遗产的存续状况，"高中生视野下醉白池传统文化雕塑探源及传承的思考"让学生从自身视角探究传统文化的传承，"基于 Swanson 关怀理论的老年人生活质量影响因素分析及对策研究"或聚焦社会民生问题。这些选题来源广泛，既有教师团队基于专业知识的精心构思，也借鉴了各类比赛获奖选题的成功经验，还包含学生过往优秀课题的示范。通过建立参考选题资源库并逐年更新，持续为学生提供创新支持。

第二，参考选题仅仅是引导的第一步，学生还需进一步的聚焦和提炼。问题，即那些尚未解决、存在争议或有待辩论且可通过理性论证考察的事情。[②] 在实际教学过程中，以某课题小组的选题修改过程为例，起初，小组选择的"中华遗嘱库现状研究"选题范围过大，缺乏明确的指向性。教师引导学生逐步缩小研究范围，确定以上海分库为研究对象，聚焦老年人立遗嘱现状，并思考相应的调查方向，从而更加明确研究对象和现状调查范围。但在深入研究过程中，发现建议措施部分内容较为宽泛，缺乏针对性。于是，教师再次引导学生对收集资料的深入分析，并从文化养老策略等角度细化选题为"中华遗嘱库上海分库老年人立遗嘱现状调查及文化养老策略研究"，使选题更具深度和价值。

第三，培养学生自主发现问题的能力。这是提升学生问题意识的核心目标，为此，教师采取了一系列措施：组织各类讲座，邀请校内外专家学者，围绕"树立问题意识在学术研究和日常学习中的重要性"，与学生分享学术研究的宝贵经验。举办"好问题"创意大赛，搭建网络交流平台，方便学生随时沟通问题，也有助于教师在线指导，及时反馈。此外，充分利用学校的空间资源，设置"创客"专用教室。"创客"教室的墙板上可以张贴学生们想到的课题，吸引有共同爱好的同伴参与课题研究；也可以通过邮箱投递创意点子，学校会定期搜集整理出来。这些方式打破了班级之间、学科之间的隔阂，充分激发了学生的创新思维和主动发现问题的热情。

2. 探究问题：搭建多元探究路径

识别问题后，深入探究问题成为关键。《课程标准》中"当代文化参与"学习任务群的教学提示指出，要"注意调查访问与书面学习相结合，现状调查与比较研究相结合，分析研究与参与传播建设相结合，提高学生语文综合运用的能力"。[③] 基于此，在教学实践中，着重从三个维度搭建探究路径。

第一，注重调查访问与书面学习有机结合。以海外研学课题"卢森堡与中国中学生的第二外语学习现状的对比研究"为例，学生首先收集相关文献资料，了解已有研究成果，并撰写文献综述。接着，在教师指导下，学生拟定调查问卷，确保调研的科学性和针对性。实地考察结束后，学生再次学习掌握数据统计与分析方法，并撰写研究论文。这种方式不仅使学生能够掌握理论知识，还能实地调研获取第一手资料，增强研究的科学性和可信度。

第二，现状调查与比较研究互为依托。现状调查是探究问题的重要基础，包括研究现状调查和实地现状调查。研究现状调查要求学生撰写文献综述，梳理前人研究成果，明确研究的起点和方向；实地现状调查则需要学生在考察前制订详细的问卷或访谈提纲，并认真做好记录，确保数据的准确性和完整性。在此基础上开展比较研究，能够有效拓宽研究视野，揭示问题的深层次原因。例如，"卢森堡、上海、

① 中华人民共和国教育部：《普通高中语文课程标准（2017 年版 2020 年修订）》，人民教育出版社 2020 年版，第 13 页。
② 白琳，巴特斯比：《权衡：批判性思维之探究途径》，仲海霞译，中国人民大学出版社 2014 年版，第 187–188 页。
③ 中华人民共和国教育部：《普通高中语文课程标准（2017 年版 2020 年修订）》，人民教育出版社 2020 年版，第 14 页。

浙江三地高中生体育锻炼习惯现状与成因研究"课题小组在现状调查的基础上,建立了比较研究路径:心态研究(阻力分析)—行动研究—现状研究(共性与差异分析)—原因分析—结论与建议,系统地分析了不同国家与地区高中生体育锻炼习惯的异同及其影响因素。这种现状调查与比较研究相结合的方式,不仅能够增强研究的科学性和可信度,还能为提出针对性的改进建议提供依据,从而推动研究的深入和实践的改进。

第三,分析研究与研究成果紧密相连。调查访问结束后,教师指导学生对收集到的数据和材料进行统计分析,引导学生发现问题并提出对策。同时,鼓励学生将研究成果转化为实际行动。例如,学生参与泖港社区的新农村墙绘工作,将文化研究与社区建设有机结合,既美化了社区环境,又传播了文化理念。此外,学生提出的醉白池传统文化雕塑保护建议得到相关部门的重视与采纳,实现了文化研究的社会价值。这种将研究与传播或建设相结合的方式,不仅增强了学生的实践能力,还使研究成果真正服务于社会,推动了文化的传承与发展。

3. 多元评价:构筑全面评价体系

褚树荣指出:"根据当代文化参与的实践性质,评价课程时,应该从结果评价回到过程评价。"[1] 同时,《课程标准》也强调:"当代文化参与"学习任务群要"以参与性、体验性、探究性的语文学习活动为主,增强课程内容与学生成长的联系"。[2] 评价要立足学生实际,关注个体差异,最大限度地激发全体学生的参与热情。基于此,在对"当代文化参与"学习任务群进行评价时,我们构建了以过程性评价为主导、多元评价方式协同的评价体系。

过程性评价在整个评价体系中占据核心地位。采用档案袋法,广泛收集学生的调查研究记录本、调查问卷、研讨记录、照片、录音、视频等丰富的过程性资料,以此全面且细致地记录学生的学习轨迹。教师会定期针对每个研究阶段学生出现的问题和取得的成果给予反馈,切实帮助学生调整研究方向,改进研究方法,助力学生在学习过程中持续成长。

除了过程性评价,教师还结合多元化的评价方式。答辩法是重要的评价手段之一,组织开题答辩、中期答辩和终期答辩,学生制作答辩 PPT 进行小组展示,教师依据师生共同拟定的评分规则进行评分,从多维度考查学生的研究思路、研究进展和成果质量,确保评价的客观性和准确性。展览法借助橱窗展览、移动展板、汇编论文集,以及校园网、校园公众号、媒体报道等渠道,充分展示学生的研究成果,让学生的努力和创意得到更广泛的认可。表彰法通过设立"优秀小学者"等荣誉称号,对优秀成果进行班级或校级表彰,激励学生积极投入研究。文创法鼓励学生以拍微电影、拍慕课、汇报演出等创意方式展示研究成果,这不仅培养了学生的创新能力和语言表达能力,还为学生提供了展示自我的多元平台。

需要注意的是,在开发评价工具的过程中,学生的参与至关重要。以"家乡文化生活"调查报告评分规则为例(见表1),教师先审视学习目标,结合《课程标准》确定评分规则的要素和指标,形成初稿并提供不同表现水平的样例及分析示例。学生参考示例分析样例,参与头脑风暴,共同讨论形成最终的评分规则。这种方式让学生真切理解评价工具与学习的紧密关系,更好地引领教学。

表1 "家乡文化生活"调查报告评分规则

要素/层级	5	3	1
选题	切入点小,有价值,可操作性强	较适切,有一定价值,可操作性较强	选题太大,价值不大,缺乏可操作性
结构	清晰合理,要素齐全,包括摘要、背景、目标、步骤、方法、过程、结论、建议、参考文献等	较清晰合理,要素基本齐全,背景、目标、步骤、方法、过程等基本明确	混乱不清,背景、目标、步骤、方法、过程等要素欠缺或模糊

① 褚树荣:《保持在场:"当代文化参与"》,《语文学习》2018 年第 4 期,第 29 页。
② 中华人民共和国教育部:《普通高中语文课程标准(2017 年版 2020 年修订)》,人民教育出版社 2020 年版,第 14 页。

（续表）

要素/层级	5	3	1
内容	能恰当使用多种研究方法，分析具体、深入，结论可靠、有见地，建议具体、可行	较为恰当地使用多种研究方法，分析较具体、较深入，结论较可靠，建议较具体且有一定可行性	研究方法单一或使用不恰当，缺少具体深入的分析，没有得出相应结论，未提出针对性建议
语言	简明、准确、严谨	较简明、较准确、较严谨	啰嗦、不准确、不严谨
规范	排版、引用、罗列的参考文献等正确规范	排版、引用、罗列的参考文献等基本正确规范	排版混乱，引用不交代出处，无参考文献

三、"当代文化参与"学习任务群教学反思

在高中语文必修阶段"当代文化参与"学习任务群的教学实践中，成果与问题相伴而生。一方面，学生在参与课题研究的过程中，展现出了可观的热情与创造力，取得了一系列成果，不仅体现了学生在知识运用和实践操作上的能力提升，更为重要的是，学生的问题意识得到了显著增强，他们开始主动关注社会文化现象，尝试从不同角度发现问题、思考问题和解决问题。但也存在一些值得反思与改进的地方，主要体现在以下三个关键层面。

1. 强化支架构建，驱动自主学习

提高学生的自主学习能力，是"当代文化参与"学习任务群的教学实践中的关键。高一学生缺乏调研分析经验，写调研报告、提建议时，反映出理论和实际转化能力不足、研究思路不系统等问题。为此，一方面，教师要结合学情梳理分析主要障碍点，设计有效的学习支架，比如问卷支架、访谈支架、建议支架等，有针对性地进行指导。另一方面，对学生自主学习能力的培养也应更加重视，在提供相应的学习支架后，鼓励学生在独立思考的基础上小组合作，自主探究，锻炼发现问题、解决问题的能力，加深对各种文化现象的理解与认识。

2. 丰富体验形式，增强文化认同

增强学生的文化认同和情感体验，在"当代文化参与"学习任务群的教学中十分重要。通过"家乡文化生活"课题交流展示会，学生在了解家乡文化的过程中，增进了对本土文化的认知。然而，当前的文化体验方式还较为单一，可进一步丰富。如组织学生参与家乡文化的实践活动，像传统手工艺制作、民俗节日庆祝等，让学生在亲身体验中感受家乡文化的魅力；开展文化交流活动，邀请本土文化名人、民间艺人走进校园，与学生面对面交流，分享家乡文化故事。此外，引导学生对比不同地区的文化，拓宽文化视野，使其更深刻地理解家乡文化在多元文化中的独特价值，从而增强文化自信和文化担当。

3. 优化评价体系，关注长远发展

评价体系在"当代文化参与"学习任务群教学中意义重大，目前虽已构建以过程性评价为主、多种方式协同的体系，但仍有不足。一是评价标准细化不足，无法全面精准衡量学生的成果与努力；二是评价时未充分关注个体差异，部分基础薄弱或学习方式独特的学生难以得到公正评价，影响学习积极性。因此，后续需优化评价标准，实施分层分类评价。对基础薄弱的学生，降低难度要求，聚焦其学习过程中的努力与进步；对能力较强的学生，提高评价挑战性，鼓励深度探究。此外，将学生参与社团、志愿公益等后续活动纳入更完善的评价体系，综合考量不同活动表现，关注长远发展，充分激发学生参与当代文化的热情，切实发挥评价的激励和导向功能。

基于情境任务驱动的高中语文读写一体教学实践

应敏佳

(华东师范大学第一附属中学,上海 200086)

摘　要: 读写一体教学策略让学生通过读写一体化的阅读与写作实践,达到语言和思维的协同发展。但在高中语文教学的具体实施中,读写难以实现有效的整合与转化,这是读写一体教学面临的最大困境。通过创设真实的读写情境,配合递进性的任务,能够促使学生"读—写"的循环提升,在读中形成多元化的写作视角,在多样化的写作尝试当中加深对文本的深层次理解,在情境与任务的相互交织中实现读写的紧密结合,实现文笔、观点、立意的提升。

关键词: 高中语文;读写一体;作文教学;情境;任务

传统写作教学长期面临读写割裂的问题,学生难以将阅读经验与思维视角转化成有效的写作输出。阅读与写作的分离往往让学生语言贫乏、思维层次单一,甚至变得机械套路化。在此背景下,读写一体教学策略是能够整合学生语言建构与运用、思维发展与提升的有效途径,推进阅读与写作的深度结合,促进学生把阅读能力转化为写作能力,从而促进思维的提升。但是读写一体从理念到实践存在一定的落差,最大的问题在于读与写之间难以有效地整合与转化,学生往往难以将单次的阅读经验与多次阅读经验相结合,阅读思考难以在写作过程中形成明确的表达,以及难以在多种表达与思考中凝练出自己的思考与观点,等等,由此导致教学效果受限。归根到底,写作是内心情感的真实表达,来源于生活,又高于生活,其关键在于思维品质。[①] 如今,学生阅读与写作断裂的原因诸多,但应试写作的机械化、单一化训练以及文化积淀单薄是主要原因。基于此,通过创设真实、复杂的语言实践情境,将读写活动嵌入具体的社会、文化或生活场景中,化被动为主动,激发学生的情感共鸣与表达欲望。同时通过递进式的读写任务,进行过程管理,引导学生从素材积累、观点提炼到结构化表达逐步进阶。使学生在真实情境中实现"读—思—写"的深度融合。因此,本文拟在"读写一体"教学特征的分析基础上,以真实情境与递进任务为切入口,探索实现读与写深度结合的有效路径。

一、阅读与写作的循环提升——"读写一体"教学的基本特征

在实际课堂教学中,构建结构化的读写一体单元,让学生带着目的去阅读鉴赏,化被动为主动,将阅

基金项目: 2023年度上海市教育科学研究项目"以'新结构化'教学撬动普通高中育人方式变革的实践探索"(项目编号:C2023266)。

作者简介: 应敏佳,华东师范大学第一附属中学一级教师,硕士,主要从事语文课程与教学研究。

① 宋秀芳:《中学读写一体化教学模式探究》,山东师范大学硕士学位论文,2009年,第19页。

读体验转化为写作的冲动，再把写作的体验带入新一轮的阅读过程中。因此，阅读与写作的紧密结合以及动态循环，是读写一体教学的核心特征。

1. 将有效阅读作为写作的思维地基

阅读不仅是学生积累写作素材的有效途径，也是丰富语言、发展思维的重要方式。可以说，阅读是写作的思维地基，写作是阅读的整合输出。因此，"读写一体"阅读的有效性首先体现在重视文本的多元性。阅读文本的选择可以依托于教材但不局限于教材，提供单元主题下多视角、有梯度的文本，体裁上从单篇阅读到整本书阅读，开拓视野，强化阅读能力。其次，"读写一体"阅读的有效性要注意方法的启迪。不同文体应给予阅读方法的指导，抓住内容的侧重点导引思考，给予学生空间。

2. 将自主写作作为阅读的思维产出

阅读激发自主性写作，写作是学生对阅读的理解与整合的体现，也是阅读质量的反馈与最终目的。写作除了最后的审题、立意、构思、成文，还作为思维产出贯穿于阅读的全过程。以写作任务驱动阅读，提高阅读的针对性和有效性，实现阅读过程中思维活动的延伸和深化。写作过程中，学生不断地对阅读内容进行反思、质疑、分析和综合，从而形成更为丰富、深刻和个性化的见解，涵养思维品质。

3. 将读写循环提升作为思维进阶支架

在写作教学中，读写活动并不是一次性的，而是呈现阶段性、持续性、反复性的特征。通过读写循环的反复提升，可以为学生语言和思维的稳定而持续的发展提供稳固的支架。以写作任务为驱动，从单篇到单元、从单一视角到多元视角、从低维度到高维度的阅读，以读写活动的设计对学生的思维发展进行过程管理，从而在阅读与写作之间搭建了一座桥梁，让写作从模仿到单段写作再到主题升华，最后到整篇输出，实现了读与写的深度结合，有效促进学生语言运用能力与思维能力的协同发展。

由此可见，"读写一体"期望将阅读和写作有效地融为一体，能让学生深化阅读、促进思考、整合知识、表达自我，促成阅读能力与写作能力相辅相成，以及循环提升，是提高学生语言建构能力及思维发展水平的有效路径。

二、从理念到行动的事实落差——"读写一体"的实施困境

"读写一体"设计与实施的理念是结构化设计，对读写紧密结合实施过程化管理，进而推动思考，提升阅读与写作能力。然而，在教学实践中，理念与实际总是存在落差，"读写一体"教学策略在实施中面临着困境。

1. 困境一："我"在"物"外

导致这一困境最主要的原因是缺乏情境刺激。高中作文题往往旨在触通学生的生命感受，激发他们对自我、他人与社会的思考，进而培养对自我生命和社会的责任感。然而学生的议论文写作难以将阅读经历与自身的生命体验相连接，难以与作文题产生真实的共情，有时甚至以"套路""模版"应付了事，所以作文往往出现生硬机械、千篇一律的问题。而这也反映出传统的写作教学的弊端，教师未能充分重视情境创设对于激发学生思维与提升写作能力的重要性，往往局限于传统的教学模式，侧重于对文章结构、论点论据等单向讲解，却未能构建写作中的关键点与学生生活实际、社会热点相关联的情境框架，也没有给予学生充分的空间建立自身体验，并思考其与写作之间的联系。这种缺失使得学生在写作时，更多的是在堆砌空洞的文字，难以深入理解论题背后的复杂内涵与多元视角，更无法产生强烈的情感共鸣与表达欲。所以，"读写一体"在落地落实中需要建构真实情境，在作文题与学生的生命体验之间搭建桥梁，在情境中助推学生调动自己的生命体验，促使思考深入。

2. 困境二:"读"难成"思"

导致这一困境的主要原因是缺乏问题意识。阅读的文本对象有其时代性,而学生的生命体验有一定的局限,仅凭借自有的阅读经验,在阅读中和作者很难产生有效的思维"互动"和"评价",也就难以进一步凝练自身行文的核心观点。遗憾的是,教师在写作教学过程中往往未能妥善地解决这一问题。在文本阅读过程中,教师教学方法可能依旧停留于文本字句的解读,忽视了学生在阅读中基于写作任务的自主思考与梳理,难以激发学生的问题意识,以及有效地开拓学生写作思维的广度与深度。因此,除了文本解读的指导之外,应当注重引导学生深入挖掘文本的时代背景,将文本置于时代框架下辩证思考,并基于写作任务设计系列问题,激发学生在阅读时主动思考并尝试与作者对话,进而形成自己的观点。

3. 困境三:"我"在"屋"中

导致这一困境的最主要原因是缺乏思维碰撞。传统的写作课堂往往容易忽视群体互动和思想交流的潜力,未能构建学生之间、师生之间活跃的思维交流平台。所以在观点和表达方面容易陷入自我定义的思维窠臼,缺乏全面论证。这样形成的观点和文章容易陷入自我的循环论证,不容易激发受众的理解与认同,作品也就缺乏感染力。因此,在写作教学中,应当积极搭建交流平台,针对阅读与写作任务,鼓励学生积极分享自己的观点,并引导他们对不同观点进行深入探讨、辩驳与总结,从而反思自身的观点是否存在偏颇,进而不断完善思考路径。

综上可知,"读写一体"的教学困境所体现的写作情境创设缺失、阅读问题意识培养欠缺、思维碰撞引导不足的问题,反映出课堂未能充分把握《普通高中语文课程标准(2017 年版 2020 年修订)》所强调的要有"真实的语言运用情境",要注重"自主语言实践活动"的要求。反映出教师未能有效搭建阅读与写作之间的桥梁,未能找到学生的写作起点,缺乏对其思维进阶训练的任务设计。基于此,在"读写一体"的教学中,应注重用情境去催发,积极搭建交流平台,将多种观点置于具体情境中产生碰撞,以进阶式的写作任务,促成从思想到成文,再到能够被理解、认同的文章,从而实现"聚焦—析质—生成"的思维进阶。

三、情境与任务的交织推进——"读写一体"的有效落实

下文试以"自然与哲思"读写单元写作任务为例,探索在情境与任务交织推进中如何有效落实"读写一体"。

"自然与哲思"单元写作任务题为:"巴黎大剧院的一次诗歌朗诵会上,一位诗人朗诵了一首只有两行的诗:'下雨了,真是奇妙!'这么简单的两句诗,居然被后世广泛传诵,成为佳话。"

学生完成写作任务前需阅读本单元的六篇文章:《树木》《听泉》《耶利哥玫瑰》《大地上的事情》《荒野的消逝》《大自然的智慧》,以及选择性阅读本单元推荐的《瓦尔登湖》等整本书再进行写作。借助读写循环,能让学生充分利用阅读积累素材,凝练观点,提升写作立意;同时加深对自然的观察和思考,启迪对生命的认识。

1. 情境创设:激发真实语言实践与深度思考

阅读材料是一个直接与生活相勾连的大情境。本主题要求学生从自然与哲思角度思考"人与自然"这一母题,将自然界的景象与内在生命的思考相融通,尤其能够重新审视自然界中司空见惯的现象,唤醒自然生命的感悟,从而丰富对世界的体验。

(1)联结生活经验,拓展文化语境,触发情感共鸣

"雨"这个情境,融合了生命体验、阅读经验和人文情怀。在无数文人墨客笔下,"雨"有着曼妙的身姿,能带来深邃的感悟,给予丰富的审美体验。然而在当代,人们在熙熙攘攘的生活中,似乎早已忽略了

生命的自在体验,也淡忘了地球上丰美的自然生命。这种臣服于现实的心灵的逼仄,让人渐渐失去了对世界、对生命的好奇和最原始的张力。以"雨"入题,构建与生活、文化相关的复合情境,贴近日常体验,又蕴含哲思空间,能激发学生对自然与生命的反思。

(2)设置矛盾情境,制造认知冲突,激发深度思考

矛盾的情境设置能够激发思考兴趣,推动思考的深入。学生或许不能马上进入"雨"的审美、哲理层面,此时以"下雨了,真奇妙"居然能被广为传诵与真实生活经历的矛盾,制造认知冲突,引导学生追问"奇妙"背后的深层含意,如人与自然关系的疏离、现代生活的浮躁等,推动思维从现象观察向哲理思辨跃迁。

(3)深入语言情境,把握关键词句,推动立意升华

除了关注主要问题外,在情境中通过"居然""奇妙""佳话"等语词,在反差中引导学生产生问题意识和探究兴趣,去反思现代人类的心态与处境,在深入思考中升华立意。

创设上述情境的思路(见图1),是通过材料和语词的重构,让学生从熟悉、司空见惯的情境中,发现一个个具有挑战性的任务。课堂任务依托情境框架展开,在情境中明确审题的要点与思考的角度,从而产生探索"新世界"的可能与冲动,从而带着对论题的困惑,重新审视、凝练学习资料,推动交流、碰撞,生发自主思考。

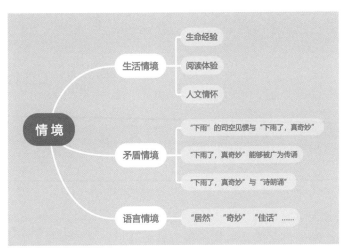

图1 写作中的情境创设

2. 任务驱动:构建递进式读写循环任务

尽管有情境引导和激发,但实现从"读"到"写"的有效转化,还需要经历更为规范的学习过程。

(1)分阶段设计任务,实现"读—思—写"的循环提升(见图2)

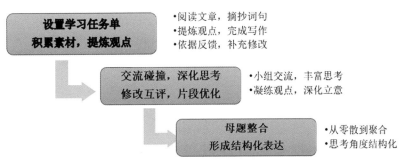

图2 阶段式任务促进读写循环提升

①初阶任务:素材积累与观点提炼

针对学生在阅读与思考中难以理解文本内核,难以提炼出有效的核心观点,难以凝练成自己的思考运用于写作等局限,教师可设计学习任务单,指导学生提炼篇章中的相关素材与观点,联系自身的学习经验与阅读经验,扣住材料,加以诠释。在真实的写作任务中,不断促进学生针对性阅读,进一步凝练核心观点。课前学生完成两次读写任务,第一次读写任务在写作前,学生借助学习任务单(见表1),阅读"自然与哲思"单元中的6篇文章后,摘抄词句,提炼观点,通过文章素材的启发,写下自己对作文题的思考,再完成作文。此时学习任务单旨在帮助学生将他人的观点提炼为自己的思考,从而能够实现读有所获、写有所依,实现读与写的初步结合。

表1 "自然与哲思"阅读写作学习任务单

作文题:
　　巴黎大剧院的一次诗歌朗诵会上,一位诗人朗诵了一首只有两行的诗:"下雨了,真是奇妙!"这么简单的两句诗,居然被后世广泛传诵,成为佳话。
　　根据所给材料,自选角度,自拟题目,写一篇不少于800字的文章(不要写诗歌)

文章	最打动你的句子/观点	你提炼出什么观点?	对本文写作有什么启迪?	和同伴交流后,你有什么新的收获?
《树木》				
《听泉》				
《耶利哥玫瑰》				
《大地上的事情》				
《荒野的消逝》				
《大自然的智慧》				
积累素材的方法:				

②进阶任务:思维碰撞与立意升华

首先,在批改反馈后,学生将阅读与写作所得与教师的观点进行碰撞,再读再思,并与同伴交流观点,在阅读学习任务单上补充、修改,丰富自己的思考。然后,课堂上基于写作范例的引导与模仿,组织小组讨论交流与观点碰撞,质疑反思,提出多元阐释。并以学习小组为单位进行交流提炼,以期指向更深刻的立意、更饱满的文章。最后,通过修改、互评来优化文章片段。通过片段修改,实现"读—写"的比照提升。

以下为修改前后学生作品示例。

片段修改前:

自然是永恒的。用赫尔曼·黑塞《树木》中的话:当一棵树被锯断……你就可以在树桩的浅色圆截面上读到它完整的历史。据说最长寿的树,根据年轮计算寿命,长达10万年。人类一代代的接替,可能也比不上树木的一个轮回,而且新的树木仍然不断地诞生。人类文明于其中是微不足道的。这样一条超越人类想象空间,前后无限延展的时间线,确实值得为之感到震撼。

片段修改后:

而每一根飘落的雨丝,在久远的过去,或许已经随着地球的演化循环了几万亿次,变幻了无数种形态,历经了多少次沧海桑田,流淌到而今,包蕴着亘古的讯息。大自然永恒的演化之道,伴随着雨滴,向你涌来。《大自然的智慧》中说道:"每一个存在物都是一个小的宇宙。在那一瞬获得了片刻的顿悟,整个宇宙在你面前徐徐展开。"那滴雨润泽在土地之中，又融入自然的伟大事业里去。如果透过一滴雨去看世界，我们会发现人类文明于其中不过是瞬息，那种敬畏的惊叹已远不止奇妙的定义。

比较前后两篇，学生实现从对材料的运用的突兀、生硬，到下笔流畅、诠释充分蜕变，作文的饱满度和阅读深度都有提升。

③高阶任务：母题整合与结构化表达

"读写一体"阅读与写作教学应以母题思考为出发点与归属点，将学生已有的零散思维聚合为母题的思考角度。当学生对"奇妙"有了多元阐释，同时又能够扣住"居然""佳话"进一步分析与思考，其交流的观点同时能为母题"人与自然"的写作提供丰富的思考视角。然而学生的众多观点虽有见地却失之于零散。因此，如何将一次写作中的思考转化为结构化的知识表达是母题写作的终极指向。课堂的最后，引导学生从"人与自然"这一母题进行归纳，形成结构化知识，从而能够应用于今后的写作中，如"下雨"可以象征自然，自然的审美意味、自然给生命带来丰富的启示与滋养、自然本身的奥妙与哲思等。母题是作文写作中的核心与灵魂，对母题的认知与思考愈丰富，对学生的写作能力与思维能力的发展愈有可持续性的助益。

(2)任务链和问题链的协同推动，促进深度探究

课堂学习任务的成功推进，离不开问题链的层层推动。在情境刺激下，学生由认知困惑引发了系列追问：从"为什么这首诗居然会被广泛传诵？"到进一步追问"下雨为什么奇妙？""为什么诗人要朗诵诗？""为什么我们都觉得不可思议"，这系列问题，既是审题任务的目标，也是阅读与观点提炼的指向，以此推动学生开展读写活动。围绕问题链思考的不断丰富的过程，是学生结合阅读材料和已有思考再发现、再扩充，再提炼的过程。因此，课前的读写活动与课堂的交流碰撞都以这系列问题为依托而展开。当学生对"下雨了，为什么奇妙"这个问题有了比较深入的理解与思考之后，自然而然会对一开始的"居然"(也是学生自身的惊诧)产生反思——人或许一直都在漠视或傲视自然，那么就由此触及最后的问题。这让文章层层推进，从而实现层次上的丰富与立意上的升华。

由此可见，情境与任务并非孤立的教学手段，而是读写一体化的双翼。在情境与任务动态交织的过程中，情境为任务展开提供土壤与框架，任务又反哺情境的深化。"雨"的自然意象则成为联结文本与生活的媒介，使任务具有真实性与代入感，而"巴黎大剧院""诗"以及"雨"的文化意义等虚构情境又赋予写作任务以文化厚度。矛盾情境制造的冲突生发出一连串的追问，问题链又推动任务的展开与深化。通过写作任务的推进，学生对"奇妙"的理解从表层现象扩展到生态伦理、生命哲学等层面，情境的内涵随之丰富，进而形成"情境激发任务—任务拓展情境"的良性循环。

推进读写一体化需要以情境任务为核心，通过系统的设计和实施策略，促进学生在真实情境中进行深度的读写互动，从而实现语言能力和思维能力的协同发展。基于情境与任务的交织推动，学生从机械摘抄转向自主表达，语言更加流畅凝练；从零散观点到母题聚合，学会多角度审视问题，实现思维品质的进阶；真实情境与挑战性任务激发学生的探究欲，推动其从被动接受转向主动建构。二者的协同作用，使阅读成为写作的源泉，写作成为阅读的升华，最终实现语言与思维的同频共振，为突破读写割裂的困境提供了可借鉴的实践经验。

初中语文任务驱动型写作教学的困境及出路

赵燕萍

(上海市七宝中学附属鑫都实验中学,上海 201100)

摘　要:随着课程改革的深入,任务驱动型写作教学在初中语文教学中备受关注。然而,当前教学中存在任务设计流于形式、情境不够真实、教学指导不足、评价标准模糊等困境。文章通过分析任务驱动型写作教学的概念特征,提出借助任务"六要素"框架、创设真实情境、借鉴任务型大纲、构建评价指标等优化路径,以提升初中语文任务驱动型写作教学的有效性。

关键词:初中语文;任务驱动型写作教学;现实困境;优化路径

自2015年语文高考试题中出现任务驱动型材料作文以来,"任务驱动型作文"进入广大师生的视野,成为作文命题的重要形式。而2017年《普通高中语文课程标准(2017年版)》和《义务教育语文课程标准(2022年版)》的颁布,又使得任务驱动型写作教学受到广泛关注。但是,在当前的初中语文教学中,任务驱动型写作教学还存在许多实践误区和现实困境。本文将从任务驱动型写作教学的概念出发,探讨当前初中语文任务驱动型写作教学的现实困境,并提出初中语文任务驱动型写作教学的优化路径。

一、任务驱动型写作教学的概念与特征

1. 任务驱动型写作教学的概念

"任务驱动型写作",虽然在我国教育实践中出现已久,但其正式提出是在教育部考试中心召开的《对2015年高考作文的特点及相关问题的解读》一文中。该文指出"任务驱动型材料作文"是一种通过增加任务型指令,着力发挥试题引导写作的功能,增强写作的针对性,使考生在真实的情境中辨析关键概念,在多维度的比较中说理论证的写作形式。[①] 为了应对任务驱动型写作试题,在一线教学中产生了"任务驱动型写作教学"。这种教学主要以建构主义学习理论和任务型语言教学法为理论基础,通过设计真实或模拟情境中的具体任务,引导学生以解决问题为导向进行写作实践。其核心在于将写作从传统的"知识灌输"转向"能力建构",强调任务中心性与情境真实性。与传统写作教学相比,任务驱动型写作教学突破了应试导向的局限:首先,重构目标,不再局限于"文体规范"或"语言准确",而是通过任务指令中心(如撰写倡议书、设计调查报告)驱动学生整合语言运用、思维发展、文化理解。其次,将过程革新,教师角色从"知识传授者"转向"任务设计者与指导者",创设真实情境与典型任务,注重语文实践活

作者简介:赵燕萍,上海市七宝中学附属鑫都实验中学高级教师,主要从事初中语文教学研究。

① 张开:《注重题型设计、强化教育功能——2015年高考作文的特点及相关问题的解读》,《语文学习》2015年第Z1期,第8-12页。

动中学生的参与、合作度以及解决问题、批判创新的能力。①

2. 任务驱动型写作教学的特征

（1）任务中心

任务驱动型写作有明确的任务指向，教师通过设置具体的写作任务，唤醒学生的学习经验，激发学生的学习兴趣和学习动机。这样的任务通常是一个个具体的问题，学生须在限定的范围内选择角度，作文过程必须始终围绕问题展开论述。② 因此，任务驱动型写作以任务为中心，教师需要提供清晰的任务指令。学生写作不是为了学习写作知识，而是为了完成写作任务；写作就不再是一种被动行为，而是为了达到目的而进行的自觉实践。

（2）情境真实

任务驱动型写作通常基于日常生活情境，需要学生具有强烈的读者和对象意识，并能积极地投入真实的学习情境中。传统写作并没有明确的读者和对象，学生不知因何而写、为谁而写。但对于写作来说，清晰的读者意识和对象意识至关重要。因为语言运用必须考虑交际的内容和场合，追求言语与环境的和谐，才能最大限度地发挥出语言的效用。③ 因此，真实任务就需要具有真实的情境，说明何时、何地与何人一起完成任务。这样才能真正体现现实生活中问题解决的复杂性，为学生写作提供足够的背景支持。

（3）过程指导

任务驱动型写作不仅注重写作任务的设计，也注重写作过程中的指导。在传统的作文教学中，写作知识与习作例文通常是提前预设的，学生的写作或是对写作技法的直接运用，或是对习作例文的模仿。教学也遵循既定的流程，通常按照"布置作文—学生写作—教师讲评"的模式进行。在任务驱动型写作教学中，教学通常随着任务完成的进程展开。教师需要始终关注学生完成任务的"现场"，不断深入学生中，进行观察、提问、谈话、分析，边"诊断"边开出"处方"。④因此，任务驱动写作教学强调任务的驱动作用，以任务来引领和组织教学。

（4）文体实用

任务驱动型写作一般基于生活需要，产生的是实用类的文本（如演讲稿、书信、倡议书等）。而实用文的写作，其本质就是为了指导、帮助人们认识世界和解决现实中的问题。⑤ 这也就意味着，学生写作的要点不在于展现语言的优美与思想的深刻，而在于解决实际问题，满足自身需要。因此。从传统的写作到任务型写作，不仅体现了写作课程内容的深刻转型，也体现了写作教学从知识本位到需求本位的重大变化。⑥

二、初中语文任务驱动型写作教学的现实困境

1. 似任务，但非真正的任务

"任务"是学生需要解决的问题，而"驱动"则表示学生要在具体的任务情境中解决问题。然而，当前存在任务流于形式、缺乏明确的任务指令、混淆"目标"与"路径"、没有真正解决问题等现象。有些教师在布置任务时，只提供了一些现实生活中的素材作为引子，让学生基于此进行写作。这实际上类似于"新材料作文"，而所谓的"任务"则是对这些现实素材的分析。所以任务驱动中并没有明确的任务指令。

① 叶黎明：《指向核心素养的写作课程内容重构》，《语文建设》2020 年第 5 期，第 9-14 页。

② 具春林，王雨：《任务驱动型作文的学理性思考》，《教学与管理》2018 年第 3 期，第 83-85 页。

③ 王占馥：《语境与语言运用》，内蒙古教育出版社 1995 年版，第 4 页。

④ 叶黎明：《从知识本位到需求本位——写作知识教学的重大转向》，《语文建设》2020 年第 21 期，第 18-23 页。

⑤ 赵军，黄厚江：《实用文：基于有用的阅读和教学（上）》，《中学语文教学参考》2019 年第 22 期，第 22-25 页。

⑥ 叶黎明：《指向核心素养的写作课程内容重构》，《语文建设》2020 年第 5 期，第 9-14 页。

例如,某位教师在进行初中任务驱动型作文教学实践中,呈现以下案例:

　　周杰伦小时候弹琴时妈妈常拿着鞭子站在他身后;董卿小时候爸爸每天要她跑步,背大量诗词,还不许照镜子等近乎残酷的要求,甚至一度让她觉得自己不是爸爸的亲女儿……

　　阳光总在风雨后,成长中的烦恼多多,但我们依然在成长,面对成长中的烦恼该怎么办,同学们一定有很多烦恼想要说一说,请说出你的烦恼,写下你的烦恼吧!

严格来说,这并不是任务驱动型作文,而是关于"成长的烦恼"的话题作文,由于缺乏具体的写作情境和明确的任务指令,教师也没有提出明确的写作成果的形式。因此,这仍是一种被动的写作,难以激发学生的写作动力,也难以体现知识的现实价值。可见,教师需要重新审视任务的设计,帮助学生在解决问题的过程中,真正地提升思维能力、创新能力和实践能力。

2. 有情境,但缺乏真实

当前,我们常常能看到非常多样的写作任务,尽管这些情境类型丰富,却缺乏与学生现实生活的联系。一种情况是,在一些任务驱动型写作中,任务情境是基于文本的虚拟情境,但这些情境在现实生活中不可能发生。例如,2020年浙江省某市的中考作文命题是:"《送给青蛙的大海》一文中,如果青蛙醒来,发现大海的水干了,又会发生什么呢? 请发挥想象,写一个故事。"这是一个完全虚构的文本情境,写作任务相当于故事续写,学生无法真正体会到该故事在现实生活中的作用,也难以体验到通过写作故事来解决实际问题的过程,因此,写作无法发挥对学生语文核心素养培养的作用。

另一种情况是,尽管情境来源于现实生活,但在生活中发生的概率较低,因此,难以帮助学生将所学知识和技能应用到日常生活中。例如,有教师在《周亚夫军细柳》教学设计中,设置了"把故事拍成微电影,要拍哪些镜头"的课堂写作任务。尽管学生发言积极热烈,但拍摄微电影的任务对于初中生来说难度较大,且拍摄镜头包括准备阶段的剧本编写、分镜脚本制作、场地的选择等相关工作,而这些在课堂上很难真正发生。因此,学生在课上交流的也只是文章内容,而没有借助拍摄微电影的情境学习具体的写作方法。可见,不够真实的情境难以在课堂上真正落实,发挥引领教学的作用。

3. 重任务,但轻教学指导

在任务驱动型写作教学中,许多教师往往更关注任务的设计,却不注重加强任务与教学的关联。这主要有两种情况:一是任务与目标指向的能力点不一致,导致任务与目标脱节;二是子任务与主任务脱节,使得任务无法引领教学。

例如,一堂七年级下册第一单元写作主题为"写出人物精神"的公开课上,有教师将大任务设计为"完成大作文《这样的人让我_____》"。大任务下设置了三个子任务,分别是"模拟班会课,夸夸身边的同学""为三单元教材中名家撰写颁奖词",以及"为班级同学撰写颁奖词"。这一案例主要存在两个方面的问题:一方面,写作任务为"完成大作文《这样的人让我_____》",缺乏真实的写作情境,仍是传统的写作教学,没有指向核心素养。另一方面,主任务与子任务,以及子任务之间缺乏必要联系。主任务是完成作文《这样的人让我_____》,但子任务却都是在为他人"颁奖",无法通过子任务的逐步完成保证主任务的达成。可见,由核心学习任务分解的子任务应该具有关联性和层次性,避免各自为政,各行其是,无法实现任务驱动、素养导向的教学目标。

4. 文体新,但难以评价

任务驱动型写作教学产生的是一些实用类的文本(如演讲稿、倡议书、书信等),相比以往有着明确评价标准的传统文体(如记叙文、议论文、散文)而言,这些实用类文本往往缺乏明确的评价标准。教师对于学生在写作任务中的表现也容易限于经验,缺乏科学合理的评价方式。

实用性文体的核心价值在于其实践功能(如说服、号召、沟通),但传统评价标准仍过度依赖"语言优美""结构完整"等普适性指标,缺乏对文体功能的针对性设计。例如,演讲稿的"现场感染力"、倡议书的"解决方案可行性"等关键维度缺乏可操作的评分细则;书信的"情感传递有效性"等主观指标易被简化为"情感真挚"等笼统评语,导致评价结果与文体实际应用效果脱节。而教师较多关注终稿的批改与评分,而忽视写作过程中的动态反馈。即使偶然采用的"生生互评"的方式,也多停留于语言表层修改(如错别字标注),鲜少涉及"是否达成文体目标"的核心讨论,学生难以通过评价理解文体本质。

上述问题的本质在于,现有评价机制未能充分回应实用性文体的三大核心特征——"功能导向性""读者适配性"与"实践情境性"。在任务驱动型写作实践中,若仍套用传统记叙文框架对学生写作进行评价,必然导致教学目标与评价实践的断裂,最终削弱任务驱动教学的实际价值。

三、初中语文任务驱动型写作教学的出路

1. 巧借任务"六要素"框架,明确任务指令

针对任务设计流于形式、缺乏明确的任务指令的问题,可以借助"学习任务"六要素的框架,明确任务指令,将"材料作文"变成真正的现实问题。

作为语文学习任务的一种类型,写作任务需满足语文学习任务的要求。语文学习任务是素养导向的语文实践活动,其实质是真实情境下的语言文字运用,涉及主体行为(要做什么)、达到结果(做成什么)、人际关系(与谁一起做)、时空情境(何时何地)、语言文字(用什么做)和育人导向(为什么而做)六个要素。[①] 这一框架明确了语文学习任务需要包含的要素,每一个要素都有其具体的内涵和价值。教师可以以这一框架为参照,明晰任务指令,从而使得写作任务真正变成学生为了满足自身需求的写作实践。

若以这一框架审视上述"成长的烦恼"案例,可以发现该作文题有了主体行为(谁做什么)、语言文字(用什么做)、育人导向(为什么而做),但是缺乏达到结果(写成什么)、时空情境(何时何地写)、人际关系(与谁一起写)。教师可以将此变成一个拥有明确目的和结果的问题,并创设一个现实生活中可能发生的情境。为此,可将上述题目改为:"学校公众号正在举办'成长的烦恼'的征文活动,请你结合自己和身边人或一些名人的案例,介绍成长过程中的烦恼,表达你对于成长的烦恼的思考,争取让自己的作文刊载到学校公众号上。"

学习任务"六要素"框架可以为写作任务设计提供一个评议工具,明确作文题目在哪些方面存在缺失,从而有针对性地进行改进。

2. 联系生活背景,创设真实情境

针对任务情境不够真实的问题,可以通过加强写作题目与学生生活背景的联系,引发学生的共鸣和思考。模拟现实世界的真实情境,需要具有以下特征:忠实于现实世界中人们对知识和技能的使用方式;在现实世界环境所固有的机会和干扰方面是真实的;在相关性和个人兴趣方面对学习者来说是真实的。

要增加作文题目与现实情境的贴近度,可以从以下几个方面入手:一是结合社会热点,思考时代背景。选取学生熟悉的生活场景或社会热点事件作为背景,通过真实的生活情境,激发学生的写作兴趣和创作欲望。二是开展学情调查,融入生活经验。鼓励学生在写作时融入自己的生活体验或观察到的社会现象,使作文内容更加贴近实际生活。三是制造冲突矛盾,提升写作深度。教师应为作文题设定合理的冲突与矛盾,设计面临困境或者设置障碍,以促使写作的发生。

例如,关于《送给青蛙的大海》的故事续写,就可以增加现实情境进一步发挥出育人价值。《送给青蛙的大海》是一篇童话故事,通过讲述阿和与小青蛙之间的故事,展现了人与自然和谐共处的主题。故事以小青蛙的视角,表达了对大自然的热爱和保护环境的重要性。那么,写作任务就可以为该故事增加一个现实情境,指向当前存在的一些破坏生态平衡问题。同时,可以在题目中加入具体的情境背景和写作方向,例如"请结合环境保护主题,续写青蛙醒来后发现大海干涸的故事",以帮助学生更好地聚焦主题,

① 文艺,崔允漷:《语文学习任务究竟是什么》,《课程·教材·教法》2022年第2期,第12-19页。

具体要求如下：

洞庭湖是中国最大的淡水湖之一，但自20世纪以来，由于人口增长和经济发展，大量湖泊湿地被围垦为农田，导致湖泊调蓄功能减弱，洪涝灾害频发。为此，洞庭县县长希望通过一个故事，劝导该县人民保护自然、退耕还湖。请你帮助该县县长，以《送给青蛙的大海》故事为基础，续写青蛙醒来后发现大海干涸的故事，传递一种尊重和保护自然的观念。

3. 借鉴"任务型教学大纲"，强化过程指导

教师往往关注任务设计，却不注重学生在任务中的过程指导的问题，因此，教师可以根据"任务型教学大纲"要求，连接学习内容与学习过程，形成任务统领的写作教学方案。

任务型教学大纲是一种以完成具体任务为核心的教学设计方法，其核心理念是通过真实情境中的任务来整合学习内容，让学生在完成任务的过程中习得知识和技能，实现语言能力的提升。在具体实施过程中，任务型教学通常分为三个阶段：任务前、任务环和任务后。①

在任务前阶段，教师需要为学生提供必要的背景知识和学习支持，并通过示范或模拟活动帮助学生理解任务要求。在任务环阶段，学生通过完成具体任务实现语言学习，教师则根据学生的完成情况提供必要的指导和反馈。在任务后阶段，学生通过总结和反思进一步巩固所学内容，并评估自己的学习成果。借鉴"任务型大纲"的思路，可以构建高效的任务驱动型写作教学模型。

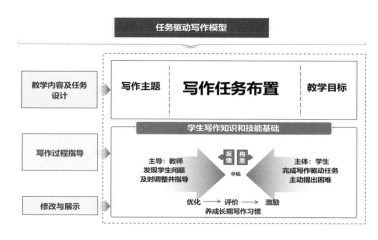

图1 初中语文任务驱动型写作教学模型

图1展示了初中语文任务驱动型写作教学的三阶段模型。该模型旨在通过任务驱动，提升学生的写作能力和问题解决能力。任务驱动型写作实际是一个复杂过程，教学中不仅包括写作任务的布置，还涵盖着写作问题解决的过程性策略指导。明线是学生完成写作任务，而暗线则是学生解决问题。教学分为三个阶段：一是"进行教学内容选择和任务设计"阶段。在该阶段，教师需要结合写作主题和教学目标，确定写作任务，明确需要通过任务学习的写作知识和基础技能；二是"写作过程指导"阶段。在该阶段，学生完成任务，并提出困难所在；而教师则需要发现学生问题，及时指导并调整教学，在学生的构思和教师的反馈中形成草稿；三是"修改与展示"阶段，师生共同对作文进行优化与评价，以此激励学生，形成长期的写作习惯。

例如，七年级下册第一单元写作任务，可以依据上述模型调整《这样的人让我＿＿＿＿》写作任务。首先，主任务可以设置为"为某位杰出人物或团队撰写颁奖词"，以此提升学生的语言表达能力、逻辑思维能力和情感表达能力，同时培养学生的写作兴趣和自信心。在"进行教学内容选择和任务设计阶段"，

---

① 程可拉：《任务型外语学习的研究》，华东师范大学博士学位论文，2004年，第74-75页。

教师可以结合历史人物、社会名人或学生熟悉的人物，让学生选择一个颁奖词写作的对象。在"写作过程指导阶段"，教师通过提问引导学生思考如何表达对人物的敬意和赞美，例如："你认为什么样的语言可以打动人心""如何让颁奖词更有感染力"，学生分组讨论所选人物的特点，并分享自己的想法，教师在旁观察并提供必要的提示和补充信息。在"修改与展示阶段"，教师可以组织全班学生对优秀作品进行展示并集体讨论，评选出最佳颁奖词。在展示后，学生需对自己的作品进行反思，思考哪些地方做得好，哪些地方还有改进空间。

4. 根据不同文体的写作能力点，形成评价指标

针对实用类文本缺乏明确的评价标准的问题，教师可以依据不同实用类文体（倡议书、演讲稿、书信）的特征，梳理写作能力点，并根据不同学段学生的学习要求，构建科学、系统的评价指标体系。

倡议书是一种专用书信，通常用于发起某项活动或提出建议，内容上需要明确背景、理由、目的及具体行动要求，并以号召语结束。倡议书的写作关注以下能力要点：一是语言表达方面，语言简洁明了，逻辑清晰，能够引发共鸣；二是内容组织方面，背景真实可信，目的明确，行动具体可行；三是情感表达方面，结尾富有鼓动性和号召力，体现作者的希望和决心。

演讲稿是面向听众的口头表达形式，强调语言的感染力和说服力，通常用于正式场合或公众活动。演讲稿的写作关注以下能力要点：在语言表达方面，语言生动形象，富有感染力，能够引起听众共鸣；在内容组织方面，内容层次分明，逻辑清晰，能够有效传递信息；在情感表达方面，通过修辞手法增强情感表达，使演讲更具吸引力和说服力。

书信是一种交流思想与情感的工具，具有较强的个性化和情感表达功能。内容需切合题意，语言真诚自然。书信的写作关注以下能力要点：在语言表达上，要简洁明了，避免冗长，同时根据对象调整语气和用词，体现亲切感或正式感；在内容组织上，要真实具体，能够结合生活实际，抒发个人情感；在情感表达上，要深刻且富有感染力，能够通过细腻的细节描写打动读者，并且能够根据收信人的身份调整语气和用词。

在此基础上，可以根据不同年级的特征，形成更细化的评价指标。同时，打破单一评价方式，建立学生自评、同伴互评、教师评价等多元评价机制，提升评价的全面性与客观性。

本研究深入分析了当前初中语文任务驱动型写作教学中存在的四大困境：任务设计的形式化倾向、情境创设的真实性不足、教学指导的系统性脱节以及评价标准的模糊性。针对这些困境，提出了以任务"六要素"框架为基础的系统优化路径，具体包括：运用"六要素"明确任务指令、构建基于真实矛盾的任务情境、借鉴任务型教学大纲设计三阶段教学模型，以及建立基于文体特征的评价指标体系。任务驱动型写作教学有望发展成为培养学生语言能力、批判性思维以及文化自信的重要教学载体，为语文教学改革提供新的思路与实践方向。

《现代基础教育研究》

第 58 卷，2025 年 4 月 　　　　　　　　（Research on Modern Basic Education） 　　　　　　　　Vol.58, Apr. 2025

单元视域下小学语文随文微写的教学实践

陈　爽

（上海市徐汇区逸夫小学，上海 200231）

摘　要："随文微写"是统编版小学语文教材中一种以阅读为依托、以短小精悍的写作任务为载体，旨在通过即时性、情境化的语言实践，实现读写能力协同发展的教学策略。通过分析四年级上册教材中的典型案例，从单元语文要素出发，将随文微写任务分解为"仿写结构""迁移技巧""补白想象"三类，并设计梯度化、序列化的训练体系。研究发现，随文微写能够有效衔接阅读与习作，通过分解单元目标、提供写作支架、强化过程性评价，降低学生习作畏难情绪，提升语言表达能力。

关键词：随文微写；单元教学；教学活动设计；读写结合；小学语文

在小学语文教学中，写作教学占据着极为重要的地位。它不仅是学生表达思想、交流情感的重要方式，也是衡量学生语文素养的关键指标之一。然而，长期以来，小学语文写作教学面临着诸多困境，如学生写作兴趣缺失、写作方法掌握不足、语言积累匮乏等问题，严重影响了学生写作能力的提升。为了破除这些困境，探索一种有效的写作教学模式显得尤为迫切。随文微写作为一种新兴的写作教学策略，近年来逐渐受到教育界的关注。它以阅读为依托，通过设计短小精悍的写作任务，实现读写能力的协同发展。本研究基于单元视域，深入探讨随文微写教学的设计与实施，以期为小学语文写作教学改革提供有益的参考。

一、随文微写及其与单元习作的关系

1. 随文微写的内涵界定

"随文微写"是近年来语文教学领域提出的创新型写作教学模式，其核心在于"随文而写，以写促读"。根据《义务教育语文课程标准（2022 年版）》的要求，写作教学应"贴近学生实际，引导学生关注现实，表达真情实感"。[①] 结合统编教材的编排特点，本研究将"随文微写"定义为：在阅读教学过程中，教师紧扣课文内容或文体特色，设计短小、即时、情境化的写作任务，引导学生通过仿写、补白、迁移等方式，将阅读所获的语言知识、表达技巧转化为写作能力，最终服务于单元习作目标的达成。其基本特征包括：即时性，依托课堂阅读情境，随堂完成写作任务；微量化，篇幅短小（通常为 50—200 字），聚焦单一

作者简介：陈爽，上海市徐汇区逸夫小学一级教师，硕士，主要从事课程与教学评价研究。

① 中华人民共和国教育部：《义务教育语文课程标准（2022 年版）》，北京师范大学出版社 2022 年版，第 15 页。

写作目标；支架化，通过表格、示例、关键词等工具降低写作难度；序列性，围绕单元习作目标，设计梯度化训练任务。

2. 随文微写内容梳理

随文微写是依课程标准产生的语文课堂学习活动，教材对其数量、类型和练习点做了调整，契合"阅读与表达均衡发展"理念，改善课堂教学，促进读写结合，为习作教学突破提供新方法。以四年级上册教材为例，将其分为三类，见表1。

表1 教材中随文微写内容梳理

分类	示例	作用
课后习题"选做"部分	第六单元《一只窝囊的大老虎》：写类似经历并交流；第八单元《西门豹治邺》：改编剧本并表演	促进对课文内容深度理解，从内容理解转向表达理解，以写促读，让学生明白写作手法的妙处
课后习题"小练笔"部分	第一单元《走月亮》：仿写月下情景；第七单元《为中华之崛起而读书》：写读书理由	促进读写结合，由读学写，学习表达方法，承担单元习作任务，为单元习作积累素材与技巧
习作单元"初试身手"	第五单元：看图发挥想象说清图片内容；观察家人做家务并写下来	训练观察能力与表达能力，学习按顺序、抓细节描写，为单元习作奠定基础

3. 随文微写内容与单元习作之间的关系

大部分单元课文阅读与单元习作紧密相连，学生通过读学写、促写来习得习作方法，"随文微写"为学生提供了新的习作途径。它既符合课文学法，又链接单元习作目标，符合单元习作需求，降低单元习作难度，将单元习作目标分解为小任务，逐步攻克写作难点；促进深度阅读，以写促读，深化学生对文本结构、语言特色的理解；激发表达兴趣，短小灵活的形式减轻学生心理负担，提高学习习作积极性。但也有个别单元难以通过"随文微写"勾连，如四年级上册第八单元，其人文主题为历史传说故事，学习复述课文，而习作着重写一件事中的感受，随文微写只能加深对课文的理解，难以与写作技能建立联系。

二、单元视域下随文微写教学活动的系统设计

1. 设计框架：四步循环教学设计框架

基于教材分析与教学实践，提出"目标细化—内容设计—支架构建—评价反馈"四步循环框架，以确保教学过程的科学性和有效性。首先，进行目标细化，深入研读单元语文要素，明确习作的具体要求。再将这些宏观目标拆解成一系列细致且具有可操作性的微目标，为后续的教学活动指明方向。然后，完成内容设计，紧密结合课文的特色与内涵，精心设计出"仿写、迁移、补白"三类微写任务，每种任务旨在从不同角度激发学生的创造力和写作能力。接着，在支架构建部分，为了降低学生写作的难度，教师可提供多样化的辅助工具，如表格、示例和思维导图等，这些工具能够帮助学生整理思路、组织语言，从而更顺畅地完成写作任务。最后，评价反馈环节至关重要，我们采用多元化的评价方式，包括量表评价和同伴互评等，全面评估学生的写作表现，同时通过及时反馈促进学生的自我反思和持续进步。这四个步骤相互衔接、循环推进，共同构成一个完整的教学循环，为提升学生的写作能力提供坚实保障。

2. 分类细化：单元习作目标与阅读教学的精准对接

由于教材中随文微写的任务较少，而且教材中部分微写内容是针对课文内容的理解性的拓展练习，为了单元习作目标顺利地达成，在实际教学中，教师调整、补充了一些小练笔作为微写的内容。下面以统编版四年级上册普通单元（第一单元）和习作单元（第五单元）为例，说明在单元视域下如何进行随文微写教学活动设计。

(1)细化单元习作目标,确定随文微写目标

第一单元的习作语文要素是"推荐一个好地方,写清楚推荐理由",由此确定本单元的习作目标是"能把推荐的某个地方介绍清楚,把推荐的理由写充分"。然后将习作目标细化为:按照一定顺序写景;调动各种感官感受现实情景,并写清楚、写具体;运用修辞写出景物的特点,表达自己的感受。

第五单元的习作语文要素是"写一件事,把事情写清楚",单元习作目标确立为按事情发展顺序把一件事情写清楚,并能写出自己的感受。然后将习作目标细化为:能根据所要表达的中心进行选材,确定详写的部分;能按照起因、经过、结果顺序写;能写清人物的动作、神态、语言、心理活动及自己的感受。

(2)指向单元习作目标,设计随文微写内容

细化写作目标,融入随文微写教学中,两个单元分别设计以下随文微写的内容,如表2所示。

表2 随文微写任务设计

单元	单元习作目标	课文	"随文微写"内容	练点	备注
一	能把推荐的某个地方介绍清楚,把推荐的理由写充分	《观潮》	仿照课文写作顺序,写一写日出、雷雨等的景象	按照一定顺序写景,将所见所感写清楚	补充
一		《走月亮》	仿照课文第6自然段,写一写月下的某个情景	调动各种感官感受现实情景,写清楚、写具体	原题
一		《繁星》	选择自己喜欢的一处景,写出它的一个特点	运用修辞写出景物的特点,表达自己的感受	补充
五	按事情发展顺序把一件事情写清楚,并能写出自己的感受	《爬天都峰》	改写课文经过部分,将"我"爬山的过程写清楚	合理想象人物动作、语言、动作、心理活动展开描写	补充
五		《初试身手》	看图并发挥想象,把图片内容写清楚	细致观察,合理想象人物动作、神态、语言、心理活动	原题
五		《初试身手》	观察家人做家务的过程,用一段话写下来	能用一系列表示动作的词写清做某件事的过程	原题

从数量上、类型上、针对性上和练习点上充实与调整随文微写的内容后,使随文微写进一步契合"阅读与表达均衡推进"的教学理念。随文微写不仅改善了课堂教学结构,还促进了读写的深度结合,而且也为攻破习作教学这个难题寻到了新的突破口。调整后的随文微写任务,根据其内容可归纳为以下三类,见表3。

表3 随文微写任务归类

类型	功能定位	示例
仿写结构	模仿课文篇章结构或表达顺序	《观潮》:仿照"潮来前—潮来时—潮去后"的顺序描写日出景象
迁移技巧	运用课文中的修辞手法或描写方法	《走月亮》:调动多感官(视、听、嗅)描写月下情景
补白想象	基于文本留白展开创造性表达	《一只窝囊的大老虎》:结合自身经历,补写"紧张到忘记表演细节"的心理活动

单元习作目标的实现依赖于随文微写的梯次训练。补充调整后的随文微写内容与单元习作的逻辑

上更为关联。见表4。

表4 单元习作任务与随文微写任务之间的关联

单元习作目标	随文微写分解任务	能力培养重点
按顺序写景，推荐理由充分	《观潮》：仿写结构，掌握时间顺序	篇章组织能力
调动多感官描写景物特点	《走月亮》：迁移多感官描写法	细节刻画能力
运用修辞增强表达效果	《繁星》：选择一处景，用比喻/拟人写出特点	语言修饰能力

这种设计充分体现了"目标分解—能力进阶—整体合成"的单元教学逻辑,使随文微写成为达成单元习作目标的有力"脚手架"。通过这样的梯次训练,学生不仅能够逐步掌握写作技巧,还能在实践中不断提升写作水平,最终实现介绍清楚一个地方并充分阐述推荐理由的单元习作目标。

3. 支架构建:工具支持与思维的可视化

(1)结构支架

读写结合一体化,是统编版教材课后小练笔的一大特点。在学习《走月亮》这一课时,引导学生阅读课文第6自然段,借助表格(见表4),交流自己印象深刻的画面,理解作者是如何写"月下田园"图,感受月夜下的丰收景象,运用了哪些写作方法,引导学生梳理"地点—感官—联想"的逻辑链条,然后再迁移写法,写月下的某个情景。

表5 《走月亮》课堂阅读任务单

地点	看到	听到	闻到	想到
田埂上	修补过的村道 果子挂满枝头 稻田	秋虫唱歌 夜鸟拍翅 鱼儿跳跃 沟水汩汩	果子的香味	油菜花开 找兔草 吹蒲公英 收油菜 栽水稻

在习作单元中,单元习作的评价标准要放置在"初试身手"前,让学生明确单元习作要达到什么标准与要求,把"初试身手"与单元习作勾连在一起,能更好地为单元习作做铺垫。如第五单元,在了解《麻雀》这一课是按照"起因—经过—结果"的顺序写了老麻雀掩护小麻雀的故事,不是亲身经历的事情,想要把事情发展过程中重要的内容写清楚,就要把自己看到的、听到的、想到的写下来。根据单元习作目标:按事情发展顺序把一件事情写清楚,并能写出自己的感受。那么在"初试身手"第一幅图中,联系生活实际展开想象,先说一说事情发生的时间、地点、人物、起因、经过、结果,然后引导学生观察图中三名运动员的表情,再观察周围助威的同学。在教材图二给奶奶过生日的场景中,先说清楚事情的六要素,接着在观察图片的基础上结合生活实际展开合理想象。

在完成写家人做家务的过程的小练笔前,设计了学习任务单。在观察家人做家务的动作之后,再将动词扩展成句子,写清人物的动作、神态、语言与感受等。"初试身手"中三个随文微写任务在培养学生写清楚一件事情方法的同时,描写的内容也可以迁移到单元作文《生活万花筒》中,成为其中的片段。

(2)语言支架

在教学过程中,教师为学生提供丰富的语言资源,如关键词库,以帮助学生拓展词汇量,丰富表达方式。这些关键词能够激发学生的联想和灵感,使他们在写作时有更多的话语选择,从而更生动地描绘场景、表达情感。例如,在描写秋天的景色时,学生可以运用"金灿灿"来形容稻田,还运用"慢悠悠"来描绘落叶飘落的姿态,使文章更具画面感和感染力。关键词库的提供也有助于学生积累词汇,提升语言素养。同时,根据微写的内容,提供关联词、句式的范例等,让表达更加连贯。

（3）评价支架

设计星级量表(见表 6)，帮助学生自查与互评。量表从多个维度设定评价标准，如事件完整性、细节生动性、语言准确性等，使学生能够全面地审视自己的作品。学生对照量表进行自我评估时，不仅能明确自己的优点和不足，还能有针对性地进行修改和完善。在互评环节，量表提供了客观的评价依据，促进学生之间的交流与学习。例如，在评价一篇叙事类微写时，学生可以依据量表检查事件是否完整、细节是否具体生动，从而给出建设性的反馈意见。

表 6　叙事类微写评价量表

评价维度	★★★★☆	★★★☆☆	★★☆☆☆
事件完整性	六要素齐全，逻辑连贯	缺少 1—2 个要素	要素缺失严重
细节生动性	动作/心理描写≥3 处	动作/心理描写 1—2 处	无具体描写

4. 评价反馈：过程性与发展性并重

在随文微写教学中，评价反馈环节对于提升学生写作能力至关重要。在教学过程中采用多元化的评价方式，注重过程性与发展性并重，以全面促进学生的写作素养和能力发展。

在课堂上，教师及时展示学生的优秀微写片段，并分析其中的亮点。例如，如果学生在描写中巧妙地运用了"窜"字来刻画松鼠的动作，教师会指出这种用词的精准性和生动性，使学生明白如何通过细节描写增强文章的表现力。这种即时的正面反馈，不仅能够激发学生的写作热情，还能帮助他们迅速认识到自己的优点，增强写作自信。注意设计详细的评价量表，学生对照量表对自己的作品进行自我评估，并有针对性地进行修改和完善。教师会定期收集学生的微写作品，通过对这些作品的追踪和分析，清晰地了解每位学生在不同阶段的写作特点和进步情况。这有助于教师为学生提供更加个性化的指导，帮助他们克服写作中的困难，不断提升写作水平。

三、随文微写教学活动的实践成效

1. 强化了读写结合，提高了教材的使用率

在小学语文教学中，读写结合是一种重要的教学策略，能够有效提升学生的语文综合素养。随文微写作为一种创新的写作训练方式，正是在这一教学理念的指导下产生的。通过在阅读过程中引导学生进行写作，随文微写不仅加深了学生对文本内容的理解，更促进了他们对知识的内化和应用。

传统的教学模式往往侧重于对文本的讲解和分析，而忽视学生的主动参与和创造性表达。随文微写则打破了这一局限，它鼓励学生在阅读的基础上进行个性化的写作实践，从而使教材成为学生表达自我、展示才华的舞台。随文微写的实施，让学生在阅读的同时进行思考和创作，这种即时的写作活动能够让学生更深入地挖掘文本的内涵，理解作者的意图和文本背后的深层意义。随文微写的灵活性和多样性使教材的使用更加高效，使教材成为学生写作实践的丰富资源，提高了教材的使用效率和教学的实效性。

2. 激发了学生的写作兴趣，提高了学生的写作能力

在小学语文教学中，激发学生的写作兴趣是提升写作能力的关键一步。首先，随文微写以其独特的教学优势，为学生提供了一个低压力、高自由度的写作平台，让他们在轻松愉悦的氛围中，自然而然地培养起对写作的热爱。随文微写的短小精悍特点，让学生在有限的篇幅内进行创作，这样的写作任务不会让学生感到沉重或繁琐。学生可以在几分钟内完成一篇微写作，这种快速反馈的写作体验，让学生能够短期内看到自己的成果，从而获得成就感和满足感。这种即时的成就感是激发学生写作兴趣的重要因素。

其次，随文微写的灵活性让学生可以自由选择写作的内容和形式。无论是描写一个场景、表达一种情感，还是叙述一个故事，学生都可以根据自己的兴趣和想法来进行创作。这种自由度极高的写作方式，让学生感到写作不再是被动的任务，而是一种主动的创造过程，极大地提升了他们的写作积极性。在随文微写的实践过程中，教师可以有针对性地给予学生个性化的指导和建议。在学生完成微写作后，教师可以及时点评，指出学生作品中的亮点和需要改进的地方。这种及时的反馈不仅能够帮助学生认识到自己的优势和不足，还能够激发他们不断改进和提高的动力。

此外，随文微写还可以通过多种形式进行，学生可以相互讨论、相互启发，共同完成写作任务，这种互动式的写作过程，有助于学生开阔思路，提高写作的深度和广度。随文微写的实施，还可以与学生的日常生活紧密结合。教师可以鼓励学生观察生活中的细节，记录自己的所见所闻所感，将写作与生活实际相结合。这种生活化的写作方式，不仅能够丰富学生的写作素材，还能够提高他们对生活的感知能力和思考能力。

3. 形成了梯度、序列化的随文微写训练体系，解决了单元习作难题

梯度、序列化的随文微写训练体系能有效地降低单元习作的难度，并解决单元习作的难题。这种训练体系通过有计划、有目的性的写作训练，帮助学生在轻松的环境中逐步提升写作技巧，从而增强写作能力。随文微写训练体系注重从学生的实际出发，依据单元教学目标，创造性地使用教材，挖掘文本中的特色语言进行语言学用训练，促进读写迁移，提升语言表达能力。这种教学策略不仅降低了写作的难度，使学生能够更轻松地进行写作练习，而且还能够激发学生的写作兴趣，提高他们的写作动力。

该训练体系通过细化写作教学目标，实施针对性强、容易操作的"微"目标，让学生在200字以内的篇幅中进行不同文体的短文或文章片段的写作。这样短小精悍的写作训练，有助于学生减轻面对写作的心理压力，同时，通过点点滴滴的生活体验，抒发自己的所思所想，使写作内容紧贴生活，难度系数小，更容易让学生接受和掌握。通过这种梯度、序列化的随文微写训练，学生的写作能力得到了系统性的提升。教师可以依据学生的习作水平，逐步提高写作要求，使学生在不断的练习中逐步掌握从简单到复杂的写作技巧，最终达到解决单元习作难题的目的。

随文微写作为一种灵活多样的写作训练方式，其篇幅短小精悍，形式不拘一格，非常适合在小学语文教学中运用。它能够让学生在轻松愉快的氛围中进行写作实践，有效提升学生的语言表达能力。在设计和实施随文微写训练时，需要根据学期习作目标和语文要素，精心选择和组织写作内容。首先，应该明确每个单元的习作目标，这些目标既要符合学期的整体要求，也要考虑到学生的实际水平和兴趣。然后，可以根据这些目标，从单元课文中选取适合的写作点，设计出一系列有梯度、序列化的写作任务。这些写作任务应该从易到难，逐步提升学生的写作能力。同时，还可以根据不同的文体特点，设计出多样化的写作形式，让学生在实践中掌握不同文体的写作技巧。此外，应该注重随文微写的过程性指导和评价。教师应在学生写作时给予及时的反馈和建议，帮助学生发现并改正自己的问题。

基于主题意义探究的高中英语单元作业设计

刘　骁

（上海交通大学附属中学,上海 200439）

摘　要：单元作业设计是提升教学质量、促进学生全面发展的重要环节。研究发现,紧密围绕单元主题的作业设计能够有效整合知识点,避免碎片化学习,提升教学效果。同时,分层设计和跨学科融合的策略不仅满足了不同层次学生的学习需求,还拓宽了学生的知识面和综合素养。设计学生喜爱的作业、进行适合的主题探究以及加强学生自我评价,是提升作业设计质量的关键因素。这些实践启示为高中英语单元作业设计提供了新的思路和方法。

关键词：高中英语；主题意义；单元作业设计；学科素养

一、问题的提出

2020年上海市高中《英语(上教版)》全新落地,新教材充分体现了《普通高中英语课程标准(2017年版)》(以下简称《课标》)的精神与要求,体现了学科核心素养发展的目标。近年来,在"双新"的背景下,以单元为整体进行教学设计,挖掘单元的主题意义并体现其育人价值,已经成为教学研究者和实践者的共识。

1. 学科育人:主题意义探究与核心素养提升

英语学科不仅是语言知识的传授工具,更是育人的重要载体。《课标》强调,教学活动应以学科核心素养为导向,通过主题意义的探究,帮助学生形成正确的价值观和思维方式。[1]在作业设计中教师应该融入主题意义,让学生在巩固知识的同时深化对主题的理解,从而提升学科核心素养。

2. 教学实践:课后作业与课堂教学的系统化统筹

当前教学实践中,许多教师在课后作业与课堂教学的统筹设计上存在不足。教学评一体化的设计与实施是复杂的系统工程,需要明确理念、把握内容、分析学情、制定目标、选择方法和评价效果。通过探究主题意义,教师可以设计出有深度和广度的教学活动与作业,帮助学生在课后继续深化对单元主题的理解和应用,从而提高教学效果。

3. 综合发展:学生素养的多维能力提升

深入探究主题意义对于全面提升学生的语言能力、文化意识、思维品质和学习能力具有关键作用。

作者简介：刘骁,上海交通大学附属中学副校长,中学高级教师,主要从事高中英语课堂教学研究。

[1] 中华人民共和国教育部:《普通高中英语课程标准(2017年版2020年修订)》,人民教育出版社2020年版。

许露露指出,基于英语学科核心素养的课堂教学设计能够有效提升学生的综合语言运用能力。[①]教师通过设计多样性和合作性的作业,可以激发学生的学习兴趣,锻炼他们的知识技能,促进其全面发展。

4. 评价改革:作业设计创新与质量提升

传统的作业设计往往以书面习题为主,缺乏多样性和创新性。中共中央办公厅、国务院办公厅印发的《关于进一步减轻义务教育阶段学生作业负担和校外培训负担的意见》明确提出,作业设计需提高质量,发挥作业诊断、巩固和学情分析等功能。[②]因此,教师需要设计更加多样化和有意义的作业形式,如项目式学习、合作探究等,帮助学生在实际应用中提高语言能力和综合素养。

基于此,本文旨在解决以下问题:如何基于主题意义探究,设计出能够有效促进学生语言能力、文化意识、思维品质和学习能力全面发展的单元作业? 如何构建一套科学、系统的基于主题意义的单元作业设计程序和实践规范,以指导教师的作业设计实践,提高作业质量和教学效果?

二、核心概念界定

主题意义是单元教学的核心思想,它是教学内容的主题,更是贯穿整个单元的思想网络。这种网络通过系列化语篇构建认知图式,既包含显性知识维度,又蕴含思维发展层级,构成单元教学的认知脚手架。[③]从教学实施角度看,主题意义作为知识锚点串联语言现象并形成结构化认知体系,作为思维引擎驱动分析推理等高阶活动,作为价值载体促进知识内化与素养生成。实证研究表明,主题式教学可深度提升概念理解,使逻辑推理错误率下降。这种范式转型要求教师从知识传授者转变为意义建构引导者,通过深度开发主题内涵,使单元教学成为培育核心素养的动态系统。[④]

结合《课标》要求,主题意义的探究并非单纯的语言知识学习,而是通过语言学习培养学生的思维习惯与社会价值观。有研究者指出,英语学科核心素养的实质内涵涵盖语言能力、文化意识、思维品质和学习能力,其中思维品质的发展有助于提升学生分析和解决问题的能力。[⑤]教师在设计教学活动与作业时,需深入挖掘单元主题的内涵,建构新概念,帮助学生理解和应用这些概念,实现语言技能与文化品质的同步提升。

三、基于主题意义探究的高中英语单元作业设计

1. 作业设计框架与思路

崔允漷指出,在基于主题意义探究的高中英语单元作业设计中,作业设计框架应紧密围绕单元主题,结合学生的语言能力、文化意识、思维品质和学习能力展开。[⑥]具体设计思路如下:

其一,研读文本,挖掘主题。深入研读教材文本,精准挖掘单元主题,是作业设计的根基。作业内容紧密围绕单元主题精心设计,旨在引导学生在完成作业的过程中深入挖掘主题的丰富内涵和深层意义。这种设计思路充分关注学生的个性发展,根据不同层次学生的需求,量身定制多样化的作业形式,让学生在完成作业的过程中,既能感受到语言应用的无穷魅力,又能体验到成功的快乐,从而激发他们对英语学习的浓厚兴趣和持续动力。[⑦]

① 许露露:《基于英语学科核心素养的课堂教学设计》,《中小学英语教学与研究》2017年第3期,第12-17页。
② 中共中央办公厅,国务院办公厅:《关于进一步减轻义务教育阶段学生作业负担和校外培训负担的意见》,载中华人民共和国中央人民政府网:https://www.gov.cn/zhengce/2021-07/24/content_5627132.htm,最后登录日期:2025年3月28日。
③ 葛炳芳:《主题、话题和主题意义的区别及其对基础外语教学的启示》,《英语学习》2022年第10期,第4-9页。
④ 程晓堂:《基于主题意义探究的英语教学设计》,《中小学英语教学与研究》2018年第10期,第1-7页。
⑤ 程晓堂,赵思奇:《英语学科核心素养的实质内涵》,《课程·教材·教法》2016年第5期,第79-86页。
⑥ 崔允漷:《如何开展指向学科核心素养的大单元设计》,《北京教育》2019年第2期,第11-15页。
⑦ 王蔷:《基于"教、学、评"一体化的高中英语阅读教学活动设计》,《中小学英语教学与研究》2019年第2期,第4-10页。

其二,分析学情,分层设计。在作业设计前,教师需深入分析学情,了解学生的认知水平、学习能力和个性特点。依据布卢姆认知领域目标分类,将作业分为学习理解类、应用实践类和迁移创新类,以满足不同层次学生的学习需求。这种分层设计不仅有助于学生在作业中体验语言应用的魅力,还能增强他们的学习成就感。[①]

其三,学科融合,德育渗透。可结合多学科知识,通过作业设计实现跨学科融合,拓宽学生的知识面,提升综合素养。跨学科作业设计旨在帮助学生在项目系统框架下,以英语学科为依托,培养核心素养和综合能力。[②]同时在作业中融入德育元素,通过语言学习引导学生树立正确的价值观和文化意识。作业设计应注重培养学生的社会责任感和跨文化沟通能力。[③]

其四,学生为本,多元评价。以生为本,可采用形成性评价与终结性评价相结合的方式,注重过程性评价,及时反馈学生的学习情况。评价目标应与单元目标以及课时目标保持一致,从教学活动开始、过程和结果三个阶段进行评价。

2. 案例背景与目标

（1）背景分析

本案例聚焦上教版选必Ⅲ Unit 4"Words",属于"人与自我"主题语境下的"生活与学习"主题群。单元内容围绕英语语言的构词法特征、语言发展历史展开,旨在帮助学生了解语言学习规律,探索语言与文化的关系。

（2）学情分析

学生在高一、高二时对上教版英语教材进行了系统学习,具备较好的语言意识和学习能力。他们对英语文化和历史有浓厚兴趣,能够通过自主学习和教师指导获取相关知识。根据学生的学习情况和单元教学目标,作业设计应注重学生的多方面智能发展需求,关注学生个性化发展。

（3）作业设计目标

根据单元主题和学生实际情况,作业设计目标如下:其一,学习理解。掌握与英语语言文字起源和发展相关的词汇,理解英语语言发展的规律。通过作业设计,帮助学生在更广泛的语言情境中,熟练地整合性运用已有的英语语言知识。其二,应用实践。通过阅读、写作、听说等任务,运用所学语言知识,提升语言运用能力。作业设计应注重培养学生的实践应用能力,确保学生在作业中获得实践应用英语知识的机会。其三,迁移创新。通过跨学科融合和德育渗透,拓展学生的文化视野,培养批判性思维和跨文化意识。作业设计应注重培养学生的创新思维能力和跨文化意识,帮助学生形成适应自身和社会发展的关键能力及必备品格。

四、单元作业设计案例

1. 单元主题与分课时主题意义

在设计单元作业之前,教师对单元主题与各课时主题意义之间的关系进行梳理,明确每个课时的学习重点及其与单元主题的内在联系。这种分析过程不仅有助于教师在教学过程中逐步引导学生深入理解单元主题,同时也为作业设计提供了明确的方向和依据。基于这一分析,教师总结并设计了表1,以清晰展示单元主题和分课时主题意义的对应关系。

① 许露露:《基于英语学科核心素养的课堂教学设计》,《中小学英语教学与研究》2017年第3期,第12-17页。

② 中华人民共和国教育部:《普通高中英语课程标准(2017年版 2020年修订)》,人民教育出版社2020年版。

③ 中共中央办公厅,国务院办公厅:《关于进一步减轻义务教育阶段学生作业负担和校外培训负担的意见》,载中央人民政府网:https://www.gov.cn/zhengce/2021-07/24/content_5627132.htm,最后登录日期:2025年3月28日。

表 1 单元主题以及分课时主题意义

主题语境	主题群		分课时主题意义
人与自我	生活与学习	第一课时 Reading and Inter-action Ⅰ	英语构词法主要类型的学习
		第二课时 Deep Reading	英语构词法的思考以及中英文构词法的对比
		第三课时 Grammar	单元主题意义的拓展
		第四课时 Listening and Speaking	对听到的内容进行正确的总结，并通过恰当的语言表达自己的观点
		第五课时 Writing	学习撰写书评的语言知识
		第六课时 Cultural Focus	莎士比亚的故事及其对英语词汇发展的贡献

通过这种设计，教师能够确保每个课时的教学内容和作业设计都紧密围绕单元主题展开，帮助学生在课堂学习和课后作业中逐步深化对单元主题的理解。这种系统化的分析和设计方法不仅有助于提高教学效果，还能有效提升学生的综合语言运用能力和学科核心素养。

2. 作业设计目标与核心素养要求

在作业设计的过程中，教师还需要对单元教学目标进行深入分析，以确保作业设计与单元教学目标一致。通过分析，教师明确了作业设计的具体目标，并将其与英语学科核心素养的要求相对应。这种对应关系的建立，旨在帮助学生在完成作业的过程中，不仅巩固语言知识，还能在语言能力、文化意识、思维品质和学习能力等方面得到全面提升。[1]具体见表 2。

表 2 作业设计目标以及相应的文化知识和核心素养要求

学习板块	作业设计目标	文化知识内容要求	英语核心素养要求
语言基础知识学习	理解和运用与英语语言文字的起源和发展相关的词汇	了解常用英语词语表达方式的文化背景；对比汉语词语相似的表达方式	在更广泛的语言情境中，熟练地整合性运用已有的英语语言知识
篇章结构理解	理解说明文的语篇特征和语言特点，把握写作目的和说明方法	发现并理解语篇中包含的不同文化元素，理解其中的寓意	解析语篇结构的合理性和语篇主要观点与事实之间的逻辑关系，批判性地审视语篇的内容、观点、情感态度和文体特征
主题意义探究	根据交际场合，运用交际策略，围绕"语言文字"主题开展交流	通过比较、分析、思考，区分和鉴别语篇包含或反映的社会文化现象，并做出正确的价值判断	针对各种观点和思想的假设前提，提出合理的质疑，形成自己独立的思想

通过这种设计，教师能够确保每个学习板块的作业设计都紧密围绕单元教学目标和核心素养要求展开。这不仅有助于提高教学效果，还能有效提升学生的综合语言运用能力和学科关键能力，确保学生在完成作业的过程中能够实现从知识到能力的转化。[2]

---

① 中华人民共和国教育部：《普通高中英语课程标准（2017 年版 2020 年修订）》，人民教育出版社 2020 年版。

② 同上。

3. 单元作业整体设计

在设计单元作业时,教师深入思考如何实现作业的整体性和系统性,以确保作业设计能够全面覆盖单元教学目标,并促进学生综合发展。为此,教师采用了分层设计和跨学科融合的策略,旨在满足不同层次学生的学习需求,同时提升学生的综合素养。表3清晰展示了单元作业的整体设计。

表3 单元作业整体设计

课时板块	板块学习内容	课后作业内容	作业设计意图	作业类型
1.Reading 板块作业	英语词汇中常见的构词法	1.填词游戏	复习课文中的新词	学习理解（必做）
		2.运用构词法规则在新编的语篇中填空	阅读经典作品中的句子并理解相关构词法	应用实践（必做）
		3.根据课文理解,绘制一个思维导图	通过思维导图的形式对所学内容进行深度总结,提升思维品质	迁移创新（必做）
2.Deep reading 板块作业	思考英语词汇构成的规律,理解英语语言发展与英国历史之间的关系	1.阅读理解	读文章并梳理影响英语语言发展的因素	学习理解（必做）
		2.做一个演讲	思考英语未来发展的趋势并准备英语演讲	应用实践（选做）
3.Grammar 板块作业	情态动词过去时	1.请使用情态动词的过去时态 could/might 等写一段话	了解情态动词现在时态和过去时态的区别	学习理解（必做）
4.Listening & Speaking 板块作业	通过给新建图书馆提建议,深入探讨阅读在人类社会中的重要意义	1.听长对话并填空	抓住对话中的细节信息	学习理解（必做）
		2.听篇章并填空	抓住听力文本的细节信息,并引发学生的批判性思维	应用实践（选做）
		3.做一个采访	按照要求提示采访同伴,并做汇报演讲	迁移创新（必做）
5.Writing 板块作业	通过撰写书评引导学生加强课后阅读,并能通过输出性实践,激发学生的阅读兴趣	1.写一则书评	阅读推荐书目,并按照要求撰写书评	应用实践（必做）
		2.同伴互评	阅读同伴撰写的书评,并做出评价	迁移创新（选做）
6.复习课板块作业	通过单元检测帮助学生巩固所学	1.观看有关莎翁对英语词汇的贡献的动画片	观看动画片,并获取拓展信息	迁移创新（必做）
		2.单元自我检测	基于单元语篇主题,以高考核心题型为蓝本,进行针对性自我检测	应用实践（必做）

五、单元作业设计实践的思考与启示

1. 思考

（1）主题语境下的单元作业设计——整体规划与主题深化

所有语言学习活动都应在特定的主题语境下进行。单元是体现相关主题语境的基本单位，也是教师进行教学的主要载体。在教学实践中，许多教师未能对单元教学内容进行整体把握，导致知识点碎片化，难以实现教学设计与素养目标的有效对接。主题意义下的大单元设计能够改变这一现状，通过整体设计，将知识点整合为有机整体，提升教学效果。教师在单元作业设计中，应从单元主题语境出发，整体规划作业内容，确保每一堂课的作业都围绕单元主题展开。例如，在设计上述单元作业时，教师紧扣单元主题"人与自我"下的"生活与学习"，围绕英语语言的构词法特征、语言发展历史展开，确保作业设计紧密围绕单元主题，帮助学生在课堂学习和课后作业中逐步深化对单元主题的理解。①

（2）学科素养导向的课程资源拓展与任务链设计

首先，阅读作业链——基于深度阅读，提升思维能力。在单元作业设计中，教师重点关注阅读板块，尤其是 Reading（阅读）和 Deep Reading（深度阅读）两个部分。这些部分围绕英语构词法的相关知识展开，旨在引导学生思考中文相关构词法的功能和作用。基于这一理解，教师设计了以下作业任务链：一是 Reading 板块作业：包括填词游戏、运用构词法规则在新编语篇中填空，以及根据课文理解绘制思维导图。这些任务旨在复习课文中的新词，通过阅读经典作品中的句子理解相关构词法，并通过思维导图对所学内容进行总结，从而提升学生的思维品质。二是 Deep Reading 板块作业：除了书本已有作业外，教师还增加了一篇关于英语语言进化的文章，进一步激发学生对英语语言演化史的兴趣，帮助他们了解历史对英语语言的影响。这种设计不仅围绕单元主题促进学生深度思考，还使主题得到了升华。通过这种设计，学生在"阅读"到"思考"再到"补充阅读"的过程中，思维训练和阅读训练紧密结合，逐步提升了高阶思维能力。

其次，听说作业链——基于深度听说，提升综合技能。结合听说课话题和单元主题，教师重新设计了两段音频，分为必做题和选做题，难度呈螺旋式上升。这种设计旨在让学生运用课堂上所学的听力技巧，深入探讨阅读在人类社会中的重要意义。在"说"的环节，学生需要学以致用，通过采访同伴并做汇报演讲，从多角度表达看法，实现对单元主题的升华。这种"听—思—说"的任务链，不仅强化了学生对英语语言发展的理解，还激发了他们思考英语未来发展方向的能力。

最后，读写作业链——基于深度写作，提升能力输出。在写作教学板块，教师围绕单元主题，设计了"读一读、写一写、评一评"的作业框架。课堂上，教师解读范文"The book review of The Great Gatsby"，课后引导学生阅读更多关于"如何写书评"的信息，并布置以下任务：一是写作任务：学生在掌握了写书评应具备的框架结构、内容和语言等基本知识后，进行独立的书评写作。二是同伴互评：为了进一步提升学生的阅读兴趣和能力，教师设计了同伴互评环节。学生通过撰写书评，不仅加强了课后阅读，还激发了对经典文学名著的更深理解。最后，同伴之间基于评级表互评修改各自的作品，实现了任务链的闭环。这种设计不仅让学生迁移创新了学习方式，还鼓励他们在互评中互相学习，共同进步。

（3）学科育人视角下的德育元素融入与问题化学习

教师在作业设计中，应围绕"主题意义探究"这一教学中心目标，落实教学大纲的主要教学内容，同时研究学生的学习基础、习惯、能力以及情感态度等多维因素。教师应根据单元主题找准教学的落脚点，帮助学生建立学习闭环，通过对单元主题的深化、迁移和提升，在学习过程中更好地体会人与自我、人与社会以及人与自然的关系。主题意义的探究要真正体现学科育人的价值，教师应将学习内容问题

---

① 程晓堂：《基于主题意义探究的英语教学设计》，《中小学英语教学与研究》2018 年第 10 期，第 1–7 页。

化、学习过程活动化,使学生在完成作业的过程中思想受到熏陶,心灵受到启迪。例如,在听力作业板块,教师创编了关于讨论年度热词的听力文本,该内容呼应本单元主题"Words",谈论了年度热词的来源以及背后的故事,如"perseverance"一词,希望给学生以正能量,引导学生积极向上,在面对困境和挑战时发扬顽强拼搏、永不放弃、坚韧不拔的精神。

此外,教师在作业设计中还安排了许多与英语词汇背景或者英语文化相关的活动,其目的就是让学生能够与经典为伴,探索语言背后的文明。这些经典名言和文化故事能够启迪思想,鼓舞精神,拓宽学习半径,帮助学生"在练中学"。

2. 启示

(1)以学生为中心的作业设计:趣味性、实用性与活动化任务的融合

教师应当注重设计学生真正喜欢的课后学习任务。学生喜欢的作业往往是那些既有趣味性又有实用性,能够让他们在实践中巩固课堂所学,同时激发他们的学习兴趣的。因此,教师应该围绕主题意义,设计丰富多彩的课后练习,如角色扮演、创意写作、实践探究等,这些任务能够更好地吸引学生的注意力。此外,活动化的作业设计也是关键,它不仅能够提升学生的参与度,还能够更好地激发他们的语言运用能力和创新思维。总之,我们应该以学生为中心,精心设计课后作业,让学习变得有趣且有意义。[①]

(2)适合的主题探究与进阶式作业设计:符合学生认知规律的有效实践

单元主题是单元教学的中心,教师在围绕单元主题开展教学设计的时候,不宜将主题过度深化,使主题偏离学生的学习能力或者情感体验范畴。适合的主题探究能够让学生保持良好的学习积极性,并在学习的过程中体会成就感,为进一步的学习奠定基础。教材在单元主题设计的时候本身是螺旋式层层推进深化的过程,涉及学生的情感、态度、价值观。教师只需要紧扣该单元的主题进行适度的挖掘,作业设计要根据制订的教学目标和教学计划层层推进,作业设计要难易结合,要充分考虑学生不同的学习基础和学习需求。这种进阶式的作业设计才是符合学生的认知规律和学习规律的有效的作业。[②]

(3)学生自我评价体系的构建:促进自主学习与自我发展

学生是学习的主体,也是评价的主体。教师的教和学生的学是提高学生语言能力不可缺少的两个部分。目前比较注重教师的评价,且有时教师评价的方式也比较单一,缺少多元的评价手段。希望今后能够让学生成为评价的主体,根据作业目标对自己的学习和发展状况进行判断与评估。这有利于学生自我认识,自我激励,主动发展。学生在评价时起到了监控者的作用,而学习过程中又是学习者的角色,这两个角色不断地进行互动,在一定程度上就不必依赖教师和家长对其学习活动的监督,实现了学习者自主学习。[③]

---

① 王蔷:《基于"教、学、评"一体化的高中英语阅读教学活动设计》,《中小学英语教学与研究》2019年第2期,第4-10页。

② 程晓堂:《基于主题意义探究的英语教学设计》,《中小学英语教学与研究》2018年第10期,第1-7页。

③ 崔允漷:《如何开展指向学科核心素养的大单元设计》,《北京教育》2019年第2期,第11-15页。

《现代基础教育研究》
第58卷，2025年4月　　　　〈Research on Modern Basic Education〉　　　　Vol.58, Apr. 2025

指向原理认识的初中信息科技教学路径
——以"计算机网络的图形化表示"一课为例

顾佳敏

（上海市世外中学，上海　200233）

摘　要： 研究聚焦于初中信息科技课程中计算机原理教学的有效路径，以"计算机网络的图形化表示"一课为例，深入探讨了如何深化学生对计算机原理的认识。在分析了初中生的需要和基础后，提出了从简单到复杂、从特殊到一般、从课堂到生活三条教学路径，通过具体案例和课堂实践，引导学生逐步认识核心概念、熟悉网络算法、迁移思维方法。通过对教学路径的具体分析，以期为初中计算机原理教学提供更具操作性的建议，助力学生更好地理解和运用计算机原理，提升信息科技学科核心素养。

关键词： 计算思维；拓扑结构；初中信息科技；图论；最小生成树

2022年颁布的《义务教育信息科技课程标准（2022年版）》（以下简称"新课标"）中，网络作为课标的六条逻辑主线之一，贯穿整个义务教育阶段。从课标的课程理念来看，初中阶段要深化原理认识，探索利用信息科技手段解决问题的过程和方法。[①] 初中阶段涉及的内容模块主要有过程与控制、互联网应用与创新、物联网实践与探索和人工智能与智慧社会。相较于其他三个内容模块，互联网应用与创新模块的探索比较匮乏，这一模块的原理相对较难，又与后续两个模块紧密相关。如何在初中阶段深化互联网原理认识，既是一线教师普遍面临的教学困惑，也是亟待突破的课程难点。

一、初中阶段探索计算机原理教学的重要性与可行性

1. 计算机原理

在数字化、信息化的浪潮中，计算机技术如一股不可阻挡的力量，深入并改变着我们的日常生活。对于正处于知识吸收与思维塑造关键期的初中生而言，学习计算机原理不仅是紧跟时代步伐的必然之选，更是提升自我、开拓未来的重要途径。

原理是构成某一知识体系或技术方法的理性认识，由人们在长期的实践活动中总结和提炼出来，具有普遍性和指导性的理论基础。计算机原理是指计算机系统运行和工作的基本规律和基础理论。它涵

作者简介： 顾佳敏，上海市世外中学一级教师，硕士，主要从事中学信息科技教学研究。
① 中华人民共和国教育部：《义务教育信息科技课程标准（2022年版）》，北京师范大学出版社2022年版，第2页。

盖计算机硬件各个组成部分的功能、相互连接方式以及工作流程等诸多方面的基本法则,是计算机科学与技术领域中构建计算机知识体系的基石,为计算机的设计、分析、优化和创新提供了理论依据和思维方法。在初中阶段,信息科技课程涉及的计算机原理包括计算机网络的基本概念、网络的组成、数据的存储与表示、计算机的工作原理,等等。

2. 有助于初中生更好地适应未来社会的需要

计算机技术对人们的工作、学习、生活产生了深远的影响。它改变了我们的通讯方式,让信息传递变得更加迅速、便捷;它重塑了我们的学习方式,提供了海量的在线学习资源,让知识的获取不再受时间和空间的限制;它也丰富了我们的娱乐生活,各种计算机应用让生活多姿多彩。对于初中生来说,这些变化意味着他们需要具备更强大的信息筛选、整合与运用能力,而计算机原理的学习正是培养这些能力的基石。

从计算机学科的内部来看,无论是基础的数字逻辑、计算机组成原理,还是网络通信原理等,都是非常重要的原理性知识。这些原理的学习不仅有助于初中生深入理解计算机技术的本质,更能在无形中锻炼他们的逻辑思维、空间想象和问题解决能力。以网络拓扑结构为例,这种图形化的表示方法,能直观展示计算机网络中各个节点和链路的连接方式,从而帮助初中生理解网络的构成和运行机制。这种学习方式不仅能够提升他们的学习效率,更能激发他们对未知世界的探索欲望。

更重要的是,初中生正处于身心快速发展的关键时期,他们的思维品质和学习能力正在逐步成型。计算机原理的学习,不仅能够培养他们的逻辑思维和创新思维,还能有效提升他们的信息科技学科核心素养。在这个信息爆炸的时代,拥有较高的信息素养意味着能够更好地适应未来社会的发展需求,从而在激烈的竞争中脱颖而出。

3. 为初中生深度学习打下坚实基础

从新课标来看,依据学科核心素养和学段目标,按照学生的认知特征和信息科技课程的知识体系,围绕六条逻辑主线,设计义务教育全学段内容模块,组织课程内容,体现循序渐进和螺旋式发展。[①] 信息科技学科的核心素养包括信息意识、计算思维、数字化学习与创新、信息社会责任。从信息意识来看,初中生对信息的获取、筛选和利用有天然的好奇心和需求,这为他们深入学习计算机原理提供了内在动力。计算思维是信息科技学科的核心素养之一,它强调运用计算机科学的基础概念进行问题求解、系统设计以及人类行为理解等一系列思维活动。初中阶段的计算机原理知识,如网络拓扑结构、算法原理等,正是培养学生计算思维的重要途径。学生通过学习计算机原理,能够更好地理解和运用各种数字工具和平台,如编程软件、网络学习平台等。这不仅能够提升他们的学习效率和质量,还能够激发他们的创新意识和实践能力。信息社会责任是信息科技学科不可或缺的核心素养之一,它强调学生在信息社会中应该承担的道德和法律责任。在学习计算机原理的过程中,学生能够更加深入地理解信息技术的社会影响和价值,从而树立正确的信息价值观和社会责任感。

此外,学生在之前的模块学习中已经建立了信息科技学科知识基础,并体验了计算机及其相关技术的应用,同时具备一定的抽象能力和推理能力,这为后续学习提供了坚实的基础。从数学学科来看,小学数学的学习内容为深入理解计算机原理奠定了基础。以计算机内部的基本构造和工作机制为例,其中的许多概念与小学数学中的逻辑思维和问题解决策略相呼应。例如,计算机中数据的存储与处理过程,与数学中的序列、排列组合等概念有相通之处。再如,计算机领域中常见的逻辑运算,与数学中的布尔代数理论有着直接的对应关系等,这些都展示了数学学科与计算机原理之间的密切联系。

---

① 中华人民共和国教育部:《义务教育信息科技课程标准(2022年版)》,北京师范大学出版社2022年版,第12页。

二、指向原理认识的信息科技教学路径

笔者以"计算机网络拓扑结构"单元的第二节课"计算机网络的图形化表示"一课（见表1）为例，旨在通过对家庭网络设备连接问题的分析，用图形化的表示方式，抽象和呈现网络连接问题，学习计算机网络图形化表示的方法；在解决经典网络连接问题的过程中，提炼该问题的解决步骤，并迁移至其他生活问题。

表1 "计算机网络拓扑结构"单元简介

序号	课时	主题	目标
1	1	计算机网络的基本概念	了解计算机网络的发展历史；计算机网络的基本概念；认识家庭常用网络设备；会用网线连接家庭常用网络设备
2	1	计算机网络的图形化表示	掌握计算机网络的图形化表示；通过最短网线问题，提炼该问题的解决步骤；列举计算机网络的图形化表示在其他现实问题中的运用
3	1	网络拓扑图的绘制	了解常见网络拓扑结构，学会 Visio 软件的基本使用方法，并设计和绘制家庭网络拓扑图

1. 从简单到复杂，认识核心概念，抽象学科问题

学生的认知能力随着年龄的增长而逐步发展，每个阶段都有独特性和局限性。七年级的学生正处于形式运算阶段，在这个阶段，已经摆脱了具体事物的限制，能够运用符号在脑中通过抽象思维来重建事物和相应的过程，并在思维过程之中对存在的问题加以解答。[1] 因此，在教学设计上，教师应当基于学生的认知发展阶段，确保教学内容和方法与学生的认知能力相匹配。

学科原理是学科的基石，其揭示了信息科技背后的逻辑和规律。为了让学生更好地认识信息科技学科的原理，教师需要带领学生去逐一认识该问题的核心概念，因为认识核心概念是抽象学科问题的关键。学生在接触新学科时，往往会感到迷茫和无从下手，这是因为他们还没有建立起对该学科核心概念的理解和认识。而核心概念是构成学科知识体系的基础，它们揭示了学科的本质和内在规律。因此，教师需要在教学过程中通过具体的问题分析和解决过程，引导学生逐步认识和掌握这些核心概念。

本节课受到《不插电的计算机科学》一书的启发，该书强调在不依赖电子设备的情况下，通过绘制网络设备的连接关系，以直观的方式帮助初中生更好地认识计算机网络原理。教师在实际教学中，可通过一系列由简到繁、由易到难的问题分析和解决过程，引导学生逐步积累学科的概念和方法。例如，在"计算机网络的图形化表示"一课中，首先通过直观演示理解网络设备与图形之间的联系，让学生形成网络设备和图形的关联意识。[2] 然后，通过绘制三台网络设备的连接图，深化对图形化表示的理解，并在师生互动中掌握"环路"和"连通"等核心概念。在此基础上，学生继续探索在限定条件下如何优化网络布局，以实现网线长度最短且设备保持连通。通过这样的过程，学生不仅能够理解和掌握计算机网络图形化表示的关键元素和概念，还能将这一知识迁移到更复杂的网络连接问题的解决中。

2. 从特殊到一般，熟悉网络算法，归纳求解步骤

网络算法作为信息科技学科的核心原理之一，对于帮助学生理解复杂的网络结构、认识不断变化的信息社会具有举足轻重的作用。正如新课标所强调的，学科知识与学科思维发展的结合是培养学生全面理解世界、批判性认识技术变革的重要途径。[3] 因此，熟悉网络算法，是学生深入理解网络结构、认识

---

① 郭佳伟：《皮亚杰发生认识论研究》，河北大学硕士学位论文，2011年，第10页。

② 陈勇：《初中六年级学生信息意识调查及学科德育建议》，《现代基础教育研究》2023年第3期，第58-64页。

③ 谢忠新、曹杨璐：《中小学信息技术学科学生计算思维培养的策略与方法》，《中国电化教育》2015年第11期，第116-120页。

世界的重要一环。掌握网络算法,意味着学生能够从技术的底层逻辑出发,理解信息如何在网络中流动、如何被高效地传输与处理。这不仅能够提升学生的技术素养,更能够让他们在面对复杂多变的信息环境时,具备批判性思维和解决问题的能力。通过深入剖析网络算法,学生能够更好地把握数据流动的本质,从而更加全面地认识我们所处的数字化世界。

归纳网络算法的一般步骤,则是学生计算思维发展和形成学科思维的重要支撑。归纳网络算法的一般步骤,要求学生从具体的案例出发,通过观察、分析、抽象和推理,总结出解决问题的通用方法。这一过程不仅能够锻炼学生的逻辑思维能力,更能够培养他们的抽象思维和算法设计能力。同时,通过归纳和总结,学生能够更加清晰地理解网络算法的原理和应用场景,从而形成更加系统的学科思维方式。

在课堂实践中,采用从特殊到一般的教学方法,逐步引导学生认识网络算法、归纳一般步骤。以"计算机网络的图形化表示"一课为例,通过精心设计的一系列课堂任务,让学生从具体案例出发,理解网络设备之间的连接方式和传输效率。在解决不超过三根网线连接三台网络设备的任务时,学生需要了解连接可能性、分解任务、探讨不同的连接组合,并识别出最有效的连接模式。

随着任务难度的增加,学生在绘制四台网络设备的关系图时,开始将实际问题抽象为图形化的表示,并且深入探索最优的连接方案。在这一过程中,学生学会了如何识别问题的关键要素,并将这些要素转化为图形化的网络模型。同时,他们还需要考虑网络设备连通、避免环路以及网线距离总和最短等复杂因素。这种由具体到抽象再到优化的转变,促使学生进一步发展抽象思维、算法思维以及对算法的评估能力。

在最后的任务中,学生结合前述任务的经验,以 Kruskal 算法思想为基础,通过完善程序流程图的方式,讨论并得出了解决"网络连通且距离总和最短问题"的求解步骤。这一过程不仅让学生对网络算法有了更深入的理解,更让他们学会了如何运用计算思维去分析和解决问题。通过这一系列课堂实践,学生不仅掌握了网络算法的基本原理和应用方法,更在计算思维发展和学科思维形成方面取得了显著的进步。

3. 从课堂到生活,迁移思维方法,提升核心素养

学生探究学科原理的过程中,不仅是知识的积累,更是学科思维发展的重要途径。在信息科技学科中,培养学生的迁移思维方法,意味着他们能够将抽象的算法、原理等转化为解决实际问题的能力,这对于他们未来面对复杂多变的信息世界至关重要。这种能力不仅能够帮助学生在学科内部进行知识的融会贯通,还能够促进他们将学科知识与现实生活紧密相连,实现知识的跨领域应用。

迁移思维方法的发展,对于学科核心素养的培育具有显著的促进作用。一方面,通过迁移思维方法,学生能够更加深入地理解学科原理,把握学科知识的内在逻辑和联系,从而提升他们的学科认知能力。另一方面,迁移思维方法还能够激发学生的创新思维和实践能力,使他们在面对实际问题时能够灵活运用所学知识,提出新颖的解决方案。这种创新性和实践性正是学科核心素养的重要组成部分。

通过"计算机网络的图形化表示"一课的学习,学生掌握了如何将实际问题抽象为学科问题,并应用计算思维来寻找解决方案的能力。学生学会了使用图形化表示法来抽象网络连接问题,识别关键概念,如"节点、边、权、连通、环路"等,并运用 Kruskal 算法或 Prim 算法的思想优化网络设备的连接。

在课堂的最后,教师设计了一个开放式的问题:"计算机网络的图形化表示方法还能在哪些现实问题的解决中得以运用?"这个问题旨在激发学生迁移思维,让他们将所学知识应用到更广泛的情境中。学生的回答充分展示了他们的思维迁移能力和创新能力,他们提出将图形化表示方法应用于农田水渠灌溉、物流配送、外出旅游路线规划等现实情境中,通过抽象节点、边和权等概念,运用网络算法思想,最终找到最优解决方案。由此可见,学生不仅巩固了本节课所学的原理和思维方法,还创新性地将网络算法迁移到现实情境中,进一步提升了计算思维、信息意识和数字化学习与创新。

三、路径的要点分析

在探究指向原理认识的信息科技教学路径时，本文提出了从简单到复杂、从特殊到一般、从课堂到生活三条路径。然而，要将这些路径真正落实到教学实践中，还需进一步探讨教学路径背后的规律和经验。

1. 基于认知发展理论，观察设备实物，建立图形关联

皮亚杰的认知发展理论指出，初中生处于形式运算阶段，能够运用符号进行抽象思维。[①] 通过观察实物设备，学生可以将具体事物与抽象概念联系起来，促进认知发展。初中生对于计算机和网络设备的了解十分有限，而建立网络设备和图形之间的关联是理解网络拓扑结构的基础，也是培养学生逻辑思维和空间想象能力的关键。为了帮助学生建立这种关联，教师需要从实际出发，引导学生观察真实的网络设备。通过展示路由器、光纤收发器等设备的实物，让学生直观感受设备的外观和功能。并结合网络拓扑图，引导学生发现设备和图形之间的对应关系。从简单的两台设备连接开始，逐步增加设备数量，让学生在实践中构建完整的网络拓扑图。这种从具体到抽象的过程，符合学生认知发展的规律，有助于他们更好地理解和掌握网络拓扑结构的原理。

在课堂观察的过程中，学生对实物设备产生了浓厚的兴趣，通过实物与图形的对比，学生能够更快地理解网络拓扑结构。由此，教师应注重引导学生观察关键连接点和数据传输路径，帮助学生建立空间概念。

2. 基于社会文化理论，营造互动氛围，提炼求解步骤

维果茨基的社会文化理论强调，社会互动是学习和发展的基础。[②] 通过师生互动和生生互动，可以促进学生的认知发展和知识建构。初中生的逻辑思维和空间想象能力尚在发展中，面对计算机原理这类相对抽象的知识，学习起来自然会有一定难度。因此，通过营造积极的互动氛围，能够有效地调动学生的思维，激发他们的学习兴趣。课堂上，通过设置有梯度的问题，如"如何用最少的网线连接三台设备且保持连通"，引导学生逐步思考，形成从特殊问题到一般问题的逻辑思维。通过学生的分享和讨论，以Kruskal算法思想为例，教师引导学生归纳出解决问题的一般步骤。

互动教学能够有效提高学生的参与度和学习积极性。在讨论和分享中，学生能够相互启发，拓宽思路。教师在引导学生归纳总结时，应注重培养学生的逻辑思维和表达能力，帮助他们将具体经验上升为抽象理论。

3. 基于社会建构主义理论，设计开放问题，回归生活情境

社会建构主义理论认为，知识建构的活动是在社会文化的背景之中，作为个人的认识活动与社会文化情境的交互作用的结果形成的。[③] 换言之，通过将学科知识应用于生活情境，学生能够更好地理解和掌握知识。

教师在教学最后环节设计了与生活相关的开放性问题，这是对本节课网络原理的延伸，更是对学生思维深度与广度的考验。这种交流不仅促进了学生对学科原理的深入掌握，还激发了他们运用学科视角去观察、分析和解决现实问题的意识。教学的最终目的是促使学生跳出课堂框架，将所学原理与现实生活相联系，进行跨领域的思考与探索。

---

① 郭佳伟：《皮亚杰发生认识论研究》，河北大学硕士学位论文，2011年，第10页。
② 马月成：《维果茨基社会文化理论视域中的教师专业发展》，《继续教育研究》2020年第1期，第29-34页。
③ 钟启泉：《社会建构主义：在对话与合作中学习》，《上海教育》2001年第7期，第46-49页。

图书在版编目（CIP）数据

现代基础教育研究．第58卷 / 洪庆明主编． —上海：上海三联书店，
2025.4．--ISBN 978-7-5426-8907-8

Ⅰ.G639.2

中国国家版本馆CIP数据核字第20259DC203号

现代基础教育研究　第58卷

主　　编 / 洪庆明

责任编辑 / 殷亚平

装帧设计 / 徐　徐

监　　制 / 姚　军

责任校对 / 王凌霄

出版发行 / 上海三联书店

　　　　　　（200041）中国上海市静安区威海路755号30楼

邮　　箱 / sdxsanlian@sina.com

联系电话 / 编辑部：021-22895517

　　　　　　发行部：021-22895559

印　　刷 / 上海盛通时代印刷有限公司

版　　次 / 2025年4月第1版

印　　次 / 2025年4月第1次印刷

开　　本 / 889mm×1194mm　1/16

字　　数 / 430 千字

印　　张 / 15

插　　页 / 2页

书　　号 / ISBN 978-7-5426-8907-8 / G · 1760

定　　价 / 50.00元

敬启读者，如发现本书有印装质量问题，请与印刷厂联系021-37910000

科创之光，照亮成长之路
——上海市西南位育中学科创班学生发展与收获掠影

上海市西南位育中学科创班自 2024 年秋季开班以来，以培养学生的科学素养、创新能力和实践精神为目标，为热爱科创的初中生提供了探索未知的沃土。

一、知识启迪，点燃科学火花

科创班的课程设计以启发学生科学思维为核心，通过专家讲座让学生在知识的海洋中汲取养分。例如，上海市第十三届大众科学奖获得者章文峻老师以"为什么要科学"为主题，带领学生从古希腊四元素到现代技术突破，逐步理解科学

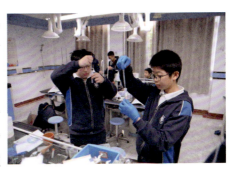

提取茶多酚实验

的客观性与发展性。天体物理学博士孙正凡在题为"跨越时空的物理对话"的报告中，以"功成不必在我，功成必定有我"激励学生，点燃他们对真理的向往。中科院马靖皓老师在热学课程中从"泰坦尼克号"的冰冷海水到"水的三相点"的奇妙演示，同样令人难忘。

二、实践淬炼，激发创新潜能

科创班注重实践锻炼，让学生在动手操作中淬炼创新能力。某次活动中，学生以一根 2 米铁丝为材料，在一小时内完成自行车模型并作产品发布。面对"不能剪断"的挑战，学生

长白山科学考察

分组讨论、反复尝试，最终呈现的作品各具特色。以"C919 大飞机与空气动力学"为主题的系列活动进一步提升了学生的实践能力。"奇妙茶世界，茶多酚的奥秘"课题则让学生初尝科研乐趣，体会科学的严谨。

三、科学考察，拓宽知识边界

科创班充分利用科学与工程实践创新科学教育途径，开设了科考夏令营，探访长白山和贵州的中国科学院研究所。在长白山的实地考察中，学生参观了现代化的工厂生产线，采集火山石，制作植物标本，将生态学理论知识转化为实践。在贵州参观 FAST 天眼，并体验激光刻字、薄膜梯度扩散技术等高科技实验，感受了物理与化学的魅力，学习观察、实验、推理等科学研究方法。

四、梦想起航，展望未来征程

2025 年初，学生走进上海天文馆，从"家园"展区的地球模型到"宇宙"展区的星际穿越，再到"征程"展区的天宫号模型，每一处都激发了他们的好奇心。

参观上海天文馆

从专家讲座到实验操作，从校内协作到校外研学，每一次活动都如同一盏明灯，照亮学生的成长之路，让他们在科学之旅中收获知识、能力与梦想。

深耕共同体意识，绽放民族团结之花

——上海市第二中学开展中华民族共同体意识教育

在新时代教育征程中，上海市第二中学把铸牢中华民族共同体意识作为教育的重要使命，积极探索创新，通过多元实践，让这一意识在学生心中落地生根。

陆军校长领唱歌曲《爱我中华》

一、铸魂提质：夯实课堂认知基础

完善思政学科教育内容，建立长效教研、备课和工作机制，将民族工作新理论、实践成果融入教学中。思政课教师深入研究教材，根据学生认知水平，分年级融入相关内容。同时，试点开设民族文化、宗教常识等选修课程。

课程思政融合，多学科协同铸魂育人。依据不同学科特点，将民族团结相关内容融入语文、历史、地理等人文学科教学，加强正确的国家观、民族观、历史观、文化观教育。理科学科教学亦挖掘思政元素，融入科学精神、榜样人物事迹等内容，多学科协同，使学生在潜移默化地接受中华民族共同体意识的熏陶。

二、知行合一：丰富活动深化体验

丰富校园文化活动，提供展示、体验民族文化的平台。学校与西藏萨迦县中学紧密联动，举办"务本心·萨迦情"爱心义卖活动，并在爱心义演门票上绘制两校标志性建筑，承载深厚情谊。艺术节上，展现民族风采的节目竞相绽放；体育节设置民族传统体育项目，如中华武术操、蒙古族摔跤等；梅陇校区的游园会，让学生在参与中增长民族知识，体验民族技艺，感受民族文化魅力。

市二学子荣获演讲比赛特等奖

拓宽思政场域，积极开展实践活动。学校利用开展了20多年的"寻访城市的足迹"项目，引导学生了解国家发展战略与民族复兴的联系，增强使命感。学校还组织学生走进社区开展志愿服务，进行文化交流、关爱帮扶，调查少数民族家庭，让学生在实践中体会各民族相互依存的关系，将中华民族共同体意识转化为实际行动。

三、开放协同：凝聚校家社教育合力

组织学生开展中华民族共同体
意识的调研

学校通过家长学校举办中华民族共同体意识教育讲座，引导家长培养孩子的民族团结意识。学校策划、组织家长参与民族文化活动，如民族服饰制作、民族美食分享等。

依托区域、校本资源，提升民族共同体的情感认同。学校组织师生参观徐汇区统战主题展览、纪念场所等，参加爱国主义和民族团结教育基地活动。通过开展主题演讲、情景歌舞剧、戏剧小品等活动，丰富学生情感体验，对中华民族共同体产生情感共鸣。学校还积极与社会各界合作，邀请民族文化专家学者等来校举办讲座，宣传民族文化知识，拓宽学生视野，凝聚起全社会教育的合力。

光大华夏，百年树人
——华东师范大学第一附属中学百年校庆回顾

华东师范大学第一附属中学前身为 1925 年创办的光华大学附中和大夏大学附中。1951 年秋，两校合并，定名为华东师范大学附属中学，1958 年之后更名为华东师范大学第一附属中学，2005 年成为上海市首批市级实验性示范性高中，并连续获得上海市文明单位、上海市中小学心理健康教育示范校、上海市科技教育特色示范校、上海市中小学行为规范示范校等荣誉称号。

学校发展的历史足迹

学校构建并不断完善"五修课程"体系，为每一位学生提供适合其潜能充分发挥、个性全面发展的学习机会。基础必修课程保障学生的升学发展，文理精修课程可使学生深耕不同学科，先修课程为学生开阔眼界，兴趣选修课程让学生的探索路径多元，主题研修课程让学生着眼社会治理，开展跨学科实践。学生社团活动丰富多彩，科技活动如 DI、头脑奥林匹克、VEX 机器人等获得国际比赛冠军。学生通过课程学习和实践活动，逐步成长为品行正、能力强、素养高的"光华人"。

学生在世界机器人大赛中荣获冠军

"双新"背景下，学校正以"新结构化"教学探索课堂教学的结构与变式，推动学校育人方式的改革与创新。"新结构化"教学通过创设"情境场""问题链""反馈环"为核心的学习境脉，实施"承构""解构""重构"为主要环节的教学进阶，建构以学习者为中心的课堂生态，打造"知识有结构，学习有境脉，师生有互动，身心有发展"的"悦动课堂"，促成深度学习和高阶思维发展，培育"研究型"学生的真实学力和核心素养。目前，"教有章法，学有思考，情景交融，师生共悦"的课堂生态初现端倪，教育教学成果不断显现，学业水平年年攀升，辐射影响力不断扩大。

学校聚焦研究型教师培养，建构了不同教龄、不同层级教师发展的具体路径，形成更为广泛和真实的"学习共同体"。学校现有特级教师 6 人，正高级教师 9 人，高级教师 49 人，教育部中小学名师领航工程主持人 1 人，教育部基础教育教学专家指导委员会委员 2 人，第五期上海市"双名工程"高峰计划、攻关计划主持人各 1 人，教师在各类国家级和市级学科教学评比中屡获佳绩。

薪火相传，百年芳华。华东师范大学第一附属中学正迎来建校百年的重要纪念时刻。凡是过往，皆为序章。学校将始终秉持"培养研究型学生，造就研究型教师，建设研究型学校文化"的办学理念，在新的征程上，坚守这份沉淀百年岁月的根基与底蕴，以饱满的激情砥砺前行。

"双新"教学展示研讨活动

育人为本 德育为先 构建"三全育人"新格局
——上海市康城学校德育特色简介

德育研修：教师在行动

上海市康城学校坚持"育人为本，德育为先"的理念，始终把德育工作放在学校首位。学校将德育工作深度融入教育教学的每一个环节，形成了"全员参与、全域覆盖、全程贯通"的德育新格局，为培养"德才兼备、全面发展"的时代新人奠定坚实基础。

一、形成品行培育序列化，夯实德育根基

针对九年一贯制学校学生年龄跨度大、认知差异显著的特点，学校以区级课题"'九年一贯制'学校品行教育序列化的实践研究"为依托，构建"三阶六维"品行培育体系。依据学生身心发展规律，将小学低段（1—3年级）定位为"习惯奠基期"，聚焦"生活自理、课堂礼仪、集体意识"三大核心；小学高段（4—5年级）设为"品格塑造期"，围绕"责任担当、规则意识、团队协作"，引导学生在自主管理中理解责任内涵；初中段（6—9年级）定为"品德内化期"，着重"社会公德、国家认同、价值判断"培育，促进道德认知向行为自觉转化。在目标分解上，学校遵循"低起点、小坡度、分阶段、分层次"原则，形成纵向呈系列、横向相关联的训练目标。

二、构建全员育人生态，激活德育主体动能

学校通过开展青年教师培训、优秀班主任经验分享会、专家指导主题微课等形式丰富的培训活动，不断提升教师的育德意识和育德能力，将育德意识化为全体教师的自觉使命，融入日常教学中。同时，通过家长会、家长学校、告家长书等渠道积极宣传学校育人理念，构建学校、家庭、社会"三位一体"的教育体系，形成全方位、全过程、全员育人模式，提升协同育人实效，助力学生健康成长。

德育践行：学生尝试做"叮咚买菜"配送员

三、创新实践育人载体，滋养学生精神品格

学校建立"四季四礼+主题实践"活动体系，如春季的十岁、十四岁生日仪式、"跟着地图学党史"活动等，让德育在体验中自然发生。同时，挖掘整合社区资源，开展职业体验教育。如"叮咚买菜"配送员、小红书创意博主、街区规划师等职业体验，构建"认知—体验—感悟"三阶模型活动，帮助学生在实践中提升道德认知，最终具备高尚品德和健全人格。

德育浸润：思政课堂厚植信仰根基

四、深耕大思政课程建设，筑牢红色信仰之基

学校和中共一大纪念馆合作，形成了"大思政+课程育人"模式。学校整合衔接了各学段课程内容，从"红色童谣传唱"到"红色场馆讲解员"培训、再到"我心中的英雄——人物研究报告"等，形成螺旋式上升的课程体系。同时，学校构建"双贯通"培养机制，即小学与初中思政课程内容贯通、学校与纪念馆教育资源贯通，让红色教育从"一次性体验"变为"持续性滋养"，积极推动党史教育进学校、进课堂、进学生头脑。